中国社会科学院学部委员专题文集

ZHONGGUOSHEHUIKEXUEYUAN XUEBUWEIYUAN ZHUANTI WENJI

清代政治与社会

郭松义◎著

中国社会科学出版社

图书在版编目（CIP）数据

清代政治与社会／郭松义著．—北京：中国社会科学出版社，2015.12
（中国社会科学院学部委员专题文集）
ISBN 978 - 7 - 5161 - 6614 - 7

Ⅰ.①清…　Ⅱ.①郭…　Ⅲ.①政治制度史—中国—清代—文集②中国
历史—清代—文集　Ⅳ.①D691 - 53②K249.07 - 53

中国版本图书馆 CIP 数据核字（2015）第 160231 号

出 版 人　赵剑英
责任编辑　郭沂纹　安　芳
责任校对　韩天炜
责任印制　李寡寡

出　　　版　中国社会科学出版社
社　　　址　北京鼓楼西大街甲 158 号
邮　　　编　100720
网　　　址　http://www.csspw.cn
发 行 部　010 - 84083685
门 市 部　010 - 84029450
经　　　销　新华书店及其他书店

印刷装订　环球印刷（北京）有限公司
版　　　次　2015 年 12 月第 1 版
印　　　次　2015 年 12 月第 1 次印刷

开　　　本　710×1000　1/16
印　　　张　19.75
插　　　页　2
字　　　数　305 千字
定　　　价　69.00 元

前　　言

　　哲学社会科学是人们认识世界、改造世界的重要工具，是推动历史发展和社会进步的重要力量。哲学社会科学的研究能力和成果是综合国力的重要组成部分。在全面建设小康社会、开创中国特色社会主义事业新局面、实现中华民族伟大复兴的历史进程中，哲学社会科学具有不可替代的作用。繁荣发展哲学社会科学事关党和国家事业发展的全局，对建设和形成有中国特色、中国风格、中国气派的哲学社会科学事业，具有重大的现实意义和深远的历史意义。

　　中国社会科学院在贯彻落实党中央《关于进一步繁荣发展哲学社会科学的意见》的进程中，根据党中央关于把中国社会科学院建设成为马克思主义的坚强阵地、中国哲学社会科学最高殿堂、党中央和国务院重要的思想库和智囊团的职能定位，努力推进学术研究制度、科研管理体制的改革和创新，2006 年建立的中国社会科学院学部即是践行"三个定位"、改革创新的产物。

　　中国社会科学院学部是一项学术制度，是在中国社会科学院党组领导下依据《中国社会科学院学部章程》运行的高端学术组织，常设领导机构为学部主席团，设立文哲、历史、经济、国际研究、社会政法、马克思主义研究学部。学部委员是中国社会科学院的最高学术称号，为终生荣誉。2010 年中国社会科学院学部主席团主持进行了学部委员增选、荣誉学部委员增补，现有学部委员 57 名（含已故）、荣誉学部委员 133 名（含已故），均为中国社会科学院学养深厚、贡献突出、成就卓著的学者。编辑出版《中国社会科学院学部委员专题文集》，即是从一个侧面展示这些学者治学之道的重要举措。

　　《中国社会科学院学部委员专题文集》（下称《专题文集》），是中国社会科学院学部主席团主持编辑的学术论著汇集，作者均为中国社会科学院学部委员、荣誉学部委员，内容集中反映学部委员、荣誉学部委员在相关学科、专业方向中的专题性研究成果。《专题文集》体现了著作者在科学研究实践中长期关注的某一专业方向或研究主题，历时动态地展现了著作者在这一专题中不断深化的研究路径和学术心得，从中不难体味治学道路之铢积寸累、循序渐进、与时俱进、未有穷期的孜孜以求，感知学问有道之修养理论、注重实证、坚持真理、服务社会的学者责任。

2011 年，中国社会科学院启动了哲学社会科学创新工程，中国社会科学院学部作为实施创新工程的重要学术平台，需要在聚集高端人才、发挥精英才智、推出优质成果、引领学术风尚等方面起到强化创新意识、激发创新动力、推进创新实践的作用。因此，中国社会科学院学部主席团编辑出版这套《专题文集》，不仅在于展示"过去"，更重要的是面对现实和展望未来。

这套《专题文集》列为中国社会科学院创新工程学术出版资助项目，体现了中国社会科学院对学部工作的高度重视和对这套《专题文集》给予的学术评价。在这套《专题文集》付梓之际，我们感谢各位学部委员、荣誉学部委员对《专题文集》征集给予的支持，感谢学部工作局及相关同志为此所做的组织协调工作，特别要感谢中国社会科学出版社为这套《专题文集》的面世做出的努力。

《中国社会科学院学部委员专题文集》编辑委员会

2012 年 8 月

目　　录

自 序

　　这些年，我将过去发表的文章，按类别先后选编了三个集子，即谈国家农业政策、农业生产、商品粮流通和农民生活的《民命所系——清代的农业和农民》（中国农业出版社 2010 年版），讨论明清赋役改革和商贸运输的《清代赋役、商贸及其他》（天津古籍出版社 2011 年版），以及论述清代人口流动、婚姻家庭和生育死亡的《清代社会环境和人口行为》（天津古籍出版社 2012 年版）。与前面三本书相比，现在的这本集子，在内容上似稍显凌杂。尽管如此，我还是将所选 18 篇文章作了大体的归类。按照目录所示，开头 6 篇多与国家政策有关；第二组 5 篇可归于社会等级、思想信仰一类；第三组 3 篇谈的是婚姻关系，包括明清两代因宫廷选"淑女"引发一些地方出现的婚嫁异动，人口流动和婚姻地域圈的关系，以及夫妻离婚；第四组 3 篇是围绕会典、方志和家谱所作史料史籍介绍与相关评价。最后单列一篇《中国社会史研究五十年》，系应《中国史研究》编辑部之约为庆祝中华人民共和国成立 50 周年而写的研究动态，以期通过对这 50 年曲折历程的回顾，既看到政治和学术之间的同和异，以及无端的政治干预对学术研究所造成的窒息乃至毁坏作用，同时也想说明在学科建设中注意传承借鉴和探索发展的重要。

　　这次辑编集子，面对有的文章，我常会情不自禁地浮现起当年围绕论文写作所发生的一些人和事。

　　《江南地主阶级与清初中央集权的矛盾及其发展和变化》一文，原是我 1960 年进历史所后，在杨向奎先生指导下配合读书所写心得中的一个短篇，经补充完善，成了近两万字的论文。此文写作时，除得益于杨向老的指教，还听取过我所王毓铨、熊德基二先生的意见，其间杨、熊二位更在我原稿上作过文字批改。可惜因发生"文化大革命"，此文被压于箱底，直到 1978 年清史研究室为筹办《清史论丛》征集新稿旧作，才得重见天日。拙文刊发后，日本京都大学夫马进教授曾以课堂教学的方式带领学生将其翻译成日文，事后又把译文复印件与对此事的说明信托人转交给我，并表示感谢。对于类似文章压箱十多年的经历，现在已不想多说，因那是那个时代使然，由此遭遇者多矣。让我始终感到温馨的是通过这篇文章，透视出那时老辈学者对年轻学人在业务成长中所作的无私付出和殷切期望。至于夫马进教授和学生选择翻译拙文，虽无足称道，却也显示了日中学术互动的一段插曲。

我写《三藩事件后清朝的军制改革》也有一则故事可说。20 世纪 80 年代初，号称"黄埔一期"的我院研究生院首届毕业生，历史系中的相当部分人留在所里。他们想有所作为，曾策划编一套历史人物小丛书，不但自己写，也邀进所较早的老同事一块参与，并且也看上了我，于是由王培真出面作游说，题目是"吴三桂"，字数七八万。我在写完小册子后，觉得尚有余味，特别是有些内容可单独成篇，然而却抽不出时间趁热打铁去做。直到 1993 年，北大准备为我的老师商鸿逵教授逝世十周年编纪念文集征稿，这才促使我重温那时集辑的资料，选了一个"三藩事件后清朝的军制改革"的题目，以拾旧愿。

《述康熙帝整饬吏治》和《康熙朝官员的"捐助"活动》两文的写作，与我参加《清代全史》工作有关。十卷本《清代全史》是我国第六个五年计划期间确定的历史学科重点项目，我是第三卷主编，同时参加另外两卷的写作。《清代全史》第三卷所含时间是康熙二十一年到六十一年（1682—1722），为了写好这本书，我和参与此工作的同事们相约，希望于动笔之前，能选几个问题作些专题研究。我选了 4 个，成文者 3 篇，上述两文，便是如此背景下产生的。

我写《论明清时期的关羽崇拜》，多少能与当时方兴未艾的文化史研究热潮搭上些线。文化史研究的重兴，吸引了很多人参与，发表的文章不少，并有所谓大文化、小文化之说，但在热闹中，我总觉得虚的多了些，实在的稍嫌不足。在我看来，必要的理论探索是应该的，但最终还是要回归对实际问题的考究。我写关羽崇拜是讲思想信仰的，似可归于文化史一类，目的就是想表达我心目中文化史研究的样子。就在此文发表前后，社会上兴起一股研究关羽信仰的潮流，记得历史所还收到一封建议成立关羽研究会的信，要求响应。也许所里想起我曾写过这样的文章，便要我斟酌作答，然后以科研处的名义回复。在研究室，同事定宜庄说，她收集过不少周边国家如朝鲜、越南以及有华人、华侨聚居的西方国家修建关庙、信奉关帝情况的资料，建议一起写本小册子凑热闹。我则承诺再找一千个州县兴建关庙的样本，以分析明清两代民间关羽信仰的传播和发展。更有一位与出版界有交情的朋友表示，只要工作完成，保证让其尽快出版。尽管三人谈得热闹，但却身不由己，因为手头都有一摊脱不开的事停不下来，以致十几年后回想起来还觉遗憾。

促使我写《曲阜孔府与明清贵族地主》是源于先前作孔府研究时对其研究方法和研究面的反思。1963 年夏秋，我和当时明清史研究组的同事们在杨向奎先生带领下，到山东从事曲阜孔府档案的整理工作。迨至 80 年代初，先是题名"曲阜孔府档案史料选编"的档案资料由齐鲁书社付梓（共 24 册），接着我们的研究成果《封建贵族大地主的典型——孔府研究》，亦于 1981 年由中国社会科学出版社出版。对于此书，我觉得限于那时所处的时代，在某些观点上不免有偏激不全之处，总的感觉是满意的。但当我听到一位行家谈意见，认为档案之外，没有更多地利用其他资料，从而限制了对面的展开。由于此说牵涉到研究方法和研究视野的问题，这让我深受震动，并自问，如果当时能在资料收集上更放手些，注意把孔府与同时的其他贵族地主做些横向对比，那么此书的水平是否会更上一层楼。于是我写了《曲阜孔府与明清贵族地主》的文章以作尝试。此文原本两万来字，曾提交参加一个讨论会。遗憾的是当它被选入论文集时，因限于篇幅，编者将其删削了一半多，很多用以说明问题的资料被砍去了，而且目前已无可作弥补的底稿可寻，想起它便感到有些惋惜。

《明清两代诏选"淑女"所引发的社会骚动》本自我早先所写《川剧"拉郎配"史实考》的小文字，刊登在中华书局编的《学林春秋》上，后因《故宫博物院院刊》编辑部向我索稿较紧，于是想起之前的这篇短文，决定以此为底本，进行重写扩写。又由于该文开头引述日本《华夷变态》中的一段资料，遂加了"由日本史籍记载谈起"的副标题，发表后，意外地引起一些日本学者的关注，有的还给我寄过他们的研究成果和有关资料，这也算是与文章有关的小掌故。

《清宗室的等级结构及经济地位》一文，是我应当时在美国加州理工学院任教的李中清（James Lee）教授之邀而写的。此前，李和台湾"中央研究院"刘翠溶教授等合作，将《玉牒》中记录有关清皇族男女出生、婚嫁、爵职、死亡等8万人的信息（总共20余万人），输入电脑进行研究。1992年中，李与我联系，设想于次年初在北京开个阶段性成果讨论会，邀请国内包括史学、民族学、地理学，以及气象和医学史方面专家参加。我除帮助筹备会议，同时写了这篇文章。因为会议开得不错，所以由我具体操作，合编了一本《清代皇族人口行为和社会环境》的书，交北京大学出版社于1994年9月出版。尽管这只是一部分量不大的论文集，却在学术圈里得到相当热烈的反响。这也许与当时人口史研究中，利用电脑做大容量的人口数据分析还不多见有关。我的文章不是本课题的主体，但配合主体，与主题相扣。

回顾我的学术生涯，从1960年进入历史所，直到20世纪90年代中前期的30多年时间里，其主要精力多从事于如《中国史稿》、"曲阜孔府档案"整理与研究、《清代全史》、《中国封建社会土地制度史》、《中国封建社会经济史》、《中国政治制度通史》、《中国经济通史》等所院乃至国家大项目。因此，那时所发的论文基本上都与这些课题有关，有的是为配合项目所做的专题研究，也有是事后的副产品。如此状况，直到我退休前后才有所改变，能比较自由地按照个人兴趣选题写文章，这从本论集以及先前所编三个集子中可得到一定的证实。再说我几个集子所发文章的时间，最早在1979年，晚的至2012年，前后亦延续30余年。这30余年，正是我所主要从事的清史研究领域发展最快的时期，新资料层出不穷，新的研究方法和研究领域不断延扩，所以这次编集子，对于有的文章是否需要入选，我确颇存犹豫，因为它的某些观点和在资料占有上，已显得有所欠缺。但继而又想，若该文大体能与10年、20年乃至30年前的水平相抵，那还不是毫无意义，因为至少能从中窥见学术发展的某种轨迹。当然也有文章，因其所述内容至今尚少有人触及而仍保持着一定的新鲜感。不过就我主观而言，无论是早前和后来的文章，都本着仔细求实的态度去写的，并力争在资料掌握和方法运用上，有所前进，有所突破，这也是我敢于把本文集呈现于大家的原因。

为了突出主题，我将本书取名为《清代政治与社会》，这是基于其中的部分文章是讲国家权力运行，属于政治史的范畴。至于冠以"社会"二字，那是指论文中讨论的等级结构、道德文化、思想信仰，都与社会总体环境有关，可以说基于什么样的社会，便会有什么样的道德准则、信仰崇拜和婚姻行为，是在具体问题中包含着宏观的内容。

最后，本文集在选编过程中，曾得邱源媛和邢新欣两位博士的帮忙，待稿子到了出版社，我却因身体不适住医院、疗养，致不少本应由作者完成的事，都推给了出版社郭沂纹编审，增加了她的负担。对于她们的付出，我都致以衷心的感谢。

郭松义

2014 年 12 月 30 日于北京

江南地主阶级与清初中央集权的
矛盾及其发展和变化[*]

　　明崇祯十七年（1644），以李自成为首的农民军进入北京，推翻了腐朽的明朝封建政权，给地主阶级以沉重的打击。在这种形势下，满族贵族势力趁机入关，向新建的大顺农民政权发动反扑。清朝入关，不仅改变了阶级力量的对比，使农民革命的胜利进程遭到破坏，而且在汉族地主阶级内部，也引起了剧烈的思想上的震动和政治上的分化。大体说来，直隶、山东、河南、山西等省的北方地主阶级，由于受到农民军的猛烈扫荡，迫切期望依靠清朝的军事力量来实现其封建复辟，向农民阶级反攻倒算。清朝统治者也打出了"与流寇争天下"、为明朝"雪君父之仇"的旗号，大力笼络汉族地主阶级，所以在广大北方地区，很快出现了满族贵族与汉族地主阶级联合镇压农民起义、共同建立清朝封建统治的局面。但是在南方，特别是江南地区，由于历史条件和阶级斗争形势的差异，情况就有所不同，汉族地主阶级和清朝统治者之间，经过几次力量的较量，直到康熙初年才完全结合起来。

　　清初，江南地主阶级与清朝关系中所经历的过程，大致可以分为两个阶段：第一阶段是顺治二年（1645）五月到四年（1647）四月，即从清军进兵江南起，到江南地主阶级策动清朝驻松江提督吴胜兆反清投明失败为止，这一段基本上属于两个敌对营垒的斗争，其焦点是维护明朝还是拥

---

　　* 本书述及的江南地区，主要指苏南的苏、松、常、镇及太仓等府县，有时也包括浙江的嘉、湖地区，所谓江南地主阶级，也是指这个地区的地主阶级。

护清朝，反剃发斗争是中间的高潮；第二阶段从顺治四年（1647）四月到十八年（1661），这基本上属于清朝封建政权内中央朝廷和地方绅权势力的斗争，所反映的内容主要是在政治、经济方面的控制反控制，也就是新组成的统治集团内部财产和权力的再分配，著名的江南奏销案，就是上述矛盾的总爆发。当然，这二者之间也不是截然分开的，而是互有参差、互有联系。

由于清朝是一个以满族贵族为主体建立起来的政权，而在初年又采取了诸如强迫汉族人民剃发易服等具有强烈民族压迫形式的政策，引起广大汉族人民的愤怒和强烈反抗，这就使得江南地主阶级与清朝统治者的矛盾斗争中，往往染上了民族的色彩，江阴、嘉定等地的反剃发武装起义，是最突出的例子。但是，由于江南地主阶级反抗清朝，主要是为了维持旧日的政治经济权益不受侵犯，因此，斗争必然具有很大的妥协性和局限性，而且越到后来，这种民族的色彩也就愈加淡薄，这与当时广大中下层群众的抗清斗争，在性质上是根本不同的。有关情况，我们再结合具体内容，进行探讨。

一

江南地主阶级政治力量的不断加强与江南地区社会经济的迅速发展是分不开的。江南地区，早在唐宋时期，就已经是全国的重要财赋中心。明朝以来，这个地区的社会经济有了更明显的进展。从明朝中叶开始，封建国家为了保证财政收入、稳定封建秩序，一方面继续从江南地区榨取高额税粮；一方面也在政治上大力扶植江南地主阶级，以取得他们对明朝的支持。洪熙（1425）以后，明朝政府不断扩大科举名额，江南地主阶级总是获益最多，同时他们进入朝廷做官的人数也急速增加，形成了所谓明代"江南缙绅独盛"的局面。

在阶级社会中，剥削阶级所拥有的由一定的经济力量决定的政治权力，又反过来保护和帮助扩充着经济利益。江南地主阶级也是如此，他们利用不断扩大的政治特权，在封建国家的庇护下，疯狂兼并土地，接受投靠，迫使大批农民沦为"缙绅豪右"之家的佃农，有的甚至成为奴仆。所谓"吴中之民，有田者十一，为人佃作者十九"①，"明季缙绅多收投靠，而世隶之邑，几无王民矣！"②典型地反映了江南地主阶级在经济上力量不断膨胀的事实。当然，与此相关，这也说明了江南地主阶级与农民、奴仆之间阶级矛盾的尖锐和深刻。

因此，江南地主阶级无论是在政治上还是经济上，都和明朝的统治紧紧地联结在一起。尽管到了晚期，江南地主阶级也反对当权的阉党的某些政策，并受到"阉党"的迫害。但是，他们中不少人以"清流"自居，打出保卫封建秩序、反对肆意劫夺的旗帜，正表明他们是为了维护明朝统治的最高利益而战斗，是明朝统治集团中一支十分重要而又活跃的政治力量。

李自成领导的农民军进入北京，以及清朝统治者入关，改变了原来封建统治集团内部的关系，也给江南地主阶级带来了新的严峻局面。江南地主阶级出于自身的阶级利益，对于清朝进关追剿农民军的行动，采取了积极赞许的态度，但是他们却不欢迎清朝代替明朝，更反对清朝向南方进军。

江南地主阶级所表现出来的立场与它当时所处的地位是有关系的。在明末农民大起义的革命风暴激荡下，江南地主阶级作为明朝统治集团中的重要一员，也受到了严重的冲击。但是，由于起义军始终没有进到江南地区对当地的封建势力来一次大扫荡，他们的身家财产也没有受到直接触动和损害。因此，他们就不像北方地主阶级那样，需要立即跪倒在满族贵族的脚下，乞求清朝来帮助其恢复失去的权势。对于江南地主阶级来说，怎样保卫既得的权势，使之不受侵犯和干扰，这才是考虑的中心。因此，当李自成退出北京后，整个农民革命由高潮走向低潮，而在清朝的统治愈益向全国扩展的形势下，江南地主阶级自然更感到清朝政权对它的威胁。③

---

①　（清）顾炎武：《日知录集释》卷10《苏松二府田赋之重》。

②　（清）孙之𬤑：《二申野录》卷8。

③　早在明朝末年，江南地区的被剥削、被压迫的劳动群众，由于受农民起义军的影响，纷纷起来反抗。当时，农村中的抗租抗粮斗争十分活跃，在城镇中也不断发生罢市或抢米、抢粮的风潮。到李自成攻入北京、灭亡明朝以后，更爆发了激烈的"奴变"运动。平日深受剥削和压迫的奴隶们，呼拥而起，向主人们报仇雪恨，索还卖身契，极大地打击了地主富豪们的威风。但是，由于运动具有很大的自发性和分散性，所以，还不足以在政治上构成对江南地主阶级的严重威胁。

这是一场改朝换代的政治大变动的威胁，意味着封建统治集团内部各种政治力量的重新调整和组合，何况这里面还包含着新的民族矛盾因素。

1644 年 5 月，在江南地主阶级积极的策划和推动下，在南京建立了以福王朱由崧为头子的南明政权。江南地主阶级拥立福王政权的目的，首先是复辟明朝统治，希望有一个按照他们愿望控制的坚强的南明政府，以便反抗北京的大顺农民政权，并镇压尚在南方继续发展的农民起义，稳定已经十分动荡的江南局势，保持他们原有的政治经济权益。但是，由于这个政权实际上就是明末腐朽统治的继续，因此福王刚刚即位，内部就陷入无穷无尽的争权夺利和互相倾轧之中，江南地主阶级中的一些头面人物，如陈子龙、夏允彝等，都先后被原来的阉党排挤出南明小朝廷，与江南地主阶级在政治上有紧密联系的南明官僚史可法等，也被迫出镇扬州，郁郁不得志。只有个别的如钱谦益之流，由于公开投靠阉党，才勉强在政治上分得了一杯羹。这样一种政治局面，当然无法稳定局势，后来更无力阻止清军的南下。

江南地主阶级等在南京建立福王政权，对于清朝统治者说来，无疑是一种对抗行动。如前所述，清朝入关，目的不只是和北方地主阶级一起镇压大河南北的农民起义军，与南明政权划江而治，而是要取代整个明朝、建立一个包括江南地区在内的全国性政权。顺治二年（1645）初，当清军围剿农民军的战争刚刚取得初步胜利，便急不可耐地着手准备进军江南，以便趁南明政权立足未稳就把它消灭掉，打消南方地主阶级重建明朝的希望。四月二十五日，清军在豫亲王多铎的率领下，首先夺取屏藩江南的重镇——扬州，接着于五月初抵达长江边，十五日就攻破南京，灭亡了福王政权，随即又连下常州、苏州、太仓、松江以及浙江的嘉兴、湖州等地。

清朝军队没有遇到强有力的抵抗，在短短的两个月时间里，席卷江南地区，除了说明南明小朝廷的腐朽无能以外，还与当时广大中下层人民的动向有重要的关系。众所周知，清朝政府的这次军事活动，和它在北方的战争，性质上是不同的。在北方，主要针对以李自成为首的农民军，是满族贵族和汉族地主阶级合流对付革命农民的一种反革命的阶级战争；而进军江南，则是为了消灭南明福王政权和残存的明朝势力，是满族贵族和一部分已经同清朝合流的汉族地主，与另一部分坚持拥明抗清立场的汉族地主之间的斗争，是一种地主阶级内部的斗争。因为战争的性质不同，广大人民群众在对待清朝的态度上也表现出一定的差异来。在北方，清军入关之初，到处出现农民群众反抗清朝统治的武装革命斗争；而在江南却是另外一种景象，广大中下层群众，并不立刻表现为对清朝统治的反抗，而是充分利用清朝代替明朝的这一统治空隙点，纷纷起来与明朝腐朽统治和直接压榨奴役他们的江南地主豪绅展开斗争。

当时，在江南的很多地区都爆发了直接针对豪强地主的武力行动。正如列宁所说："这些群众在'和平'时期忍气吞声地受人掠夺，而在动荡时期，整个危机形势和'上层'本身都迫使他们去进行独立的历史性的发动。"① 曾经一度受到南明政府镇压的"奴变"运动，又蓬勃地开展起来。像松江、太仓一带，都再次兴起斗争。其他如金坛、溧阳各县，亦无不聚众起义，被称为"削鼻班""珐琅党"等组织，在斗争中显得十分活跃。② 上海附近的群众，还以"乡兵"名义进行活动，他们处决了一批"众人公愤"的赃官富豪，使当地的地主分子心惊肉跳。③ 佃农运动也风起云涌，像宜兴，因为"国家受天命，豪强皆失势"，有的农民起而乘之，并发动"不得耕缙绅之田，以窘辱其子孙"。④ 太仓一带还有名叫"乌龙会"的组织，参加者的成分虽然比较复杂，但基本上仍是一些受压迫的下层群众，如"市井卖菜佣人"等，甚至还有"佃户"⑤，斗争的锋芒，也主要指向那些往日压迫剥削他们的富家大户。

江南地主阶级面对着如此急速变化的形势，思想上是没有足够准备的，因而显现出某种彷徨和无所适从。他们当中，有些人夹杂在"欢迎"的人群中，以绅士耆老的资格向清军献图献籍"匍伏谒见"，但内心却忐忑不安地在窥测方向；有的"尽室窜匿，惴惴惧不免"⑥；有的人则发出

---

① 列宁：《列宁全集》第 21 卷《第二国际的破产》，人民出版社 1958 年版，第 190 页。
② 见同治《金坛县志》卷 15《轶事》；嘉庆《溧阳县志》卷 8《武备志》；《明清史料》丙编第 6 本《江宁巡抚毛九华揭帖》。
③ （清）曾羽王：《乙酉笔记》。
④ （清）储方庆：《遁庵文集》卷 5《荒田议》。
⑤ 《研堂见闻杂记》，《痛史》本。
⑥ 康熙《无锡县志》卷 22《行义》。

一声长吁，"此已矣，天也"，而消极地"隐于僻野"；① 有的地主分子觉得住在城里不稳当而"迁乡者"，也有害怕乡村中的农民反抗活动，"反迁入城者"②；有些人欲举义兵"而迟疑未决"。③

不过，这是暂时的。因为现实已经给江南地主阶级展示了两条出路：一条是走北方汉族地主阶级的路，与满族贵族合流，依靠清朝的力量，稳定封建秩序，保障其政治经济权益；另一条是促使清军北撤，继续维持一个南明小朝廷。

第一条路在当时江南地主阶级中还没有很多人想走，因为现实的状况还不足以使他们认识到力量的对比对他们是不利的。在他们看来，清朝所以能很快灭亡福王政权，并不由于清军力量强大，南明势力弱小，而是亡于阉党掌权，排斥江南地主阶级中的"清流"派和"清流"派所支持的史可法等人，只要用人得宜，实现他们的政治主张，明朝还可以恢复，划江而治也是可能的。当时，已有人在浙江酝酿建立鲁王政权，一些南明残留下来的军队如荆本彻、吴志葵、黄蜚等，也在江南河湖与沿海地区活动，这些无疑给江南地主阶级带来希望。在他们当中，就有人准备出奔浙江参加鲁王政权，有的人则想通过南明残留的军事力量来进行"规复"活动。比如像嘉定，当清朝新派县令张维熙刚到任时，"人心帖然"。后来，由于吴志葵"引兵至东郊"，并入城传谕："尔民不可忘故主，今上流诸军刻期举事，宜集乡勇坚守以待。"结果"群情惶惑"，整个局面发生很大变化。到闰六月张维熙重新到县时，"遍谒乡绅，未有应者"。④ 吴志葵之所以能够用几句话使"群情惶惑"，就是因为在这些地主乡绅的心目中，认为还存在着复辟明朝的可能性。

江南地主阶级中的头面人物，一向以"清流"自居，他们组织过"东林党""复社"等政治团体，标榜的是封建纲常，"以名节互相砥砺"。因此，要他们马上与从关外进入的满族贵族合流，在思想上、政治上也还存在着障碍。另外，当时参加清朝政权的汉族官僚中，很多是为"清流"派

---

① （明）查继佐：《国寿录》卷2《冢宰徐公传》。

② 《鹿樵纪闻》卷上《南国愚忠》，《痛史》本。

③ （明）张岱：《石匮后集》卷34《江南死义列传》。

④ 《鹿樵纪闻》卷上《嘉定之屠》，《痛史》本。

所不齿的所谓"不忠不义"分子，这些人往往起先投靠农民军，后又投靠满族贵族。还有一些清朝所重用的人像冯铨等，本来就是阉党，他们之间过去就存在着深刻的矛盾。这些情况无疑拉长了江南地主与清朝政府之间的距离。

当然，在江南地主阶级内部，政治上也是有分化的。清军刚入南京，"有积望，为东林贤者所皈向"①的钱谦益，就从投靠南明阉党官僚，一转成为迎降清朝的"功臣"，并积极地向清军献媚，"使其同仁致书绅士"②，以抬高他的政治身价。然而像钱谦益那样的人物，在江南地主阶级的"清流"派中毕竟是个别的。

还有一些被清朝任用为招抚江南各府州县的人物，几乎多是当地的佻达纨绔子弟。像开始到苏州的一位叫周荃的安抚官，原来是"虎丘一佻客，善关说，走声气，宏（弘）光朝为监纪通判"，降清后即为苏州安抚。③到太仓受事的徐姓推官，"福王时以荫调京兆通判，家巨富，少年佻达，喜倡优六博"，清朝以太仓无官，即委署到篆。④又如新署嘉定守备须明征，是"故尚宝卿须之彦之犹子也，素无行，为乡里所摈"，被任命为嘉定营守备后，"取官银数千，招家丁六十名，悉锦绮悬佩刀，招摇市街间"。⑤这些人虽然大多没有政治头脑，也没有多大作为，但他们为人佻达无行却受到清朝重用，自然引起"清流"派的反感，加深了对清朝的不满。

第二条道路是江南地主阶级所向往的，但这需要时间和条件。对于江南地主阶级说来，最大的困难是一时组织不起一支能与清军作战的统一的武装，而他们与广大下层劳动群众存在的深刻阶级对立，又使他们害怕去发动民众。他们当中有的人只好来回奔走于那些残留在江南的几支南明军队之间，幻想着把他们联络在一起，作为一支抵抗清朝的基本武装力量，

---

① （明）查继佐：《国寿录》便记《南都之失》。
② （清）王源鲁：《小腆纪叙》上卷《南国顽民》，《明季史料丛书》本。
③ 《研堂见闻杂记》，《痛史》本。
④ 同上。
⑤ （清）朱子素：《东塘日札》，《荆驼逸史》本。

但是由于这些军队的成员大多是一些"市井无赖子"①，而拥兵的将领既无严明的纪律，又多狂妄自大，再加上联络者"皆文士不知兵"②，结果往往是费力很大而效果甚少。

当时，江南地主阶级和清朝统治者间的矛盾已经在不断发展、加剧。当清军以胜利者姿态进入江南地区后，所到之处，烧杀掳掠，犯下一系列暴行，连"缙绅衣冠"之家也不能幸免。如六月，清兵至苏州，"三五为群，分道掠夺"，巨家大室亦"抢劫如洗矣"。③清朝地方官凌辱士绅，在松江等地则成为激变江南地主阶级的重要原因。宋辕文《东村记事》记《云间兵事》中载：

> 乙酉五月，清师南渡，江南诸郡悉效顺，松守遂弃官去，华亭令张大年以城降。时豫王在金陵，遣参军洪恩炳充安抚使，与大年俱来。恩炳小人为安抚也，骄甚，入郡踞公府上坐，令大年匍伏谒见，郡颇哗，而是时荐绅先生则争出投谒矣。吏部左侍郎董公羽宸、光禄卿许公誉卿，其居乡素重，亦出谒，而安抚者色甚倨。郡之贤士大夫吏部考功主事夏公允彝、兵科给事中陈公子龙，方以国谋奔海外，而郡少之愤于安抚者，日以民不忍告……子龙闻之心动，往谋于允彝，允彝曰：是不可为了，而义不可已也。始听之。孚远辈闻之大喜，即部署喜事少年，得数百人，起兵有日矣。④

但是江南地区抗清斗争的全面展开，整个斗争变得有声有色，只是地主阶级动员起来还远远不够，更重要的是广大中下层民众的情绪也受到激发，使其斗争锋芒从主要针对地主阶级，转而朝向清朝统治者。顺治二年（1645）六月，清朝政府颁布严行剃发的命令，就是其中的导火线。

如前所述，当清军刚入江南时，广大中下层群众由于不堪绅缙豪霸的欺压，不少人曾一度表现为对清朝的某种幻想。但清军到江南，目的不是

---

① （清）温睿临：《南疆逸史》卷14《夏允彝传》；参见徐鼒《小腆纪年附考》卷11。
② 同上。
③ 《苏城纪变》，《明季史料丛刊》本。
④ （明）宋辕文：《东村纪事》之《云间兵事》，《明季史料丛刊》本。

要改变南明那一套压迫、剥削民众的统治机构，而只是取而代之。很多清军的暴行，以及还有一些为众人痛恨的南明官吏、地主分子，摇身一变，成了新朝的功臣，继续趾高气扬地鱼肉民众，这一系列活的事实，都给广大群众以严重刺激。但是，最初由于清朝的势力实际上还没有深入各个地区，特别是由于广大群众的主要斗争锋芒还集中于那些旧明的缙绅豪强，因此，这种不满的情绪暂时还没有爆发成为直接反对与清朝统治的斗争。自剃发令一下，紧接着清军又代表地主阶级的利益，深入各地进行镇压活动，从而使广大群众的情绪才最后转变，江南地区的斗争形势也发生了根本变化，阶级矛盾相对降低，民族矛盾却大大地高涨起来。

温睿临在《南疆逸史》中叙述了剃发令前后的形势变化：

　　自北骑南下，诸郡文武吏争献版籍，开门迎附，反为之守……适下令剃发，乡民皆惊，而胥吏乘势鱼肉民，民汹汹思乱……于是松江兵科给事中陈子龙、举人徐孚远、章简阴与陈湖兵通，（吴）志葵乃与参将鲁之屿率舟师三千自吴淞江入淀泖，将窥苏州，（夏）允彝出入军中，飞书檄联络士大夫，四方闻之，争为响应。①

当时先后在江南各地举事的有：前明兵部职方司主事吴易和举人孙兆奎起兵于吴江，诸生陆世钥等起兵于苏州的陈湖，左通政使侯峒曾和进士黄淳耀等起兵于嘉定，总督兵部侍郎沈犹龙等起兵于松江，佥都御史王永祚等起兵于昆山，行人卢象观等起兵于宜兴，兵部职方司严栻等起兵于常熟，典史阎应元等起兵于江阴，吏部尚书徐石麒等起兵于嘉兴，职方监军钱肃和主事钱棅等起兵于嘉善。还有如金山、海宁、平湖、崇德等地，也先后有人领导起兵。

除了城市以外，乡村中的乡兵组织十分活跃。有的乡兵是由群众自发组织起来的。如嘉定，"乡兵在乡，六里内一呼响应，动以数万计，无不地自为守，人自为战者"。② 江阴，"各乡保乡兵，距城五六十里者，日入

---

① （清）温睿临：《南疆逸史》卷36《死事》《列传》。
② （清）朱子素：《东塘日札》，《荆驼逸史》本或《记载汇编》本。

城打仗，荷戈负粮，弃农不顾，不用命者互相攻讦，虽死无悔"。① 常熟，"各处乡镇闻邑城陷，皆团聚乡兵，以白布裹头，竹枪木棍为器，有不愿为义兵者，辄声言毁其家"。② 在青浦，不少佃户参加了起事，他们"歃血盟神，举义旅"。③

在有些地区，广大民众成为起义的直接推动者。比如常熟，当闰六月初七日剃发命令到达时，城里的地主绅士企图通过请愿的方式，请求官府取消这道命令。而"城内外百姓闻之，不召而集者不啻万计，自慧日寺至庙前填塞于道"，当清朝县令拒绝后，"百姓鼓噪直前，摔其辫而殴之，众拳齐下，顷刻血溃于七窍而毙"，由于广大民众的支持，才使地主阶级有决心"团练乡兵，固守城池"。④ 著名的嘉定城抗清斗争，最先也开始于群众。当时清军总兵"李成栋以水陆兵驻吴淞，所过攘掠，民愤甚，揭竿四起。嘉定团练乡兵，破成栋舟师于新泾，士民为城守计，推峒曾为主，慷慨誓师"。⑤ 在太仓，"士绅率先剃发，而四境之民不服，日治兵来攻"。⑥ 结果使清军十分被动。

二

清朝统治者企图以暴力强迫汉族剃发易服，并把它作为区别顺逆的标志，提出所谓"留头不留发，留发不留头"。⑦ 这是对汉族传统生活习俗的侵犯，是一种赤裸裸的民族压迫。所以，正是从这个意义上，反剃发斗争成了江南地区广大民众反对清朝民族压迫的一次大起义。

但是，应该区别地主阶级参加反剃发斗争和广大劳动群众参加反剃发斗争在性质上的不同。地主阶级企图借此来恢复旧明封建统治，把自己的政治经济权益和明朝联系一起。而广大群众则在反民族暴行背后，还具有

① （清）韩菼：《江阴城守纪》上卷，《荆驼逸史》本。
② （清）漫游野史纂：《海角遗编》，《虞阳说苑》本甲编。
③ 乾隆《青浦县志》卷4，《杂记》下。
④ （清）漫游野史纂：《海角遗编》，《虞阳说苑》本甲编。
⑤ （清）温睿临：《南疆逸史》卷15《侯峒曾传》。
⑥ 《鹿樵纪闻》卷上《嘉定之屠》。
⑦ （清）韩菼：《江阴城守纪》上。

一种强烈的反对封建压迫的意义。诚然，由于当时的历史条件，斗争领导权几乎都落入地主阶级手中，斗争的方向和目的主要也体现地主阶级的意向。民族斗争性质最为突出、参加斗争的民众也十分广泛的江阴城，标榜的是："八十日带发效忠，表太祖十七朝人物；十万人同心死义，留大明三百里江山。"① 还是和恢复旧明的统治紧紧地联系在一起。马克思在1852 年写的一篇文章中，联系德意志民族的古代习俗时说："统治阶级从这种习俗得到的好处就是，人民群众总是在不同程度上热情地把统治阶级的特殊利益作为自己的民族利益来加以维护。"② 在江南地区这次反剃发斗争中，地主阶级就巧妙地利用了人民群众的民族热情，使自己得到好处。

但是，广大中下层群众积极参加主要由地主阶级领导的反剃发武装起义，绝不意味着阶级斗争融合在民族斗争里面了，更不能说民族斗争已经代替了阶级斗争。事实上，广大劳动群众与地主阶级仍存在着深刻的矛盾。大部分地主分子对于下层群众参加抗清斗争是极端不信任的。他们起兵主要依靠两种力量，一是"乡市好事无赖之徒"，即城乡中的流氓无产者；二是残留在江南地区的南明军队。流氓无产者虽然容易为地主阶级所利用，但纪律败坏，无法作战。他们"或假义兵名色，征粮索饷，抄掠乡里以充私囊者有矣；或公报私仇，屠戮所不快以舒宿憾者有矣；或争权夺势，倒戈内向，自相吞并者有矣"。③ 有的还"因而劫夺相仇，杀人纵火"。④ 民众常常因为不堪骚扰，被迫起来自卫。前面提到的明大学士钱士升的儿子钱棅，在嘉善起兵，"律不严，多所扰，至盛泽为乡民所杀"。⑤ 至于残留的南明军队，本来就不得民心，在群众抗清斗争高涨时期，他们往往成事不足，败事有余。像王萻的军队屯聚在太湖，"别无远图，惟搜捕剃发人正法及沿村落打粮而已，民甚苦之"。⑥ 结果反而增加了双方的矛盾。

① （清）韩菼：《江阴城守纪》上卷，《荆驼逸史》本。
② 马克思：《宪章派》，《马克思恩格斯全集》第 8 卷，第 392 页。
③ （清）李天根：《爝火录》之《论略》，《明季史料丛刊》本。
④ （清）汪永安：《紫堤村小志》卷后《江村杂言》。
⑤ （清）查继佐：《国寿录》卷 3《兵科郎中钱旃传》。
⑥ （清）李天根：《爝火录》卷 12。

　　当时在地主阶级武装中，比较有战斗力的，几乎都是一些在镇压佃农或奴仆反抗斗争中起家的实力派。比如吴易、陆世钥领导的"义兵"，原来就是在沿太湖一带组织起来的近似结寨自保的地主武装。再如嘉定抗清斗争中"与战颇力"的王家宅乡兵，其首领许龙，就是一个因镇压"奴变"而"威名顿著"的刽子手。① 这样一些人领导的义兵或乡兵，当然使劳动人民对他们存有戒心。

　　在有些地区，由于原来的阶级斗争就十分尖锐，所以在抗清斗争中，两股力量始终未能汇合一起，这在太仓表现得最为显著。前面提到的"乌龙会"组织，当清军到来后，他们开展了反对清朝暴行的行动，并且以一种十分朴素的方式参加反剃发的斗争，但是就在整个抗清过程中，地主阶级始终对他们采取排斥态度，甚至袭击和镇压这些下层民众。

　　在江阴，当抗清斗争最紧张的时候，阶级斗争也丝毫未见缓和。《明季南略》载："当攻城急时，乡民为奴仆者，勾结数百千人，问本主索文书，稍迟则杀之，焚其室庐，凡祝塘、琉璞、晹祁等处莫不皆然。"使地主阶级胆战心惊"未几事平，为主者亦多擒仆甘心焉"，② 疯狂地进行阶级报复。

　　然而，反剃发斗争对于江南地主阶级来讲，毕竟是一次与清朝统治者之间短兵相接的较量。在这次较量中，大部分地主阶级都不同程度地参加了进去，有的人还确实表现了英勇不屈、视死如归的民族气节。但是由于地主阶级参加抗清的目的是保护自己的政治经济权益，所以抵抗稍失利，就动摇变节。当时，不少州县的起义活动，都因为"邑绅惧祸，潜往通于清兵"而造成失败。③ 比如松江，"守城近百日，至八月，乡绅潜通于北，为其后自免之地，人心遂离"。④ 有的人甚至当清朝刚下令剃发时，就已经表现了怯懦和投机，像太仓，"时诸绅在城者皆俯首受剃，又各捐饷五百石为军资"，有的地主分子因"在乡得免"，"城中有密戚招之云：急宜剃发为入城计，兼参诸上台，为异日进身阶，而百石助之，亦当从缙绅

----

① （清）朱子素：《东塘日札》，《荆驼逸史》本。
② （清）计六奇：《明季南略》卷4《阎陈二公守江阴城》之《续记·难民口述》。
③ （清）温睿临：《南疆逸史》卷36《死事》《列传》。
④ 《弘光实录钞》卷4，《痛史》本。

后"。①

《鹿樵纪闻》中有一段文字论得好：

> 更制之不易，承平且然，况易姓之际乎！国朝定鼎，天与人归；发一令，东南蠢动，虽皆托兴复名，其实首鼠两端者多耳，盖衣冠制度不难立变，若发一去，虽欲朝秦暮楚而不得。故新令一下，乱者蜂起，岂真人怀反古之思，户切旧君之痛，而不以从周为愿哉！②

《鹿樵纪闻》中的这段话，是站在清朝立场又充满了对江南地主阶级的慨叹和同情来总结这次历史事件的。但里面确实点明了江南地主阶级从事抗清斗争的真实意图究竟是什么。广大劳动群众，尽管当时整个斗争的领导权不在他们手中，但是，他们那种以反对民族压迫和阶级剥削为目的、大义凛然参加反剃发斗争，同地主阶级为了保住自己的阶级私利，"虽皆托兴复名，其实首鼠两端"相比，是截然不同的。因此，从这个意义上说，广大劳动群众，也只有广大劳动群众，才代表着当时整个抗清斗争的方向。

顺治二年（1645）六月，在江南各个地区点燃起来的反剃发斗争的熊熊火焰，到了八月份，除个别地区还在兴起斗争外，③ 基本上都在清朝政府的武力镇压下失败了。从此之后，江南地主阶级再没有力量直接和清朝政府进行武力较量了。当时，有人竟异想天开地试图把南明小朝廷降为清朝儿皇帝，以换取清军撤出江南地区。当八月清军进入松江时，夏允彝就写了一封信给清朝政府，他以历史上金、元等朝的北人不习惯南方水土为例子，建议："莫若以淮为界，存明宗社而责其岁币，于名甚隆，于利可久。"④ 当然，这种建议，只能以失败告终。

在江南地主阶级中，有的人则转而把复辟明朝的希望，寄托在某些密

---

① 《研堂见闻杂记》，《痛史》本。
② 《鹿樵纪闻》卷上《嘉定之屠》，《痛史》本。
③ 如乾隆《上海县志》卷11《兵燹》载："顺治二年九月，浦东拜空邪教孔贞伯为首，聚众不剃发者数千人，揭竿称兵，反攻川沙城堡……总督李成栋提兵剿之，共杀万余人。"就是一例。
④ （清）温睿临：《南疆逸史》卷14《夏允彝传》；又，徐鼒《小腆纪传》卷14亦载。

谋活动上。顺治四年（1647）四月，由一些江南地主阶级分子参与策划的吴胜兆"反正"案件是其中最大的一次。吴胜兆原为清朝驻松江提督，因为经常与陈子龙等一批"吴中失职之士"相交结，[①] 受到他们的策动，图谋反清投靠南明，并接受了鲁王给予的"肃虏伯"封号。但是，因为这些活动脱离群众，更没有什么社会基础，而内部又倾轧不已，所以清朝方面很容易就把它扑灭了。吴胜兆事件就其内容和性质而言，实际上就是顺治二年（1645）地主阶级参加反剃发斗争的余波。清朝统治者乘此机会，给予江南地主阶级中还存留着的反清势力作进一步扫荡，把过去参加反剃发斗争中幸存的重要抗清领袖，像陈子龙、夏完淳、顾咸正等，几乎都一网打尽。自此，江南地主阶级抗清复明的活动基本上已被镇压下去，存在于他们心头的恢复明朝的希望也逐渐趋于破灭。

三

反剃发斗争特别是顺治四年（1647）吴胜兆事件以后，江南地主阶级内部的情况是：一些坚决的抗清分子大部分被武力镇压下去了，剩下的也多半无能为力，他们或者隐伏潜居，或者徜徉山水之间，以一种消极的形式与清朝抗衡，至于真正还在从事实际活动的，那只是个别的了。还有一部分，在反剃发斗争中，原先就是动摇分子，现在公然投靠清朝，把自己的经济利益和政治利益同清朝新政权结合在一起。但更多的还处在动摇观望中，他们的思想深处怀念着旧明故国，然而现实又使这种怀念不断地破灭，因此走在十字路口，不知所向。

清朝统治者清楚地知道，要牢牢地控制江南地区，首先必须争取这个地区的地主阶级分子合作。因此，适应新的形势，及时改变策略，就具有十分重要的意义。

顺治二年（1645）七月，当江南地区的反剃发斗争还正紧张的时候，浙江总督张存仁在给朝廷的奏疏中已经指出："近有借口剃发，反顺为逆者，若使反形既露，必处处劳大兵剿捕，窃思不劳兵之法，莫如速遣提

---

① （清）黄宗羲：《行朝录》卷2《舟山兴废》。

学、开科取士，则读书者有出仕之望，而从逆之念自息；行蠲免、薄税敛，则力农者少钱粮之苦，而随逆之心自消。"① 此后不久，清朝就任命内院大学士洪承畴来接替豫亲王多铎，"招抚"江南地区。洪是在入关前就投降清朝的原明朝总督，在汉族士大夫中有一定影响。清世祖在给洪的敕文中特别提到："保厘南土，实赖股肱。"要求他对"已经归顺者，即责成抚按问民疾苦，兴利除害，速图善后之策；未归顺者先以文告再三晓谕，果不服从，方可加以师旅，即有攻讨，亦以平定安集为先"。另外又频频促其访求"山林隐逸及故明废绅"，以便收罗这些人来加入清朝统治集团。②

洪到南京以后，对江南地主阶级侧重在政治上的拉拢。首先是大开科举。顺治二年（1645）、三年（1646），连续举行乡试，招徕"明末孤贫失志之士"；对于那些有声望有影响的旧明缙绅，则通过荐举进京朝见，以备擢用。此外，还帮助地主阶级扑灭阶级斗争的火焰，稳定封建秩序。

诚如前面所述，江南地区下层群众的反封建斗争，早在明朝灭亡前夕已经蓬蓬勃勃地开展起来，在群众性的反剃发斗争的高潮中，广大劳动人民为了反对清朝的民族压迫政策，还与地主阶级共同参加了这次武装起义。但是，随着反剃发斗争失败，很多地主分子变节转向清朝，广大劳动群众与地主阶级那种暂时的联盟关系也就结束了。他们仍然作为一支独立的阶级力量，继续向清朝政府以及豪绅地主展开斗争。除了前面说过的"乌龙会""珐琅党"等组织以外，还有像金山朱泾一带名叫"白党"的农民武装，他们一面在"旁近州县，以助饷为名"，剥夺"富家大室"的财货，同时又用"彼出此入，此出彼入"的巧妙战术，对付清军的"搜剿"。③ 活跃在太湖周围的"白头兵"④，也是由下层农民、渔民组织起来的起义武装，他们在赤脚张三、毛二、柏相甫、扒平大王等领导下，专门

---

① 《清世祖实录》卷19，顺治二年七月丙辰。
② 《清世祖实录》卷19，顺治二年七月壬子。
③ 乾隆《金山县志》卷18《兵燹》。
④ 顺治初年，这些名叫"白头兵"的义军，还包括了由吴易、陆世钥等领导的地主武装。吴易等被杀（顺治三年六月为清军擒获，不久在杭州被杀）后，他们的部队先后为清军镇压或改编。只有这些下层群众的武装力量，由于高举反封建义旗，深得广大群众的拥护支持，所以一直坚持斗争。

向"缙绅富人""打粮""货饷",对"农村贫人,仍公平交易",所以"众多归之"。① 又如宜兴、溧阳、上海、川沙等地,也都各有下层群众的武装斗争。

对于这些起义武装,清朝政府都坚决派兵进行镇压。被称为"削鼻班"的金坛奴变,就是由镇江知府赵廷桢镇压下去的。著名的"乌龙会"领袖吕茂成,也遭到清军的残酷杀害。② 在太湖周围活动的"白头军",更是清军追剿的重点。陈名夏在给洪承畴母亲写的一篇祝寿文中,对于洪在江南卖力镇压所谓"土寇"活动,特别加以赞赏,说什么:"江以南归命朝廷,土寇窃发,吾师数治其魁,翕然以定。"③ 此外,清朝政府还针对江南奴变,为地主阶级重定"主仆之分",又严禁佃农抗租抗粮,专门颁发告示,"促令各佃遵法输租"。④ 清朝政府的上述做法,既是为了稳定江南地区的封建统治秩序,同时也在笼络江南地主阶级,诱使他们向清朝靠拢,而这正是江南地主阶级所迫切需要的,也是双方最终合作的基础。事实上,当时就有不少地主分子向清朝政府报告起义群众的活动,积极要求清朝政府的保护,甚至直接出力帮助进行镇压。顺治三年(1646),清朝派总兵杨承祖去苏州柳塘一带围剿起义军,就有一个名叫吴惠羽的明朝举人,"剃发出见",主动要求用他的地主武装,协助清军"擒盗"。⑤

清朝政府对于地主阶级中还在进行反抗活动的分子,继续加强政治压力,甚至实行杀一儆百。《启祯记闻录》载:"诸乡绅旧岁(指顺治二年)有旨,令朝见擢用,多迁延不往,是岁复有旨下,凡明朝职官及监生俱革去,为当差,举人会试定夺。"⑥ 列宁指出:"因为'经济上的强者'的力

---

① (清)顾公燮:《消夏闲记摘抄》卷上《苏州群盗》,《涵芬楼秘笈》本。
② 参见民国《太仓州志》卷27,《杂记》上,引王家祯《见闻杂录》。
③ (清)陈名夏:《石云居文集》卷2《洪太夫人寿序》。
④ 《启祯记闻录》卷6。
⑤ 乾隆《震泽县志》卷38《旧事》。
⑥ 《清世祖实录》卷25,"顺治三年四月壬寅"条载:"谕户部:运属鼎新,法当革故。前朝宗姓,已比齐民,旧日乡绅岂容冒滥。闻直隶各省地方在籍文武,未经本朝录用者,仍以向来品级名色,擅用所领帽顶束带,交结官府,武断乡曲,冒免差徭,累害小民,甚至资即粟监,动以见朝赴盟为名,妄言复用,藐玩有司,不当差徭……自今谕示之后,将前代乡宦监生名色尽行革去,一应地丁钱粮、杂泛差役与民一体均当,蒙混冒免者治以重罪,该管官徇私故纵者定行连坐,其伪官父子兄弟家产人口,通著地方官详确查奏,不许隐漏,即传谕行。"亦当属于同一内容。

量，也在于他们握有政治权力。没有这种政治权力，他们也就不能保持自己的经济统治。"① 明朝灭亡以后，江南地主阶级在政治上已经失去了依靠，但是旧日的政治影响还没有完全消失，这种传统的政治影响，在一定时间和一定条件下，实际上就起着帮助江南地主阶级继续保持"经济统治"的作用。现在清朝统治者下令剥夺这种权力，无疑就是打击这些分子，使其感到，如果要继续维持旧日的经济地位，就必须在政治上完全投入清朝统治者的怀抱。

当然，清朝在西南地区军事方面所取得的胜利，以及全国大多数省分封建政治局面的稳定，对于加速江南地主阶级与清朝的合流，也具有重要的意义。

江南地主阶级向清朝靠拢最明显的表现是在科举上。顺治二年（1645）、三年（1646），清朝政府曾两次举行乡试，但"与试者少，进庠特易耳"。② 而且很多都是"明末孤贫失志之士"。③ 一些以"名节相砥砺"的"社中旧人，大半伏处草间"。④ 过了几年，到吴胜兆事件以后顺治戊子（五年）科，这些人却"尽出而应秋试"。⑤ 王应奎《柳南续笔》《诸生就试》条中的叙述便很有意思：

> 鼎革初，诸生有抗节不就试者，后文宗按临出示：山林隐逸有志进取，一体收录。诸生乃相率而至。人为诗以嘲之曰：一队夷齐下首阳，几年观望好凄凉，早知薇蕨终难饱，悔杀无识谏武王。及进院，以桌凳限于额，仍驱之出，人即以前韵为诗曰：失节夷齐下首阳，院门推出更凄凉，从今决心还山去，薇蕨堪嗟已吃光。⑥

---

① 列宁：《什么是人民之友以及他们如何攻击社会民主主义者》，《列宁全集》第 1 卷，第 236 页。

② 《启祯记闻录》卷 7。

③ （清）杜登春：《社事始末》，《昭代丛书》本戊集卷 16。

④ 同上。

⑤ 同上。

⑥ 这条资料在清初许多笔记中都可以找到，但因辗转传抄，在文字上颇有出入，其中关系较大的是在年代上。《后虞书》（见《虞阳说苑》乙编）与曹家驹《说梦·嘲应试诸生》（见《清人说荟》）记为顺治七年，而顾公燮《消夏闲记摘抄》卷上《滑稽诗》和褚人获《坚瓠五集》卷 3《一队夷齐》为顺治三年，我采用的《柳南续笔》及姚廷燐《历年记》则为顺治五年。根据这些资料的前后时间，参照当时社会情况，我以为顺治五年到七年之间比较可信。

上面资料描写了江南地主阶级中的一大部分人从对清朝抗拒、观望而到投靠的一个有趣的过程。这表明，与顺治四年（1647）以前相比，江南地区的形势有了根本的改观，清朝统治者已经掌握了对付江南地主阶级的主动权。

江南地主阶级投入清朝怀抱，双方在政治上结合起来的经历，还充满着矛盾和斗争。在很多具体问题上，最突出的是经济方面，还有许多隔阂。

很明显，对于江南地主阶级来说：他们认为既然自己已经投靠清朝统治者，他们的政治地位既然得到清朝政府的肯定，那么他们旧有的政治经济权益也就可以得到保障，他们旧有的政治特权也应得到承袭。然而这种情况对于清朝统治者来说却是有疑问的，他们认为自己毕竟是个战胜者，在某些方面需要进行有利于自己的调整，特别是不能影响到清朝统治的根本利益。

当时清廷财政的实际情况又加剧了双方的矛盾。因为中原地区的社会生产，早已由于明朝统治阶级的压迫剥削和连年的战争而凋零不堪。清朝入关后，其统治者又忙于各种军事镇压活动，庞大的军费使清朝的财政陷于窘境。在当时比较而言，社会生产没有受到重大破坏的是江南地区，而它本来就是旧明统治者的财赋之区。所以清朝政府迫切希望从这里榨取更多的赋税，用以弥补主要由于军费而造成的庞大财政收支的不足，而这必然要危及江南地主阶级在经济方面的既得利益，因此，围绕租赋数额问题上的斗争，就构成这一时期江南地主阶级和清朝统治者之间矛盾的一个重要内容。

当时，江南地主阶级中的大部分人，实际上由于投靠清朝，政治上得到新的保障，旧有的经济实力已急速地复苏膨胀，甚至比明代有过之而无不及。

叶梦珠谈到松江的情况可为一例："顺治初，米价腾涌，人争置产，已卖之业加赎争讼，连界之田挽谋构隙，因而破产者有之，因而起家者亦有之。"① 曾羽王在《乙酉笔记》中也同样谈到"富室大买田宅"以致地

---

① （清）叶梦珠：《阅世编》卷1《田产》，《上海掌故丛书》本。

价猛涨的事实。

　　江南缙绅地主承袭明代政治特权在乡作威作福的事实也有很多记载。顾公燮《消夏闲记摘抄》中有一篇《明季田园之盛》，谈了不少明末他们在乡的横暴行为，最后说"至国变后犹然"。① 这就把明清两代的情况，画龙点睛地勾连在一起了。

　　江南乡绅地主规避赋役，损害清朝财政的情况尤为严重。顺治十三年（1656），雷珽知吴江县，他见到"邑赋重役繁，仍明季花分诡寄之弊，田无定额，役无成格，甚至田连万顷不役，有数亩以及数十亩者几至破家，逃亡继之"。② 雷珽见到的情况，在顺治初年亦当如此。又比如松江一带，只要有"一青衿寄籍其间，即终身无半锱入县官者，至甲科孝廉之属，其所饱者更不可胜计，以故数郡之内，闻风猬至，大僚以及诸生，纷纷冒寄"。③ 顺治时任苏松巡按的秦世桢在报告中说："江南苏州府等处，额布钱粮侵欺五十余万之多，积至数年之久。"其中重要原因就是"征者不给"。④ 据顺治八年（1651）统计，"江南一省侵欠至二百余万"。⑤ 清朝的江南省还包括今苏北及安徽等地，但这里所指的"侵欠"，主要指苏松等地区而言。

　　"赋税是政府机器的经济基础。"⑥ 损害清朝政府的经济基础，不能不激发清朝政府的反击措施。清朝统治者要想在江南地区取得足够的赋税，加强自己的统治，首先必须给江南地主阶级的传统政治特权以适当的裁抑和打击。

　　然而，清朝统治者一开始多少还存在顾虑。所以措施上主要着眼于对地方官吏实行严格的"考成"制度，即以征收钱粮满额与否，作为官员升降调动的重要标准。但实践证明，这种只解决经济问题，而不敢触及政治权力的做法，其结果必然失败。它不是敌不过当地绅衿地主的势力，就是

---

① （清）顾公燮：《消夏闲记摘抄》卷上《明季田园之盛》。
② 康熙修《吴江县志》卷 10《宦绩》。
③ 《研堂见闻杂记》。
④ （清）魏象枢：《寒松堂集》卷 1，《直纠溺职藩司等事疏》。
⑤ （清）龚鼎孳：《龚端毅公奏疏》卷 6《手草存遗》之《敬陈管见疏》。
⑥ 《哥达纲领批判》，《马克思恩格斯选集》第 3 卷，第 22 页。

有的地方官吏连自己也下水，一块儿从中取利，形成官吏撤换频繁，而钱粮仍然无着，"即据苏州一府而言，一、二年间，府县各官更换如流，久则期年，近止数月"。①

正好在这个时候，接连又发生了几件影响双方关系的事件。一是顺治九年（1652）清朝在西南方面的军事失利；另一是顺治十年（1653）、十一年（1654）张名振、张煌言领导的南明军队两次闯入长江。

前一情况所造成的最直接后果是清朝政府的军需供应大大紧张起来，从而必须加紧对江南地区的钱粮催征。

后者虽然只是一种有限的军事活动，但是发生在这个时候，必然就会引起微妙的反应。江南地主阶级并非不知道在闽浙沿海游弋着南明军队，但过去很多惨痛经验使他们觉得要恢复明朝的统治，终究已属奢望，特别当后来，他们与清朝统治者逐渐结合，他们的政治利益和经济利益主要维系在清朝一边，于是对明朝的向往，也就更加遥远了。这，清朝统治者知道得很清楚，所以自顺治四年（1647）十月洪承畴调回朝廷后，政治方面的控制也相对放松。但是，南明军队这两次闯入长江，却使一部分江南地主分子的心头激起波澜，当现实正出现矛盾的时候，这阵波澜被迅速地转为对昔日的重新缅怀。事实确实如此，当张名振第二次师入长江时，"上游就有蜡书为内应"了。② 对此，清朝统治者当然十分敏感，从而使得双方的关系更加紧张。

除此以外，在朝廷中也发生了一些新变化。如同所知，江南地主阶级虽然在政治上与清朝统治者合流，但在朝廷中始终未占显要地位。最先是钱谦益，他本以为率先投诚有功，可以获得清统治者的青睐，不料刚到北京，就被排挤。以后，江南地主阶级在朝廷中的代表，是一些在北方投降清朝的如陈名夏、陈之遴等人，然而就是这些人，也在这个时候由于朝廷内部斗争，被斥、被逐、被杀。虽然这里面原因十分复杂，但从另一个角度来看，实际上也反映了江南地主阶级在政治上的失意和清朝统治者与江南地主阶级矛盾的加深。

---

① （清）金之俊：《金文通公集》卷6《山中奏草》之《遵旨陈奏疏》。
② （清）徐鼒：《小腆纪年附考》卷18。

顺治十五年（1658）五月，清世祖发布了一个很长的谕旨，里面说：

> 年来钱粮匮乏，屡经会议，未能实济急需，皆由费用繁多，积弊未革，今惟再筹裁省，严剔弊端，乃可渐至充裕。

接着下面专门提到：

> 江南无锡等县，历年钱粮欠至数十万，地方未见有大破积弊征比完结者，皆由官吏作弊，上官不行严察，且乡举贡之豪强者包揽钱粮，隐混抗官，多占地亩，不纳租税，反行挟制有司。有司官员不能廉明自守者，更惧其权势，不敢征催。该部如遇有无锡州县之欠钱粮者，察明奏请，选择廉明谨慎满洲启心郎、理事等官，先往一县，不带多人，不预别事，专令督理拖欠钱粮。或钱粮在官，借口民欠，或乡绅及其子弟举贡生员土豪隐占地亩，抗不纳粮，或畏惧豪强不敢征比等项情弊，务期惩治。清察一处，即可为他处榜样。①

这个诏谕，范围包括全国各地，但主要矛头是针对江南地区的。所谓"清察一处，即可为他处榜样"，也是指江南地区而言的。清朝统治者已经下决心要对江南地主阶级的传统特权开刀了。

当时伴随一起的，还有"乡试作弊"的案件，即所谓"科场案"。"科场舞弊"在封建社会里本来是司空见惯的事，但当时清朝统治者为了适应政治上的需要，打击一部分汉族地主阶级分子，就兴起大狱。这次揭发出来的有顺天、江南、河南、山东、山西五处，其中顺天、江南最为严重。这两个地区，有很多江南地主分子参与其中，所以最为清朝统治者所注意。杜登春《社事始末》中回忆说：

> 甲午（顺治十一年）会试……比行榜发之后（即顺天乡试），同社蒙难比比，最惨烈者莫若陆子元先生与吴汉槎（陆、吴均系松江

_____

① 《清世祖实录》卷117，顺治十五年五月戊申。

人）……江、浙文人涉丁酉（顺治十四年）一案不下百辈，社局于此索然，几几乎熄矣。一年之间，为槛车谋行李，为复壁谋衣食者无虚日。①

可见"科场案"对于江南地主阶级在政治上是一次很大的打击。

但是，在政治上和经济上都拥有强大力量的江南地主阶级，对于清朝统治者的步步紧逼，并非没有反应，顺治十六年（1659）响应郑成功进军金陵（即所谓"通海案"）和顺治十八年（1661）初吴县绅衿借哭奠清世祖死而驱逐县令任维初（即所谓"哭庙案"），是两个最突出的事件。

郑成功溯江进军金陵，是清朝统治江南以来明朝军队在东南地区所进行的最大一次军事行动。在这种形势的影响之下，明军所到之处，"遗臣故老赴见者，角巾抗礼，抚慰恳至"。② 有的州县更直接响应，如"六合拒兵献城，天长杀官献城，仪真逐官献城"。③ 还有些府县"亦皆得待时而为降计"。④ 甚至像钱谦益这样的人物，也颇有反响。⑤ 郑成功的这次进军，在江南地主阶级中竟然掀起如此巨大的波涛，正是反映了他们对清统治者利用政权力量进行压制的一种强烈的反抗行为。

顺治十八年（1661）在吴县发生的事件，其目标就更加明确。当然，它表面上还是为了揭发县令任维初的贪赃行为，但实际上，斗争的锋芒是针对着清朝统治者的，是在同清朝政府严行催征钱粮的一种抗议。⑥ 江宁巡抚朱国治特就此给朝廷上疏说："总之，吴县钱粮历年通欠，沿成旧例，稍加严比，便肆毒螫，若不显示大法，窃恐诸邑效尤，有司丧气，催征无心，甘受参罚，苟全所家而已，断不敢再行追比，撄此恶锋，以性命为尝试也。"⑦

---

① （清）杜登春：《社事始末》，《昭代丛书》本戊集卷16。
② （清）全祖望：《鲒埼亭集》卷9《明故兵部尚书兼翰林院侍讲学士鄞张公神道碑铭》。
③ （清）计六奇：《明季南略》卷11《郎廷佐大败郑成功》之《附记》。
④ （清）黄宗羲：《赐姓始末》，《明末稗史汇编》本。
⑤ 钱谦益：《投笔集》。
⑥ 顺治十五年以后，清朝统治者曾经发布了一系列严格处置地主阶级利用特权抗缴钱粮的上谕和文告，这种情况，到了顺治十七年前后，就更雷厉风行，因此对江南地主阶级的压力也更为巨大。
⑦ 《哭庙记略》，《痛史》本。

　　就在上述种种复杂的矛盾斗争背景下，顺治十八年（1661）六月，清朝统治者发动了一次规模空前的以打击江南地主阶级为目的的"江南奏销案"。

　　《圣祖实录》载："江宁巡抚朱国治疏言：苏、松、常、镇四府属并溧阳县，未完钱粮文武绅衿共一万三千五百一十七名，应照例议处，衙役人等二百五十四名，应严提究拟。得旨：绅衿抗粮殊为可恶，该部照例严加议处。"① 这就是"江南奏销案"的大致内容。

　　"奏销案"起先只限于无锡、嘉定两个县，到二月吴县"哭庙案"发生以后，清朝统治者决定"通行于苏、松、常、镇四府及溧阳一县"。这次处理，"不问大僚，不分多寡，在籍绅衿按名黜革，现在缙绅概行降调"，所以一次就降革了乡绅 2171 名，生员 11346 名。② 当时江南地主阶级中的一些著名人物，如吴伟业、徐乾学、徐元文、韩菼、汪琬、彭孙遹、宋德宜等，几乎全都罗织在内，后来成为礼部侍郎的探花叶方蔼，据说竟以"欠折银一厘左官"。③ 甚为清世祖所宠幸的大学士金之俊，也因子侄案中有名，而遭到斥责。④

　　这一年冬天，江南举行乡试，"在州与试者，每学多者不过六七十人，少者二三十人，如嘉定学不过十数人而已"。⑤ 而清朝统治者"乘此大创之后，十年并征，人当风鹤之余，输将恐后"。⑥ 因此"故明三百年不能完之地，而年来俱报全还"。⑦ 可见"奏销案"对于江南地主阶级的打击是十分沉重的。

　　应该指出，作为统治集团内部斗争产物的"奏销案"，它并没有也不可能起着震荡江南地区土地关系的作用。上面提到那些破产而逃的中

---

① 《清圣祖实录》卷 3，顺治十八年六月庚辰。
② （清）叶梦珠：《阅世编》卷 6《赋税》。
③ （清）王应奎：《柳南续笔》卷 2《辛丑奏销》。
④ 参见（清）金之俊《金文通公集》卷 5《纶扉疏草》，《吁天认罪疏》。
⑤ （清）叶梦珠：《阅世编》卷 2《学校》1。
⑥ （清）叶梦珠：《阅世编》卷 6《赋税》。
⑦ （清）张宸：《平圃遗稿》卷 3《请复奏销疏》；同见龚鼎孳《龚端毅公奏疏》卷 4。按：在明代，江南绅缙田土的赋额，完足六成，就算是上考。

小地主，其土地的主要出路，还是"求送缙绅"，或"并归大户"。① 个别地主还因此而起了家，像长洲县的一位张季繁，他当"吴民数百万户大抵皆破"的时候，却"独以田起家"。② 康熙五年（1666），娄县知县李复兴在《详行均田均役法》一文中说："田并势豪，役归佃户，纷纷逃窜，军饷有亏。"③ 十三年（1674），布政使慕天颜在《请酌减苏松浮粮》一疏中又说："臣查康熙八年以前，奏销之数每年欠至六七十万，一半欠在苏、松，即迩来抚臣与臣殚力劝输，康熙十年、十一年考成虽未完不及一分，而以他属之完，合苏、松之欠通融算结之，非苏、松亦能至九分也。苏、松岁逋累万，断断难清。"④ 可见"奏销案"对于江南地主阶级的打击不过是相对的，甚至连"花诡避役"等现象也无法杜绝。至于江南地区的广大农民群众，他们的地位丝毫没有因为"奏销案"而有所改变，他们所受到的剥削和压迫一切都如故。江南地区的阶级斗争形势，仍然紧张尖锐。

四

从顺治四年（1647）吴胜兆事件以后，到顺治十八年（1661）的"奏销案"，这是江南地主阶级与清朝统治者双方关系中的第二阶段。在这个阶段中，江南地主阶级一方面在政治上逐步和清朝统治者结合，把自己的前途和命运寄托在清朝身上；可是在经济方面，却始终企图顽强地保持旧有的传统权力，并且利用新取得的政治地位来巩固这种权力，不让清朝统治者有所侵犯。这样，双方在碰到具体问题时，势必要发生矛盾。清朝统治者依靠它在政治方面的优势力量，逐步击败江南地主阶级，取得对于江南地区的真正控制权，顺治十八年（1661）的"奏销案"则是斗争的高潮。在"奏销案"前夕，双方的矛盾已日趋激烈。清朝统治者采取了一系列强硬的手段，限制江南地主阶级。顺治十七年（1660）初，以"士习

---

① （清）叶梦珠：《阅世编》卷1《田产》1。
② （清）吴梅村：《吴梅村全集》卷34《大学张君季繁墓志铭》。
③ 嘉庆《松江府志》卷27《田赋志》。
④ 同上。

不端，结订盟社，把持衙门，关说公事，相煽成风"等名义，严厉禁止自明末以来在江南地主阶级中十分流行的结社活动。① 这就剥夺了他们思想上、政治上结聚的一种公开的手段。接着又利用"通海案""哭庙案"大兴刑狱，处决了一批危险人物。其中仅金坛［系指顺治十六年（1659）郑成功进军南京——引者注］一案，屠戮、灭门、流徙、遣戍不止千余人。② 在这之后，就发动了更大规模的"奏销案"。

当然，在这场斗争中，有时候不可避免地会掺杂一些民族斗争的因素，然而那毕竟是十分次要的了，因为这时的整个斗争形势已经发生了变化。所谓民族斗争，只不过是在一些局部问题上，或者是在少数地主阶级分子身上才比较强烈地表现出来。

"奏销案"等措施，对于江南绅权的抑制是这样严重，江南地主的势力暂时地后退了。《昆（山）新（阳）两县续修合志》中载："顺治辛丑奏销一案，半归废斥，大都以名义自处，虽登两榜、官禁林者，卒安贫困守，或出入徒步，不自矜炫。然里巷狡猾不逞之徒见绅士无所畏避，因凌轹之，绅士亦俛首焉，又风俗之一变也。"③《太仓风俗记》中说道："国初……顾当初罹兵火，郡邑急租调，恒以声势凌衣冠，士大夫杜门谦退，苦身自约，渐不为闾巷所尊矣。"④《常熟昭（文）合稿》也有"旧家文献凌替，或有过而侮之者矣"之谈。⑤ 地主阶级为了保持剩下的阵地和利益，不得不对当权者采取奴颜婢膝的态度，像董含所说："前朝缙绅类能自重，当时亦接之惟谨。迄来士大夫日贱，官长日尊，于是曲意承奉，备极卑污，甚至生子遣女，厚礼献媚，立碑造祠，仆仆跪拜，此辈风气愈盛，视为当然，彼此效尤，恬不为怪。"⑥ 从江南地主阶级士大夫的这些带有感叹性的议论中，可以看到，此时，清朝的封建国家权力，完全压倒了自明代以来的绅权势力，江南地主阶级在政治上已经不再能构成对清朝中央集权

---

① 《清世祖实录》卷131，顺治十七年正月辛巳。

② （清）计六奇：《金坛狱案》，《记载汇编》本。

③ 光绪《昆新两县续修合志》卷1《风俗占候》。

④ （清）程穆衡：《太仓风俗记》，《棣香斋丛书》本。

⑤ 光绪《常昭合志稿》卷6《风俗》。

⑥ （清）董含：《三冈识略》卷6《三吴风俗十六则》。

利益的威胁了。这是清朝统治集团里相互关系中的一个显著变化，它表明清朝的中央专制主义集权又有了进一步的发展。

"奏销案"以后，在清朝统治集团内部，朝廷和三藩的矛盾逐渐激化起来。到康熙十二年（1673）三藩之乱发生后，清统治者为了争取江南地主阶级的支持，主动放松了一些限制他们的禁令。这一年，清廷下令蠲免江南苏、松、常、镇及淮、扬六府的康熙十三年（1674）分地丁正项钱粮的一半；① 十四年（1675）准许开复因"奏销案"黜革的绅衿；② 十九年（1680）又以"江南财赋繁多，旧欠追比累民"，把康熙十二年（1673）以前的钱粮欠项统予以蠲免。③ 江南地主阶级也积极地为平定三藩和巩固清朝统治出谋划策，昆山巨族徐家兄弟之一——徐元文在躬"预参赞"撤三藩的过程中显得十分活跃。④ 康熙十七年（1678），清廷在与三藩作战的戎马倥偬之际，特别开设所谓"博学鸿儒"科，据说这也与徐乾学等人的活动有很大关系。在"博学鸿儒"科中，康熙又有意网罗江南地主士大夫。当时录取的一等20名，苏、松等四府（包括太仓直隶州）就有9名，如果加上浙江嘉、湖两府的4名，竟占总数的65%。二等录取30名，苏、松等四府也达12名之多。⑤ 这些在鸿博科中式的人物，分别授予翰林、检讨等职，并被罗致到史馆纂修明史。清廷的这种做法，不但使很多一般的汉族地主士大夫感激涕零，就连一贯表示不与清朝合作并拒绝参加应试鸿博科的黄宗羲和顾炎武等，也被推动起来，送其儿子或弟子参加修明史的工作，并多次以书信形式参与意见。所以，到三藩平定，清圣祖前后六次到江南进行巡视的时候，⑥ 江南地主阶级与清朝统治者之间的关系，比之顺治朝完全是另外一种样子了，江南地主阶级在经过又打又拉反复较量之

---

　① 《光绪会典事例》卷378《户部·蠲恤》。

　② （清）叶梦珠：《阅世编》卷6《赋税》。

　③ 《光绪会典事例》卷265《户部·蠲恤》。

　④ 《龚自珍全集》第3辑《徐尚书代言集序》，中华书局1959年版。另外可参见张玉书《张文贞公集》卷9《文华殿大学士户部尚书掌翰林院事徐公神道碑》，韩菼《有怀堂文稿》卷17《资政大夫文华殿大学士户部尚书掌翰林院事徐公行状》，以及徐乾学《儋园集》，徐元文《含经堂集》。

　⑤ 秦瀛：《己未词科录》。

　⑥ 康熙帝"南巡"，名义上是巡视黄河河工，"观览民情，周知吏治"（《圣祖实录》卷139），但每次都跑到江、浙两省，而且作出很多姿态，如谒明陵、免积逋，蠲课税，访求"贤才"，增加"入学名额"，等等，目的也就是要慰抚和拉拢这一带的地主阶级。

后，也忠顺地匍匐在清朝统治者的脚下，高唱起"我朝深仁厚泽"的赞歌。

五

简单的小结：

第一，江南地主阶级早在明代中叶就已形成一支强大的政治力量。明代后期的各种政治斗争，对于江南地主阶级产生了重大的影响。但是由于江南地区的阶级斗争始终限于分散的、较小的规模，另外，以江南地主阶级人物为骨干的东林党、复社与阉党之间的矛盾争斗，其结果并没有严重损害江南地主阶级的根本利益。所以，直到清朝进入江南以前，他们在政治上和经济上的实力基本上没有受到损害，他们仍然是明朝统治集团中的一个忠实的成员。

第二，基于上述原因，江南地主阶级与清朝统治者之间的结合，就和北方地主阶级不同，经过了一个反复曲折，有时还是很激烈的斗争过程，而实质是为了保护既得的政治经济权益不受损害。恩格斯在谈到19世纪中叶英国辉格党和托利党的斗争时说："在英国，至少在正在争统治权的政党中间，在辉格党和托利党中间，是从来没有过原则斗争的；它们中间只有物质利益的冲突。"① 清初江南地主阶级与清朝统治者之间的矛盾和斗争，说到底也正是如此。

第三，在清初江南地主阶级与清朝统治者之间的斗争中，最显得有声有色的一幕，莫过于顺治二年（1645）六月到八月的反剃发武装起义。这是因为江南地主阶级打出的印有反民族压迫标记的旗帜，不但对本阶级有重大的号召力，而且也大大地激发了广大群众参加斗争。江南地主阶级与广大劳动群众，尽管在反对清朝强令实行剃发易服的民族压迫政策上，有着共同的立场，但是，从根本的阶级利益出发，最终的同盟者毕竟不是受其压迫剥削的劳动群众，而是清朝统治者，这就决定了江南地主阶级在斗争中必然具有很大的妥协性和不彻底性。恰当地指出这一点，对于我们评

---

① 恩格斯：《国内危机》，《马克思恩格斯全集》第1卷，第547页。

价江南地主阶级在反剃发斗争中的作用是有意义的。

第四，在江南地主阶级与清朝统治者的第二个回合的斗争中，主要是围绕着经济问题，然后又扩展到政治问题上去，涉及新组成的统治集团内部的财产和权力的再分配，因此它比第一阶段的斗争更为细致、更为深刻，很多过去来不及触及的问题，被翻了出来加以清算。但是这种清算却是必需的，如果清朝统治者不把江南地主阶级在明末遗留下来的特权加以抑制，而江南地主阶级也还用这种传统的特权来对抗清朝的统治，那么，所谓结合，事实上是不牢固的。因此，第二阶段的斗争，也就是双方关系的继续大调整。当然，这是一个痛苦的过程。

第五，在清初江南地区，除了地主阶级与清朝统治者之间的矛盾以外，同时还存在着下层劳动群众反抗地主阶级与清朝统治者的斗争，这是江南地区阶级矛盾尖锐紧张的一种反映。下层劳动群众与地主阶级和清朝统治者之间存在的矛盾，在性质上是完全不相同的。因此，尽管在清军南下前夕，广大劳动人民出于对南明政权的愤怒和对江南地主阶级压迫剥削的仇恨，曾经表现出了对清军的某种期望。后来，在反剃发斗争中，又在反对民族压迫的旗帜下，一度与江南地主阶级有过合作关系。但是，广大劳动群众始终是作为反对封建压迫剥削的力量而进行斗争的（尽管有时以民族斗争的形式表现出来）。过去有人为了强调清初江南地主阶级的反清斗争，有意无意地忽视江南地区所存在的尖锐激烈的阶级斗争，甚至把广大劳动人民的反封建斗争与地主阶级同清朝统治者之间的矛盾斗争相提并论，应该说，这都是不妥当的。

第六，清朝代替明朝，既是地主阶级重新加强对农民群众压迫剥削的过程，同时，在统治阶级内部也经历了新的组合和调整。通过对清初江南地主阶级动向的分析，可以提供我们考察在清朝统治集团中，满汉地主阶级结合过程的一个具体实例。

（原载《清史论丛》第 1 辑，中华书局 1979 年版）

三藩事件后清朝的军制改革

　　吾师商鸿逵教授在《论康熙平定三藩》的文章中说："平定三藩之后，中国内部实现了统一，军队编制划一了，原来各自独立的吴、耿、尚等部队，除吴部调往边区服役军驿台站外，均重新编入八旗，同时于荆州、福州、广州增设八旗驻防，广西、云南派用绿营镇守。"① 可见，清廷鉴于以往教训，于三藩战争后，在有关军制和军队部署方面，进行了诸多变动。

一　顺康之际清朝军队的基本构成

　　从清入关到三藩战争爆发，作为国家机器重要组成部分的清朝军事力量，主要由三个方面构成。一是以满族子弟为主体，包括一部分蒙古和汉人编制起来的八旗军队。它是跟着努尔哈赤、皇太极打天下的部队，按牛录（佐领）和旗进行编制，被视为清朝政府的性命。入关后，无论在装备或薪饷待遇上，都受到特别优待。顺康之际，八旗军队最多不会超过20万人。二是绿营兵，因使用绿旗、以营为基本单位而有此名。它是入关后收编明朝降军组建起来的，主要是戍守地方，也承担缉捕、解运、守护、承催等职。编设绿营，既为了实行以汉治汉，也弥补了八旗兵力之不足。顺治时，绿营的最高兵额可达80万人，后几经裁减，也在60万人以上②。三是由吴三桂等几个藩王统领的军队，也是一支颇具实力的精悍武装。他们原来均属明朝将领，入关前后，都曾为清朝出过大力，因而得以自将其

---

①　《明清史论著合集》，北京大学出版社1988年版，第167页。
②　参见陈锋《清代军费研究》，武汉大学出版社1992年版，第96页。

军，分别镇守南国，拥有很大的权力。在三藩叛乱前，吴三桂属下额定经制兵约3万余人，其中直隶藩下、按八旗编制的藩兵53佐领，"官甲一万员名"；① 绿旗兵忠勇、义勇各5营12000人，援剿四镇兵12000人。又康熙元年（1662）七月经清廷批准，于昆明设"马步兵一千名"②。以上共计35000人。从康熙四年（1665）起，忠勇、义勇及援剿各镇兵曾陆续奉旨裁撤，但三桂仍以各种手段保存实力，估计30000人是不成问题的③。由于吴三桂拥有朝廷特许的总管云南、贵州两省兵民事务大权，连总督、巡抚也得"听王节制"，所以对这两省的驻防绿营兵也有统率之权，如此算来，他直接或间接可动员的兵马，当在10万人上下④。

平南王尚可喜辖下旗兵15佐领，约3000人，绿旗左、右两翼兵6000名⑤，共9000人⑥。

靖南王耿精忠旗兵15佐领3000人，"绿旗官兵七千余人"⑦，共10000人⑧。

又，定南王孔有德去世后，在广西仍保留了原来的藩下兵3000人，以及一部分绿旗兵，共6000人⑨。

以上各藩王兵力五六万人，如果加上像吴三桂那样借助总管滇、黔二省兵马机会，在该地安插亲信、收买驻防绿旗兵马，那么归其控制的兵力，应有十四五万，或更多一些。

三藩战争爆发后，吴、耿、尚等的兵力更急速得到扩张。像耿精忠在

---

① 倪蜕：《滇云历年传》卷1；《清世祖实录》卷136，顺治十七年六月乙未。

② 《清圣祖实录》卷6，康熙元年七月庚辰。

③ 参见乾隆《云南通志》卷16上。

④ 吴三桂起兵反清后，偏沅巡抚韩世琦在奏疏中说："逆贼吴三桂老本兵马不过十万"，可作旁证（见《清三藩史料》卷3，康熙十三年十二月初八日启）。

⑤ 《清三藩史料》卷2，《平南王尚可喜题》；又见《平定三逆方略》卷1。

⑥ 据顺治十七年三月朝廷允准："平藩左翼镇标统兵四千名"，"右翼镇标统兵三千五百名"，共7600名（见《清世祖实录》卷133，顺治十七年三月癸亥），较之康熙十二年时要多出1500名。

⑦ 《平定三逆方略》卷1。

⑧ 又据杜臻《粤闽巡视纪略》："是时靖南耿藩提兵一万，自粤徙镇，而又从（苏）纳海之请（系兵部尚书），加兵七千以壮居重驭轻之势，规制一变。"说明耿氏率领的军队曾达到17000人。

⑨ 参见《清圣祖实录》卷2，顺治十八年夏四月乙酉。又，康熙十八年五月，清廷曾指示前线将领穆占说，"其定南王下旧兵有老弱者裁去，不必足从前三千之额"（《清圣祖实录》卷81，康熙十八年五月丁未）。可见在此前，清廷一直承认孔有德自杀前拥有的3000名旧兵的编制。

福建，实行"三丁抽一，五丁抽二"的办法，迫使百姓当兵①，使军队发展到十来万、二十来万。孔有德婿孙延龄在广西起兵时，"逆从不下万五六千人"②，比原孔氏旧部超过近两倍。康熙十四年（1675），仅集结在广东高雷廉等地的吴军和当地叛附绿营，就"合计约有十万"③。吴军占领湖南后，三桂"率领伪将军十八人，贼兵十万，屯聚长沙"④。又令吴应麒以兵7万余，守卫岳州⑤，等等，估计此时三藩兵力有40万—50万人。

二　遣散"三藩"军队

平定三藩后，首先需要解决的，就是这批"从逆"官兵。康熙十九年（1680），当三藩中耿、尚二人已经投降，吴军亦呈土崩之势时，都察院左都御史徐元文曾上疏言："逆藩吴三桂甘心反叛，遗孽旦夕伏诛。凡胁从之众，恩许自新，若仍留本土，既非永久之规，而移调他方，亦多迁徙之费，统以别将，则疑猜未化，终涉危嫌，摄之归旗，则放恣既久，猝难检束。请以应补职及入伍者，与绿旗将弁一例录用，余俱分遣为民，则俸饷既减，军需益渐裕矣。至耿精忠、尚之信、孙延龄旧隶将弁，尤宜解散，勿仍藩旗名目。"⑥ 其实徐元文所说的基本原则，就是康熙帝早年要撤三藩的本意。不过因为此时三藩兵力已大大膨胀，各种头绪千丝万缕，真的付诸实施亦非容易，故必须分别等次，慎重对待。

（一）挑补绿营缺额和遣散归农

这是指一般兵马而言的。早在康熙十五年（1676）耿精忠归降时，清廷便下令，除开藩下官员及两镇标下武弁及兵丁照额设保留外，其余"分隶提镇各标愿归农者，原籍安插"⑦。不久，清廷又批准了前线统帅、奉命

---

① 李之芳：《李文襄公别录》卷6《示谕从逆官民及早归命》。
② 《平定三逆方略》卷7。
③ 《清圣祖实录》卷58，康熙十四年十一月壬寅。
④ 《清圣祖实录》卷67，康熙十六年六月己未。
⑤ 《平定三逆方略》卷8。
⑥ 《清史列传》卷9，《徐元文》。
⑦ 《清圣祖实录》卷63，康熙十五年十月庚午。

大将军康亲王杰书的意见，借口"节省饷银"，将耿氏统领的两镇绿营兵马亦俱行裁革，"设法安插"①。这一年六月，正在甘肃的大将军图海，报告他在平凉前线接受了一批投降的倮、苗官兵。玄烨认为此等官兵"若留内地，恐其父子、妻子或被逆贼残害"，下令"俱发回云南"老家②；十七年（1678）又命遣随降兵众归云南，"俾得完聚"。还要兵部将其后续受降者，"逐一问明，或有愿归，奏闻并发"③；十八年（1679），"伪将军"刘彦明在广西反正，清廷又指示"刘彦明等所领投诚绿旗兵内，有愿归农者皆令归农，愿入伍者拨入广西经制兵内"④。此时清廷的做法，虽包含有用宽大政策来分化瓦解敌军之意，但在清军已基本足额的情况下，让其归农回乡，实际上也减轻了自身的包袱。

　　到了三藩接近崩溃或败亡之时，投降归诚兵数越来越多，安插处理的记载更频见史籍。康熙十九年（1680）六月，以福建巡抚吴兴祚等宣示招抚伪将军"江机等率领伪官一千一百二十八员，兵丁四万三千六百二十九名投诚，分别归农补伍"⑤；八月，浙江总督李之芳报告招抚浙江、江西等处"文武伪官六千二百余员，伪兵共一十六万五千五百余名，分别给赏，解散归农"，"愿留者收标效用"⑥。在广西，叛首马承荫投归后，玄烨嫌马氏降后复叛，下令将马承荫本人及标下守备以上官押解京师，"其标兵令督抚提镇等分隶各营"，又汰其老弱，散置原所领回族兵丁，实行分别处理，使马氏军队再"勿令其党聚"⑦。康熙二十年（1681）九月，抚远大将军图海疏报将军王辅臣在入觐途中病故，请示安插标下官兵时，玄烨因王曾叛附过三桂，乃以四川、陕西俱已平定，只同意让少数"官弁听该督酌量题补"，一般士兵，统令"裁去"⑧。等到清军攻入吴氏老巢昆明，三藩全部底定，清廷对投诚的三桂部众的处理是：凡副将以上伪官，无分

---

① 《清圣祖实录》卷64，康熙十五年十二月辛未。
② 《平定三逆方略》卷24。
③ 《平定三逆方略》卷37。
④ 《清圣祖实录》卷81，康熙十八年五月丁未。
⑤ 《清圣祖实录》卷90，康熙十九年六月甲戌。
⑥ （清）程光福：《李文襄公年谱》。
⑦ 《清圣祖实录》卷91，康熙十九年七月辛卯。
⑧ 《清圣祖实录》卷97，康熙二十年九月丁卯。

新旧，悉令随凯旋大军分批赴京，待竣别后，或定罪，或编入旗下。另外副将以下人众，则分发山东、河南、湖广、江西等省进行"安插"①。由于吴氏军队较多，安插工作花费了相当长的时间，直到康熙二十七年（1688）才算了结②。

在平定三藩的中前期，因为作战需要，清朝政府曾收编了不少降兵降将。战争结束，整顿绿营，这些投降者便成为主要精简对象。康熙二十二年（1683）兵部议准，"各省副将以下从贼武弁，投诚后立有军功八次者议留，不及八次者议革"。要立功八次才能继续留营，那就意味着绝大多数人要遭裁减。大概玄烨认为它可能会引起军队不安，甚至出现新的动荡，所以又提出："此议革各弁内，如有效力行间，素著劳迹，才堪任用者，应俟该督抚保题到日，引见录用。"③但这毕竟只是少数。第三年，清廷根据广西道御史钱珏的意见，指令地方督抚们对前些年投诚的兵丁做一次调查，看他们是否确实得到安顿。指令还特别提到一些愿在他乡入籍者，要开明作何生理，愿屯田者编入保甲，给以田亩牛种等等④。这既是一种慰抚措施，更重要的也是为了使官府心里有数，便于监督。

（二）编入八旗

这主要指曾经按八旗编制的耿、尚嫡系军队和原孔有德旧部。

按：耿精忠于康熙十五年（1676）十月投降，同年底，广东的尚之信也表示了纳款的意向，并于次年三月反正。与此同时，清廷也加强了对统领孔氏旧部孙延龄等人的招降工作，但中间因吴军进入广西，孙延龄遭到诱杀，所以直到康熙十七年（1678），孔氏旧部才归降于清。不过当时清军与三桂战事还在紧张进行，需要羁縻耿、尚等人，并利用他们的军队牵制吴军和其他反叛势力，故仍以笼络为主，对于他们反正后诸多不法事，采取隐忍态度。从康熙十九年（1680）起，清廷着手解决耿、尚二藩问

---

① 《清圣祖实录》卷102，康熙二十一年四月丁亥。乾隆《云南通志》卷29之4，蔡毓荣：《筹滇第五疏》。

② 乾隆《贵州通志》卷24。

③ 《清圣祖实录》卷109，康熙二十二年四月丁丑。

④ 《清圣祖实录》卷119，康熙二十四年二月丁酉。

题。八月十日，玄烨召集在朝大臣，讨论尚之信之事，结果尚被勒令自尽。藩下万余旧卒的归属，因"言人人殊"，着实花费了一番心思，不过"参而伍之，似乎分隶八旗之说为最长"①。在此基础上，先决定将其15佐领分别编入上三旗，令暂驻广东，另设将军、副都统管辖，"后日或撤回或迁移，似亦较易"。至于绿营镇兵，"仍留下二总兵标下官兵，令新设将军等管辖"②。

清廷对耿氏的处理，在时间上还稍早于尚之信。康熙十九年（1680）四月，于诏令耿精忠返京的同时，任命耿氏谋叛前曾行"哭劝"，"归顺后又甚效力"的都统马九玉为福州将军，"辖藩下兵"③，又将其中的1000名改编为八旗兵，调往杭州驻防。此时，耿已被剥夺兵权。耿精忠到京后，清廷立即将其逮捕，历数其"虽已归降，仍怀反叛"的种种罪名，并于二十一年（1682）正月进行处决。

康熙二十年（1681）十月，清廷以三藩平定，乃诏"闽粤藩下旗员还京"④。在此之前，清廷把原住京师、没有从事叛乱的耿精忠兄弟耿昭忠、耿聚忠的家口，编为五佐领，连同昭忠、聚忠本身，统统编入正黄旗汉军⑤。尚氏未受株连家口及一部分下属，跟随尚可喜棺椁，先被安顿在辽东海州故地⑥。康熙二十二年（1683）十二月，"命尚之孝、尚之隆等家下所有壮丁，分为五佐领，隶镶黄旗汉军旗下"⑦。他们中除少数仍留海州，大部分迁回北京。

与此同时，驻扎在广西的原定藩人马，也命"全撤入京"。不过因孔氏部属曾"经三次倾覆"，比较其他诸藩要零落得多，即使如此，连同家口，人数也相当可观。据在任广西巡抚郝浴疏称："总计其人除支俸官三十九员，其拨什库马步甲兵二千五百余名，官眷七百余口，家口

---

① （清）潘耒：《广南藩兵议》，载《清经世文编》卷70。
② 《康熙起居注》，中华书局1984年版，第600页。
③ 《清史列传》卷90，《耿精忠》。
④ 《平定三逆方略》卷59。
⑤ 《清圣祖实录》卷97，康熙二十年（1683）九月丁丑。
⑥ （清）邓淳：《岭南丛述》卷60。
⑦ 《清圣祖实录》卷113，康熙二十二年十二月癸丑。

二万二千五百余名口"，合算达 26000 余口①。定藩的搬迁分两批进行，只广西就调拨了四舱船 1237 只，五舱船 796 只②，可见搬迁工程量之大。

在搬迁中，凡属确定应迁之人，必须一个不缺地离开驻地。康熙二十四年（1685），清廷发现福州副都统胡启元利用职务之便，受贿将耿精忠名下应撤兵丁张君锡等 54 人留住不迁，事发后，胡启元与同伙参领杜荣，以及为首行贿张君锡等 4 人，统被判处绞刑③。在搬迁中，因人数众多，又路途艰辛遥远，加上搬迁者皆非自愿，所以难度很大。当时曾有人提出将"吴三桂属下家口请暂停搬迁"。动议刚提出，兵部便立时加以驳斥。玄烨也赶紧指示："此等家口搬移不容迟延，必速令陆续就道，虽值农事，断断不可展限。"彻底搬迁，清除隐患，乃是清朝既定的不可动摇的政策。

据《八旗通志（初集）》《旗分志》所载，这些编入旗籍的三藩旧部中，原定藩所部编为 13 个佐领，广东平藩旧部有 8 个佐领，福建靖藩旧部 4 佐领。另有 5 个佐领因记载不明，难以归类，又 1 个佐领系由闽广驻防军合编而成。再，崇德时从明朝投附于清，被皇太极封为续顺公的原沈志祥所部，在三藩战争中，尽管他们没有从叛，但因独自成军，此次也诏令从广东潮州驻地迁往北京，编成 4 个佐领。上述各佐领，开初均隶于两黄、正白上三旗。雍正时重新分旗，有的便被拨到正红、镶白、正蓝、镶蓝等旗。

在编入八旗的旧藩军队中，也包括了小部分原吴三桂的属下。像康熙十七年（1678）投降清军的亲军水师右翼将军林兴珠，便被编入镶黄旗汉军。康熙二十一年（1682），户部还移照该旗都统"归与缺少壮丁"和"佐领下应给地亩、籽粒口粮"，还要工部"给发所居房屋"④。康熙二十年（1681），当清兵围困昆明时，率先开城门投降的将军线绒等人，于二十二年（1683）编入正白旗。线绒则以三品官管理佐领事。雍正四年

---

① 《中山奏议》卷4，《藩下佣工人等应察释为民疏》。
② 《中山奏议》卷4，《供应凯旋大兵夫船疏》。
③ 《清圣祖实录》卷121，康熙二十四年六月癸卯。
④ 《清圣祖实录》卷106，康熙二十一年十二月甲戌。

（1726），该佐领又被分拨到镶白旗属下第四参领第五佐领①。至于绝大部分投降的吴军，兵部曾提议将他们交于内务府，编入包衣佐领，但遭到玄烨的反对。他认为"如系吴三桂旗下人，其中健丁颇多，与其尽编入包衣佐领，不若分散安插各处"②。尽管如此，仍有一些"受伪职"的人员被编到内务府所属包衣佐领里③。大概因为他们都罪孽深重，需要分编于各佐领，所以不像孔、耿、尚旧部，有完整可考的名称。

（三）充当皇庄庄丁和驿站军卒

这也是指三藩旧部而言的，地点多集中在关外东北地区，也有少量被分配到古北口、喜峰口外与蒙古接邻的地区。

民国《奉天通志》引《绥中县志》："边台、驿站、网户三项旗人，系清初三藩降卒，当时由云南拨来八百四十八户，分布边台守边挑壕，驿站传递文书，网户捕牲罗雉。"边台系指建于辽东一带的柳条边，分属于盛京和吉林两将军，"插柳为边"，"若中土之竹篱"，外掘壕沟④，目的是划分与蒙古的界线，"使畜牧游猎之民知所止境"，同时也是要加强"镇慑，并稽察奸宄"⑤。为了保证柳条边不受损坏，沿边每隔一段落都设边台，置台丁，挑壕修护。据有的学者估计，整个柳条边的台丁为5000人左右⑥。

驿站站丁主要是保证驿道通畅而分派在站服役的人员。盛京地区的驿站建设，顺治时已初具规模，三藩兵卒发往盛京后，充实了站丁队伍。当时，仅凤凰城地区就分去吴三桂属下的吴、李、张、王等16个姓氏的军卒⑦。康熙二十二年（1673），清朝政府为巩固边防，防止沙俄入侵，先后建立了由伯都纳（今吉林扶余县）到瑷珲，以及由墨尔根（今黑龙江嫩江）到吉林的驿道，共设驿站60余处。这些驿站的站丁，亦以吴、尚、

---

① 《八旗通志（初集）》，东北师范大学出版社1985年版，第271页。
② 《康熙起居注》，中华书局1984年版，第952—953页。
③ 《清圣祖实录》卷113，康熙二十二年十一月丁丑。
④ （清）杨宾：《柳边纪略》卷1。
⑤ 民国《奉天通志》卷78。
⑥ 杨余练等：《清代东北史》，辽宁教育出版社1991年版，第130页。
⑦ 民国《凤城县志》。

耿三藩旧户"居多"①。接邻京师的古北、喜峰二口外设驿，也是在康熙二十二年（1673）。这除了方便清廷与蒙古诸部联系外，也是要加强从黑龙江来的军情联络。当时从瑷珲南下，经墨尔根折向东南入蒙古，再由喀喇沁旗进喜峰口或古北口至京师，比之自盛京经山海关抵京，在路程上缩短了很多。据该年十一月理藩院题报，古北口外鞍匠屯、西巴尔泰，喜峰口外王霸垓添设驿站3处，"每驿设人丁五十名，管辖拨什库二名，马五十匹，牛车三十辆"，驻驿人丁由内务府派出，"其管辖拨什库亦令内务府派曾受贼伪职（指三藩）有妻奴之人"②。

网户属于内务府贡纳户，定期向皇家缴纳鱼牲之类。又据王一元《辽左见闻录》："逆藩家口充发关东"，皆发各庄头"当差"。说明充发于皇庄的三藩人丁中，还有从事田作等其他劳动的。

以上人户，因为都是"从逆家口"，所以政治地位很低，名为汉军，却不准参加科举考试，"无仕进之例"③。生活待遇也差，既充官差，却得"自食其力"④。有的"仅按名予地为糊口资"⑤。清廷在古北、喜峰二口外建驿时，鉴于这些"远来入官穷丁骤派安插，力量不给"，才"给以房屋田地"以示宽大⑥。清末时，有人自齐齐哈尔至漠河办事，目击站丁的后代们仍在沿驿应役。他们"非满非汉，至今子孙不得入仕，贫苦之状难以言喻"⑦。终清一代，这些人背着"逆党"的罪名，一直未得赦免。

三 整顿绿营军队、调整驻防格局

整顿绿营军队也是吸收三藩战争教训，亦即清廷要做的重点工作。这里包含着几个相互关联的不同内容。

---

① （清）西清：《黑龙江外纪》。
② 《清圣祖实录》卷113，康熙二十二年十一月丁丑。
③ 《黑龙江外纪》卷3。
④ 同上。
⑤ 民国《凤城县志》。
⑥ 《清圣祖实录》卷113，康熙二十二年十一月丁丑。
⑦ （清）宋小濂：《北徼纪游》。

（一）裁减军队

由于财政方面的压力，裁减军队的工作在平叛后期随着战争面的不断缩小，已逐步地开展起来。康熙十九年（1670）七月，清廷诏谕兵部："闽省近海要区，总督、提督标下可各设五营，兵五千人；巡抚标下设二营，兵一千五百人。至通省防守兵，依旧额留五万一千七百五十人，余一万九千九十五人俱行裁汰，提督驻镇海澄，其铜山、厦门诸处分设总兵官、副将镇守，见在水师留二万人，其余五千人亦行裁汰。"① 这次裁兵是和重新部署绿营军队结合起来进行的。到了云南平定，三藩战争结束，裁减工作更全面地推行起来。据康熙二十一年（1672）七月的一个诏谕说："近因逆贼荡平，四方底定，将经制之外，增设绿旗兵丁议令裁汰，于二年内陆续报完。"② 在裁汰的兵丁中，首当其冲的当然是投诚补额兵丁，前述兵部议定"从贼"兵弁投诚后，凡立功不及八次者统统议革，便是证明。其次是老弱病残。就身体情况而言，这些人既不能当兵，那么即使退回民间种田营生，事实上也很难生活。为了减少阻力，使裁汰工作能较顺利地进行，清廷特规定不得将曾经效力兵丁辄行裁退，又规定裁退兵丁及"投诚归农"人员中，有无籍可归、艰于生计者，令各有关衙门，务必设法安插，善加抚辑，使"务俾有以资生，毋致流离失所，扰累平民"③。但由于涉及人数众多，很难不出问题。有的投诚兵被裁汰后，出于生计需要，趁着战乱后百姓逃亡，田土抛荒的机会，恃强占据，造成兵民双方"讼久不决"④。也有的人既不想种地，又"无以聊生"，结果"恣意游荡，扰害民生"⑤。原定二年报完的工作，直到康熙二十四年（1675）还有不少善后工作待处理。

据康熙《清会典》记载，康熙二十五年（1676）全国绿营兵数是578204 名，如果我们确定三藩战争后期绿营兵数约为 70 万，那么此次裁

---

① 《清圣祖实录》卷91，康熙十九年七月庚申。
② 《清圣祖实录》卷103，康熙二十一年七月甲戌。
③ 同上。
④ 光绪《益都县图志》卷37。
⑤ 《康熙起居注》，中华书局1984年版，第873页。

减额达12万—15万，其幅度可谓不小。

（二）裁并和调整营镇建制

裁汰军队，不单只是兵员数额的减少，其中也包括了武职官员和镇守建制的裁减和变动。按清代地方军制以一省或数省为一军事区域，命文职官总督、巡抚做军区最高长官。以下"其统驭官军者曰提督总兵官，其总镇一方者曰镇守总兵官，其协守地方者曰副将，次参将，又次曰游击，曰都司，曰守备，或同守一城，或分守专城，下及千总、把总，亦有分泛备御之责"①。每一位高级军官除统领驻防地区的官兵外，还有直辖兵马，如总督有督标，巡抚有抚标，提督有提标，总兵有镇标，每标按形势各设二三营至四五营不等，裁减了该职官，或将该地驻防官调低级别，也就意味着所辖标营一概撤去或减并。

自康熙十七年（1668）起，计裁去的总督有山西（十九年裁，事权归于巡抚）、四川（命陕甘总督兼辖）、江西（二十一年裁，并于江南，称两江总督）、浙江（二十三年裁，与福建并称闽浙总督），提督有安徽（十七年裁）、河南（以巡抚兼任）、浙江水路和江西建抚（均十八年裁）、山西（二十年裁）、山东（二十一年裁）、江西（二十一年裁）。另外，有的是属于降低级别的，如二十年（1671）裁宁夏提督，改总兵官；二十一年（1672）裁郧阳提督（原辖4营），改设副将；二十二年（1673）裁崇明水师提督，更水师镇；裁凉州提督，复设总兵官等。

裁撤的总兵官有：浙江金衢援剿镇（辖3营，康熙十六年裁）、福建随征中左右三镇（每镇5营，共15营，十六年裁）、广东援剿雄安镇（2营，十七年裁）、福建海澄公辖下一镇（辖3营，十七年裁）、广西浔梧镇、湖南岳州水师镇、广东韶州镇（辖2营，以上均十八年裁），广州随征中镇（辖5营）、南昌水师镇（3营，均十九年裁），甘肃固原汉羌镇、云南广罗镇、鹤丽永镇、广西水师镇、福建同安镇（辖3营，均二十一年裁），贵州水西镇、山东胶州镇（均二十二年裁），广东潮州水师镇、廉州镇、江南京口右路水师镇、福建厦门镇（以上均二十三年裁）等。属于

---

① 康熙《清会典》卷86。

降低级别的，如十九年（1670）裁江西九江总兵官，改设副将；又，同年裁湖广均房总兵官，复设参将，裁武冈总兵官，改游击；二十一年（1672）裁江西袁临总兵官，改副将；裁饶州总兵官，设参将；二十三年（1674）裁福建铜山总兵官，设副将。也有的是把原为适应作战而编练的兵马，固定驻地后确定新的名称，如十九年（1670）改福建援剿左镇为海坛镇，改援剿右镇为金门镇等。当然也有根据需要恢复和新设若干总兵官，像十八年（1669）复浙江黄岩镇（辖 3 营）、二十一年（1672）复设云南楚雄镇等。至于副将以下各协、泛的撤并、复设之类，那就更多了，因限于篇幅，不能一一罗列。

以上共裁撤总督 4 员、提督 11 员、总兵官 30 员。尽管这中间有的属于降低级别，也有若干增设，而且以后随着统治区域扩大和防务变动，新建、续建或改调的事仍时有出现，但无论如何，这次的触动面是很大的。清代绿营驻防的基本格局，就是在此次调整基础上确立下来的。

（三）裁并调整的原则

康熙二十一年（1672），左副都御史吴琠针对当时绿营的弊端，上疏言："巡抚及巡、守道无一旅之卫，而提、镇各建高牙"，"向使各有兵马，奚至束手"？故他建议，"使巡抚、巡守道仍各管兵马，减提督，增总兵，分一镇为数镇，以听督抚节制，则无尾大不掉之患矣"①。在吴之前，都察院左都御史徐元文谈到三藩肆虐时，也认为"怙宠而骄，纵姿逾度"，是武臣"怀叵测之心"的主要根源②。对于这样的看法，玄烨是很赞同的。他在康熙二十二年（1673）四月对大学士们说："边疆提镇久握兵权，殊非美事。兵权握久，心意骄纵，故每致生乱也。"③ 后来，他又多次讲过类似的话。根据以上原则，清朝政府此次整顿绿营，不只是简单地减少兵数，或作些营制布局的调整，而是包括了一系列内在结构的变动。

---

① 《清史列传》卷 9，《吴琠》。
② 《清除叛藩虐政》，见《皇清奏议》卷 21。
③ 《康熙起居注》，中华书局 1984 年版，第 980 页。

1. 分一镇为数镇，削弱领兵将帅权力

首先减少了统驭地方兵权的提督的数量。三藩战争时期，最多时曾设提督 23 员，经裁汰、调整，到康熙二十三年（1674）只剩 13 员，减少了将近 44%。至于总兵，主要在于削减领兵数额，同时又用增加协、泛的办法，分散总兵权力。从总兵辖领兵数看，可以拿他们和明代作比较。明万历初全国共设 23 镇，兵力部署最少的是四川镇 10897 人，此外像昌平镇 19039 人、宁夏镇 27934 人、蓟镇 31658 人、密云镇 33569 人、保定镇 34694 人，都是算少的。[①] 多的像固原镇 90412 人、大同镇 85311 人、宣府镇 79258 人，其中南直镇 102167 名，加上招募兵 7149 人，合共 109316 人，那是最多的了。[②] 清代据康熙《清会典》记载，全国共设 50 多个镇，兵数最多的甘肃镇只 15730 人，其他超过万人的不过 7 个（包括万人在内），最少的像广东南澳镇才 1200 人，再如贵州大定镇 1500 人，湖南永州镇 1660 人，连 2000 人都不到。至于总督、巡抚、提督直辖的标兵，人数也很少。像督标最多 7000 名，最少 2000 人，抚标则只有 1000—1500 人，提标虽有高至 13275 人的，但一般也就是二三千到四五千名。这些与明代是无法相比的。

2. 严格实行兵皆土著、将由选派的原则

在明代，像总兵这样的将领，不但领兵众多，而且都有私兵，士卒们亦唯将官马首是瞻。入清后，对此虽有限制之意，但顺康之际，战马倥偬，兵火不熄，势难贯彻。不但如此，有的官员还对将官招募亲兵做法加以赞扬。户部左侍郎林起龙在"更定绿旗兵制"疏中说："若夫总督为封疆重臣，总兵为领兵大帅，总督宜使之得选择将官，因地调补，兵部不得拘以文法；总兵宜使之得招募亲丁，随营食粮，养马钱粮亦当加给，以资弹压，如此则地方文武大吏舒心任事，而后兵可练、饷可省也。"[③] 事实上，清初的绿营将领，继明末之余慧，招募和拥有亲丁是很普遍的。原明朝副将南一魁，当顺治十年（1653）清廷命其以左都督衔赴军前效力时，

---

① 广西镇虽然现额兵只 13097 人，但加上操募兵 25854 人，共有 38951 人；河南镇现额兵 31177 名，加上军舍操余 20020 人，总数亦有 51197 人，所以不能算少。

② 以上数字均出自万历《明会典》卷 129 至卷 131。

③ 《清世祖实录》卷 127，顺治十六年八月庚戌。

南以"所蓄惯战家丁散在陕西各堡寨",请求先回陕西老家招募军卒,结果"集兵千二百,马骡千余",自成一军,"充经略前标总兵"①。潮州总兵官吴六奇归清时,"其所团练乡勇皆劲旅,粮糒器械毕裕"。康熙四年(1665)六奇病故,负责广东镇守事宜的平南王尚可喜以"其子启丰乃将士宿所推服",请准照常统率。兵部认为总兵无世袭之例,但考虑到潮州地处冲险,处理失慎,会酿成祸患,还是同意了尚的请求,由吴启丰以副将衔辖领"六奇所属官兵"②。还有像宁夏总兵官刘芳名,当顺治十六年(1659)奉调移驻江宁后,他和兵卒们不服南方水土,"受病难廖"。芳名上疏请求调动,同时提到统领将卒系其"训练有年,心膂相寄"的私属,恳请一道带还③。康熙六年(1667),清廷命驻闽总兵官蔡禄调往河南。当他赴任时,携带官兵眷属多达4100人④。里面相当一部分就是他的私兵。

这种兵将紧密相依的关系,不只在绿营中广泛存在,甚至连吴三桂等三藩军队也不例外。原农民军将领祁三升降清后,成为三桂手下的一名总兵官,"其兵为滇南诸营最"。他临死前,"遗表请三桂以亲臣统其军"⑤。如果祁三升和他部属没有特别亲密关系,大可不必把继任者作为重要后事提出来。本来,三藩们都把自己统领的军队当作私属,而他们下面,各将领与兵卒还有着某种特殊的维系纽带。正是层层相依的关系,才造成顺康之际将领们的骄横跋扈。

清廷彻底战胜三藩,大大增强了中央的权力,也为解决兵为私属的难题提供了客观有利条件。康熙十九年(1680),正在甘肃固原养病的奋威将军王进宝,鉴于四川的三藩势力已届肃清,"督抚提镇已各设营兵",上疏准将驻扎该省的旧部,选一部分归暂驻保宁的松潘总兵官儿子王用予带领,另有"被伤及从征日久者",发回"本"泛,仍由他统管⑥。当时云

---

① 《清史列传》卷79,《南一魁》。
② 《清史列传》卷78,《吴六奇》。
③ 《清史列传》卷78,《刘芳名》。
④ 《清圣祖实录》卷21,康熙六年三月壬辰。
⑤ 刘献廷:《广阳杂记》卷1。
⑥ 《平定三逆方略》卷52。

南尚待平服，军队调动频繁，王进宝所以提出上述要求，就是怕自己的部属归在别人名下。清廷当然明白王的意图，用上谕不准的办法加以压抑。这从更深广的意义上看，实际上也是对其他有类似想法的绿营将领，传递了一个强硬态度的信息。等到三藩平定，清廷的限制政策就更明确了。康熙二十一年（1682）二月，福建水师提督施琅，借进剿台湾的机会，要求起用已被安顿垦荒的原郑氏部将何义等33人。玄烨览疏后，认为有培植私属之嫌，立即指示"著不准行"①。同年八月，福建将军佟国瑶上疏"请将伊任郧阳提督时所带健丁五百三十名，披甲七十名，准与带往福建"。佟国瑶是旗人，而且奉命统领驻防旗军，但同样遭到批驳②。

为了确实抑制将有私兵的做法，清廷在新编"会典"中，特别重申了康熙四年（1665）题准的："凡擅带营兵，提督、总兵官等升任别省，将本省营内经制兵丁带赴新任者，十名以下罚俸一年，十名以上，于现任内降一级"③的规定。同时又于康熙二十四年（1685）补充新例，"督抚提镇标下，除经制人役及部发效用人员外，凡私设储将，随征戎旗，传宜辕门材官，听用长随人等，尽行裁革，私留者照徇庇例议处"④。从此，军官招募私兵不但属于非法，而且还要遭到追究。

3. 严格军政和朝觐请训制度

军政是定期对各级武官进行考核的制度，顺治时已开始实行，但不过虚应故事。等到三藩战争爆发，清廷因忙于作战，军政又一停十年。康熙二十一年（1682），清廷根据工科给事中硕穆科的题请，重新恢复军政。据该年兵部报告，此次军政共清出贪酷官44员，不谨官51人，罢软官151人，年老官129人，有疾官61人，才力不及官163人，浮躁官48人，共处理官员647人。⑤ 康熙二十六年（1687）军政时，又清出各类官员362人⑥。从此，军政便按期进行，再没有停止。

---

① 《康熙起居注》，中华书局1984年版，第824页。
② 《康熙起居注》，中华书局1984年版，第881页。
③ 康熙《清会典》卷98。
④ 同上。
⑤ 《清圣祖实录》卷106，康熙二十一年十二月己卯。
⑥ 《清圣祖实录》卷131，康熙二十六年十一月癸巳。

　　要使军政能确实无弊进行，还必须辅以必要的纠参条例。康熙二十三年（1684）定，督抚提镇"滥将匪人荐举卓异者，各降二级调用，申详官各降三级调用"①。康熙三十六年（1697）又下谕，就督抚提镇等官利用军政填写考语机会，"辄向所属需索部费，恣意诛求"，或"瞻徇情面"，"庇护私交"，对贪酷衰懦，阘茸不能骑射之员"不行参劾，止将微员细事草率塞责"的行为，提出严厉警告②。接着便规定：军政之年，凡有借端科敛者，革职提问；若该管官知而隐匿不报者，革职查办；如已举报，该提镇不题参者，降五级调用③。这些，都不能不对统兵督抚提镇有所约束。

　　军政的严格行施，也为军官限年更调提供了有效保证。按照规定，凡在军政中列为优等的（叫"卓异"），可得晋升；若遭纠劾，重者革职提问，有的要降级调用；年老、有病，则勒令休致。所以每届军政，也就是军官们职位的一次大调动。康熙二十四年（1685）十二月，四川提督何傅上疏请求，在武官中也像文职那样实行丁忧守制的制度，丁忧就是本人死了父母等直系长亲，得解任回乡守丧 3 年（27 个月），以示孝道。玄烨览本后，立即与武官任期联系在一起，说："且武官久任非善事，在昔唐朝藩镇骄蹇跋扈，皆由久典兵权之故耳。丁忧之例既定，自不致久任矣。"④实行军官限年更调，也是此次整顿绿营的一大重点。

　　朝觐制度是针对提镇等高级官员而言的，实际上也与军政考核有关，这在顺治年间已有规定。康熙二十二年（1683），清廷重申朝觐之例，大学士王熙说："边疆将帅常来朝见，则晓朝廷法度，不致妄萌邪念。"玄烨更以三藩叛乱为例，肯定了定期朝觐的必要性。他说："常来朝见，则心知敬畏，如吴三桂、耿精忠、尚之信辈，亦以不令来朝，心生骄妄，以致反叛，此处所关甚要。"⑤ 与朝觐同等的还有陛辞请训，就是新官在就任前，需向皇帝请示训导。这是加强朝廷和地方高级将领相互信任的一项措

---

① 康熙《清会典》卷97。
② 《清圣祖实录》卷185，康熙三十六年十月己酉。
③ 康熙《清会典》卷97。
④ 《清圣祖实录》卷123，康熙二十四年十二月丁亥。
⑤ 《康熙起居注》，中华书局1984年版，第980页。

施。康熙二十二年（1683）十二月十四日，玄烨在景山内殿接受浙江温州总兵官陈世凯等人陛辞时，同时告诫他们："朕每见功大者易生骄傲，以致文武不和，地方多事，尔其以此为戒。"① 浙江提督陈世凯入觐时听了玄烨的训示后，就任不久便上疏向皇帝讨好，提出武官也要如同文官，按时向属下讲读上谕十六条，"俾荷戈将士咸知忠孝纲常，永无匪行"。正中玄烨下怀，立即下旨，"嗣后武职官员遇闲暇俱应观览书籍，于忠孝大义讲究明晰，其各交相劝勉，以副职任"②。武官谨守忠孝法度，当然就不会反对君上了。可见清廷是多么注意在制度上加强防微杜渐。

四　加强八旗驻防

八旗军队主要集中在京城及京畿地区，此外关外乃清"龙兴之地"，亦得留兵守卫。在内地各省驻兵者，三藩战争前仅限于太原、德州、西安、江宁、京口、杭州等处，兵员经常调动，没有形成明确的制度。康熙十五年（1686）二月，宁夏提督陈福因兵变遇害。此地属西北冲要，又紧邻蒙古，为扼制三藩等叛军北上，清廷乃设马步八旗兵 3400 名，委副都统一员，以重镇慑，但亦属权宜之计。康熙十九年（1680），清廷在耿精忠投降后，决定由杭州派镶黄、两白、正蓝四旗兵 1000 名到福州，连同原耿氏兵马 1000 名，共 2000 名，设将军、副都统各一员，组成福州驻防军。广州八旗驻防设于康熙二十年（1681），定额兵甲 1125 名。康熙二十二年（1683）增兵 1875 名，合共 3000 人，设将军统辖。湖北荆州驻防是二十年（1681）底由议政王大臣会议讨论设立的，经二十二年（1683）、二十三年（1684）分拨调派，共设兵 4000 名，由将军统率。

在新设驻防点的同时，清廷也加强了左右两翼西安和江宁的防务。西安府原驻右翼四旗满洲兵 3000 人，经充实调整，设将军 1 员，副都统 4 员，兵丁 5000 名。内兵 1000 名，副都统 1 员，被派往汉中驻防，仍归西安将军统领。江宁府原驻左翼四旗兵 3000 人，调整后，设将军 1 人，兵

---

① 《康熙起居注》，中华书局 1984 年版，第 1116 页。
② 《清史列传》卷 78，《陈世凯》。

丁 4000 名。此外，清朝政府在京畿和关外地区也增加了兵丁部署，并增设了若干新驻防点。

三藩战争后，清廷整顿军队，对有清一代的军制建设有着十分重要的意义。它改编取消了带有半独立性的三藩军队，确立以八旗和绿营为主体的正规军制度，在精减兵额的基础上，又对绿营内部机制进行了一系列影响深远的改造，使绿营军队和将领再不能像明清之际那样拥兵自重、跋扈专断了。加强和规范八旗驻防，对于军制建设也很重要，在此以后，清廷又陆续在很多要地派设驻防点，使八旗驻防也有一个比较完整的网络，这既是要强化对全国的统治，同时也含有监视绿营之意。这样的兵力配备和军事组织，一直维持了一个半世纪之久，到太平天国起义爆发，才又有新的变化。

（原载《商鸿逵教授逝世十周年纪念文集》，北京大学出版社 1995 年版）

述康熙帝整饬吏治

一　清初吏治的败坏

康熙帝玄烨是清朝统治者定鼎北京以后的第二个皇帝。在他继位时，镇压农民起义、消灭南明政权的大规模战争业已结束，但不久又发生了连续八年的三藩之乱。长期的战乱不但严重地破坏了社会生产力，而且也使政纪废弛，吏治败坏。早在顺治初，清廷在给吏部的诏谕中就谈到因为官员贪污成习，任意妄为，"不思爱养百姓，令致失所"的严重情况①。顺治十年（1653）正月，皇帝亲临内院了解对地方官大计情况，对纠查出来的赃官数量之多大吃一惊。他感慨地说："贪吏何其多也，此辈平时侵渔小民，当兹大察之年，亦应戒慎。"② 康熙帝以幼冲之龄践祚，在开始的几年中，朝中大权都掌握在鳌拜等四辅政大臣的手里。尤其是鳌拜，不但专横跋扈，而且排斥异己，任用亲信，从而又增加了吏治的混乱。康熙帝说："至辅臣时，自用张长庚、白如梅、张自德、贾汉复、屈尽美、韩世琦等匪人以来，扰害地方，以致百姓困苦至极。"③ 上述张、白等人，都是省一级的督抚大员。上官不能为之表率，下属均可仿而效之，影响是很坏的。其实，即使在康熙帝亲政以后相当一段时间里，吏治问题仍未相应好转。康熙二十一年（1682）初，康熙帝与直隶巡抚格尔古德的一次谈话中

---

① 《清世祖实录》卷54，顺治八年闰二月甲寅。
② 《清世祖实录》卷71，顺治十年正月癸巳。
③ 《康熙起居注》，中华书局1984年版，第1131页。

明确承认："但为总督、巡抚者，贪婪居多。"① 后来，他又和礼部尚书汤斌谈道："天下官有才者不少，操守清廉者不多见。"②

清初吏治不修的原因是多方面的。

从客观而言，与当时的战争有很大的关系。统治者为了保证前线的胜利，不但无暇顾及吏治建设，而且往往把传统行之有效的规章制度也冲击了。就以与吏治有直接关系的差赋催科为例，按照规定：夏税定于五六两月征收，秋粮定于九十两月征收。可是户部恐于军饷有误，竟长期例"不准行"，致杂派"无穷"③。顺治十五年（1658），广西道监察御史李之芳指出：当今"弊之大者，莫过于钱谷征解失宜，积蠹漏卮罔塞"④。直到康熙初年，还是"钱粮新旧并征，参罚叠出"⑤，未能认真纠正。不但如此，清朝政府还常常采取"征银在前，颁单在后"的做法，就是先檄行州县进行摊派，后来再颁由单凭证，此类摊派，大抵均属"额外加征"⑥。这种不遵制度擅自科派的做法，使官吏完全可以上下其手，肆行贪污。康熙帝说："向因地方官员滥征私派，苦累小民，屡经严饬而积习未改，每于正项钱粮外，加增火耗，或持易知由单不行晓示，设立名色，恣意科敛，或入私囊，或贿上官，致小民脂膏竭尽，困苦已极。"⑦ 当然，他是把责任完全推之于地方各官，实际上这与朝廷规章不明、制度紊乱有密不可分的关系。

因军饷窘迫而造成财政上的入不敷出，也对吏治起着消极的作用，上述钱粮征收中的制度败坏，亦与此有关。据户部官员的奏报，顺治九年（1652），清朝政府的财政缺额是 875000 余两⑧，十三年（1656）增加到 440 余万两，十八年（1661）达 700 余万两⑨。直到康熙六七年（1667、

---

① 《康熙起居注》，中华书局 1984 年版，第 825 页。
② 《清史列传》卷 8，《汤斌传》。
③ 《清圣祖实录》卷 22，康熙六年六月己卯。
④ 《李文襄公奏议》卷 1，《清革私金民解疏》。
⑤ 《清圣祖实录》卷 9，康熙二年八月辛丑。
⑥ 姚文然：《姚端恪公文集》卷 3，《本色备办甚难疏》。
⑦ 《清圣祖实录》卷 26，康熙七年六月戊子。
⑧ 《明清史料》丙编，第 4 本，《户部题本》。
⑨ 王命岳：《耻躬堂文集》卷 1，《论滇饷疏》。

1668）间，还是"一季所入较一季所出尚需预措三百余万两"①。为了弥补缺额，清朝政府除进行各种赋外加派外，在官员任用上，更看重于能否完成对钱粮的搜刮，即所谓"考成之法，专以催科为主"。有的州县官虽号称廉能，"留心抚宇，地方爱戴者"，但只要考成拖欠，则均"一笔勾之"，"概令谪罢"②。很多地方官为了博得上司的欢心，求取升迁，常常置百姓安危于不顾，以致"鞭笞敲剥"，无所不为，吏治亦因此大坏。

至于清朝政府为补充军饷而采取的紧缩各衙门开支、克减官员吏役薪俸工食银的做法，当然也非常糟糕。如顺治九年（1652），就裁掉了总督、巡抚的家人口粮银，州县衙门院宅修理银、香纸蜡烛银，还减少了各衙门书吏人役工食银，等等。据顺治十一年（1654）六月户部奏报，此项裁扣银为299800余两。十三年（1656）又裁扣了包括巡按道臣平日操赏册纸银、朝觐进表路费银、过往各官供给下程柴炭银，以及巡检司弓兵、督抚书役工食银等在内的银两共75万余两③。其中仅浙江省11个府，一次就裁银63205两④。上述裁扣银，尽管总额不大，但清朝官员俸禄本来就远低于明朝，在此情况下，还要把他们的日常应酬费用一减再减，而这些官僚本来大都是些吸血鬼，不会自己掏腰包养自己，或补贴衙门开支，那就只好贪赃枉法、搞额外加派了。

顺治十五年（1658）四月，在顺德府驿馆发生了一起直豫鲁三省总督张悬锡自杀的严重事件。张在遗疏中说："臣自莅任以后……意欲平治天下，谁知直道难行，清而招众之忌。"又说："皇上如欲平治天下，当首禁私征杂派及上官过客借名苛索之弊，不然源之不清，欲流之洁可得乎！"⑤清廷明令裁扣迎送过往各官费用，可是送来迎往照常不断，他们不仅好吃好住，还要额外索取，逼得连总督大人也只好以自杀求解脱。当然，张悬锡是个比较有良知的官员，不忍心百姓遭此苦累，但对于还有些官员，却正可借这机会，顺手大捞一把。

① （清）姚文然：《姚端恪公文集》卷1，《开征之限期允定疏》。
② 《皇清奏议》卷14，姚延启：《敬陈时务八款》。
③ 《清世祖实录》卷64，顺治九年四月丁未；又同书卷103，顺治十三年九月辛未。
④ 《两浙裁减全书》。
⑤ 《清世祖实录》卷116，顺治十五年四月己丑。

当时人刘献廷，对清朝政府采取的薄饷裁扣政策作了如此议论："有明时，州县之吏，薪俸而外，杂项公费不一而足……今监有明之失，无不完之粮，最为得之。独是一切经费尽行裁革，有司无点金之术以供诸役，而给上官之求也，势不得不取之里下，于是杂役之派，有倍于赋税者矣。上之人于何知之，官民之困未知所止也。"① 康熙时，魏象枢提出："朝廷欲行惩贪之法，必先制养廉之禄"②，其道理也就在此。

在当时，官员的素质也存在着很大的问题。顺治时，开国伊始，急需用人，只好招录大批明朝降官废员，甚至"前朝犯赃除名"者，亦一概起用。这些官员，虽然在帮助新朝稳定封建秩序、建立各项规章制度上起了很大作用，但确有相当一部分人，不但政治品格低下，连人品道德也不足取。他们"不顾地方荒残，民间疾苦"，只知"科剥民财，营求升转"③。朝廷要他们荐举人才，他们便乘机呼朋引类，还把明末的党争关系带了进来，以致顺治帝也认为："所举者多属冒滥，所劾者以微员塞责，大贪大恶每多徇纵"，发出了"何裨民生，何补吏治"的感叹④。

康熙帝亲政以后，曾有意于吏治建设，但随即因三藩战争爆发，"军兴繁急，杂派繁多"⑤，无力予以顾及。康熙帝说："但以正在用兵，每示宽容"，可见他对官员中"枉法以行私"的情况亦深有所知⑥。

二　康熙帝为什么要整饬吏治

"民为邦本，本固邦宁"，这是中国封建社会中，统治者为稳定和巩固政权的最基本条规。吏治不修，危害百姓，最后必然要影响到统治秩序的稳定。在清初，不少官员针对当时的吏治情况，也提出了同样的看法："天下之治安在民，民之治安在吏，亲民莫如守令，则守令者天下治乱之

---

① 《广阳杂记》卷3，中华书局1985年版，第114页。
② 《清世祖实录》卷5，顺治元年六月甲戌。
③ 《寒松堂全集》卷3，《制禄为养廉之具请酌情定法等事疏》。
④ 《清世祖实录》卷54，顺治八年闰二月甲寅。
⑤ 陆陇其：《三鱼堂外集》卷11，《畿辅民情疏》。
⑥ 《清圣祖实录》卷83，康熙十八年七月壬戌。

源也。"① 魏象枢在《申明宪纲恭请严饬以清致治本源事疏》中，把整饬各省督抚放在首要地位。他说："窃念国家之根本在百姓，百姓之安危在督抚，故督抚廉则物阜民安，督抚贪则民穷财尽。"② 康熙帝自己也不止一次地谈到这样的问题。他在与学士熊赐履等讨论治国之道时说："从来民生不遂由于吏治不清，长吏贤则百姓自安矣。"③ 但是在顺治和康熙初年的那种环境中，要全面整顿吏治，确实存在着很多具体困难。另外，大规模的战争，也把因吏治不清、苛派百姓而发生的社会动乱的矛盾给掩盖了。吏治问题引起统治者的全面重视并投入大力予以整顿，还是在平定三藩之乱以后。这是因为：

（一）三藩之乱后，大规模战争已经基本结束，清朝政府由开始的夺取和确立全国统治转到了稳定、巩固统治上来。这样，恢复和发展因长期战乱而遭到破坏的社会经济就成为迫切的重要任务了，用当时人的话来说，就是"招徕民户，开垦荒地"。要做好这一点，没有一批懂得"抚绥"之道的官员来贯彻执行是不行的。早在顺治三年（1646），吏科给事中林起龙向朝廷列举守令十五条职责，摆在最前面的即为："有能招徕流亡者乎？有能开垦荒芜者乎？有能巡行阡陌者乎？有能教民树艺者乎？"都与发展生产有关④。浙江巡抚秦世祯提出"修举保民五事"，也以"实户口""辟荒地"为最重要⑤。康熙帝说："夫国赋出于民，有一民斯有一民之赋，若不抚辑招徕，地方何由底定。"⑥ 可见，使官员们由过去的"以增税为功"真正转到"抚辑招徕"上来，不但关系着封建统治的长期安定，而且可使养活皇室官员士兵的赋税来源更有保证。

（二）清朝是在镇压农民起义的基础上建立起来的，统治者对明亡的教训殷鉴甚深。康熙帝在十七年（1678）五月与大学士明珠等人的一次谈话中说："明朝末世，君臣隔越，以致四方疾苦，生民利弊，无由上闻"，

① （清）孙廷铨：《沚亭文集》卷上，《秦闱发策五问》。
② 《寒松堂全集》卷4。
③ 《康熙圣训》。
④ 《皇清奏议》卷2，《请严饬守令重处贪庸疏》。
⑤ 《抚浙檄草》卷1。
⑥ 《清圣祖实录》卷66，康熙十六年四月辛未。

故特提出要"以前代为明鉴也"①。次年八月，他又说："明末一切事例游移不定，上无道揆，下无守法，以致沦亡。"② 康熙二十四年（1685）六月，康熙帝命亲随侍卫宣谕："朕喜观书史，遍阅圣经贤传……关于治道尤为切要"，并要求"凡为仕者，无论文武，皆须读书，探讨古今得失，加以研究"③。康熙帝认为要避免蹈明末覆辙，武备固宜豫设，但更重要的还是"专任之官得其治理，抚绥百姓时时留意，则乱自消弭"④。另外就是上下通达，"凡事皆据实奏闻，豫为防备"⑤，以真正做到"制治于未乱，保邦于未危"⑥。

康熙帝之所以一而再，再而三地发此言论，一方面固然为了激劝官员，另一方面也确实反映了他对现实的某种担心。康熙三十六年（1697）四月、五月间，康熙帝因追歼噶尔丹巡视山西、陕西、甘肃等省，亲睹各级官员"不能子爱小民，更恣横索"，加上"地方辽阔，疾苦无由上闻"⑦，使他深有感触。他在给大学士等人的上谕中说："今噶尔丹已平，天下无事，惟以察吏安民为要务，然官吏之贤否，民生之休戚所关，朕一人端居深宫，何能遍知"，"此皆上下相隔不能通达之故也"。又说："往者江、浙、山东等处地方官以朕不时巡幸，各加勉力，操守皆优，山、陕官员则劣甚。朕恨贪污之吏，更过于噶尔丹。此后澄清吏治，如图平噶尔丹则善矣。"⑧ 康熙帝之所以要把"澄清吏治"与图平他当时的头号敌人噶尔丹相提并论，就是因为他深深感到吏治不清，上下情况又无由通达，明季之祸，很可能再次发生。

（三）各地不断传来的"苛派激变"事件，也给统治者敲响了整饬吏治的警钟。就在三藩平定后的一二十年中，此类因官吏贪婪而激起的民变为数不少。康熙三十六年（1697）正月，山西因苛征草豆激变民心。愤怒

---

① 《清圣祖实录》卷73，康熙十七年五月甲寅。

② 《清圣祖实录》卷85，康熙十八年八月己丑。

③ 《康熙起居注》，中华书局1984年版，第1339—1340页。

④ 《清圣祖实录》卷141，康熙二十八年八月戊子。

⑤ 《清圣祖实录》卷255，康熙五十二年六月乙未。

⑥ 《清圣祖实录》卷662，康熙五十四年三月癸亥。

⑦ 《清圣祖实录》卷183，康熙三十六年五月戊戌。

⑧ 《清圣祖实录》卷183，康熙三十六年五月壬寅。

的百姓先后围攻了安邑、翼城、曲沃、闻喜、襄陵、太平、稷山等县。其他如蒲州、解州、绛州以及河津、荣河、万泉、芮城等地，亦纷起变乱。次年"复有宁乡、汾阳、孝义之变"。据有人向朝廷上书说，此次"晋省各邑民变，皆由前任巡抚温保持乙亥、丙子两年需用草豆车骡等项，官价未给，又行令州县摊派"所致①。康熙三十八年（1699），湖南茶陵州又发生了因知州赵国瑄"私派激变"事，起事的民众在陈丹书的领导下，围攻城池，阻击官兵，夺取信印、仓库。朝廷派郎中刚五达等前往查议，刚五达不认真查办赵国瑄，反而与地方互为勾结，"恣肆横行，扰害地方"，结果使矛盾更加激化②。就在湖南发生变乱的同时，山东安丘县的千余名农民，亦因不堪赋役重压而发生暴动③。不久，江西永新县百姓，也是因为官府横加赋银米石而"聚众抗官"④。在盛京义州，佃甲们"迫于所司侵渔"，亡命于山中，自保以"图活命"⑤。如此等等，几乎每年都有，其中还有相当一部分，因为动乱的规模较小，有司畏考成、惧参罚，"竞相讳盗"，隐瞒不报，朝廷无由得知⑥。另外还有大量情况，如山西省，地方巡抚以下及有司各官，平时不能抚养百姓，督劝力田，"猝遇凶年，小民失业"，使"地亩荒芜，人丁逃亡"⑦。或像湖南，"有司征收钱粮，加取火耗又视别省为独重，百姓穷蹙不支，致多流离转徙"⑧。所有这一切，都促使统治者引发对地方吏治问题的反思。

三　整饬举措种种

康熙帝自亲政以后，一直把吏治问题放在十分重要的地位。康熙十八

---

① （清）刘继祖：《地舆随记》。

② 《清圣祖实录》卷194，康熙三十八年闰七月癸丑；又同书卷196，康熙三十八年十二月戊辰；同书卷197，康熙三十九年二月壬辰。

③ （清）毛永柏：咸丰《青州府志》卷37《名宦传》，《张连登》。

④ （清）李绂：《穆堂初稿》卷26，《故永新知县张君墓志铭》。

⑤ （清）吴熊光：《伊江笔录》下编。

⑥ （清）范承谟：《范忠贞公文集》卷2，《上封事疏》。

⑦ 《清圣祖实录》卷109，康熙二十二年四月庚子。

⑧ （清）吕肃高：乾隆《长沙府志》卷首，《皇言》。

年（1678）三月，策试天下贡士。当时，清廷对三藩的战争已胜券在握，开始把精力由战争转到修明内政方面。所以康熙帝特别提出了"民生休戚，关乎吏治之贤否"的题目，要求与试者详切敷陈良策，供其"亲览"①。这以后，他又多次以此为题，考试贡士。康熙二十七年（1688），他在试题中说："每念民生之休戚，由于吏治之贪廉"②。康熙三十三年（1694）又说："朕……统御寰区，莫不以国计民生为首务，其时人材蔚起，吏治澄清，府事修和"③。康熙三十六年（1697）又谈道："朕惟治天下之道，必期柔远能弥，察吏安民。"④ 至于康熙在其他场合中谈到吏治的问题，那就更多了。康熙三十八年（1699）十月，康熙帝冒着初寒，在京郊巡视永定河堤。他在堤岸上对着湍流的江水，若有所思地说："官不清则为民害，水不清亦无利于民，天下之浊者皆如此也。"又说："不清之官，朕有法以正之，不清之水，朕有策以治之"⑤；他又对大学士等说："当今凡事皆可缓图，惟吏治民生最难刻缓"⑥，明确表示了他对整饬吏治的信心和决心。

那么，康熙帝在整饬吏治方面做了哪些具体工作呢？

首先是充实和严格考核制度。按清承明制，对文职官员亦实行"京察""大计"之法。京察考核在朝京官和督抚自陈，大计则对外任官而言。但在顺、康之际，不但考核的内容流于形式，而且时间也无保证，还常常借故停罢。康熙二十二年（1683）二月，清廷颁布了平定三藩以后的第一次大计结果，从此，每隔三年，例必举行，再没有停顿过。

在其他制度方面，康熙帝也作了不少充实和调整。清代入仕有"正途"和"杂途"之分，正途是指由科举或贡监而做官的，构成当时官员队伍的主体。在此之外，诸凡捐纳、荫袭、吏胥迁秩而进入官场的，统称杂途。比较起来，杂途人员来源复杂，素质亦参差不齐。康熙帝认为要澄

---

① 《清圣祖实录》卷80，康熙十八年三月乙卯。
② 《清圣祖实录》卷135，康熙二十七年三月己亥。
③ 《清圣祖实录》卷162，康熙三十三年三月戊午。
④ 《清圣祖实录》卷184，康熙三十六年七月壬辰。
⑤ 《清圣祖实录》卷195，康熙三十八年十月乙亥。
⑥ 《康熙圣训》。

清吏治、重视选拔，就必须对杂途人选作适当限制。乃于康熙十九年（1680）议准：汉官非正途者，虽经保举，亦不准参与吏部考选。次年又规定：捐纳、贡生不得与正途出身等同考选。为了避免在考选中徇私隐情，对京官三品以上及总督、巡抚子弟，亦规定不准考选。康熙帝还针对上级官员在推荐保举属官中的请托、结党，指示吏部议定：凡督抚滥将属官保题留任补用，或在京九卿等官保举人员"有贪婪事发"者，均得将原保举官纠察处分。又规定：凡大计定为"卓异"者，必须确实符合"无加派、无滥刑、无盗案、无钱粮拖欠、无仓库亏空银米，境内民生得所，地方有起色"等条件①。此外，对任官回避制度，以及对招徕民户、劝垦荒地、钱粮赋税、民刑盗案等一套传统考成办法，也有所充实调整。

其次是严惩贪官。康熙帝认为制订考成办法固然重要，但更迫切的是要认真贯彻执行，特别是对那些纠劾出来的贪庸之辈更要严惩。康熙二十年（1681）八九月间，他巡视京畿地区，当着一些知州、知县的面训示道："知州、知县最为亲民之官，必忠勤守法，爱惜百姓，方为称职，若肆其贪残，贻害地方，国家自有定法也。"②康熙二十五年（1686）二月，他在召见各地来京进行大计的官员时，特下谕表示：务必要"摈斥贪残"，并关照负责考绩的吏部等衙门："重惩贪酷。"③有一次，康熙帝与在朝大臣讨论秋审人犯，他说："凡别项人犯尚可宽恕，贪官之罪断不可宽"，原因是"此等人藐视法纪"。"今若法不加严，不肖之徒何以知儆"，命令将其中所议贪官耿文明等正法示众④。他鉴于有人因未曾亲睹贪官受贿作弊的实证，害怕惹事，畏缩而不行参劾，特下旨恢复被辅政大臣停止了的"风闻纠弹之例"⑤。康熙帝在刑部衙门会审山西巡抚穆尔赛等贪酷一案时说："穆尔赛身为大吏，贪酷已极，秽迹显著，非用重典何以示惩，应即行正法。"他还说："治天下以惩贪奖廉为要，廉洁者奖一以劝众；贪婪者

① 乾隆《大清会典事例》卷11《吏部》。
② 《清圣祖实录》卷97，康熙二十年九月戊午。
③ 《康熙起居注》，第1430页。
④ 《清圣祖实录》卷122，康熙二十四年九月辛巳。
⑤ 《清圣祖实录》卷131，康熙二十六年十一月乙未。

惩一以儆百。"① 从康熙二十年（1681）到四十年（1701），统治者通过惩力贪污，杀了一些人，降革了一大批，其中包括一部分总督、巡抚级的大员，使封建官员不得不在表面上有所收敛，对澄清吏治起到了一定的作用。

再次是，慎选官员，注重实地考察。康熙三十二年（1693），耶稣会传教士白晋在写给法王路易十四的一份秘密报告中，对康熙帝选用官员有如此描写：

> 在平息一切叛乱及辽阔的帝国实现和平之后，皇帝就立即致力于建立正常秩序，纠正在战争期间因一时疏忽而造成的偏差，制定严明的法律，保证国泰民安。为了达到这一目的，最为重要的是任命德才兼备的、忠诚老实的官吏担任朝廷及各省的要职。这时皇帝所主要考虑的，就是如何进行慎重的物色和挑选，以及使被确定的人忠于职守。②

白晋还说："皇帝为了选拔重要官员，尤其是各省巡抚所费的苦心及为了监督他们的行为而费的心机，达到了令人难以想象的程度。"③

其实康熙帝自己也经常说："朕于政事，无论大小从未草率"，"简任督抚之时，又必详加察访，盖一方大吏贤能，自足表率僚属。今贪墨之风未必尽除，然激劝澄清，正欲使之潜移默化也"④。他认为在所有官员中，知州、知县是"亲民之官"，需要慎重选择，但比较起来，作为一方之长的督抚大员似乎更加重要，因为"督抚居官清廉，则属员交相效法皆为良吏"⑤。康熙三十七年（1698）正月，湖广总督李辉祖等陛辞请训，他再次谈道："一省之事全在督抚，督抚法己率属，则府州县自然遵奉"，原因是州县官贪劣，所害者不过一州一县，若巡抚、布政使通同妄行，则合省

---

① 《康熙起居注》，第1386页。
② 《康熙帝传》，《清史资料》第1辑，中华书局1980年版，第207页。
③ 同上书，第208页。
④ 《康熙起居注》，第1250页。
⑤ 《清圣祖实录》卷243，康熙四十九年九月辛亥。

俱受害矣。他认为"州县之私派，皆由督抚布按科派所致"①。

当然，作为吏治问题，不但督抚和州县官之间互为关联，另外在京官和外官之间也密不可分。陆陇其曾说过："今京官皆仰给于外吏，外吏以不多交京官为妙。"② 外吏之所以要巴结京官，也是利用他们亲侍皇上，欲有所求。根据这一情况，康熙帝又提出大小臣工之间，"大臣为小臣之表率"，京官和外吏之间，"京官乃外吏之观型"，"如大臣果然精白乃心，恪遵法纪，勤修职业，公尔忘私，小臣自有所顾畏，不敢妄行"。③ 根据如此原则，康熙帝对一些职位高、影响面广、能够带动一片的方面大员，如总督、巡抚等官的选用，确实花费了很大的心机。

按照清朝的制度，凡新任督抚提镇，在正式就任前，非经特许，都得进京陛见请训。在陛见中，皇帝除了征询他们的打算以外，还针对当地情况，以及前任得失，提出一些具体要求。通过陛见，使康熙帝可以更好地熟悉和了解这些官员，同时也为日后的进一步考核提供一个重要依据。笔者曾查阅了康熙二十一年（1682）到三十年（1691）的十年中，《清圣祖实录》所载的有关总督、巡抚等官的 31 次陛见谈话情况，这里除几次因为记载比较简单，情况不明以外，几乎没有一次康熙不告诫他们要"爱养百姓"，好自为官的。

为了考察各地官员的实际政绩，康熙帝还常常通过差遣到外地去的在朝大臣或借外官升迁调动来京师的机会，向他们打听各地督抚等官的表现。康熙二十三年（1684）七月，奉差到闽广等省处理开海展界事宜的内阁学士席柱等回京复命，康熙帝便详细地询问了两广总督吴兴祚、广东致仕巡抚李士祯、前任巡抚金镌、原任江苏巡抚于成龙、漕运总督靳辅等人在任情况。类似记载，实录中几乎经常可见。

此外，康熙帝还通过一些亲信，如江宁织造曹寅、苏州织造李煦等来监视江南官场和民情动态。康熙帝曾在李煦的一个"请安折"中朱批道："近日闻得南方有许多闲言，无中作有，议论大小事。朕无人可以托人打

---

① 《清圣祖实录》卷187，康熙三十七年正月壬寅。
② 《三鱼堂日记》卷3。
③ 《清圣祖实录》卷90，康熙十九年五月癸卯。

听，尔等受恩深重，但有所闻，可以亲手书折奏闻才好"①。在故宫博物院编的《文献丛编》中，刊登有"王鸿绪密缮小折"，密折中所写有关地方官员在任的动静等，就是根据康熙帝旨意而传送的。康熙五十六年（1717）三月，他特下诏谕，再次要求：凡"总督巡抚、提督、总兵官，皆许密奏，地方有事即当奏闻"②。进一步把密折制度扩大到地方督抚乃至提镇等官，使地方情形得以通过密折，更为迅速及时地转达到皇帝面前。

康熙帝还经常外出巡幸。自三藩平定后，他曾五次出巡江南，历经直隶、山东、江苏、浙江等省，还出关东临盛京，西边到过山西、陕西、甘肃、河南，又数度巡历蒙古。至于来往京畿地区，次数就更多了。康熙帝巡幸，或为了打仗，或属于礼仪性的活动，如：谒陵、奉太皇太后进香朝佛等。但更多的情况，亦与考察吏治有关，即所谓"观览民情，周知吏治"③。他在与大学士明珠的谈话中说："朕夙夜孜孜，勤求治理，深宫宁处，轸念闾阎，辄吉时巡，省览民隐。"④ 康熙把走出深宫，外出巡行，看成是了解民隐、考察官员实政的重要手段。在一次南巡途中，他曾故意向一位行僧问话："朕何故作此巡行？"然后又自己回答说："朕乃前来各方巡行，以检查各地官吏是否勤于政务，以及他们如何待我臣民。"⑤ 康熙二十年（1681）九月，他巡视京畿地区，专门把直隶巡抚于成龙召到行宫，"密询百姓生业，地方事宜"⑥。康熙二十七年（1688），他在巡视途中驻跸三河县城，传旨引知县彭鹏问话，内容有："你任内有私派吗？""从前县官及今京东一带州县官有私派吗？""你福建人，知道福建有私派吗？"等等⑦。他也向绅衿百姓了解地方官情况，康熙四十二年（1703）西巡山、陕、豫等省，因"皆由陆路，凡临幸郡邑，官民无不扶老携幼，欢腾道左，每清问及之，又令在乘舆左右，备谘地方之利弊"⑧。他奉太皇太后

① 故宫明清档案部编：《李煦奏折》，中华书局 1976 年版，第 76 页。
② 《康熙起居注》，第 2364 页。
③ 《清圣祖实录》卷 139，康熙二十八年正月庚午。
④ 《康熙起居注》，第 1239 页。
⑤ 《张诚日记》之《第一次鞑靼之行》。
⑥ 《清圣祖实录》卷 97，康熙二十年九月庚申。
⑦ 彭鹏：《中藏集》之《召问恭记》。
⑧ 《清圣祖实录》卷 214，康熙四十二年十二月庚寅。

旨到五台山进香，通过询问百姓，得知人们"共知有道臣张辽祥，其巡抚、藩、臬尽皆不知"①，晓得张很得民心。他表扬浙江巡抚张鹏翮，就是他在南巡途中访问所知。他说："张某做官极好，朕所素知，今到浙江访问，不独百姓人人称好，即满洲官兵亦人人称好。"还说："若天下巡抚如此做好官，天下之民俱安，朕何忧哉。"② 他表扬河道总督靳辅，亦因其南巡时，"每莅河干，遍加咨访，沿淮一路军民感颂靳辅治绩者，众口如一，久而不衰"之故③。对于在巡视中发现的一些庸劣官员，则随时训斥，或加撤换。康熙二十三年（1684）十一月，他到山东泰安州时，传谕申饬漕运总督邵甘说："朕时巡之举，原欲周览民情，察访吏治，尔身为大臣……并无善状，且多不谨处，此朕得之舆情，访闻颇确。"④

康熙三十六年（1697）五月，他巡幸西北回京后，曾深有感触地说："官吏之贤否，民生之休戚所关，朕一人端居深宫何能遍知。此番巡行山陕，或先闻其有声名而居官不善者有之，或并未闻其声名而居官实善者有之，此皆上下相隔，不能通达之故也。"⑤ 康熙帝通过不断巡视走访，确实了解到了在深宫中无法得知的情况，这对于帮助他搞好吏治十分有益。

四　表彰清官提倡清官政治

在康熙帝整饬吏治中，费力最多，最具有特色的，还是表彰清官的活动。这是因为在他看来，澄清吏治中，加强纠察、惩处贪官诚然重要，但毕竟属于消极的防堵措施，因为即使惩办了贪官，危害已经造成，消除影响，平息民愤，往往要花费很多的时间，积极的做法却是防患于未然。对于康熙帝的此种做法，陆陇其有如此评论："察吏考成之法，向惟重乎钱谷盗案，今则兼重乎兴廉。夫使天下皆廉吏，则自能抚宇以原民生，而钱粮可以无缺，敷教以善民俗，而盗案可以永清，故兴奖廉吏，即所以为钱

① 《康熙起居注》，第 1082 页。
② 张鹏翮：《张文端公全集》卷 7。
③ 《清圣祖实录》卷 229，康熙四十六年五月戊寅。
④ 《康熙起居注》，第 1251 页。
⑤ 《清圣祖实录》卷 138，康熙三十六年五月壬寅。

粮盗案计，法诚善也。"① 陆认为通过清官抚绥民生，不但稳定了封建秩
序，而且还保证了赋税的足额，这比单纯地追求"钱谷盗案"的做法更要
高出一筹。

康熙帝大规模地表彰清官也是在三藩之乱平息以后。康熙二十三年
（1684）五月诏谕大学士等："凡居官以清廉为要，令九卿若有所知者，
勿论内外大小官员，俱令举出。"② 不久，在朝的九卿詹事科道等官遵旨推
举了一批清官名单。他们是：直隶巡抚格尔古德，吏部郎中苏赫、范承
勋，江南学道赵崙，扬州府知府崔华，兖州府知府张鹏翮和灵寿县知县陆
陇其共七人。康熙帝在看了这些人的名单后说："格尔古德居官本好"，
"陆陇其向亦闻其居官甚好"。"今诸臣俱各称善，想当不谬，但从此以后
操守不改，永著清名，为真实好官"③。康熙二十九年（1690），吏部因为
要从现任知县中挑选一些人担任科道官，康熙帝又特下诏旨，以"科道职
任关系紧要"，要各官"奏举"。此次荐举的有清苑县知县邵嗣尧、三河
县知县彭鹏、灵寿县知县陆陇其和麻城县知县赵苍璧。据推荐者说：他们
都是些"牧民有声""服官廉介"的清官，这也是康熙帝授意下再一次荐
举清官的活动④。以上荐举都是诏令朝廷各官进行推举，其实了解情况更
多的，还是在地方任职的总督、巡抚。康熙四十年（1701）十月，经内阁
移文，让一些有廉正之声的督抚如郭琇、张鹏翮、桑额、华显、彭鹏、李
光地、徐潮等，要他们将"实心惠爱民生，居官清廉"的属官，或虽系别
省，但确为"伊等所灼知者"，亦可列名奏闻⑤。类似这样的荐举活动，
也搞了不止一次。

康熙帝不但要各级大员荐举清官，自己也亲自表扬清官。据粗略统
计，经他亲口表扬为清官的，就不下二三十人。山西永宁于成龙，大计时
被举为"清官第一"⑥。后来于进京入觐，康熙帝当着他的面称他"为今

---

① 《三鱼堂外集》卷 2，《察吏》。
② 《清圣祖实录》卷 115，康熙二十三年五月壬午。
③ 同上。
④ 《清圣祖实录》卷 146，康熙二十四年五月辛卯。
⑤ 《清圣祖实录》卷 206，康熙四十年十月戊寅。
⑥ （清）于成龙：《于清端公政书》外集；毛际可：《于清端公传》。

时清官第一"①，又向大学士明珠说："居官清廉如于成龙者甚少，世间全才未易得。"② 对于另一个汉军镶黄旗籍的于成龙，他说："如直巡抚于成龙之真实清廉者甚少，观其为人，天性忠直，并无交游，惟知爱民，即伊本旗王门上亦不行走"，"如此好官，若不从优褒奖，将何以为众劝"③。表扬彭鹏："尔居官清正，不爱民钱，以此养尔廉，胜民间数万两多矣。"④ 康熙二十八年（1689），他向福建、浙江总督王骘赏赐御衣凉帽，然后说：尔"操守清廉，浙江、福建黎庶俱称尔为清廉总督，故有是赐"⑤。又说张鹏翮："张鹏翮前往陕西，朕留心察访，果一介不取，天下廉吏无出其右者。"⑥ 称吴琠："吴琠居官，无论是其属官，非其属官，及所参革之人，皆以为清官好官，百姓莫不感叹。"⑦ 称道陈瑸："居官甚优，操守极清，朕亦见有清官，然如伊者朕实未见。即从古清臣亦未必有如伊者。"⑧ 表扬张伯行："朕至江南，访问张伯行居官甚清，此最不易得。"⑨ 还说："张伯行居官清廉……如此等清官，朕不为保全，则读书数十年何益，而凡为清官者何所倚恃以自安乎！"⑩ 他又表扬肖永藻等人说："肖永藻、富宁安、张鹏翮、赵申乔、施世纶、殷泰、张伯行此数人皆清官，朕皆爱惜保全。"⑪

康熙帝在表扬清官的同时，还不时劝告各级官员均应为清官。他说："人能做好官，不惟一身显荣，且能光宗耀祖，否则丧身辱亲，何益之有？"⑫ 把当好官、清官与个人的名利和家族的荣辱连在一起。他在和山东省各级官员的一次谈话中说得更有意思："尔等为官，以清廉为第一，为

①《清圣祖实录》卷94，康熙二十年二月己丑。
②《清圣祖实录》卷126，康熙二十五年闰四月戊午。
③《康熙起居注》，第1615页。
④（清）缪荃孙：光绪《顺天府志》卷74，《官师志》之3。
⑤《清圣祖实录》卷139，康熙二十八年二月甲寅。
⑥《清史列传》卷11，《张鹏翮》。
⑦《清史列传》卷9，《吴琠》。
⑧《清史列传》卷11，《陈瑸》；《陈清端公文集》，《家传》。
⑨《清圣祖实录》卷229，康熙四十六年三月戊寅。
⑩《清圣祖实录》卷251，康熙五十一年十月丙辰。
⑪ 同上。
⑫（清）张鹏翮：《张文端公全集》卷7，《杂记》。

清官甚乐，不但一时百姓感仰，即离任之后，百姓追思，建祠尸祝，岂非盛事。从来百姓最愚而实难欺，官员是非，贤与不肖，人人有口，不能强之使加毁誉，尔等各宜自勉。"① 他在巡视陕西时，甚至还说："尔等州县官不可贪爱地方银钱，要存良心。"② 康熙帝用百姓毁誉，甚至提出"要存良心"云云，来倡导人们当清官，真可谓到了苦口婆心的地步。

康熙帝所表扬的清官，或他心目中的清官政治，究竟是怎样的呢？

第一条当然是清廉。前面引述康熙帝所提及的清官，无不都谈到居官清廉。所谓清廉，首先是个人不贪不取。有人称誉陆陇其，说"陆某清操如冰，爱民如子"③，这在当时是很高评价了。不过从职位而言，陆只不过是个知县，对于更高一级的官员，比如省的总督、巡抚，仅仅自己保持清操显然还不够，因为还有"正己率属"的问题。所以当张伯行受命江苏巡抚时，他一面上疏表示："斯受此隆遇，惟有益励清操，洁己率属，以仰答高恩于万一耳。"④ 然后又檄示属下："一铢一黍尽民脂膏，宽一分，民受一分之赐；受一文，身受一文之污。"⑤ 不但自己不贪不取，还要告诫属下官员也廉洁爱民。要做到廉，拒绝请托也很重要。康熙赞扬永宁于成龙，说他"凡在亲戚交游相请托者，概行峻拒，所属人员并戚友间有馈遗，一介不取"⑥。另外像浙江布政使赵申乔就任时，"所有家人仅十三人，幕宾亦无，每日办事皆系亲笔，钱粮悉自己监守，火耗分厘不取"⑦。因其清廉勤政，也受到康熙的表扬。

清官既然为官廉洁，那么他的生活必然也是简单朴素的。戴震写《于清端传》，说他"及卒，将军、都统、僚属来至寝室，见周身布被一笥，中袍一袭，靴带二事，堂后米暨盐豉数盅而已，平时心惮成龙者俱感动流涕"⑧。另一个清官陈瑸"为巡抚计二十年，孑身于外，未尝延致幕客，

---

① 《清圣祖实录》卷210，康熙四十一年十月辛卯。
② （清）高维狱：光绪《绥德州志》卷6《秩官志》，《政绩》。
③ （清）陆陇其：《三鱼堂文集》卷3。
④ 《正谊堂文集》卷1，《调任江抚谢恩疏》。
⑤ （清）陆燿：《切问斋文集》卷4，《治河名臣小传》之《张伯行》。
⑥ 《清圣祖实录》卷94，康熙二十年二月丙申。
⑦ 《清圣祖实录》卷206，康熙四十年十月壬戌。
⑧ 《戴震文集》卷12，中华书局1980年版，第185页。

父子暌隔数千里，不能具舟车通往来，僮从一二人，官厨准进瓜蔬，皆人情所万不堪者"，"圣祖常目之为苦行老僧，又谓从来清官未见有如伊者"①。如此等等，无不为了表彰清官的高尚品质。

二是劝农实课。康熙帝曾说："至于总督、巡抚，但于地方不生事，年谷丰登，钱粮清楚，即为称职。或有人自谓清官，纵妻子奴仆暗受贿赂，以此为清，朕断不许。"②以上所言年谷丰登、钱粮清楚，也就是通常说的劝课农桑，保证赋税。当然，康熙帝仅指总督、巡抚，其实对其他官员也是一样。张伯行在《咨访利弊檄》中特别提出把"如何更定催科之法使邑无积逋"，"如何另议劝垦之方使野无旷土"③作为当好见任官的一大职责，其道理也就在此。即以康熙表扬的清官为例，人们对之称颂时，几乎总要谈到他们在劝课农桑、清理钱粮方面的德政。比如陈鹏年任浙江西安县令，正属三藩之乱初定，"户口逃窜，田税错迕"。鹏年"力为招集，经理逋赋，赋蠲而流冗归，民庆更生"，被誉为"清廉爱民"的典型④。受到朝臣荐举的邵嗣尧，在他出任清苑知县时，就"蠲施荒地，招集乡民"，颇有惠政⑤，后来改调柏乡县，又"廉能多善政，建闸以兴水利，减火耗、绝差扰以恤民艰"⑥，搞得十分出色。彭鹏在谈到征派赋役的原则时说："徭役为急公之义，事非无名，役有常制，躲避则不义，偏累则不仁。"⑦当清官不是不取不课，只是在课取时有所制约，不滥取滥派而已。康熙帝曾称道张鹏翮等任巡抚"钱粮俱清楚"⑧，催课赋税清楚不马虎，是当清官的一个重要条件。另外当清官也要注意科取方式。嘉定知县陆陇其因为有人说他在赋税上沽名钓誉，以宽厚误催科，为此陆特加辩解说："其实陇其于催科较之他邑不大相远，核其民欠尚少于他邑，特劝谕

---

① （清）陈瑸：《陈清端公文集》之《清端公家传》。
② 《清圣祖实录》卷275，康熙五十六年十一月丙子。
③ 《正谊堂文集》卷34。
④ 《正谊堂文集》卷25，《谥恪勤陈公墓志铭》。
⑤ （清）李逢源：同治《清苑县志》卷6，《名宦》。
⑥ （清）钟赓华：乾隆《柏乡县志》卷6，《名宦》。
⑦ 《古愚心言》第1册，《天山自誓》。
⑧ 《清圣祖实录》卷272，康熙五十六年四月丁亥。

多而敲扑少,其迹类于纵弛耳。"① 陆说的"劝谕多""敲扑少",也就是多行仁政,是清官在劝农实课中应该具有的品质。

三为"善弭盗贼"。这里所说的盗贼,诚然包括危害百姓从事抢掠奸杀的伙盗惯贼,但在当时,更多的还是迫于饥寒或无法忍受压迫铤而走险的普通劳动者。因此,如果说前面谈到的清官不贪婪、讲究课取之道,对农民等下层民众还能有所慰藉,那么在"善弭盗贼"方面,则更多地反映了清官在维护封建统治秩序中所起的鹰犬作用,体现了清官的地主阶级实质。

康熙帝对于清官弭盗问题是很重视的。他表扬彭鹏,多次提到他"任三河县时,但闻有盗即带刀乘马亲往擒拿,毫无畏惧"②。对于成龙,他特别打听:"闻尔昔在黄州,土贼啸聚,尔往招之,即投顺解散,何以致之?"③ 后来又夸赞于"在直隶爱民缉盗,居官颇优"④。正因为如此,所以人们在推举和表扬清官时,也把"弭盗"放在重要的位置,而清官们也常常以此自许。户部侍郎魏象枢荐举王天鉴为廉吏,疏中特别称赞王有"上马杀贼,下马治民之略"⑤。彭鹏提出的"兴利除弊十八事",其中牵涉"弭盗"的就有:"治盗源""诛真盗""严诬盗""修墩堡""禁军器"五条,另外如"编旗庄""清疆界""复城垣"等,亦与之有关⑥。于成龙出任直隶巡抚,曾订有"弭盗条约"十三条,后来又续增五条,共十八条⑦。张鹏翮也特别把"清厘保甲""清盗源"归入他制定的所谓率属六事中去。另一个汉军镶黄旗籍于成龙,当康熙帝问他就任直隶巡抚后,"利弊应兴革者宜何先?"成龙立即回复:"弭盗为先。"⑧ 颇得康熙帝称许。

四是平治狱案。康熙帝对于清官治狱,虽不及前三个方面谈得多,但

---

① 《三鱼堂文集》卷6《上座师张素存先生》。
② 《清圣祖实录》卷203,康熙四十年二月丙戌。
③ 《清圣祖实录》卷94,康熙二十年二月己丑。
④ 《清圣祖实录》卷135,康熙二十七年四月庚申。
⑤ 《清史列传》卷74《王天鉴》。
⑥ 《古愚心言》第8册,《应抚院于咨访利弊条议》。
⑦ 《于清端公政书》卷5《畿辅书》之《弭盗条约》。
⑧ 《清史列传》卷8《于成龙》。

因狱案堆积或处置不当，不但影响封建统治效率，而且也会积而生冤，冤多生变，所以清官必然要与治狱连在一起。康熙帝曾批评有的人"或操守虽清，不能办事，无论谕旨批驳与部驳之事，积年累月，概不完结，似此清官何裨于国事乎！"① 当然，康熙帝是概指一般办事效率而言，但治狱办案，亦应包括在内。在康熙帝表扬的清官中，有人就是因为善于治狱而扬名并被荐举的。湖南陈鹏年在江浙两省当知县、知府时，即因擅长办要案疑案以致"廉正之声动天下，江南大狱大役之至，召必与闻焉"②。后来他署任直隶霸昌道，又因此使"畿甸肃然"。据说陈鹏年在热河行在献瓜果，康熙向他的仆人传谕："汝主清，不必常例进奉，可将瓜带归以赐汝主"③，充分肯定了陈的才能。永宁于成龙任湖北黄州知府时，"性刚严明，决疑狱重案，判断如神"④，被称为"于青天"⑤。巡抚张朝珍给他送的对联是："何处寻求包老，此间便是阎罗。"⑥ 康熙二十年（1681），他出任两江总督，"于清天"之名亦被传到江南各府州郡。还有如邵嗣尧，也因"廉明自励，民咸以包孝肃比之"⑦。

五　整饬的成效和缺失

康熙帝整饬吏治，这是他整个政治生活中的重要组成部分。尽管他在具体做法上并没有超出传统的封建统治者所倡导的范围，但在付诸实践方面还是花费了很大的心血，特别在慎选人才，并由皇帝亲自出马大力表彰清官，倡导清官政治等方面，亦颇具特色。

康熙帝整饬吏治的效果也是明显的。乾隆帝曾盛赞他的祖父："圣祖时，如汤斌、陆陇其辈，学术纯正，言行相符；陈瑸、彭鹏辈，操守清

① 《清圣祖实录》卷261，康熙五十三年十二月壬辰。
② 《正谊堂文集》卷25《谥恪勤陈公墓志铭》。
③ （清）缪荃孙：光绪《顺天府志》卷74《官师志》3。
④ （清）英启：光绪《黄州府志》卷13《秩官志》。
⑤ 《于清端公政书》外集，《于公墓志铭》。
⑥ 《于清端公政书》外集，《抚台张公赠联》。
⑦ 《清史列传》卷74《邵嗣尧》。

廉，治行卓越。天下之大，人材之众，岂无与此数人相颉颃者。"① 《清吏稿·循吏传》前言中说："圣祖平定三藩之后，与民休息，拔擢廉吏，如于成龙、彭鹏、陈瑸、郭琇、赵申乔、陈鹏年等，皆由县令洊历部院封疆，治理蒸蒸，于斯为盛。"② 上面的话，虽颇多溢美，但确在一定程度上反映了实情，这从清初社会经济的迅速恢复与发展中，可得到某种印证。在当时，如果没有政治上相对安定和吏治的好转，明末清初之际生产凋零的景况不可能扭转这么快。在某种意义上，康熙帝的吏治成果，还为清代的经济发展打下了一个很好的基础。

当然，所谓吏治的好转，也是比较而言的。就在康熙帝整饬吏治效果最明显的二十年（1681）到四十年（1701）之间，重大贪污案件仍连续不断，其中最出名的莫如康熙二十八年（1689）揭发出来的明珠、余国柱、徐元文、徐乾学、王鸿绪、高士奇结党徇私案。当时，他们都官拜大学士、尚书、都御史，职位稍低的如高士奇，曾奉命入值南书房，也是个参与朝廷机密的重要人物。这些人利用朝廷授予的权力，大肆引用私党，收受贿赂。直隶巡抚于成龙向康熙帝揭发说："官已被明珠、余国柱卖完。"李光地亦言："天下官尽都卖完了，没有一个不用钱买的巡抚、布政。"③ 而明珠等人亦因此巨富，有人曾讽刺徐乾学、高士奇，有"五方宝物归东海，万国金珠贡澹人"④，可见纳贿之多。康熙四十年（1701），福建道监察御史李发甲在《请澄清吏治疏》中谈道：当时各省督抚常常借着各种名义向州县官进行勒取，造成"督抚仗有司之胜，有司藉督抚之庇，公然私派，略无忌禅，即刀锯在前，鼎镬在后，举相习为牢不可破之虐政"，以致"每岁民间正项钱粮，一两有派至三两、四两、五两、六两以至十四，是何名也！"⑤ 在朝各官则常常借着向外差遣的机会，公开收受好处。"钦差大人岁或一至或再至、三至，来有供亿，去有馈馐，此公中

① （清）王庆云：《石渠余记》卷2，《纪行取旧制》。
② 《清史稿》卷476。
③ （清）李光地：《榕村续语录》卷14，《本朝时事》。
④ （清）王先谦：《东华录》，康熙二十八年十月癸未。
⑤ 《李中丞遗集》卷3。

之私也。"① 一个侍卫外出，一次就可以从督抚手中得到6000多两银子的馈赠②。而此种情况越到后来则愈加严重，以致连康熙帝也发出"欲求清官甚难"的感叹③。

其实，在康熙帝亲自表彰的清官中，亦颇有贪鄙之徒。比如张鹏翮，曾被誉为"天下廉吏无出其右者"。他奉命到陕西赈灾，"饱橐而归，帑金皆为贪吏所瓜分，而责灾黎偿还"。④ 张向皇帝推荐人，名为举贤，其实每次收得馈银"动十万计"。又如赵申乔，自奉克勤克俭，他的儿子太原知府赵凤诏，却是个受赃30余万两的大贪官。向康熙帝一再表示要"洁己率属"的直隶巡抚于成龙，经他推荐的州县官，有的以"奇贪"，"躁酷"而闻于名⑤。后来于就任河道总督，一次带"二百余人前往"，以致皇帝都责备他"援引朋类"⑥。康熙帝曾在一次上谕中说："目今巡抚皆有廉声，而司道以下何尝不受州县馈遗。总之此时清官，或分内不取，而巧取别项；或本地不取，而取偿他省。更有督抚所欲扶持之人，每岁暗中助银，教彼掠取清名，不逾二三年，随行荐举，似此互相粉饰，钓誉沽名，尤属不肖至极。"⑦ 可见康熙对于某些清官的所作所为，心里也是清楚的。

在有清一代的历史中，康熙帝可算得上是奋发有为的英主，他一生经历了许多重大的军事和政治斗争，在恢复和发展封建经济中，作出了巨大的贡献。他为整饬吏治花费了很多的心血，但比较起来，其成效却不如其他事业辉煌卓著。造成此种结果的原因，一方面说明吏治整顿难度之大，因为官吏的贪赃枉法是封建政治的一种痼疾，仅仅通过表扬几个清官或杀几个贪官，以求取吏治的根本改观，这本来就很不现实，而且即使暂时有所好转，只要滋生贪赃的土地存在，仍随时可能蔓延复发。不过，如果我们仔细考察一下康熙帝整饬吏治的基本思想，以及其中的某些举措，确实也存在着不少疏忽和漏洞。

----

① （清）陈瑸：《陈清端公文集》卷4，《全川六要》。
② 《清圣祖实录》卷215，康熙四十三年正月辛酉。
③ 《清史列传》卷12，《富宁安》。
④ （清）汪景祺：《西征随笔》之《西安吏治》。
⑤ 《三鱼堂日记》卷10。
⑥ 《清圣祖实录》卷180，康熙三十六年二月甲申。
⑦ 《清圣祖实录》卷215，康熙四十三年正月辛酉。

　　康熙帝在整饬吏治中的一个主导思想，就是注重人治。他常常说："从来有治人无治法，为政全在得人。"① 又说："但古来有治人，无治法，在奉行之善不善耳。苟善于奉行，则地方自然受福，若不善奉行，虽有良法，岂能有济。"② 他要人荐举人才，表扬清官，甚至在加强考核制度方面的力度，无不围绕着人治这个出发点。当然，慎选人才是对的，但是要使官员廉洁不贪，其他方面的保证措施同样不能偏废。而恰恰对于后者，康熙帝没有给予足够重视，甚至明知是个弊端，还未立制纠正。

　　前面我们曾提到过，清朝实行的是低俸制，一个正七品知县，除禄米外，年俸只 45 两，四品知府 105 两。巡抚是从二品，俸银 155 两。总督从一品，俸银 180 两。如此低微的俸禄，在顺康之际，那是因为无银可支，无俸可增，可到康熙中期以后，国家的财政已有明显好转，库存银每年都有增加，却仍维持低俸制不变，这等于给官员们的额外课取开了一个后门。当时，有的人为了当清官，只好素食粗衣，即或如此，还要从家里挪银子作帮衬。陆陇其任嘉定县令，"薪水取给于家，夫人率婢妾以下纺织给鱼菜……出粗粝共食"。③ 还有张伯行，亦是"任所日用之物，皆取其于家"。④ 这样当清官，除了有人偶尔为之，多数人是无法仿效的。

　　康熙帝自己也明白在俸饷制度上的弱点，为了使下属能应付场面，在私派、加派问题上，只好采取两面手法，一方面他仍不断在诏谕中表示要严禁额外私派，同时在底下又网开一面，说什么："所谓廉吏者亦非一文不取之谓，若纤毫无所资给，则居官日用及宗人胥役何以为生。"还说："如州县官止取一分火耗，此外不取便称好官。"⑤ 至于总督、巡抚等地方大员，负责"管理军务，一应兵丁宜鼓舞作兴，常加恩恤，今以己为清官，独市饼饵而食，赏赉不及兵丁，岂合于理"⑥，所以他认为"巡抚要节礼乃寻常之事，只须不遇事生风，恐吓属官，索诈乡绅富民，以司道为

　　① 《清圣祖实录》卷 82，康熙十八年八月辛卯。

　　② 《清圣祖实录》卷 109，康熙二十二年四月壬辰。

　　③ （清）刘献廷：《广阳杂记》卷 1，中华书局 1985 年版，第 10 页。

　　④ 《清圣祖实录》卷 256，康熙五十二年闰五月辛未。

　　⑤ 《清圣祖实录》卷 239，康熙四十八年九月乙未。

　　⑥ 《康熙起居注》，第 2138 页。

耳目，择州县之殷实者苛索财物，致亏空库帑，便是好巡抚"①。总之，"为官之人，不取非义之财，一心为国效力，即为好官"②。他还针对那些被表彰为清官的人说："夫官之清廉，止可论其大者，今张鹏翮居官甚清，在山东兖州为官时亦曾受人规例；张伯行居官亦清，但其刻书甚多，刻一部书非千金不得，此皆从何处来者，此等事亦不必究。"③ 又说张鹏翮："尔自谓居官清廉，一介不取，一介不与，若谓一介不与尔则有之，一介不取则未必然，取与不取，惟尔自知之。"④ 又"彭鹏、李光地、赵申乔皆称清吏，岂皆一物不受?"⑤ "即如大学士肖永藻之清廉，中外皆知，前任广东、广西巡抚时果一尘不染乎? 假令肖永藻自谓清官亦效人布衣蔬食，朕亦将薄其为人矣"⑥。当然，康熙帝所说的这些话，大都在其晚年，对清官的所作所为已有更多的了解，但从中亦可看出他无可奈何的心情。他整饬吏治，严惩贪污，可在制度上却眼睁睁地看着存在漏洞，不去堵塞，其结果必然是窟窿越来越大，以致无法抑制。

康熙帝不但没能对现行制度的漏洞加以堵塞，相反，却在吏治中实行捐纳。所谓捐纳就是用钱买官。他为了筹措军饷以及增加财政收入，曾不断实行开捐。据吏部侍郎宋宜德疏称，仅康熙十三年（1674）至十六年（1677）的三年间，即"所入二百余万"，捐纳最多的是知县，竟"至五百余人"⑦。当然这期间与三藩战争有关，可以后并没有停止。由捐纳进入仕途的，虽不个个都是贪官，但他们既然出钱买官，对不少人来说，就是想从任期中取得更大的补偿。正如陆陇其所言："此辈原系白丁，捐纳得官，其心惟思捞其本钱，何知有皇上之百姓。"陆还说："皇上立法防弊之初意，且保举所重，莫重于清廉，故督抚保举必有清廉字样方为合例。若保举可以捐纳，则是清廉二字可捐纳而得也。"⑧ 讲的真是一针见血。其实

---

① （清）张鹏翮：《张文端公文集》卷7，《杂记》。
② 《康熙起居注》，第2138页。
③ 《清圣祖实录》卷245，康熙五十年三月庚寅。
④ 《清圣祖实录》卷219，康熙四十四年三月壬子。
⑤ 《清圣祖实录》卷208，康熙四十一年闰六月戊戌。
⑥ 《清圣祖实录》卷275，康熙五十六年十一月丙子。
⑦ 《清史列传》卷8，《宋宜德》。
⑧ 《三鱼堂外集》卷1，《请速停保举永闭先用疏》。

捐纳加重了吏治的败坏，康熙帝心里也很清楚。他说："捐纳之人岂尽殷实，大约称贷者多，不朘削百姓，则逋负何由而偿。"① 不仅如此，它还使得本来就并不整肃的官场风气更乱了。康熙帝实行捐纳，对有清一代的政治造成严重的不良影响，是清朝的重要弊政之一。

康熙帝整饬吏治，提倡清官政治，同时，他也十分强调处政要平稳安静。早在康熙十一年（1672）他就说："从来与民休息，道在不扰，与其多一事，不如省一事。"他还以历史为借鉴说："朕观前代君臣，每多好大喜功，劳民伤财，紊乱旧章，虚耗元气，上下讧嚣，民生日蹙，深为可鉴。"② 三藩之乱平定后，他又说："今天下承平，休息民力，乃治道第一义。"③ 康熙帝的话在社会久经动乱，百姓亟须有个安定环境从事生产劳动的时候，那无疑是正确的，正如有人所说："治道贵清静，本非大中之论，然今日处烦苛之世，不得不如此。"④ 但当社会生产有所恢复，封建政治稍有头绪以后，还一味强调安静不可生事，则就不同了，反映了政治上的一种惰性。而康熙帝的某些话恰恰又是针对吏治而言的，比如他说："为大吏者亦须安静，安静则为地方之福，凡贪污属吏，先当训诫之，若始终不悛再行参劾可也。"⑤ 又说："今天下太平无事，以不生事为贵，兴一利即生一弊。""驭下宜宽，宽则得众，为大吏者若偏执己见，过于苛求，则下属何以克当"。⑥ 甚至把某些官员的兴作之举说成是"沽名要誉""无裨政治"⑦，这与他原先打算的惩贪奖廉和"芟除大恶、剔厘大弊"的思想是背道而驰的。康熙晚期吏治的转趋恶化和贪污案件的层出不穷，应该说与其宽容姑息思想的日趋浓厚有很大的关系。

下面我们根据实录所载，将康熙二十二年（1683）至六十一年（1722）间历次大计各官的情况，列表如下。

---

① 《清史列传》卷8，《于成龙》。
② 《清圣祖实录》卷251，康熙十一年十二月戊午。
③ 《清圣祖实录》卷113，康熙二十二年十一月戊辰。
④ 《三鱼堂日记》卷8。
⑤ 《清圣祖实录》卷133，康熙二十七年正月丁酉。
⑥ 《清圣祖实录》卷245，康熙五十年三月乙卯。
⑦ 《清圣祖实录》卷266，康熙五十四年十一月庚子。

（单位：人）

年代　　考评等次	卓异	贪酷	不谨	罢软	年老	有疾	才力不及	浮躁
康熙二十二年（1683）	53	104	293①	45	117	53	89	43
康熙二十五年（1686）	49	79②	63	55	229	72	110	67
康熙二十八年（1689）	32	48	64	80	120	35	51	49
康熙三十一年（1692）	87	51	79	36	101	89	83	52
康熙三十四年（1695）	62	34③	38	23	88	49	43	38
康熙三十七年（1698）	54	40	71	20	103	83	69	62
康熙四十年（1701）	35	44	53	22	61	56	52	30
康熙四十三年（1704）	24	20④	38	25	82⑤	36	43	26
康熙四十六年（1707）	33	36⑥	38	25	64	55	47	35
康熙四十九年（1710）	17	19⑦	43	17	46	36	35	26
康熙五十二年（1713）	38	8	39	24	67	39	36	36
康熙五十五年（1716）	36	9	33	12	53	32	24	19
康熙五十八年（1919）	34	11⑧	36	15	43	31	26	29
康熙六十一年（1722）	16	6	34	13	41	33	28	25

①实录载："从逆官二百四十员亦照不谨例革职"，所称"从逆官"即系投靠吴三桂等三藩势力的原清朝官员。

②包括贪酷官 20 员，贪官 55 员，酷官 4 员。

③内贪酷官 9 员，贪官 22 员，酷官 3 员。

④内贪酷官 7 员，贪官 13 员。

⑤年老有疾 1 员，年老官 81 员。

⑥贪酷官 3 员，贪官 27 员，酷官 6 员。

⑦贪酷官 4 员，贪官 11 员，酷官 4 员。

⑧贪酷官 2 员，贪官 8 员，酷官 1 员。

按：自康熙二十二年（1683）至六十一年（1722），共举行大计 14 次。按照清朝政府的规定，凡考注卓异者例得升迁，老病者休致，浮躁、才力不及者降级调用，罢软无能及素行不谨者俱革职，贪酷者革职提问。根据这个原则，我们看到，二十二年（1683）和二十五年（1686）的两次大计，进行得比较严格，这也是康熙帝整饬吏治最雷厉风行的时候，表现在对贪酷官员的打击也是严厉的。及至进入四十年（1701），对贪酷等不称职官员的罢斥降调显然已减低了势头。到了五十年（1711），政治上应循苟且之风在大计中也表现得十分明显，特别是纠举贪酷官员，只不过略定几个作为应付而已。因为在当时，不是没有贪官或贪官很少，只是互为包容或习以为常恬不为怪了。三年大计越来越流于形式，与康熙帝求静求稳思想的发展，是相吻合的。

康熙帝整饬吏治，用他自己的话来说，是为了民生安遂。这里提到的民，虽然也包括"终岁勤动"的贫苦百姓，但着重的还是那些地主绅衿们，这从康熙的日常态度和谈话中就可看得十分清楚。比如他说施世纶，"其操守果廉，但遇事偏执，百姓与生员讼，彼必庇护百姓；生员与缙绅讼，彼必庇护生员。夫处事唯求得中，岂可偏私！"①把施的抑强扶弱说成是偏私。他还批评张伯行"为巡抚时，每苛富民，如富民家堆积米粟，张伯行必勒行贱卖，否则治罪"，认为"此事虽使穷民一时感激，要非正道"②。康熙帝常说："清官每多残酷，清而能宽斯为尽善。"③又责备赵申乔"居官诚清，但性喜多事，所以小民反致受累"④。康熙帝所说清官残酷生事，就是因为他们的某些行动侵犯到地主绅衿的利益。

前面我们提到，康熙帝曾把彭鹏、陆陇其等一批被认为是清明廉正的知县提拔为朝廷的科道官，企图以此来整肃宦纪，澄清吏治，但当这些清官真的纠章弹劾，并触动到某些政权要害时，康熙帝却往后退缩了。如彭鹏曾几次上疏参劾大学士李光地，当时李是康熙帝的宠臣，李的某些行事，大抵出于康熙帝的授意，这就触犯了大禁，于是一再下谕指责彭鹏"题参多沽取虚名，使人惧怕，你自作威势"。还说："彭鹏你久在给事中就有祸了，着你在外地去，所以保全你"⑤彭终于被赶出京师。又如陆陇其，他上疏反对实行捐纳，认为无益吏治，结果也被斥为"其居官未久，

---

① 《清圣祖实录》卷206，康熙四十年十月己巳。
② 《清圣祖实录》卷266，康熙五十四年十一月辛丑。
③ 《清圣祖实录》卷229，康熙四十六年三月戊寅。
④ 《清圣祖实录》卷211，康熙四十二年二月丁酉。
⑤ 《中藏集》之《圣恩再纪》。

懵愦不知事情，妄昧陈奏"，遭到落职外调①。

在外任官中，因触及当地绅衿豪强遭到忌恨而丢官的，亦不在少数。邵嗣尧在柏乡，"耿介廉白，不畏强御"。柏乡是当朝大学士魏裔介的老家，而魏又是邵的"座主"。恰巧裔介的一个家人犯法，邵"即以法治之，无所假"，由此得罪了魏，"私使直隶巡抚借他事劾去之"②。陆陇其说邵"清直有余，而以酷败"，③ 即是指此。陈璸在《古田县咨访利弊示》中称："照得作宰偏隅，原有兴除之责……然欲事之周知，必须人人咨访……谋及庶人而孰利孰弊始得真，公论出学校，谋及绅士而议兴议除始得当。"④ 有人劝告陆陇其，说处事"须参酌众论，问之左右，问之疏远，问之乡绅，问之诸生，庶无蒙蔽之患"。⑤ 他们说的"询问"或"谋及"乡绅诸生，就是在任上行事，必须考虑照顾地主乡绅的利益，这符合康熙帝不偏私、不刻薄生事的思想。

康熙时，曾经常出现百姓为挽留去任官员而发生民众上书请愿事。尽管这种挽留的行动往往总由当地乡绅地主带头，或出自去任官员的授意，但其中确实也反映了人们对该官任期优劣的一种评价。康熙帝自诩他在选用官吏时必详加咨访，考察众议，但对百姓上书请愿却甚为反感。他说："凡有百姓纠党保留地方官者，若准留任，则官必为民挟制，实非美事，且令民不畏官，官不畏上司，关系匪轻，故宜留意。"他还说："国家有上下贵贱之体，虽清官可不畏上司乎！"⑥ 若官员为百姓"挟制"，造成上下贵贱之体的混乱，这就大大违反了他整饬吏治、倡导清官政治的本意。康熙四十年（1701），湖北黄梅县知县李锦，因巡抚弹劾他亏空地丁银3000余两，受到革职。为此，黄梅县民会集万人，闭城留锦，不容去任。后经总督郭琇查实，说李"并无亏空，百姓因锦平日清廉，闻其解任，一时团聚"。康熙帝即以"凡官员去留之权，岂可令百姓干预，聚众肆行之风亦

① 《三鱼堂文集》之《陆清献公本传》。
② （清）周景柱：乾隆《蒲州府志》卷12，《人物》下。
③ 《三鱼堂日记》卷8。
④ 《陈清端公文集》卷5。
⑤ 《三鱼堂日记》卷2。
⑥ 《清圣祖实录》卷256，康熙五十二年十月庚辰。

渐不可长","李锦居官虽优,不可仍留黄梅之任",坚决把他调走,郭琇和巡抚年遐龄都因此受到降级的处罚①。

　　在封建社会中,统治者整饬吏治,提倡清官政治,都是从自身利害出发的,超越了这个界限,即使你做官再清正廉洁,也会遭到呵责排斥。认真说来,康熙帝给清官所划定的活动范围,实在非常狭窄。他指责施世纶、张伯行,调罢彭鹏、陆陇其等人职位,又禁止百姓参与政事,都说明他的整个思想格调并不很高,这也注定了他搞整饬吏治、表彰清官活动的不彻底性,不可能取得更多的成果。

　　康熙帝晚年,清朝统治者所掌握的那套国家机器实际上已运转迟缓、故障不断了,这就不能不影响到政治、经济等各个领域,使很多矛盾又激化起来。康熙帝去世后,他儿子雍正帝在吏治建设中破除安静,大兴政治整顿,并实行耗羡归公和养廉银制度,这在很多方面都是针对康熙时的宽纵和举措中的疏漏而发的。

（原载《故宫博物院院刊》1989 年第 4 期）

---

① 《清史列传》卷 12,《年遐龄》。

康熙朝官员的"捐助"活动

一

在康熙朝的奏折中，我们看到不少地方军政官员捐资举办各种事业的记载。这些捐助，包括的面很广。

（一）更新军需，襄助军务。康熙五十五年（1716）二月初三日，江西巡抚佟国勷在一份奏折中说："奴才标下两营与袁（州）、九（江）二协所有盔甲等项，历年既久，均多朽烂不堪操演。奴才抵任，渐次将标下花铁盔甲、棉甲，捐造修理共九百六十四顶身，帐房二百顶，并旗帜器械"云云①。这是巡抚出钱，更新所属营伍军需辎重的记录。

康熙五十四年（1715），准噶尔部首领策妄阿拉布坦派兵袭击在哈密的清军防地，又派大军进击西藏，使一度平静的清准关系又恶化起来。为了加强西北防务，稳定西藏局势，康熙帝决定派出重兵。这就需要一大笔军费开支。当时，除了动支国库和实行捐纳外，一些地方督抚也纷纷解囊襄助军务。此次捐助活动，康熙帝或户、兵等部，事先是否下过诏谕、照会或作某种暗示，笔者未查到记载，但从捐助者的人数来看，确实相当不少。仅《康熙朝汉文朱批奏折汇编》一书收辑的，就有直隶总督赵弘燮、山东巡抚李树德、河南巡抚杨宗义、云南巡抚甘国璧等人。据康熙五十九年（1720）正月二十六日李树德奏称：该省除他本人愿捐银12000两外，

---

① 中国第一历史档案馆编：《康熙朝汉文朱批奏折汇编》（以下简称《汇编》）第6册，第804页。

还有提督学政礼科给事中陈沂震助捐 2400 两，布政使王用霖 6000 两，按察使黄炳、督粮道佟世禄、济东道程光珠、登莱青道程之炜、济宁道宋基业、盐法道罗紾各捐银 2000 两，济南府知府张振炜、兖州府知府金一凤各 1500 两，东昌府知府杨文乾 1200 两，青州府知府陶锦、莱州府知府耿纮祚均 1000 两，登州府知府李之龙 800 两，盐运分司张承先 600 两，统共 4 万两①，实际上把知府以上各级官员都动员起来了。另外如直隶地区的捐献面也不亚于山东。② 此次官员捐银，主要是用来购买马、骡、骆驼"运送糇粮"。其中直隶一地，就用捐助银购买马骡 7500 匹③。另外也包括有捐助"制备出兵人等衣甲口粮，支应草豆等项"的④。

（二）捐助牛具种子，招民垦荒。康熙五十六年（1717）三月二十八日，署贵州巡抚白潢在奏疏中提到，他鉴于"黔省田地尚有荒芜，只因此地民贫乏力，是以每年开垦无多"，故在署任后，"即率同阖属捐备牛种，招民开垦"⑤，用以扩大耕地面积。直隶总督赵弘燮，原籍甘肃宁夏人。康熙五十五年（1716），他响应吏部提出的，在宁夏达尔兔、赤金、金塔寺等处，"修葺旧堡，招民垦种"的呼吁，特捐银 4000 两，以表示对家乡的关心⑥。类似这种由各级官员捐银购买牛种，以加快垦荒的做法，在其他资料中也经常可见⑦。

（三）兴修水利，方便交通。在广西桂林至梧州的 700 里间，有一条叫府江的河流，"江流湍急，恶石横冲，行舟多致损坏"，加上"两岸崇山峻岭，马步不通"，给两地间的交通造成很大的困难。康熙五十三年（1714），广西布政使黄国材，"发愿捐资修治，将水路危险恶石尽行凿去，岸上开路搭桥，建造塘铺"，历时三年，"共捐己资三万余两"，才告

---

① 《汇编》第 8 册，第 646—647 页。
② 《汇编》第 6 册，第 252 页。
③ 同上。
④ 《汇编》第 8 册，第 589 页。
⑤ 《汇编》第 7 册，第 805 页。
⑥ 《汇编》第 8 册，第 492—493 页。
⑦ 如光绪《山西通志》卷 132，《乡贤录》载：顺治时，陕西兵备道王廷谏在榆林，"捐俸买牛种给民开垦"。乾隆《浙江通志》卷 157，《名宦》传中，记处州府知府周茂源，用"捐俸"办法，"每三户给牛一只，每人给米一石"，使所辖十县报垦荒田一千九百余顷。类似记载还有很多，不一一列举。

完成①。又如江西袁赣两江合流处的堤工，因被大水冲决，淹没田地。康熙五十八年（1719），巡抚白潢奏请修固，其费用也是他和有关官员"捐俸"凑集的②。

（四）助修城垣。康熙五十四年（1715），官府决定重修密云城。据负责工务的守道李维钧估算，需工料银137000余两。直隶巡抚赵弘燮提议，用长芦盐商历年来报效衙门的18万两陋规银，作为"修城之用"③。还有像江南提督赵珀报称：他"遵例会同文武捐修"辖境的坍塌城墙④，亦可作为一例。

（五）赈济饥困。康熙五十二年（1713）初，广州发生春荒，米价暴涨，每石售价高达白银2两左右。为了赈济众多食不果腹的饥民，广州将军管源忠并其属下，共捐得米650余石，移交当局作施赈之用⑤。

（六）恤赏死难官兵家属。康熙五十七年（1718）六月十九日和八月初一日，广东潮州府沿海两次遭遇飓风，统共击碎战船13艘，有38名官兵遇难。由于这些"官兵系因公淹没"，两广总督杨琳等特"捐银"赏其家属，以示优恤。对于击碎的战船，杨琳亦会同护巡抚、布政司王朝恩"捐银"，一并修造⑥。

（七）其他。如康熙五十九年（1720）八月初六日，河南巡抚杨宗义在奏折中称："明岁为圣主御极已经六十年……奴才捐资在嵩山会善寺盖殿，明岁庆祝万寿。"⑦ 这是捐钱建寺殿，给皇帝庆贺生日。苏州织造李煦捐银是为了制作大藏经。"接准理藩院咨称：为造藏经二部，翁牛特贝子鄂齐尔报捐银三百两……除贝子鄂齐尔所捐三百两之外，所余修造二部藏经之费，奴才等情愿捐出。"⑧ 还有像直隶总督赵弘燮所称，他就任畿辅

---

① 《汇编》第7册，第571—572页。
② 《汇编》第8册，第600页。
③ 《汇编》第6册，第69页。
④ 《汇编》第8册，第413页。
⑤ 《汇编》第4册，第722—724页。
⑥ 《汇编》第8册，第310页。
⑦ 同上书，第723页。
⑧ 同上书，第1151页。

12 年来，"所有上折需用马匹，俱系臣自行捐备，发给沿途州县"①，等等。

通过以上事例，我们看到，大至军国所需，或地方建设、赈恤饥困，以及为皇帝祝贺"万寿"，制作佛教经书等，所需经费，都可以通过官员捐资进行解决。正如雍正时有的官员所称："凡有公事，无一不分捐州县。"② 其捐款额，多的甚至达到几万、十几万两。这些项目中，有不少本应列于国库（包括地方库藏）开支的范围。因此可以说，所谓官员捐资，在某种程度上，实际已经成为分担国家财政支出的一个重要组成部分。

二

各省督抚以及府州县官不断捐款以应付种种需求。这些款项，据他们自称，有的属于任上的俸银。比如江西巡抚白潢出资修复河道堤岸，动用的就是他的俸银。直隶巡抚赵弘燮"捐输马骡"，支援西北军需，其中一部分价银和解送前的喂养费用，也是采用预支俸银办法解决的。他在奏折中说："臣请将（康熙）五十五、五十六两年俸工捐抵采买不敷马骡等项银两外，再将五十七、五十八等年俸工抵此番喂养之费，庶正项有抵而私派可绝。"③

由于清代官员的正俸银两十分低薄，身为一品大员的总督年俸才 180 两，巡抚和布政使 155 两，至于一般县令，不过 45 两。像赵弘燮，即使把他四年的俸银都捐出来，也就是 720 两（赵于康熙五十四年三月加总督衔），刚够支应马骡草料和喂养人员的工薪开销。所以在更多的场合下，他们的捐助只能别开来源，这就是通常所说的动用陋规银两。前述赵弘燮助修密云城垣提供的 18 万两银子，即系长芦盐商孝敬的陋规银，另如山东巡抚李树德、河南巡抚杨宗义和云南巡抚甘国璧捐助西北军需，据称亦是他们收受的规礼银两。

---

① 《汇编》第 7 册，第 612—613 页。
② （台北）故宫博物院编：《宫中档雍正朝奏折》（简称"雍正朝奏折"）第 1 辑，第 269 页。
③ 《汇编》第 6 册，第 384 页。

陋规银或者规礼银，实际上就是下级官吏或富商巨贾们孝敬上级官员或有关衙门的钱财，各级官员，也借用各种名义收受、索要规礼银。规银的来源，除商人们来自所赚利润外，其余大多从派征耗银所得，即在规定的赋税额外，再加收若干作为耗损或别的支用。由于耗银不像正额赋税有规定的税则税率，官员可以自行高下，又加上清朝实行低俸制度，只凭俸银不但无法应酬衙门的日常开销，就连本人及家口的生活也难以维持。于是把火耗银以各种陋规的形式，挪作官员的私用，已经成为当时的公开秘密，而且名目越来越繁，收受额也越来越高。正如浙闽总督刘兆麒在一个文告中所说："惟横征私派之弊，其祸尤烈。如收解钱粮，私加羡余火耗，解费杂徭，每浮额数，以致一切公私费用，皆取给于里民。若日用之米蔬供应，新任之家伙案衣，衙署之兴修，宴会之席面酒肴，上司之铺设供奉，使客之水饭下程，大兵之槽刀馈享，提事之打发差钱，戚友之抽丰供给，节序之贺庆礼仪，衙役之帮贴工食，簿书之纸扎心红，水陆之人夫答应，官马之喂养走差，与夫保甲牌籍，刊刷由单、报查灾荒、编审丈量等项，皆有使费陋规，难以更仆枚举。"① 至于高级的督抚布按等官的陋规，根本不用自己劳神去张罗，凡参谒晋见，年节时序，生辰喜庆，题授保荐，升转去任等，都自有下属官员备礼敬献。

那么，类似上述捐银的总督、巡抚们，每年可收入多少陋规银？据可以查得的记录，均在万两以上，多的可到一二十万两。江宁织造曹寅曾在密折中提到，仅两淮盐课一项，每年就要孝敬"江苏督抚司道各衙门规礼共三万四千五百两有零"②。康熙五十六年（1717），江西巡抚白潢胪列了该衙门各项规礼名目和数额，计："节礼银约计五万两"，"征漕规礼银四千两"，"湖口、赣州二关规礼银二千四百两"，"盐商规银一万两"，"钱粮平头银八千两"，合共 74400 两③。据雍正初黄炳的奏报：山东巡抚衙门每年的陋规收入是：各"属节寿礼银六万余两，丁地规礼银一万余两，司库羡余银三万两，驿道、粮道规礼各二千两，盐道暨盐商规礼各三千两，

---

① 《总制浙闽文檄》卷1。同样记载又见赵申乔《赵恭毅公剩稿》卷6，《再行禁绝火耗私派以苏民困示》。

② 《汇编》第1册，第135页。

③ 《汇编》第8册，第9—12页。

通计共银十一万余两。"① 最惊人的是杨宗义当河南巡抚时，"一年所有各项陋例不下二十万两"②。甚至连素称贫瘠的贵州省，每年巡抚衙门的规礼银，也要超过一万两③。以上都是各省督抚申报，有案可稽的数额，至于在此以外私相授受、隐瞒不报的，应不在少数。

官员收受陋规银，属于定制以外的不合法行为，但现实又不得不容忍此种情况的存在。这正是清朝政府制定政策的矛盾性。康熙帝本人的态度就很值得玩味。他一方面禁止加派，反对官员收受陋规，如在诏谕中说："近闻在外文武官尚有因循陋习，借名令节生辰，剥削兵民，馈送督抚提镇司道等官；督抚提镇司道等官复苛索属员，馈送在京部院大臣科道等官，在京官员亦交相馈遗……殊违洁己奉公之义。"要求"痛加省改，断绝馈受"④。又批评那些收受"馈遗"的督抚等官，"互相粉饰，钓誉沽名"，"不肖至极"⑤。但另一方面，他又宽容官员们，认为即使"廉吏"，"亦非一文不取"⑥；"地方些微火耗，其势不能不取"⑦。江宁织造曹寅建议裁省两淮盐课陋规，康熙帝立即密批道："此一款去不得，必深得罪于督抚，银数无多，何苦积害。"⑧ 在另外的朱批中，他又说："外边汉官有一定规礼，朕管不得。"⑨ 一些地方督抚，也常常借此具折，恳请皇上恩准他收取陋规，以求得到某种"合法"地位。山东巡抚李树德具折说："查得东省司道以下、州县官以上，向有年节、端午、中秋及生日四季节礼，此项即出自火耗、羡余，历年已久。奴才莅任方始，尚未时逢年节，今奏明主子，或容奴才只收知府以上节礼，以为家口应酬之养廉，仍小心慎密。查其中或有不足信者，虽有馈送，奴才断不敢受。"⑩ 把陋规银中的一部分捐助军需，或兴办其他公共事务，更是一种既可讨得皇上高兴，同时

① "雍正朝奏折"第 2 辑，第 83 页。
② "雍正朝奏折"第 3 辑，第 734 页。
③ "雍正朝奏折"第 2 辑，第 716 页。
④ 《清圣祖实录》卷 34，康熙九年九月乙亥。
⑤ 《清圣祖实录》卷 215，康熙四十三年正月辛酉。
⑥ 《清圣祖实录》卷 239，康熙四十八年九月乙未。
⑦ 《清圣祖实录》卷 275，康熙五十六年十一月丙子。
⑧ 《汇编》第 1 册，第 135 页。
⑨ 《汇编》第 7 册，第 739 页。
⑩ 同上书，第 522—523 页。

也可使收取陋规银更具合理合法性的有利手法，而朝廷亦借此省出了一笔本应属于国库开支的费用。这种上下合拍对应，正是康熙时"捐助"之风越来越盛的重要原因。

在官员们的奏折中，我们经常看到如此说法，就是他们收取陋规，只是为了补充家口生计的不足，量力"捐助"为其日常结余所得。比如李树德在捐助军需银时，便特别说明，"向来规礼除养赡妻子家口及量济亲族外，逐渐节省"，始得"捐助军需"①。云南巡抚甘国璧也说他家口众多，开销浩繁，只因"军兴之际，凡为臣子者，所有家财尚宜进助"，故才节支捐输。② 当然，若情况果真如此，那也未尝不可，但与实际却常有出入。康熙帝指出："今人礼物，多用金钱，或取库银馈送，以致国帑亏空。"③ 上述官员们的"捐助"，也有若此的。康熙帝在四十五年（1706）正月的一次谈话中，针对大臣们建议采用山东"捐助"赈灾例筹措资金、挑挖黄河河工事说："山东养民者，名为捐助，及其后皆无实际，所欠银两，皆朕豁免。"④ 原来那次"捐助"，却是山东有关官员用欺瞒朝廷的手法得到一时赞誉，以致最后只好由康熙帝颁诏豁免欠款，才得收拾残局。

在"捐助"中，其更有甚者为借名勒派，而且往往是捐一派二派三，不但捐助者自己不掏腰包（当然奏折上也是说节支"捐俸"或分出陋规银两等），反倒趁机大捞一把⑤。雍正帝继位后，在整顿府库、清厘官员积欠中，就多次发现此类案件。康熙时经常具折"捐助"的直隶总督赵弘燮，任职17年，"库帑亏空"累累，继任者弘燮侄赵之垣又提出"捐银三十万两"，实际却系"勒要属官银两进上"⑥。前述捐资开通桂林至梧州水陆交通的黄国材，经查实，仅他管办的"捐谷事例"，即有"余银几及百

---

① 《汇编》第 8 册，第 589 页。
② 同上书，第 564 页。
③ 《清圣祖实录》卷 242，康熙四十九年四月丙午。
④ 《清圣祖实录》卷 224，康熙四十五年正月壬午。
⑤ 当时有称："其收受节礼之外，别无需索者，上司即为清官；其止征耗羡，不致苛派者，州县即为廉吏"（见钱陈群《香树斋文集》卷 4，《条陈耗羡奏疏》），足可说明额外勒派之严重。
⑥ 《清世宗实录》卷 6，雍正元年四月甲子。

万并无着落"①。还有像李树德，六年巡抚任中，亏空库银达 40 万两②。

正是基于对上述弊端的认识，雍正帝自继位伊始，即一反乃父所为，厉禁官员再搞什么"捐助"。雍正元年（1723）正月，山东巡抚黄炳因鲁西东昌、兖州等府县遭受灾害，百姓生计"困苦"，提出用"捐助"办法进行赈济。雍正览奏后，立即下谕："尔奏欲各捐己资以为赈济，朕思尔等资从何出？势必取之于民，是赈民实以累民也。"③ 同年五月，他在湖广总督杨宗仁的一份奏折中朱批道："地方捐助一事，朕所痛恨，自即位以来，屡有上谕，为此谆谆告诫。"④ 雍正帝还针对官员们借"捐助"以邀功于朝廷的做法说："该地方大小官员有愿出己资捐助效力者，何必具题。"又谕令户部行文各直省督抚："凡地方遇有公事，奏请捐助俸工之处，永行停止。"⑤ 尽管如此，因请捐之事仍不断发生，所以他再次严申："各处工程有请将俸工银两捐助者，此事断不可行。伊等名为捐助，实则借端勒派，扰累小民。"⑥ 雍正帝禁止官员们做所谓的"捐助"，与他的其他有关政策一样，可说是一项减少私派的德政。

三

在康熙时期，统治者为什么越来越多地采取用官员捐助来兴办地方各种事务？其根本原因，还是与清朝政府的财政制度有关。清朝代替明朝后，从顺治到康熙，对于明亡的教训一直有所警戒。明朝失国的一个重要原因，就是赋税加派频繁。所以他们始终牢记，把不搞加派，作为赋税制度中的基本国策，予以确认。可是，清初以来的连年战争，却给封建国家的财政开支带来了极大的困难。于是，裁扣地方经费，对官员实行低俸禄制等，便作为开源节流的一种手段加以实施。这在起始，不过是权宜性的

---

① 《清世宗实录》卷 30，雍正三年三月庚戌；又，同书卷 34，雍正三年七月癸亥。
② "雍正朝奏折"第 1 辑，第 299 页。
③ 《清世宗实录》卷 3，雍正元年正月庚戌。
④ "雍正朝奏折"第 1 辑，第 269 页。
⑤ 《清世宗实录》卷 11，雍正元年九月丁亥。
⑥ 《清世宗实录》卷 12，雍正元年十月壬子。

措施。到了康熙中期，全国性的战争局面基本结束，财政状况有了好转，统治者却以收支自有定制，把其中的大部分做法固定下来了，凡"一丝一粒，无不陆续解送京师"，很多地方事务的兴办，因为"无纤毫余剩可以动支"①，只好让各级官员自行筹措以求解决。于是名为"捐助"，更多的乃是层层勒派的做法，便如此应运而生。到后来，甚至连朝廷的军国所需，也可由官员"捐助"协同分担了。

当然，康熙帝对于官员"捐助"中的各种弊端，也有所知悉，前述山东捐资赈济例，即属一证。但由于朝廷无法放弃曾经作出的不加派赋税的承诺，只好睁一眼闭一眼地让下属们借"捐助"之名，行加派、勒派之实，只要不直接牵涉朝廷，不激起民愤，就可半公开地予以默认。这与康熙帝对待"捐纳制度"的态度，多少有类似之处。捐纳制对于吏治的腐蚀是毋庸讳言的，可它不加正赋，又能增加经济收入，特别对应付临时性的财政急需，如军事行动或大工程修建等，很有作用。因此，虽然不少官员上疏反对行捐纳，康熙帝仍坚持不废。"捐助"活动没有像"捐纳"制那样问题严重，然性质却颇相同。

与康熙帝相比，雍正帝的做法较为实际。他一面禁止官员们搞"捐助"，堵其借机私派、勒派之路，同时不怕背上"加派"恶名，毅然实行耗羡银归公，由暗派改为明派，由入私更为归公，并确定征收分数，然后再将这部分归公银两，分作官员养廉、弥补地方亏空（这是临时性的，补完以后即停）和留作地方公用三个方面。官员们有了足够的养廉银，就可能禁取陋规银，而地方公用经费的保证，则不用再让官员们"捐助"来兴办各种事业了。从而在制度上分清了财政方面的公私关系，杜绝和减少官员们在"捐助"美名下所行的贪污勒派。

应该指出的是，我们所说雍正帝堵漏，也只是相对而言。就在他雷厉风行进行改革之际，官员们收取陋规、逼勒"捐助"之事，仍时有出现。正在广东任职的一位官员给巡抚写信说："各州县收受陋规，亦恬不为怪。自雍正初年渐次厘剔陋例，革除殆尽，然职于雍正五年署篆平远时，犹有公议一千六百金随地丁输纳，公然设柜征收。""又，从前内海、外海战

---

① 《清圣祖实录》卷240，康熙四十八年十一月丙子。

船、巡船等项及营汛兵房，俱行文派之州县，如职任和平小邑，亦岁有捐项数百金，大抵上行下效，视为固然也。"①

到了乾隆以后，一度受到抑制的"捐助"活动又逐渐抬头活跃起来。乾隆二十一年（1756）七月，江西巡抚胡宝瑔在奏折中说："兹据布政使王兴吾详：据宁都州知州沈文熛称：该州县绅士曾昌麟等呈请，情愿自行捐资建造考棚以便岁科两试。"② 这是以绅士助捐的形式建造县学考棚。同年十二月，四川总督开泰的奏折是"捐助"前线军用马匹。"奉上谕：黄廷桂奏称：据四川总督开泰密咨，现在调拨官兵马匹，最宜豫备，川省可助马一千匹解甘备用……臣身任地方，布按两司系属大员，皆应办理之事。臣开泰捐备五百匹，布政使周琬四百匹，按察使公泰二百匹。业将马价照数分发各营驿，克日买补，应无庸另行动项。又，管解马匹员弁兵丁等盘费，及四川境内喂养马匹草豆，亦无庸另行动项。"③ 此次开泰等人的捐助，实际上是由朝廷谕令让搞的。对于这样的"捐助"，官员们当然乐意奉行，因为他们不但可以邀功于皇上，而且因为有了上面的旨意，亦更方便在下面动手脚。反正开泰或是周琬、公泰等人，不会自己白白地去掏腰包的。

《清史稿·圣祖本纪》称：康熙"虽曰守成，实同开创焉"。他所制定的很多规章制度或具体做法，常常被尊为"祖宗法则"继承或延续了下来。这些规章行事，有的在今天我们还可给予肯定，但确实也有在当时就瑕瑜互见或弊端丛生。康熙时期行施颇盛的"捐助"活动即属于后一类。雍正帝在财政改革中之所以要禁绝"捐助"，也就是因为看到了它的弊端。但是，由于"捐助"不费国家库帑，且使用随意方便，故尽管雍正帝禁谕彰彰，自朝廷到一般官员，仍不时地被当作成例而援行不停。从这里，亦可见到封建政治的因循和腐朽。

（原载《历史档案》1989 年第 1 期）

---

① （清）王植：《崇德堂稿》卷 7，《复抚院都堂王札问》。

② （台北）故宫博物院编：《宫中档乾隆朝奏折》（以下简称"乾隆朝奏折"）第 15 辑，第 32 页。雍正时，绅衿们搞"捐助"亦被禁止，见《清世宗实录》卷 25，雍正二年十月己卯。

③ "乾隆朝奏折"第 16 辑，第 471 页。

曲阜"孔府档案"中记载的乾隆南巡和东巡

　　由山东曲阜市文物管理委员会收藏的"孔府档案"中，存有康熙、乾隆两位皇帝临幸阙里祭孔的有关档案共 2303 件，其中乾隆帝弘历因 8 次亲至曲阜，留下的档案最多，计 1948 件。在这 1948 件档案里，乾隆十三年（1748）、二十二年（1757）、三十六年（1771）、四十一年（1776）和五十五年（1790）是弘历专为祭岱（泰山和岱庙）、祭孔（孔庙、孔林和有关陵庙如少昊陵、周公庙等）而进行的东巡。孔府为了接驾、送驾，需要动员各种人力物力应付差事，所以留下的档案数量较多，分别为 404件、181 件、345 件、179 件和 398 件。另有乾隆二十二年（1757）、二十七年（1762）和四十九年（1784）是弘历南巡回銮或去往江南途中顺道经临曲阜的，因为耽搁的时间短，像二十二年（1757）只待了一天，另两次是一天半，而且主要差务由地方承担，孔府的责任比较轻松，故档案量亦相对较少，分别是 71 件、42 件和 192 件。剩下的百余件档案是东巡、南巡前的有关传旨抄件和事后朝廷指令承办的有关事务，如向总办差务衙门提供纂辑《乾隆南巡盛典》中临幸阙里的资料等。对于乾隆帝的南巡以及打着"尊儒崇道""朝岳祭岱"旗号进行的东巡，史学界一直议论颇多，在谈到消极方面时，主要集中于巡幸过程中的奢华张扬，且一次甚于一次，造成劳民伤财，官民疲惫不堪。但有关此类史实在官修史书中很难窥得其详，笔记野史又多片断零散，还充满着传闻比附，相较之下，"孔府档案"因资料系统，而且很多是直接反映接驾应差的，这就显出难能可贵了。为此，笔者借介绍史料之机，顺便将有关情况略作勾勒，以供有兴趣者参考。

一　出巡前的准备

乾隆帝每次驾临曲阜，不论是借南巡之便顺道访幸，或是专程前往，都在行前的头一年发布上谕，然后由有关衙门像兵部车驾司、工部都水司以及专为督办南巡、东巡事务而委署的总理行营事务王大臣派员或行文经临省份进行准备。以乾隆二十一年（1756）东巡为例，由皇帝明确宣告此行的日子是乾隆二十年（1755）十月十四日，实际在此之前，军机处以及已接密旨的直隶、山东两省督抚大臣便下文有关府县在做准备工作了，并于当年九月至十月初，多次就行程线路、马匹车辆调配等事宜协商请旨。十月十九日，京师的向导统领处具文工部衙门，正式确定了经向导章京努三实地考察设计的由京师至曲阜县城的行经路程安排（"孔府档案"5125/2，以下所引档案均只记档案号）：

> 自京至曲阜县孔庙一千三十八里，大营十六座。自曲阜县至泉林，八十九里，适中设大营一座，共一千一百二十七里，大营十八座。泉林地方山水尚好，地面宽阔，故典官柱商议未指大营处所，即作驻跸地方。但曲阜县城内东南盘（泮）池地方，因系古来有名处所，巡抚白（钟山）业将原有房屋修补，预备皇上临幸。

回程的路线设计了两条：一是乾隆十三年（1748）第一次东巡走过的旧道，即由泉林经红凌口岭、泰山南，至大汶口渡河，再经万德（在长清县境）、德州出山东，共459里，中间设驻跸大营7座；二是自宁阳县北走汶河旧桥、凤凰台大营（长清县境），历德州出境。两条线路中，后一条较前者多出79里，还得增加一个驻跸大营，好处是道途平坦，车马易行，结果弘历选中了第二条回程新路，并下旨将泮池改作行宫。这样山东所属道府州县，除"按依颁发定例"整修旧道外，还得开辟、拓展新路，包括加固和搭造桥梁、清理打尖营地和准备渡河船只等。

对于巡幸所需马匹、车辆，也有具体规定；计从德州刘智庙起，迄于曲阜泉林，设正站10、腰站9；回銮时，自泉林起经宁阳县北至东平州沙河腰站，增设正站 3、腰站 2，共设正站 13、腰站 11。每正站定额设马 90 匹、腰站 50 匹，通计正腰站需马 1720 匹。此外，凡皇帝途经曲阜等 14 州县驿站，需各备马 50 匹；有的虽不经临，却系近邻的州县约 20 个驿站，亦需各留马 20 匹，以便随时听命调用，如此也得准备马 1100 匹。至于车辆，主要是运送行李物件，数额为 40—60 辆（5122/4）。另有更大数量的马匹、车辆，那是由京师有关当局直接调拨动用的，其中仅供三班侍卫和前锋护军使用的马就达 13000 匹、骆驼 800 余头。

弘历东巡、南巡，每次行经的路线并不都是一样的。譬如乾隆三十六年（1771）东巡，山东境内设置的正站和腰站，较之二十一年（1756）那次又稍有变动：

自袁楼水营入山东境六十二里至德州恩泉行宫。恩泉三十二里至史家庄尖营，三十里至王家庄尖营，十九里至平原县李六庄行营，计程八十一里。李六庄二十里至禹城县禹王庄尖营，二十里至马家庄尖营，二十里至齐河县晏子祠行宫，计程六十里。晏子祠二十里至位家庄尖营，二十三里至长清县民利庄尖营，二十一里至潘村行宫，计程六十四里。潘村十七里至崮山尖营，二十里至青杨树尖营，二十一里至灵岩行宫，计程五十八里。灵岩二十里至长城铺尖营，二十里至泰安县小新庄尖营，二十四里至白鹤泉行宫，计程六十四里。白鹤泉十八里至王家沟尖营，二十里至南晋庄尖营，十八里至魏家庄行宫，计程五十六里。魏家庄二十三里至宁阳县兴隆镇尖营，二十三里至曲阜县瞿家屯尖营，二十三里至泮池行宫，计程六十八里。泮池二十五里至滋阳县李家村尖营，二十六里至济宁州孙氏店尖营，二十五里至南池座落，计程七十六里。南池五十六里至嘉祥县大长沟水营，大长沟七十里至坟上县王老口水营，王老口七十七里至寿张县朱官屯水营，五里铺八十一里至阳谷县刘家湾水营，刘家湾八十里至博平县朱官屯水营，朱官屯八十里至临清州新庄水营，新庄八十里至夏津县朱泉屯水营，朱泉屯八十里至武城县甲马营水营，甲马营八十一里至恩县石屯汛水营，石屯汛八十里至德州城南水营，城南六十三里至袁楼。陆路计程五百二十七里。水路计程八百二十七里（5132/3）。

这一次去时设行宫 8 座、尖营 14 座，回程时设水营 9 座，尖营 2 座。所谓水营，是因为取道运河而走，需在临河处设置若干行营以便歇息故名。由于河中船行较陆路车行更为平稳舒适，所以后来出巡多有选择此路者。

二　孔府承担的差事

皇帝既御驾亲临阙里祭孔，作为孔家代表的世袭衍圣公府，当然需尽心侍候。这里包括两个方面。

一是直接为皇帝谒祭孔庙、孔林在礼仪方面所做的准备，如整修林庙、清点礼器，召集礼生、乐舞生复习赞礼、乐舞等仪式；还要点选孔氏家族中有一定身份且有学问的人随驾陪侍，以备咨询乃至讲解学问。像乾隆十三年（1748）第一次东巡时，皇帝便在孔庙诗礼堂召集随驾大臣，命举人孔继汾讲《中庸》、贡生孔继涑讲《周易》。乾隆四十年（1775），弘历宣布将于次年东巡期间，于曲阜举办一次在向皇帝进献诗赋的举贡生员中选拔人才的考试。这种市恩于士子的行动，自康熙皇帝"南巡"时就搞过多次，但在曲阜却是第一次，所以特别受到重视。要考试首先得准备考棚，这就落到曲阜县衙头上，依定例"安设钦差监试公案桌九张。另备设《山东通志》书一部、本府'志书'一部、《子史精华》一部、《佩文韵府》一部，以备查考。其桌围椅褡均须红色，一样鲜明。诸生号桌亦须洁净。棚内设立宽大厨灶，派拨妥信家人，好手厨役，办备满汉酒席十五桌，诸生四盘两碗菜饭三十桌。临时本省随伴钦差前往之道府官员等亦须备办饭食"（5151/25）。由于孔府向以"儒学宗师"之门自诩，朝廷又特许其地设置尼山书院和孔曾颜孟四氏学，任命山长、教授、学录教钤族内弟子。此次考试，孔家成员理所当然地占有相当比重，取中多少，直接关系着孔家脸面，故须加紧督导。又如乾隆五十五年（1790）东巡，弘历要求 70 岁以上耆民迎驾。于是孔府又札饬有关属员，要求在所辖庙、佃户中"选择本分老民、衣帽整齐，现年七十以上至九十等岁六十一人，遵谕即造册二本呈送"，以便验看教练（5161/56）。

再就是硬件方面的准备，首先是修建驻跸行宫。乾隆十三年（1748）

东巡，因是首次，事出仓促，在曲阜住的是"行幄"，也就是"皇上所用之大城蒙古包帐房"，系由北京带来的临时性住所。第二次弘历下旨要求兴建泮池行宫，也因时间太短，未能竣工，只好暂驻于由旧宅改造的居所。直到乾隆二十三年（1758）弘历"南巡"回程顺道转往曲阜时，才正式住上泮池行宫。自此以后，弘历每到曲阜，便都驻于此。修建泮池行宫，地方虽得出钱，但孔府也投入了大量的人力物力。就以驻跸处的陈设而言，孔府就得把内藏的珍奇宝物拿出来供装点用。乾隆二十七年（1762）弘历于南巡归途中，幸临阙里，孔府在行宫的陈设是这样的：

驻跸上房：宝坐一分、靠背一件、垫子一件、脚踏一件、如意一柄、香几二座、上设青绿鼎一件、汉玉凤一件、屏风一架。

北明间：红木月牙桌一张、陈政青绿山水一幅、碧玉磬一架、古铜炉一件。

南明间：红木月牙桌一张、水墨山水一幅、蓍草屏一件、太尊景象一件。

南壁纱橱：炕屏一架、炕桌一张、脚踏一件、都盛盘一件（内玉九件）、大白玉盘一件（内佛手）、雕漆香几一件上设宣炉一座、靠背一件、垫子一件、隐手二件、玉如意一件、珐琅唾盂一件、花梨条几一张、汉铜钟一架、玉炉一件、霁红纸捶瓶一件、张复画一轴、红木书案一张、汉铜三喜鼎一件、水晶花浇一件、玉提梁卣一架、哥窑花插一件、铜月牙洗一件、窦克成画幅一件、谢时臣画轴一件。

北壁纱橱：红木书案一张、都盛盘一件内盛端砚一方、紫檀笔筒一件、白玉璧一座、白玉桃洗一件、汉玉笔抻一件、白玉墨床一件、墨一锭、商金银三喜鼎一件、汝窑砚瓶一座、白玉镇纸一件、《班马字类》一部、《春秋左氏音义》一部、《孔子集语》一部、花梨床一张、靠背一件、锦褥一床、红毡一床、隐手二件、如意一枝、洋漆唾盂一件、脚踏一件、傅希说山水画幅一件、葫芦挂瓶一件、堆梅花画幅一件、墨兰画幅一幅、书架二座、《韩昌黎集》一部、汉铜豆一件、汉玉花觚一件、汉玉磬一架、汉铜壶一件、小铜提卣一件、玉卧凤一件、汝窑水盛一件、大汉铜洗一件、汉玉龙头觥一件、景泰水盛一件、青玉香盘一件、紫英马一件、宣德磁盘一件、龙马小吸一件、雕漆八角斗一件（扇二柄）、大玉碗一件、孔雀石一座、白玉花盒一件、官窑二支尊一件、汉玉双欢一件、白玉茶花洗一件、定窑砚瓶一件、白玉双喜彝炉一件、旧瓷碟一件、《初学记》一部、手卷七个、白玉仙人一件、小晶桃洗一件、铜水吸一件、白玉梅花洗一件、铜砚炉一件、玉茶碗一件、石灵芝一件、琴一张、洋漆梅花机二件。

　　净室：洋漆桌一张、画一轴；宣炉一件、水晶佛手一件（1531/38）。

　　为博得皇帝的欢心，每届幸临，行宫的陈设常常需要变换，这在档案中是有陈设清册可查的。

　　如果说排列陈设之类，对于孔府并未造成多大的耗费，那么像维修孔庙、装点道路，以及为接驾所显示的"巷舞衢歌"所需花销，就得直接掏出腰包了。因为按照山东巡抚衙门的咨称，林庙工程等，需由公爵府"自行办理"（5137/6）。据历次接驾档案显示，这些项目大致包括以下三类。

（一）林庙工程

　　乾隆帝曾8次到曲阜，间隔时间长短不一，所以耗费的工程量也有大有小。乾隆十三年（1748）第一次东巡，孔府对孔庙、孔林曾作过一次较大的修缮；然后是二十一年（1756），隔了8年，也得重点作些整修。二十二年（1757）与二十一（1756）年中间只隔了一年，而且停留时间短，工程任务也轻。另外像二十七年（1762）来曲阜，距离5年，三十六年（1771）隔9年，四十一年（1776）隔5年，四十九年（1784）隔8年，五十五年（1790）隔6年，都各有重点修葺。譬如为赶三十六年（1771）东巡的那次工程，只木料一项就用了一千数百根（5137/3，5137/6）。但不管哪一次，起码要做的，必须门墙见新，案桌刷油，殿庭涂抹丹腹，以及更换卷幔围帘等。仅此，也是一笔不小的开销。

（二）整修和点缀沿线道路

　　根据乾隆三十六年（1771）准备东巡工程时山东省抚院和孔府的协

商，孔府除全数负责林庙周围的道路维修外，还需承担曲阜城境内150丈御道的平整清理，要求是黄土铺垫，经临时不得尘沙飞扬，稍遇雨水，即加干土扫除洁净（5125/2）；又于城外东南隅搭盖香亭戏台，唱演百戏，并沿以为例。乾隆四十一年（1776），因大小金川平定，"皇上告功阙里"，礼仪更得隆重，故孔府又在孔庙毓粹门外搭盖彩亭牌楼，陈风颂德乐章。此外还规定御道经临两旁村庄系属孔府屯厂，有破庙颓房妨碍观瞻者，一律由孔府促令所属庙佃户人进行修补（5318/16，5160/6，5160/7，5160/9，5161/14，5161/16）。

（三）承办祭贡物品

这看来简单，实际却是无底的欲壑。根据档案记载，祀孔祭品按定例由庙佃户人进缴，另有为接驾官员兵丁吃喝等用的牛、羊、猪、鸡、鹅、鸭、蔬菜，以及各种干鲜果品，也得配备齐全，不能有缺。乾隆三十六年（1771）驾幸阙里，仅孔府札谕员属胡思敬采办的，就有耿饼5000个、冈榴150圆、细皮种山药160斤（5136/24）；又令屯官王绍先解交为装点陈饰所用的红布2900尺、黄布12000尺、绿布1580尺、深鱼肚白布1300尺（5136/25）。此者还不包括名为佃户"并效微诚"，实系变相摊派的蒲席1000领、箔100领、竹竿400根、黄蓝红白布1500尺（5145/8）；由平阳厂总甲李士颖解交的山药227斤，芦席若干领（5137/32）；由屯官赵发菊、刘大显专办的大台鸭20只（5137/36）；由管理林庙百户姜玉魁承催的布160匹（5137/37）；由管勾官周士楷为随驾大人预备的席面干点果品等物（5137/39）。此外，经京师总办差务衙门文告：皇帝临幸时，随驾内膳房、外膳房、清茶房和酒醋房所需冰块，需于头年腊月三九天时预为浇灌收藏，以便届时应用（5166/2）。从这些不完全统计里，已可见到，那是一项既费神又耗钱，可能还会招来指责的难办事。

三 孔府将接驾的主要负担转嫁于所属庙佃户人身上

孔府为迎接皇帝驾临，虽然作了很多付出，但实际上，它把其中的很大部分负担转嫁到所属佃户、庙户和孔氏族人身上去了。下面是孔府为准备第二年迎接皇帝东巡于乾隆三十五年（1770）八月向管理所属佃户的管勾官周士楷下的一道札谕：

> 为札谕事。照得明春恭逢皇上敬奉皇太后东巡岱鲁，前因正当皇太后万寿八旬，慈舆经历地方，凡绅士商民理宜嵩呼效祝，札行该员敬谨办理。嗣因钦奉谕旨，不许在御路两旁织席编蒲侈陈假托，以滋糜费，复经行知各在案。第思国家重熙累洽，黎庶蒙庥，际兹盛会，千载一时，孰不欢呼忭舞，愿效祝忱。况我宗族暨所属户人累世承恩，尤为优渥者乎。但既奉明旨饬禁口文，则织席编蒲之事，自然必不可有，而就我臣民爱戴之诚，则巷舞衢歌之真意亦决不可无。昨经札商藩台，亦与本爵府意见相同。合再札知。为此，札谕该员，照札事理即行传谕各佃户等敬谨遵办。但查从（前）原拟族人、庙员及庙佃两户各有分办段落，事务殷繁事小，各议出承办之人分头备办之谕，令删去虚糜、并崇实意，统归本爵府总办。而本爵府所筹款项尚有林庙工程，不得再为户下出资垫办。该员可遵谕除东阿一屯现在被灾外，其余四屯四厂今佃户人等，照每官亩各出制钱二十文，随粮交纳解府，以便办理。毋违。特札（5145/7）。

当时孔府号称有钦拨祭田2000大顷（每一大顷相当3官顷），但据档案查证，至少在清前期，孔府实有祭田数已增至683523官亩，减去厂地47940官亩，实存635583官亩。[①] 每官亩出制钱20文，合共1271余万文，以银折算，便有近万两。至于另剩的47940官亩的场地，那是以每两租银摊钱若干来做加派的，见下谕文：

> 现在各屯屯户俱已出资，尔等厂庄佃户事属一体，合行饬谕通传。为此，谕仰该郓城厂火甲王恒、曾贞宣、庄头陆可建、马乾等遵谕事理，即速传知各佃户等办钱汇交差局查收。该按照承租银数，每

---

① 参见何龄修等《封建贵族大地主的典型——孔府研究》，中国社会科学出版社1981年版，第104—106、199页。

租银一钱摊大钱四十文，秉公均派，不得有多寡随心及营私多索情弊，查出定行严究。事关巨典，火速毋误。特谕（5145/12）。

按照定额，郓城、巨野等厂每年合缴租银 3928.6 两①，此次孔府要求每两租银派钱 40 文，便是 157144 文，合银百余两，数额不算很大。但据所知，厂地的土质较屯地要差得多，出产本来微薄，现却要在正额租银外，对承种厂地的佃户再行加派，负担较种屯地者只重不轻。

除了以上那些普遍性的加派，孔府还以"报效"为名，劝令富裕佃户再作贡献。如：

> 照得明春接驾预备庆祝事宜，前据该员申报若干家情愿认办，以将诚悃，具（足）见户众忠爱感戴之诚。但专出于数家，则所费既多，且有偏祜之弊。今更酌量将伊等所出之资摊于地亩，则众擎易举，更可使凡属佃户并效微诚。惟有布匹、席箔及戏班等项不能分办者，仍可交伊等承办。但前者单数目较多，今更酌减。除鹅鸭照例独山屯备办外，另单开示。为此，札谕该员即行传知各该户等照单办理。该员务逐行面谕，并令自行交本爵府差局，不得假手胥役、牌头，致多需索，取罪未便。特札。

> 计粘单一纸：黄布五十大丈、蓝布五十大丈、红布三十大丈、白布二十大丈、席一千领、箔一百领、竹竿四百根，以上共约银八十两；戏一班，约银六百两；添办行头，约银三百二十两（5145/8）。

类似以上的种种"报效"，不止限于佃户，还涉及曲阜和在周围州县居住的孔姓族人，其美名曰"乐输"，实际却是根据各州县提供的缴赋清册，逐个知会，促令缴纳的。有孔府以大宗主名义向族人发出的一份传票便是证明。

---

① 参见何龄修等《封建贵族大地主的典型——孔府研究》，中国社会科学出版社 1981 年版，第 104—106、199 页。

　　　　为传催事。恭照圣驾东巡，正逢慈宁八旬，我族人世受国恩，分
　　应胪欢称祝，稍展忱悃。前经抚部院、藩司议令外县居住族人乐输造
　　送承办花名清册，知会在案。乃今经日久，各族观望不前，捐解者未
　　及十分之一。查我族人涵濡圣化，累世蒙庥，当此千载一时之盛，不
　　思稍报涓涯（埃），是毫不知尊君亲上之大义矣。甚属不合。尔族人
　　须念驾临在即，务知大义，甚（慎）毋抗延贻误。凛遵毋违。须至票
　　者（5138/58）。

　　因为多数族人对"乐输"一事并不热情，急得孔府只得出文传催。更
有甚者，在差遣族长孔尚崇和随朝伴官王崇信赶赴藤县督办族人"乐输"
时，传票中写有"倘有顽抗不遵者，立即指名禀请藤县添差协催"
（5138/59），把"乐输"变成了"勒输"。

　　对于孔府的庙户、佃户和族人来说，认缴银钱不过是摊派手段的一
种，还有名目繁多的实物和劳役差派等待着去缴纳、承应。譬如劝令族人
捐输木料助修祖庙（5137/6）；谕令庙佃户人出车、出骡马，认缴槽、铡、
锅口、缸盆之类（5146/26，5137/29、40、43）；传唤手艺匠人和窑工等
修缮孔庙、孔林（5137/10，5137/18，5146/26）；又差遣族人和庙佃户人
平整御道、修建接驾亭、戏台等（5138/16）。当时孔府为接驾修缮，需动
员的人力相当庞大，仅曲阜县境就有庙佃户人4100余丁归其指派（5146/
28）。至于散布于其他州县的上万家佃户挑选充役，则分成两个层次：一
是家道殷实、身材合适者，挑当各房差事；二是身家中等，又年力精壮
者，承膺伴役家丁等差，统共合计，也有上千人（5165/62）。正如孔府给
山东巡抚提交的一个咨文中所称：

　　　　每遇銮辂经临，林庙之中例有应办差使。如现在工程所用木料皆
　　户人出车拉运，碾研灰斤皆户人出驴骡轮值，庙内地面皆户人出正身
　　平治，御路段落及林内御路皆户下出人夫修理，本爵府应贡方物亦系
　　户人出人夫扛抬（5146/32）。

　　如此等等，不胜枚举。如果把上面说到的众多无偿劳力和所摊派的实

物改成雇役，以低价折算，至少也得三五万两银子。

四　孔府与地方官为争夺役使人手发生的争端

皇帝巡幸阙里，孔府固然要尽心竭力地准备，可所经驻跸的地方州县，任务也不轻松，所以也要搞加派、要征调人力物力。孔府的祭学田地分布于山东境内多达 18 个县。既有田产，当然要有佃户。而这些田产、佃户所在地，有不少是皇帝巡幸所经临的，像东阿、阳谷、东平、宁阳、滋阳（今济宁市区）、邹县、鱼台、曲阜等。照规定，孔府祭田和钦拨佃户官府是给予免赋免差优待的。可由明至清，孔府田产增加不多，佃户数量已几倍十几倍地扩张了，明初的 500 户 2000 丁，到清中叶户和丁都以万计了。且以庙户为例，明初钦赐庙户 115 户。据乾隆三十五年（1770）孔府自称："昔日百户，今且万家。"（6005146/25）此说虽不免有所夸大，但以 115 户庙户繁衍的速度与 500 户佃户作比较，以万为计只会超过。这么多的田地人户不在地方州县控制之内，这对官府当然是一种损失，特别是要完成像皇帝巡幸这样急如星火的大差，正是多一亩地便是多一分钱；多一户人家，便多一份差。其中如曲阜县，孔府庙佃户人十之有七聚集于此，而曲阜又不是一个地广人多的大县。这样为争夺大差劳力与孔府所起的矛盾，便更经常也更见激烈。且举乾隆三十五年（1770）十一月十八日孔府为差务事给曲阜县衙的一份咨文：

> 准贵县移开，切照敝县于本月十四日差役陈奉雇二把手小车五十辆，前往蒙阴县拉运大差柴炭局木炭。内雇荀文具、荀文兴二名小车一辆，已领钱二千文，辄敢中途脱逃。经敝县差传，旋于十五日，有贵爵府皂役手持贵爵府名帖，字迹不类，内夹单称荀子坤、荀子仲系乐舞生，荀文具乃该童之父。敝县当查荀子坤父名荀文德，并非文具、文兴，现有咨送乐舞册可据。奈荀文具等借此躲不出，伊兄荀文普胆敢出头挡抵，当堂直称伊等并非曲阜县子民，情甚可怪。当将荀文普薄责示儆。伏查礼生、乐舞虽许优免差徭，并无一人学舞举族不办大差之例，且以钱雇车，无论外来本地受雇，岂容拐逃。若云庙佃

户人究系朝廷子民……现在奉文雇备车夫难以数计，若本县民人不许
地方官雇觅，势必贻误匪轻。伏读乾隆二十一年上谕，炳若日星，凡
属臣庶皆当共为钦遵者也。今查公府亦有应用车夫之处，与其使伊等
影射，何如明立章程，恳烦贵爵府将应觅夫车指定某村、某庄，共若
干家足以敷用外，余皆听地方官雇备，不许伊等借诿阻扰。其礼生止
照例优免本身，乐舞照例并免供丁二人外，不许其伯叔子弟依托附
名，巧为逃避，庶于大差彼此不致掣肘。甚为公便。除将荀文普释
回，仍令送出荀文具、荀文兴外，为此，合移贵爵府，请烦查照赐覆
施行。等因到本爵府……（查）曲阜境内民户正多，何至专赖庙户承
办大差，而本爵府所办差使，除区区户人尚有何人可供驱使。且此项
户人虽沿自前明，实于顺治元年经抚部院方题准，奉有世祖章皇帝谕
旨，圣门典礼，悉照前朝期于优渥。钦此钦遵在案。未经奏明，本爵
府焉敢捐出若干户违例移交地方役使（5146/25）。

很显然，曲阜县对孔府滥邀庙佃人户和乐舞、赞礼名色不应地方差事
是很有意见的，所以特向其提出交涉，要求"将应觅夫车指定某村、某
庄，共若干家足以敷用外，余皆听地方官府雇备，不许伊等借诿阻扰"；
礼生和乐舞生只按规定免役，不得依托附名。孔府则以优免乃系朝廷尊师
崇道之巨典，又以曲阜境内民户正多，何至专赖户人承差，加以拒绝。类
似这样的来回移文以及庙佃人户为差派事向孔府所作投诉还有很多，也不
止曲阜一县，甚至牵连到省抚院衙门。乾隆三十五年（1770），山东巡抚
白钟山以衍圣公孔昭焕祖护庙佃户人、规避皇帝驾幸阙里大差向朝廷所作
的参奏以及孔府的答辩，显示双方为争夺役使人手互不相让的势头
（5140/1—30）。

当然，在双方的较量中，有时也常需作出相应的妥协，曲阜县府的一
个晓示便是如此：

为晓谕庙佃户人事。恭逢皇上幸鲁，差务繁多，凡属庶人皆应遵
奉乾隆二十一年上谕一体应差，共效尊亲之诚。已奉上宪饬知晓谕户
人在案。惟是本县承办营尖、桥道各工及祗备圣驾驻跸三日，需用夫

役以万千计，现在给价雇备。而公府伺候林庙及预备旧县点缀，亦需夫役听用。同属办差，不容歧视。合行出示晓谕。为此，示仰户人知悉，尔等同为庶民，除此后守夜、开沟、栽树、修堰及捕蝗、运粮一切紧要差务皆需恪遵上谕，并节次宪檄一体承应，无得借端抗违外，此次专派，尔等皆静听公府拨用。或于林庙奔走供给，或于点缀处所除道清尘，务期欢欣鼓舞，同效子来。不得影射逃避，致有违误，大干未便。特谕（5146/39）。

在此，曲阜县根据乾隆二十二年（1757）谕旨申明：凡涉及守夜、开沟、栽树等临时性紧急差务，庙佃人户需与民间百姓一样承应官差，只有遇到接驾大差才归孔府调派。对此，孔府也作出同样的呼应。譬如乾隆四十年（1775）闰十月曲阜县皂役为应大差赴西忠社号树，有朱子珩仗持孔府礼生前往阻拦，并发生肢体冲突。曲阜县便将此事移文通报给孔府。孔府认为"今差事伐树实属因公，朱子珩辄行阻挡扭结公差，大属不合"。决定将该礼生朱子珩斥革，并以此回文，等于是给了曲阜县一个面子。这种有矛盾但又必须有所妥协的互依互存关系，在平时也同样存在。只是因为大差期间，双方都亟须找差出力，所以矛盾的一面显得较为突出。

五　庙佃人户的逃差、抗差

孔府田产分为钦拨祭田、学田和自置庄田，其佃户也因此有钦拨户和一般户之分，另外还有为洒扫孔庙、孔林而拨充的钦赐庙户。钦拨佃户免除官府差徭，所缴田赋只为提供祭祀费用，庙户也是一样。孔府承办接驾大差，把主要负担分摊到庙佃户人身上，等于是在规定田赋和差役之外，又增加了额外负担，而且因为时间紧、任务重而倍感窘迫，特别是对那些贫苦佃户更是如此。所以每逢大差，总要发生户人逃差、抗差的事。在档案中这样的内容比比皆是。前述孔府为承办乾隆三十六年（1771）大差决定在厂佃户照每租银一钱纳钱40文，可时过多日，据负责催收的总甲扈德甫禀称："各佃户应输地亩钱文俱观望不前，合厂并无一户输纳。"迫使孔府只好再遣差役前往提催（5145/42）。管勾官李停云的禀文说的是乾隆五十五年（1790）委办大差时平阳、巨野等屯佃户拒不应差事。

> 切职蒙委协同赍奏宋士瑞等办理平巨二屯差使，遵照牌饬于本月十五日到屯，饬令该屯官分路赶办。因有流言阻滞，以致稽迟时日，及二十日方将各户人传到。卑职将各屯佃素依爵府荫下，世受恩渥，恭逢圣驾巡幸，差务浩繁，理宣仰体急公奉上大义剀切训谕；赍奏宋士瑞又亲往胡家集极力开导，平阳一带方有向顺之意。但视其情形，按户办理，人多观望，为日甚迫，恐致迟误。大抵仿照北屯办法，似觉众擎易举。独有王家屯王、刘二户俱不遵服。二十三日，崇差将王万年、刘淳传到，反复开导。王万年口称情愿当差，刘淳仍执迷不悟。职现将二人交差管押，候另文办理。俟一有成议，迅即上禀（5161/69）。

如果说平阳、巨野等屯是抗差不应，那么也有的是在认缴捐输银两时，用以少充数，作敷衍搪塞。乾隆三十六年（1771）孔府本来设想的是在郓城屯家道殷实的十来家中得到百十余两银子，可当派人收取时，除抗不缴纳者外，有的像南二牌霍湘只交钱 7000 文，南六牌高培翙交 5560 文，北五牌钱存哲交 5500 文，倪子欣同倪于敬、倪琢三户合交 30000 文，另有北六牌阎克台交 6000 文，合计七户共交 48560 文，离孔府预想的百十几两银子差了不知有多少（5137/46）。还有的在承办祭礼牲牢时，与"行头"勾结，"辄以羸瘦不堪猪羊希图搪塞"（5156/96）。像猪每口仅重 25 斤，羊一只 9 斤 5 两，根本无法供上祀典。值得注意的在这些逃抗活动中，有的还是身居功名的绅衿。乾隆五十五年（1790）孔府派役督修巡幸御道，萝卜厂邵万春"倚仗生员大肆猖獗，自将衣襟撕破，反赖索诈钱文"，逼使该厂总甲向孔府禀报事态（5161/61）。在有关此类档案中还保留了不少孔府为保证大差不致有误而直接出票拘讯抗差人役的。如：

> 仰役前赴平巨屯即将藐玩之陈应冕、王绂、王殿扬、胡思敬等提唤赴府听候面询，倘敢托故违抗，即锁拿。如逾限及一名不到者，定将去役重责三十大板，决不轻恕。速速。须票（5145/11）。

为了拘提陈应冕4名抗差户人,孔府特别派出了5个差役前往"锁拿",并告诫派遣拘提的差人,若提唤不成,便得重责30大板,目的是显示该事件的严重性。还有像:

> 为抗违不遵恳恩拘究事。据巨野长行左士行、阎思本禀,刘尚仁等八家俱有骒马,抗违不出,等情到府。据此,合行提究。为此,仰役前去,立将刘尚仁等依限提来,依凭严究。去役毋得徇纵干咎。速速。须票(5145/40)。

这是要逼迫刘尚仁等八家缴出家养骒马应付差事。再如窑工逃差,影响砖瓦供应,这也非同小可,所以也要派役拘提,并写上速速字样(5137/18)。但法不治众,孔府总不能对所有违抗差役庙佃户人都用拘拿、责打的办法。下面是孔府对守卫林庙百户姜玉魁所下的一道札谕,在口气上就有所不同:

> 谕百户姜玉魁知悉,解交布匹一百六十四,业经查收讫。据禀屯下情形疲弊难办等语。查该屯捐项自饬办以来,本属疲弊。该员既经承办,理应多方鼓舞,极力开导,俾各户共抒诚悃,踊跃乐输。恩威并用,则屯下既得咸知大义,亦见该员急公任事之忱。甚(慎)毋借诿贻误大差。凛遵凛遵。速速。特谕(5137/37)。

这是孔府在收到该屯所缴160匹布以后,业已得知"屯下情形疲弊难办"的情况,却还要他们再认"屯捐"所下的札谕。孔府也知道,如果再用强迫手段,很可能会激起众怒,使局面难以收拾,故要求姜用多方鼓励、极力开导的办法软硬兼施,以达到再收屯捐的目的。

皇帝外出巡幸,各级当差官员和类似孔府这样的大小士绅,虽疲于奔命,但他们一般能得到好处,有的因受到赏识而提升官职;孔府,包括衍圣公在内的头面族人每次还都有赏赐,像乾隆十三年(1748),就有57名孔姓子孙的官员、17名颜孟等十二氏子孙官员,因亲迎圣驾而得到朝廷的旌奖;乾隆三十六年(1771),孔府还向礼部咨文,罗列有衔族人名单56

人，称其在皇帝巡幸期间，因参与管事，要求得到赏赉（5115/27，5132/51）。甚至连举贡生员之类，只要皇帝恩典，在迎驾途中举办考试，也有得中做官的机会；至于行前和行经途中颁诏蠲免经临省份或州县的钱粮，虽谈不上是"百姓普沾恩泽"，但对缴纳田赋的自耕农和地主毕竟算是沾光。只是这种沾光和为应付大差的支出相比，真是得不偿失，更不要说无田赋可免的佃户、佣工以及小商小贩和手艺营生者了。像孔府的钦拨庙佃户人，就是在未能减免田租的情况下，以"乐输""报效"的名色缴银应役的。如此说来，弘历的巡幸活动，对于众多的小民，实在是一件害多益少，或有害无益的事。

（原载《明清史论丛：孙文良教授诞辰七十周年纪念文集》，辽宁大学出版社 2004 年版）

嘉庆间图钦、图敏信奉天主教论处案

——兼及宗室苏努获罪被纠史实拾遗

1993 年，笔者在中国第一历史档案馆"宗人府堂稿"档案中，检阅得有关宗室苏努曾孙图钦、图敏信奉天主教被论处的档案一件。图钦、图敏在方豪所著《中国天主教史人物传》中有传，其资料主要本自《清仁宗实录》，以及方豪先生自藏"来往章程集抄本"等。笔者所见到的这份档案，涉及图钦、图敏遣戍伊犁后受到的折磨和图钦最终病故一事，为其他史籍所未载，可补方豪先生"图钦、图敏传"之不足，弥足珍贵，故特抄录如下：

太子少保总统伊犁等处将军松

领队大臣副都统职衔库

乾清门侍卫领队大臣副都统职衔色

领队大臣副都统职衔杨

印房案呈。据总理铜铅厂呈报，当差人犯图钦得犯伤痨病症，调治不愈，于本年正月十四日病故，理合报明，伏乞电鉴查核，转咨销案所情。

据此，查已革红带子图钦，系贝勒宗室苏努之曾孙。因苏努犯事，黜革宗室，降为红带子。因私习西洋教案，内奉旨：刑部奏，审明魁明、窝什布、图钦、图敏等私习西洋教，业经该部反复再三开导，该犯等始终执迷不悔，情殊可恶。图钦、图敏着革去红带子，于《玉牒》未除名，发往伊犁，枷号六个月，再当折磨差使。魁敏、窝什布亦坚称不愿出教，着销除旗档，发往伊犁，枷号三个月，再行充当折磨差使。图钦等四犯自外生成，情同背叛，永远不准释回，并着该将军不时稽查，严加管束。如该犯等或在配脱逃，及有别项滋事之处，即应恭请王命正法。钦此。嘉庆十一年二月解到。钦遵谕旨，即将该犯先行枷号六个月期满，派拨铅厂当差。兹据报，该犯图钦病故，并声明该犯并无遗留银两、衣物。所有病故日期，相应呈请移咨刑部查照销案。并请移咨宗人府查照，转饬该故犯亲戚前来伊犁，搬柩归葬。暨咨明。

嘉庆十四年二月十五日

上述文件，系现任伊犁将军松筠等给刑部的咨文，又由刑部抄录转咨宗人府。文中提到的苏努，则是太祖努尔哈赤长子褚英的曾孙，辅国将军杜伦子。苏努于顺治八年（1651）授辅国公，因年未及岁（未满 15 岁），顺治九年（1652）奉旨暂不给诰命，食三等镇国将军俸①。顺治十四年（1657）三月，苏努被晋为镇国公②。康熙年间是苏努政治上的活跃时期。康熙十六年（1677），他出任镶红旗蒙古都统，康熙十八年（1679）又转镶红旗满洲都统，一直到康熙六十一年（1722），任期长达 44 年。在这前后，苏努于康熙十二年至二十二年（1673—1683）、康熙二十四年至四十七年（1685—1708），两次出任宗人府左宗人，后来又出任过宗人府左宗正③，两次授命充当纂修皇室家谱的《玉牒》总裁官。康熙三十七年至四十六年（1698—1707）间，他被派遣外任，就任满洲祖宗发祥地——关外最高军政长官盛京将军职。

康熙时，苏努还积极参加了清朝对噶尔丹的战争。康熙二十九年（1690），噶尔丹兵分三路，扬言追击喀尔喀土谢图汗等，向内蒙古边界移动。玄烨调兵驻防归化城（今呼和浩特）防备，苏努便是这支军队的统帅，后来又参加过著名的乌兰布通之战，康熙三十五年（1696）玄烨亲率

---

① 《清世祖实录》卷 63，第 7 页。

② 《清世祖实录》卷 108，第 18 页。

③ 此事不见于《八旗通志》"八旗内大臣等年表"。但据《清圣祖实录》卷 288，康熙五十九年五月己卯条："宗人府左宗正固山贝子苏努因年老解退。"可见他曾担任过宗人府左宗正。

大军北证、苏努亦跟前往，至克鲁伦河迎击噶尔丹。

不过，苏努在康熙时也曾受过处分，遭到过申饬。一是康熙二十九年（1690）乌兰布通之战后，因"既经战胜，不能乘机剿灭"噶尔丹军，被罢去了议政大臣资格[①]。康熙二十五年（1686）九月，玄烨让大学士勒德洪等向苏努传谕，说他"虽系宗室，其行事乃如人之奴仆，在安亲王及索额图家诌媚行走"。又说他在"议政处，但遇势要之人发一议论，伊辄唯唯听从，不敢更有论说，其阿顺之态与家奴无异"[②]。尽管如此，康熙一代，苏努的政治地位仍然是牢固的，康熙三十六年（1697）十月，晋爵为固山贝子。

康熙晚年，诸皇子为觊觎储位各结党羽，展开了激烈的争斗。皇八子胤禩以"仁爱自励"，与人结好而受到朝廷内外的称誉。康熙四十七年（1708）十一月，玄烨命满汉文武大臣举荐太子，众人的目标便是胤禩，而苏努则是胤禩集团中最得力的支持者。玄烨指责胤禩结党，其中就特别提到苏努。胤禛继位之初，一度对诸兄弟采取笼络态度，胤禩被封为廉亲王，苏努亦由贝子晋爵贝勒。但是，这场牵涉个人利害的矛盾实在太深太广。终于，胤禛露出杀机，决定向反对他的诸兄弟及其追随者实行严厉打击，胤禩和另一个兄弟胤禟首当其冲。随之，对苏努和苏努家属的迫害也一浪高似一浪。这不仅因为苏努位居显要，他的儿孙和姻亲中亦大有权力在握者。1724 年 8 月 20 日，耶稣会士巴多明神父在一封信中说道[③]：

　　有一位苏努亲王，在众亲王中属于第三等级（即贝勒——引者注）。他已七十七岁。他是清始祖皇帝的后代。他是一家之主，他的家族人口众多，他有十三个儿子，其中一个儿子已经死了，他的儿子也都已有了后代。他还有十六个女儿，几乎都嫁给了蒙古亲王或者在北京的高官。根据清朝的规矩，他们只能和同样血统的亲王联姻。

---

① 《清圣祖实录》卷149，第20页。
② 《清圣祖实录》卷127，第30页。
③ 参见朱静编译《洋教士看中国朝廷》，上海人民出版社1995年版，第109页。

在苏努的子婿中，第三子苏尔金（富尔金）于康熙二十五年（1686）封为辅国公，第四子赫世亨为正黄旗满洲副都统，六子勒什亨历任乾清门头等侍卫、正黄旗满洲副都统、正红旗满洲副都统，雍正元年（1723）特授领侍卫内大臣。赫世亨和第十子镇国将军书尔臣（苏尔臣）还于康熙五十七年（1718）随皇十四子贝子抚远大将军胤祯（即允禵）进驻西宁，参与出征西藏和准噶尔军前事宜，都具有一定影响。所以，不把他们的势力铲除，总是隐患。

关于胤祯对苏努及其家属兴起的狱案，史学界前辈陈垣教授业有详考，眉目清楚。在胤祯兴起苏努狱案过程中，发现他家庭成员中颇有人信奉西洋天主教，于是在苏努狱案中又增加了宗教这个因素，但对其间的因果关系，学术界有着不同的看法。陈垣教授谓"苏努父子之被谴，既与奉教无关"，又"谓雍正因恶天主教而并恶苏努父子，则倒果为因，绝非史实矣"①。方豪先生则以为，"雍正因恶苏努父子而并恶天主教，因恶天主教而并恶苏努父子，两者实兼而有之，无所谓倒果为因，或倒因为果也"②。平心而论，苏努及其家属之所以罹此祸患，其起因无疑是政治方面，之所以获重谴，也是政治原因，在这一点上陈垣教授无疑是正确的。但随之而来的信教问题被揭露，使胤祯增加了对西方传教士的不信任感，认为他们中有人借传教为名，交结上层，参与反对他的密谋活动，同时也给苏努家庭带来新的麻烦。这便是苏努案件中的宗教情节。中外史料都表明，胤祯曾以苏努家属放弃奉教，作为争取宽大处分的条件，但被苏努儿子们苏尔金、库尔陈等所拒绝。当时，刑部及有关大臣都拟死罪上呈，胤祯权衡再三，决定用解往各地分散圈禁的办法，以了结此案。这在传教士书信中也有反映③：

　　阴历七月十六日，也即阳历八月十三日，命令执行了。若望亲王（即三子苏尔金——引者注，下同此）发配到山东济南府（按：苏尔

<hr>

①　见《雍乾间奉天主教之宗室》。
②　《中国天主教史人物传》，香港公教真理学会出版，第226页。
③　参见朱静编译《洋教士看中国朝廷》，上海人民出版社1995年版，第126页。

金被押在北京。押往济南的乃第七子鲁尔金，详情可见下面所引档案——引者注），第九亲王（即福尔陈）发配到山西太原府，保禄亲王（即十子书尔陈）发配到南京，斯坦尼斯拉斯亲王（即十三子木尔陈）发配到江南省的苏州。大哥依萨维埃亲王（苏努长子早故，应为长孙库张阿）发配到浙江省的杭州，待第四亲王（即赫世亨，此时正在甘肃甘州军前）出征回来，即将他们发配到河南省开封府。

各省地方官还接到命令继续给他们戴上锁链，绝对禁止他们和外界接触交往。囚车出发那天，每辆车有四个骑兵和四个军官押送。他们的仆人们如胆敢去送行，就会立即被逮捕。

法国传教士宋君荣在写给教会的第 42 号信件中，曾引了胤禛的一份满文诏谕，里面写道："乌尔陈之父乃塞思黑、阿其那（即胤禩、胤禟）之党羽。今伊与其父同出一辙，弃我国之礼教，从欧人之伪律。乌尔陈曰：若皇上循天主之戒律，赐我一死，我死，皇上亦将负杀我之恶名，以吾乃天主教徒也。今朕以其父之罪杀之，此则一新罪也。"胤禛又说："乌尔陈乃满洲之民，又系宗室，竟弃我祖宗之礼仪，从欧人之戒律，仅此一端，即以践踏国法，冒犯天威。此其应改过者也。"① 胤禛憎恶苏努家人信教，认为"践踏国法，冒犯天威"，但又不想以信教加重他们的罪名，因为"朕从前已将伊等之罪暂行宽宥，今复将伊等正法，西洋人不知其故，必以为伊等因入西洋之教被戮，转使伊等名闻于西洋"②。此诏谕亦见于方浚师《蕉轩随录》中。作者说，自诏谕"恭读一过，足征大圣人议论周详，具兼容并包之盛量也"③，这当然是阿谀之词。但说明胤禛对可能产生的后果是有所顾忌的，对处理此事费了一番心思。

其实，所谓分散圈禁，等于是一种慢性折磨。雍正四年（1726），当苏努孙子库张阿由京师押解到杭州后，浙江巡抚李卫曾向胤禛密折陈奏圈押情况④。

---

① 杜文凯编：《清代西人见闻录》，中国人民大学出版社 1985 年版，第 158—159 页。
② 《中国天主教史人物传》，香港公教真理学会出版，第 53 页。
③ 《蕉轩隋录》，中华书局 1995 年版，第 217 页。
④ 中国第一历史档案馆编：《雍正朝汉文朱批奏折汇编》第 8 册，第 565 页。

臣于雍正四年九月初一日准兵部咨解苏努之孙库张阿到杭。臣时虽在文场，因系紧要人犯，即令杭协汛弁兵于进关时严加搜查，尚有跟来及尾随共四人当即一并查拿，于臣出关之日，亲自提问。内有库张阿家人刘正柱，系旗人；周仙，系苏州蛮子，共三名。据称，前后跟随来的，原想留一二人私住在外，今被查获。又张来一名，系雇来的煮饭厨子等语。随库张阿在于臣署内给房一间，墙外复用一栅，惟留尺许小洞以放饭食，并无出入之路，严加圈禁，具由收管送部，切每晚派兵围宿看守。缘系紧要罪犯，带有九条锁链，身生疥疮，起卧需人抬扶，止将苏州人周仙暂行同禁在内。

陈垣教授引"懋勤殿雍正未刊朱批谕旨"，述及苏努第七子鲁尔金在山东巡抚衙门关押情景，亦证明他的处境相当恶劣。关押于北京的苏努三子苏尔金（教名若望）和十二子乌尔陈的牢房生活是这样的[①]：

顺天府尹吩咐在北城门准备两处监狱，宽六法尺，深十法尺，只有一扇门和一个小窗洞，外边砌一堵和屋顶一样高的围墙。墙上装一个辘轳，可以传递水和食物。……规定每天只给他们吃一顿饭，一点点蔬菜和水。每天派四个看守日夜值班，不准任何人靠近。

很显然，对于这样的关押待遇，都是得到胤禛首肯的。雍正四年（1726）十月十九日，当署理山东巡抚塞楞额密奏对鲁尔金的监禁情况后，胤禛即批示："如此方是。朕欣览之，严之又严可也。"[②] 正是在如此折磨下，苏尔金、勒什亨、书尔陈、乌尔陈、木尔陈等人，先后都死于狱中。这也是人们意料之中的事。

苏努家属的待遇到乾隆初年稍有改善。据《清高宗实录》载，乾隆元年（1736）三月辛酉条[③]。

---

① 参见朱静编译《洋教士看中国朝廷》，上海人民出版社1995年版，第128—129页。
② 中国第一历史档案馆编：《雍正朝汉文朱批奏折汇编》第8册，第301页。
③ 《清高宗实录》卷15，第17—18页。

　　宗人府奏，查原任贝勒延信、苏努，原任公乌尔占，皆因获罪革去宗室。今请照例查明伊等子孙，赏给红带子，月给三两钱粮米石，登记黄册之末，俟修《玉牒》之年，附登《玉牒》之末，注明伊祖父获罪情由。从之。

　　胤禛为了惩办政敌，竟不惜违背乃父规定：凡已革宗室，其名均系载入《玉牒》，附于末后，给以红带子为记。[①] 将苏努等完全排除在宗室名分之外，这实在有失情理，所以才有儿子弘历为其父做纠偏工作。大概从此以后，苏努的仅存儿孙多相继回到北京，过着尽管贫困，但却相对平稳的日子，直到 70 年后嘉庆时，朝廷因清查教案，他们的家人再次被卷入矛盾的旋涡之中。

　　这次教案发生于嘉庆十年（1805），因西洋传教士德天赐违反禁令，在京私自传教，吸收百姓参加，其中包括不少旗人。事发后，皇帝颙琰下谕严加追究，图钦、图敏就这样被查了出来。按：德天赐系乾隆四十九年（1784）由广东巡抚孙士毅荐举进京入内廷"当差"的。当德天赐一行抵京前后，正是弘历在北方各省清查传习信奉天主教吃紧之际。德天赐对清廷的禁教政策应该是清楚的。他之所以敢在帝京首善之区冒此风险，恐怕主要是出于宗教狂热的理想所驱使。终于，显露行迹，遭到追究。依照颙琰的旨意，除将德天赐"圈禁"，几个为首分子发解伊犁枷号三个月给额鲁特为奴外，一般旗人、民人只要悔过自新，宣布"出教"，便可得到省释。可偏偏图钦、图敏不听训诫，态度顽劣，表示要信教到底，这才追论到祖宗的罪过，遭到重惩。方豪先生在为图钦、图敏列传时说他俩"四世忠贞，历雍、乾、嘉三朝而不渝，真一门壮烈"。都是指他们为信奉天主不惜舍身殉教的精神而发的感慨。

　　对比雍正和嘉庆时苏努家族两次受到的劫难。从案情看，头一次政治问题是主要的，信教属于派生现象。后者是因为清理旗民教案才查出图钦、图敏等人，整个案件都是围绕奉教展开的，信教便成了唯一的原因。至于数及祖宗罪过，那是因为图钦等态度顽劣，这才遭到追究的。

---

① 《清圣祖实录》卷 255，第 20 页。

　　从雍正时的苏努案到嘉庆时的图钦、图敏案，将其联系起来考察，既可看到统治者内部斗争弛张的脉络，同时对探究 1840 年前清朝政府对待西方洋教的政策变化，亦颇有裨益。由于史料的局限，在涉及图钦、图敏案中，还存在着许多明摆着的缺漏。我们之所以借此机会向大家提供这条档案材料，顺便补充一些陈、方二前辈尚未涉及的有关苏努及苏努儿孙们的事迹，目的也是希望有兴趣的同行们能进一步加以发掘，补足欠缺。

　　　　　　　　（原载《明清档案与历史论文集》，中国友谊出版公司 2000 年版）

论明清时期的关羽崇拜

一

在我国民间信仰中，人们对关羽的崇拜是值得探讨考究的。

关羽是东汉末三国初人，因为他打仗英武，又力保刘备为蜀汉主而尽忠尽义，受到大家的赞赏。大致在宋朝中期以前，尽管在一些笔记类说中已出现有关羽显灵的传说，不过多数作品还着重于崇扬他万人敌的神武气概和表彰他大忠大义的品格，也就是把关羽作为一个历史人物来褒赞的。

使关羽由人向神的转化，始于两宋之交。有宋一代，边外强敌进逼一直是个严重的问题。徽宗时，由于金军不断南进，北宋江山岌岌可危。为了激励人心，动员人们保卫宋室，统治者便看中了关羽。崇宁元年（1102），追封关羽为忠惠公，大观二年（1108）进武安王，宣和五年（1123）再加"义勇"二字，称义勇武安王。及至宋室南渡，关羽继续受到青睐。高宗建炎三年（1129）改封壮缪义勇王。在敕封的祝辞中，特别称赞他"肆摧奸究之锋，大拯黎元之溺"的作用。① 孝宗淳熙十四年（1187），又更号为英济王，告敕曰："生立大节与天地并传，殁为神明亘古今而不朽。"还赞扬他"生民一方所依，千载如在，凡有祷于水旱雨旸之际，若或见于焄蒿悽怆之间"。② 终于，在统治者的精心塑造下，关羽已成为既能以忠义气节相号召的人间楷模，同时又能求祷水旱雨旸、拯救民

① 《关圣帝君圣迹图志》卷3，《封爵考》，《祭文考》。
② 同上。

生劫难的万灵之神了。

　　但是在我国历史上，真正把关羽崇拜推到更高更广位置的是在明清两代，其中尤以清代为最甚。在明清时期，中国封建社会业已进入晚期。尽管它们在政治、经济和文化方面，都有过光辉的历程，但从总体而言，毕竟已走向没落，封建社会的各种社会矛盾更趋尖锐、无法调和。统治者为愚弄百姓、巩固自身权位计，不得不更多地求助于神的思想武器。利用关羽，便是其中的一个重要方面。

　　明朝政府对关羽的崇祀，从太祖朱元璋时即已开始。洪武二十七年（1394），敕建庙于金陵"鸡笼山之阳"①。永乐帝迁都北京后，又"庙祭于京师"。成化十三年（1477），正式决定把地安门西的关羽庙作为太常寺官祭场所，除每年定期拜祭外，又定"国有大灾则祭告"②。明朝政府还把关羽定为武庙的主神（原来主祀太公望。据王曾瑜教授见告：宋初"以关羽为仇国所擒"，曾一度被撤出武庙陪祀的位置），以期与各地学宫崇祀孔子习呼的"文庙"相对应。太史焦竑在庙铭中，还把关羽称作护佑明朝，"永祚皇图"的"百神主"③。万历十八年（1590），对关羽的晋封由王提高到帝，称协天护国忠义大帝。突出忠义又协天护国，道出了明朝统治者尊崇关羽的用心所在。万历四十二年（1614），又称之为三界伏魔大帝神威远震天尊关圣帝君。有人曾对此封号作了颇有意思的注释："王封帝号，崇我明祀，羯奴蛾贼，盗贼之靡。""佑我皇明，亿万年祇"④。原来明王朝预感内外风暴即将来临，便急切地抛出关羽这尊偶像，企图用所谓的"伏魔""神威"等字样，吓唬人们。其实这正反映了他们本身的畏怯和无能。

　　清朝统治者对关羽的崇敬，早从关外时期已经开始。太祖努尔哈赤和太宗皇太极，都是通过《三国演义》了解到关羽的形象，并钦佩有加。崇德八年（1643），便于盛京（今沈阳市）"建关帝庙"。皇太极还亲赐一块

---

①　《明史》卷50，《礼》4。

②　沈榜：《宛署杂记》卷18，《恩泽》，《祠祭》。

③　蒋一葵：《长安客话》卷2，《皇都杂记》，《正阳门关庙》。

④　钱谦益：《初学集》卷82，《关壮缪侯画赞》。

"义高千古"的匾额，定"岁时官给香烛"①。入关后，清政府又沿袭了明代岁祭关庙之例。顺治九年（1652），敕封为忠义神武关圣大帝。雍正时，追封关羽父祖三代为公爵，命"天下府州县卫等地文武守土官，春秋二祭如文庙仪制，牲用太牢"②。乾隆三十三年（1768），以"关帝历代尊崇，迨经国朝尤昭灵贶"，故又加封忠义神武灵佑关圣大帝③，同时规定祭文由翰林院撰拟，祭品由太常寺备办，官建祠宇牌位座数由工部制造，还特准地安门外关帝庙正殿及大门瓦色改用纯黄琉璃，与孔庙相一致。嘉庆以后，各地的反抗斗争以及随之而来的内忧外患，不断地动摇着大清朝的基业，于是他们也像明朝皇帝一样，越来越求助关羽的神灵，并因此大加封号。嘉庆十九年（1814），清廷在平息京师和河南滑县两地的天理教起义以后，即以"屡荷关帝灵爽翊卫"，加封"神勇"二字，"并颁滑县庙宇御书扁额曰佑民助顺"④。道光八年（1828），新疆张格尔之役，清廷又因"关帝屡彰灵佑"，再加封"威显"⑤。咸丰一代是太平天国起义的高涨时期，统治者对关羽的加封也最频繁。咸丰二年（1852）加"护国"，次年增"保民"，咸丰六年（1856）添"精诚"，咸丰七年（1857）再增"绥靖"。后来，同治、光绪两朝，又都有敕封。到光绪五年（1879），清政府对关羽的封号已加至22字，合称：忠义神武灵佑神勇威显保民精诚绥靖翊赞宣德关圣大帝⑥。清朝皇帝还不止一次地亲诣关庙拈香行礼。封建统治者对关羽的崇祀膜拜，至此已达到了最高水平。

伴随着统治者对关羽褒崇的不断升级，各种有关关羽显灵的神话也越来越多地被制造出来。据说朱元璋之所以建庙祭祀，就是因为有感于他做皇帝前，与陈友谅军激战于鄱阳湖，关羽曾显灵助战。而北京的关庙，亦因"成祖北征本雅失理"，"军前每见沙濛雾霭中有神前我军驱，其巾袍刀仗，貌色髯影，果然关公也"，"凯还……乃敕崇祀"⑦。以后像正德时

---

① 崇厚：《盛京典制备考》卷2，《庙寺》。
② （清）萧奭：《永宪录》续编，雍正六年二月甲午。
③ 光绪《清会典》卷438《礼部》，《中祀》。
④ 《清仁宗实录》卷282，嘉庆十九年正月丙寅。
⑤ 《清宣宗实录》卷132，道光八年正月癸亥。
⑥ 光绪《清会典》卷35《礼部》。
⑦ 刘侗：《帝京景物略》卷3，《关帝庙》。

期的刘六、刘七起义，天启间徐鸿儒起义，以及嘉靖、隆庆之际倭寇骚扰东南沿海，都出现有关羽显灵救护官军、保卫城池之事。像"正德六年，流寇刘惠、赵燧数万自宋、亳来，既破上蔡，直抵汝宁，先驱且至，目已无汝，忽见侯握大刀立城头上，神威炯炯，竟不敢前以遁"①。安徽颍上县也有"正德七年，剧贼攻城，显神破敌"之说②。至于关羽助剿倭寇的传说，那就更多了。浙江余姚，"曩岁倭奴寇姚，猝尔几陷，祷于公庙，卒以却贼"③；舟山："嘉靖三十三年春，守御金楠经夕巡城，疲倦假寐，梦中见神若促之使行者。贼果将逾城堞，猝以矢石急击之，即退"④；南直嘉定："嘉靖癸丑间，倭夷来寇，攻我东门，纵火焚庐舍，百姓亟祷于王，反风灭火，贼无所获去，城赖以完尔。"⑤ 其他像常州、太仓、福建漳州等地，都有类似传说。到了明末李自成等农民大起义爆发，各地官军和地方官祈求关羽显灵救助之事更层出不尽。据笔者翻阅地方志所见，当时的南北直隶、山西、河南、陕西等不少经历农民军风暴的州县，常发现有此类记载，尽管其内容无非是关羽显应"退贼""护城"之类，但强牵比附，说得活灵活现，像真有其事一样。

有清一代，关羽显灵扶助清朝统治之事，不但比明朝更多，而且不少都见诸官修实录或皇帝的诏旨之中。就以清朝从事的军事行动而论，从入关追剿农民军，平定三藩，镇压山东王伦起义、甘肃苏四十三起义、湘西苗民起义、川陕楚白莲教起义，京师、河南天理教起事，以及后来的镇压太平天国、捻军等，几乎没有一次不声称有关羽佑助的。据《清太宗实录》初纂本记载：当崇德元年（1636）十月，皇太极命睿亲王多尔衮等"往征明国，至锦州临近下营"时，有人投书称："朱家劫数已尽，大金后代天聪皇帝应运坐殿北京，掌立世界乾坤"，同时制造了一个"关王显圣，领你亲到山西平阳府城县道接一好人，来到燕京，扶你坐殿"的神话以加强效果⑥。其实

①　（清）德昌：嘉庆《汝宁府志》卷23，《艺文》，（明）李本固：《重修关侯庙记》。
②　（清）翟乃慎：顺治《颍上县志》卷3，《坛庙》。
③　（明）史树德：万历《新修余姚县志》卷8，《建置志》之三，《祠祀》之上。
④　（明）何汝宾：天启《舟山志》卷2，《祀典》。
⑤　（明）韩浚：万历《嘉定县志》卷4，《营建志》下之《庙宇》。
⑥　转引自庄吉发《清太宗及实录初纂本与重修本的比较》，载《清代史料论述》（一），（台）文史出版社，第225页。

清朝统治者也知道，这不过是会道门中人士为了讨好而编造的谎言，但仍将其选入"实录"。这一方面固然是为了说明由清代明绝非偶然，同时也表示了他们对关羽显圣之类的无限欣赏。后来，雍正帝在钦颁《大义觉迷录》中，又大事吹嘘"本朝用兵以来，事事皆仰荷上天眷佑之恩，百神呵护之德"。在此，他未敢直接说出是何神灵显化佑助，但从他后面所举的湖南永兴、云南昆明的例子中，即指关羽而言①。

如果说在乾隆以前，统治者在宣扬关羽显灵的把戏时，还多少有所顾忌，不敢明指直谈，那么到了嘉庆以后，便公然见诸皇帝诏旨，真的煞有介事了。嘉庆十九年（1814）正月初五日"谕内阁：上年逆匪（指林清起事）突入禁门时，恍惚之中，望见关帝神像，畏慑奔窜，立就歼擒。本日又据那彦成奏：当滑县克复之时，贼匪（指李文成领导的起义军）于黑夜拼命突围，官兵施放枪箭，未能真切，忽城旁庙宇自行起火，照同白昼，官兵两路夹击，始将贼匪截回，悉数殄除，事定后，乃知城旁庙宇，供有关帝神像"②云云。又，道光八年（1828）正月二十三日谕：

> 上年张格尔煽乱，遣其逆党扰近阿克苏。当官兵冲击之时，陡起大风，尘沙飞扬。该逆等遥见红光烛天，逆被歼擒。又长龄等督兵进剿，师次浑河沿，该逆等竟夜扰营，风起猛烈，官兵乘风冲贼，俘馘无算。次早接仗时，据活贼金供，又见红光中兵马高大，不能抵敌，即各逆窜逸。此皆仰赖关帝威灵显赫，默褫贼魄，因克生擒巨憨，永靖边圉③。

到了咸丰、同治时期，统治者为了在镇压太平军和捻军时给官兵壮胆鼓气，更公开大谈关羽显灵之事。所谓"军兴以来，所闻群神显应之迹甚众，而惟武帝尤著且屡"④，正是指此而言的。

当然，统治者宣扬关羽显灵，并不限于帮助打仗。乾隆帝在京师地安

---

① 载《清史资料》第四辑，中华书局1983年版，第139页。
② 《清仁宗实录》卷282，嘉庆十九年正月丙寅。
③ 《清宣宗实录》卷132，道光八年正月癸亥。
④ （清）冯桂芬：《显志堂稿》卷3，《上海重建武帝庙记》。

门关庙的题联中，就有"佑民福国，千秋俎豆永山河"的字样①。因为巩固统治还包括其他很多方面，诸如水旱灾患、疾疫滋漫等，都足以引起百姓的不安，影响政局的稳定。所以也需借用神力，以期逢凶化吉。而且越是与下层切身相关者，便越能唤起民众的激情，赢得他们的反响。于是，诸如关羽显灵捍御水患、甘霖救田禾、疫鬼避神、海波恬伏等一则则穿凿附会的故事，如此被传扬开来。当时各地的很多庙宇，也就是这样建立起来的。万历十八年（1590）五月，南直淮安府所属运道，因淮河上游淫雨连绵，水势骤涨，又加上雷电交加，西风骤急，被视为运河保障的高家堰危急万分，就在这时，出现了关公"显圣"，立时"风转雨收，水势遂定，高堰溢而复安"。据河督潘季驯在疏报中言：此"实系武安神功之力"。于是经皇帝批准，特在高家堰址附近建庙一座②。陕西礼县：万历四十六年（1618）洪水骤发，"几陷我城池"，亦因"帝之神庥"而"城垣屹立"，故此"创庙"③。同样，浙江龙游县关庙乃"万历初知县涂杰祷雨有应檄募建"④。还有像雍正六年（1728），黄河决口于河南兰阳（今兰考县），其"漫口有神像顺流而下，工遂底定"，故得"敕建此庙，名为惠安观"⑤。如此例子，可以举出很多，因限于篇幅，不能长篇罗列。雍正时，四川提督黄廷桂在一篇关庙铭文中写道："夫捍御疆圉抚宇百姓，则官斯土者之责；而默佑于上，俾雨旸时若，岁获丰穰，民歌乐土者，维神之力也。"⑥ 原来他们宣传关羽的种种神话，目的正是要把政权和神权这两股力量纠合在一起，以更有利于进行统治。

应该指出的是在普及关羽信仰的过程中，不能忽视小说《三国演义》所起的巨大作用。《三国演义》产生于元末明初，至明朝中叶流传已十分广泛。书中讲的是东汉末季和魏蜀吴三国兴亡的故事，但基调是"拥刘反曹"，以蜀汉为正统。书中竭力宣扬刘关张桃园三结义的感知遇、重然诺

① 《日下旧闻考》卷44，《城市》。
② 《关圣帝君圣迹图志》卷3，《封爵考》之《祭文考》。
③ （民国）张津：民国《礼县新志》卷4，《艺文》，（明）岳呈玉：《建关帝庙碑记》。
④ （明）万廷谦：万历《龙游县志》卷3，《祠祀》。
⑤ （清）万之蔿：《关侯事迹汇编》卷2，《祠墓》。
⑥ （清）秦云龙：光绪《雷波厅志》卷19，《祠庙志》。

的节义之气和扶助复兴汉室的尽忠报恩思想，关羽便是当中的突出代表人物。在当时，特别是一般百姓，常常从演义中认识关羽，进而崇仰关羽。随着《三国演义》传播愈益广泛，根据演义而编写的戏剧也越来越多，其中讴歌关羽的剧目又占了很大的比重，这又促进了人们对关羽"崇高"形象的了解。在清代，"京中茶馆唱大鼓书，多讲演义，走卒贩夫无人不知三国"。又如"北人好听戏，尤好武戏，武戏多演三国也。然凡军人，无论南北，则谈吐间皆演义也"①。俞正燮在一篇考索文章中说："《三国演义》为关圣一时人心所向，不以书之真伪论。"② 说明《三国演义》在普及神化关羽中，确实起了不可忽视的作用。

二

明清两代崇祀关羽的深入普遍，从各地的庙宇兴建中也可得到很好的证明。早在元代，已有"义勇武安王祠遍天下"的说法③。但关庙的真正普遍还是在明清两代。当时，凡有府州县卫所衙门者，必建官立关庙，故有所谓关羽"庙祀亦遍天下，与孔子等"④，或"较宣圣更伙"⑤ 之言。至于由士民们聚金建立起来的民间私祠，则更加难以悉数了。

北京是明清两代的都城，除敕建庙宇外，很多达官贵人、太监以至普通士民，也都纷纷建庙，成为全国关庙数量最多的地方。明末人刘侗说："其祠于京畿也，鼓钟接闻，又岁有增焉，又月有增焉"⑥，可见修庙之盛。据万历时人统计，仅宛平县属就建有关庙 51 座，其中城内 20 座，城外 31 座。⑦ 我们知道，当时北京城内外分属于大兴、宛平两县。大兴县的资料现在不清楚，估计不会太低于宛平。如此算来，包括宛大两县的北京城内外，明末的关庙数字，至少接近百所。清代乾隆时，吴长元作《宸垣

---

① 何德刚：《客座偶谈》卷 4。
② 《癸巳存稿》卷 9，《演义小说》。
③ 《关侯事迹汇编》卷 8，《艺文》，宋超：《义勇武安王庙记》。
④ （清）王柏心：同治《当阳县志》卷 19，《艺文志》，（明）徐阶：《重建义勇武安王庙碑记》。
⑤ （清）茹金：道光《壶关县志》卷 9，《艺文》，王华浙：《刑家掌村创修关帝庙碑记》。
⑥ （明）刘侗：《帝京景物略》卷 3，《关帝庙》。
⑦ 《宛署杂记》卷 19，《僧道》。

识略》，共记录城内和近郊的关庙41座（包括有的以关羽为主神的庙宇），这当然很不完全。按《日下旧闻考》：京师"九门月门俱有关帝庙"。九门即正阳、崇文、朝阳、东直、安定、德胜、西直、阜城、宣武。吴氏只载入正阳门一处。另《旧闻考》有名而吴氏失载者亦尚有多处，可见缺漏甚多。据笔者的看法，有清北京的关庙数，绝不会少于明代。

地方各州县所建关庙，虽不如北京多而集中，但很少只有一座两座的。下面根据笔者所查阅资料，约略进行举例，见表1。

表1　　　　　　　　　　　　　清代各地修建关庙数举例

府州县名	庙宇数	资料出处	府州县名	庙宇数	资料出处
直隶良乡	22（又，祀刘关张三人的三义庙12座）	民国《良乡县志》卷6	枣强	6	嘉庆《枣强县志》卷2
霸州	49（又，三义庙14座）	民国《霸州志》卷1（七年本）	遵化州	35（乾隆志作32）	光绪《遵化通志》卷45
蓟州	22（又，三义庙3座）	道光《蓟州志》卷5	万全	1（"民间设祠者皆不备载"）	乾隆《万全县志》卷2
怀来	9（"其外各村堡庙不俱载"）	光绪《怀来县志》卷9	山西武乡	11	乾隆《武乡县志》卷2
固安	3（在村者"不可胜数"）	咸丰《固安县志》卷2	长治	城内2（"村镇头乡莫不崇奉"）	光绪《长治县志》卷3
山东陵县	3	道光《陵县志》卷12	江西上高	20	同治《瑞州府志》卷3
德平	4	嘉庆《德平县志》卷2	余干	3	同治《余干县志》卷4
潍县	27	民国《潍县志》卷9	福建浦城县	25	光绪《浦城县志》卷13
利津	10	光绪《利津县志》卷2	长汀	8（"在各乡各坊者难悉数"）	光绪《长汀县志》卷13
河南鹿邑	7	光绪《鹿邑县志》卷3	台湾	16 又，据1930年统计为150座	乾隆《台湾府志》卷7（台）《台湾省志》卷2"人民志"，"宗教篇"

续表

府州县名	庙宇数	资料出处	府州县名	庙宇数	资料出处
太康	3	道光《太康县志》卷1	湖北潜江	数十处	光绪《潜江县志》卷6
卢氏	15	光绪《卢氏县志》卷13	光化	7	光绪《光化县志》卷4
陕西华州	8	光绪《三续华州志》卷3	湖南清泉	1（"士民私祠者城乡数十处"）	同治《清泉县志》卷3
宝鸡	9（"乡属称神祠为圣贤庙，甚至一村两庙"）	乾隆《宝鸡县志》卷6	祁阳	5（"村镇之处多祀关岳二圣，或专或兼，祠宇未及悉登"）	同治《祁阳县志》卷7
甘肃武威	9	乾隆《武威县志》卷1	桂阳州	1（"民祠曰关帝庙，所在皆有之"）	同治《桂阳直隶州志》卷12
镇番	9（乾隆志作7）	道光《镇番县志》卷2	广东吴川	12	光绪《吴川县志》卷3
古浪	6	乾隆《古浪县志》	兴宁	5	咸丰《兴宁县志》卷3
江苏南汇	10	乾隆《南汇新志》卷7	广西临桂	12	光绪《临桂县志》卷15
盐城	7	光绪《盐城县志》卷2	永宁州	3	道光《永宁州志》卷4
海门厅	2（"民间私祀关帝庙处处有之"）	光绪《海门厅图志》卷14	四川梁山	19	光绪《梁山县志》卷3
安徽桐城	4	道光《桐城续志》卷4	贵州正安州	3	光绪《续修正安州志》卷2
五河	6	光绪《五河县志》卷19	荔波	3	光绪《荔波县志》卷3
浙江镇海	12	光绪《镇海县志》卷13、卷14	云南河阳县	2（"各村落俱建祀"）	道光《澂江府志》卷12
兰溪	5（"四乡多有"）	光绪《兰溪县志》卷3	奉天盘山厅	5	宣统《盘山厅志》卷10
丽水	1（"乡里多有之"）	同治《丽水县志》卷5	锦西厅	15	宣统《锦西厅乡土志》

　　与当时上千个府州县厅相比，上面列举的只是很小一部分，但已经可以看出关羽信仰之普遍深入。它已触及州县以下的各村各堡中去了。这是明清以来封建国家敕封诸神中所很少见到的。

　　看一看各庙宇的修建时间，也可以帮助我们了解关羽信仰是如何普及的。且以山东潍县 27 座关庙为例，内中 12 座缺少年代记载，余 15 座，建于宋代 1 座，元代 1 座，明代 8 座，清代 5 座。① 又如直隶通州（今北京市通州区）的 21 座关庙中，一座建于元天历二年（1329），4 座建于明，其间的 3 座系万历时所建，其余除年代缺载者外，大体均建于清代。② 束鹿县有 7 座关庙，只 1 座建于清代，余 6 座是：一座创修于明弘治十三年（1500），两座创于万历时，三座修于崇祯年间。③ 福建浦城县有始建年代可考的关庙 13 座，其中一座建于明，余均建于清。④ 广东兴宁县共有 4 座明建关庙，最早的是正德九年（1514），另 3 座修于万历和崇祯时，清代创建的一座系乾隆二年（1737）修⑤。还有如浙江兰溪县，有一座宋绍兴年间修的关庙，还有 4 座则建于清⑥。从以上所举例子来看，大体北方普建关庙的时间较早，南方多数至清代才大修关庙。当然，不管是明代或明代以前所修关庙，在清代都加重修，或予以扩建。

　　在清代，随着统治势力不断向边疆推移，于是在蒙古、新疆、西藏及东北吉林、黑龙江等地，也建起一座座关庙。康熙二十七年（1688），兵部督捕理事官张鹏翮随内大臣索额图等，经蒙古与俄罗斯商讨议和事，当途经归化城（今呼和浩特）时，见"城南有关夫子庙"，张特留《关帝志》二册，"欲使远人知忠义也"⑦。在此以后，由于内地汉民大批向内蒙古移垦，所建关庙也就更多了。如归化城南的和林格尔厅，便有关庙 5 座，其中的坝底关

　　① （民国）刘逊聪：民国《潍县志稿》卷 9，《营缮》之《坛庙寺观》。
　　② （清）高建勋：光绪《通州志》卷 2，《建置志》之《坛庙祠寺》；又，参见缪荃荪：光绪《顺天府志》卷 23，《地理志》5 之《祠祀》。
　　③ （清）刘崑：康熙《束鹿县志》卷 2，《建置志》之《坛庙》。按：查嘉庆志记载相同。
　　④ （清）翁天祜：光绪《续修浦城县志》卷 13，《坛庙》之《祠祀》。
　　⑤ （清）仲振履：咸丰《兴宁县志》卷 3，《规制志》之《祠祀》。
　　⑥ （清）秦簧：光绪《兰溪县志》卷 3，《志建置》之《祠祀》。
　　⑦ 《奉使俄罗斯日记》。

庙系乾隆间所修①。另外像外蒙古的库伦（今蒙古人民共和国乌兰巴托）、恰克图等地，也先后修起关庙。甚至连最西边的扎萨克图汗地区，亦立庙祀奉，"喀尔喀部陀罗海兵马营关侯庙，在杭霭山西北扎萨克图汗驻扎之所"②。据说在清代，"蒙人于信仰喇嘛外，所最尊奉者厥惟关羽"③。关羽信仰业已影响到蒙古各部，深入蒙古族人中间去了。

在关外东北，除辽东地区很早就是汉人的活动区，有元明时期所建关庙，如位于辽东湾西侧的熊岳城南门，即有元时古刹一座④。其余吉林、黑龙江地区，清以前大抵人烟稀少，更缺少有汉人聚居点。自康熙以后，情况有了变化。康熙中，江南名士杨宾出关访父，见"宁古塔有七庙"，举出的第一座即系关帝庙⑤。此外像再北边的齐齐哈尔、墨尔根（今嫩江县）、黑龙江城（今爱辉县黑河镇），自屯兵建城后，也各建起关庙⑥。

藏族人民素来信奉喇嘛教，对于汉人崇祀的神鬼并不熟悉。清政府统一西藏，向拉萨派驻大臣，遣戍军队。拉萨、日喀则、磨盘山（今吉隆县属），以及川边的里塘、打箭炉（今康定）等地，亦次第创建关庙。在拉萨东二日的山南萨木秧地方，有一座俗称桑鸢的喇嘛寺，其楼阁经堂内"供有关圣帝君像"。据说该地原"多鬼怪为害，人民不安"，后经"帝君显圣除之，人始蕃息，士民奉祀，称尊号曰革塞结波"⑦。其他像日喀则、里塘等处关庙，亦是"汉番僧俗奉祀惟谨"，或"番人亦知敬畏"⑧。藏族僧俗，也逐渐接受崇祀关羽。

新疆地区最早建立关庙的是巴里坤城，为康熙末"靖逆将军吏部尚书富（宁安）公驻兵时所创建"⑨。乾隆中，清政府在新疆确立起全面统治，许多城镇亦照内地规例，立庙设祀。如伊犁关庙是乾隆二十七年（1762）工部

---

① （清）陈宝晋：同治《和林格尔厅志略》，《祠祀》。
② （清）万之蘅：《关侯事迹汇编》卷2，《祠墓》。
③ （清）徐珂：《清稗类钞》第8册，中华书局1986年版，第3566页。
④ （民国）王郁云：《盖平县志》卷16，《艺文志》，《重修关帝庙碑记》。
⑤ 《柳边纪略》卷3。
⑥ （清）西清：《黑龙江外纪》卷2。
⑦ 《卫藏通志》卷6，《寺庙》。
⑧ 《卫藏通志》卷6，《寺庙》；（清）陈登龙：《里塘志略》卷上，《寺庙》。
⑨ 《赵裘尊公賸稿》卷1，《巴尔库关庙碑记》。

尚书阿桂"疏请建立"的①，喀什噶尔关庙创自乾隆三十五年（1770）②。嘉庆初，洪亮吉遭贬流放伊犁。他从嘉峪关出口西向，直到惠远城（伊犁将军建牙地），"东西六千余里，所过镇堡城戍人户众多者，多仅百家，少则十家、六七家不等，然必有庙，庙必祀神武。庙两壁必绘二神，一署曰平，神武子也……一署周仓"③。这些众多的大小关庙，都是驻屯兵丁，或从内地迁往的垦户及遣犯奉立的。

明清时期中国崇祀关羽，对其周边各国也有强烈的影响。万历二十年（1592）明朝政府派军队到朝鲜援助抗倭作战，"见朝鲜遍祠（关）帝，诵述满其国中"④。游击陈璘，在李朝政府的协助下，特于汉城崇礼门外建关庙一座⑤。越南、琉球等国也都立庙祀奉。琉球的关帝庙建于中山国王都所在地，国人程顺则作《琉球国创建关帝庙记》中说："祝帝之意果何为也者？不知帝之正气可以塞天地，帝之大义可以贯古今，能使后之为臣子者靡不知有君父焉。"⑥清代的册封使每到琉球，都要临庙祭奠。在越南，有的关庙还修得十分壮观，像南方边和镇关庙"在大铺洲南三街之东，面瞰福江，殿宇宏丽，塑像高丈余"，是一处很出名的场所⑦。

应该说明的是，这些在外国的关庙，很多系留居其地的华侨或来往贸易的华商建立起来的。日本长崎"建有关庙、天后两处庙宇，皆内地商人所造，供奉中国正神"⑧。越南会安"有关夫子庙，崇祀最盛，闽会馆也"⑨。缅甸猛拱有"华侨所建关庙"，据传为"乾隆初元"，汉人到此开设玉石厂后才有的⑩。从明代后期起，由于闽粤等省的不少百姓流徙南洋，经商谋生，于是在那里的华人聚居区中，也开始建立关庙。特别到了清代，随着亡命海外的人数越来越多，立庙之事也不断增加。一位写过《东南亚之华侨》

① 《清史列传》卷26，《阿桂》。
② 《回疆志》卷1，《城池》。
③ 《更生斋文甲集》卷3，《长流水关神武庙碑记》。
④ （清）万之蔺：《关侯事迹汇编》卷2，《祠墓》。
⑤ 吴晗辑：《朝鲜李朝实录中的中国史料》第10册，中华书局1980年版，第4211页。
⑥ （清）周煌：《琉球国志》卷15，《艺文》。
⑦ （越）《嘉定通志》卷6。
⑧ （台北）故宫博物院编：《宫中档雍正朝奏折》第15辑，第844—845页。
⑨ （清）释大汕：《海外纪事》卷4。
⑩ 尹明德：《云南北界勘察记》。

的英国学者，在深入其地作考察时，曾亲眼看到不少这样的庙宇。他说：在华人中，"关帝亦是受普遍奉祀的神明"①。它是"神圣"，又"兼任财神"②。及至19世纪中叶（也就是清代晚期），在欧美各国掀起了一股淘金狂潮，他们需要中国的劳工为其修路开矿。很多华人又因此漂洋过海，到达更加遥远的美洲西部和澳大利亚，于是在那里也出现了关庙。在美国西海岸边的旧金山，就"有一座颇具规模的关帝庙"。清同治七年（1868），中国使团还曾前往进香③。澳大利亚墨尔本市西北的本迪戈，是一处著名的产金中心，有大批华人在此开矿，据说清咸丰七年（1857）曾聚集到35000人，建有4座"中国庙"，其中的一座直到今天还完整地保留着，称"大金山庙"，神坛上供奉关公塑像，还有一柄青龙偃月刀，进香之人，始终络绎不绝④。真可谓哪里有华人的聚居点，哪里便有关庙。它已超越了中国的国界，作为中华民族的一种信仰、一种文化，传播到了世界的很多地方。

三

在明清时期，由于统治者的大力倡导，关羽已被人们普遍接受，成为一个禳灾祈福之神了。但是，因各个阶层或每人从事的职业以及出身经历等不同，他们在信奉关羽，向神做祷告时，表达的要求和索取的内容，也是各不相同的。

对于统治阶级来说，主要是通过关羽的那种大忠大义的气魄，激发人们维护本朝本代之心。在清廷颁发的祀关祝文中，有"扶正统而彰信义"，"完大节以笃忠贞"的字样⑤。一些大臣也就此大做文章。在明清两代都做过部院官的金之俊写了一篇《关夫子赞》，颂扬关羽"忠义之性光昭日星，正大之气赫奕风霆"，又鼓吹关氏"永护二教，恒济万灵，惠迪从逆，罔逃圣听，千魔百魅，莫遁奸形"的通天本领，最后归结为"惟德是辅，家国

---

① 刘前度译：《马来亚华侨史》，第84页，槟榔屿光华日报社1950年版。
② 巴素：《东南亚之华侨》，第71页。
③ 张蕾：《国外也有关庙》，《北京晚报》1983年2月17日。
④ 丁涪海：《中国淘金者的子孙在"龙城"——访澳散记》，《环球》1983年第2期。
⑤ （清）张天如：乾隆《永顺府志》卷5，《坛庙》。按：此祭文很多方志都有记载。

用宁"①。康熙初任川湖总督的蔡毓荣，借着重修当阳县玉泉山关庙，撰文说：建庙崇祀，目的是要使"人人知所观感而激发于忠义"②。更有的人还与当时统治者倡导的纲常礼教联系在一起，说什么，关羽乃是"建大义于颓朝，扶纲常于草昧"的人物③，"盖以关帝植纲常、扶名教，立人伦之极，故不惟不欲于名贤硕士其他神明等量齐观"④。总之，围绕着忠义二字，统治者需要什么，便发挥什么。至于越来越甚嚣尘上的有关关羽显应的神话，在很大程度上，也正是为加强宣传效果而故作张扬的一种手段。

关羽的忠义道德，在明清两代士大夫中确实也产生了较为广泛的影响。北京前门外关庙中有副楹联写道："内有奸，外有虏，中原有贼，大将军何以处之？"据说此乃出于明末东林党人左光斗之手，是他疏劾阉党魏忠贤时的"请命之词"⑤。崇祯十七年（1644）三月，李自成攻破京城，原户部尚书倪元璐"索酒入斋，与关神对酌三觥，出就厅事，南面受缳"⑥，表示他要以关羽为榜样，为明朝尽节尽忠。著名学者朱舜水，当清初八旗铁蹄扫荡大江南北时，也向关庙题联："许难兴，沛难兴，荆益难兴，止思明万古之君臣。"⑦ 抒发了他义不事二主之心。在日常公务中，有的大臣也常以关羽"驱邪扶正"的品格，不时约束自己。康熙时被号称为"清官"的张鹏翮任河道总督，"有时集属僚商议，略有私曲，即拱手曰：关夫子在上，监察无遗，岂敢徇隐。间有以密语干渎者，即曰：周将军刀锋甚利，尔独不惧邪"⑧。在这些士大夫的心目中，关羽的忠义正直就是一种道德楷模，学习激励的榜样。

由于关羽号称"万人敌"，是"神武"的象征，其庙宇亦称"武庙"，再加上宣传关羽显灵，很大部分又与打仗有关。所以在军营中，士兵们也像西方人崇拜战神一样，把关羽作为保护神。明代在北京德胜

---

① 《息斋集》卷3。
② （清）王柏心：同治《当阳县志》卷16，《艺文志》之《重修关庙碑记》。
③ （清）魏裔介：《兼济堂文集》卷13，《重修关帝庙碑记》。
④ 《宫中档雍正朝奏折》第8辑，第112页。
⑤ （清）梁绍壬：《两般秋雨盦随笔》卷1，《武庙对联》。
⑥ （明）张岱：《石匮书后集》卷22，《倪元璐列传》。
⑦ 《朱舜水集》卷17，《杂著》，《关帝庙额联》。
⑧ （清）刘廷玑：《在园杂志》卷3。

门外有一座"团营关帝庙"。团营系于谦为抵抗蒙古进犯京师而编练的一支部队，修建关庙，就是将关羽作为"团营所祀之神"①。后来，南明将领何腾蛟在湖广联合农民军忠贞营抗击清军，为了向神明"默祷其灵，期以事济"，专门在恩施县境造了一座关庙②。甚至连农民军领袖也深受影响，崇祯十年（1637），张献忠就曾率部在楚北郧西县修庙拜奉③。到了清代，此类例子就更多了，江苏山阳县（今淮安）"四门军营，各门皆设（关）庙"④。三藩战争时，镇南将军莽依图，"身带关帝神像行军，每日叩头"⑤。在当时，特别是边疆地区的不少关庙，都是由驻屯该地的将领们发愿建造的。

在很多秘密宗教、结社中，关羽的名字成了组织动员群众的思想武器。明清时期广为流传的白莲教经典中，有《护国佑民伏魔宝卷》《敕封伏魔品》《万神拥伏魔品》《伏魔帝成登证觉品》《三义护国佑民伏魔功案宝卷》，均奉关羽为降妖伏魔之神，救护和超生众信徒⑥。在南方，有一种反清复明的秘密结社如天地会等，他们都用刘关张桃园三结义的义字来维系内部的团结。天地会"进洪门诗"中有："一进洪门结义兄，当天盟誓表真情，长沙弯口连天近，渡过乌龙见太平。"诗中提到的"长沙"，就暗喻关羽。又说："桃园结义天下闻，莫作奸心反骨人，你敬肉来我敬骨，胜过同胞骨肉亲。"天地会内部设有忠义堂和关帝庙，正中供奉"敕封真武关帝圣君"，两侧是"关平圣子""周仓将军"像。还有关帝庙诗："历朝义气关云长，洪家子弟仿忠良，丹心等候明天子，特来结拜共拈香。"⑦在忠义堂前表心盟誓，乃是天地会的必然仪式。其他像三合会，也有"中祀关羽"的忠义堂。又如哥老会"开山式"，"场中正面坛上祀五祖、关

---

①　《日下旧闻考》卷107，《郊垧》。

②　（清）多寿：同治《恩施县志》卷10，《艺文志》，何腾蛟：《关圣庙碑记》。

③　（清）程光第：同治《郧西县志》卷18，《艺文志》，张道光：《仆张献忠上津关圣庙碑记》。

④　（清）卫哲治：乾隆《淮安府志》卷6，《坛庙》。

⑤　曾涛：《随军纪行译注》，季永海译，中央民族学院出版社1987年版，第5页。

⑥　参见黄育楩《破邪详辨》，载《清史资料》第3辑。

⑦　萧一山编：《近代秘密社会史料》卷4、卷5。

羽等神"①，亦以信义作为内部最高的道德准则。

在当时，商人也常常把关羽作为他们的福神。江南苏州，"五方杂处，人烟稠密，贸易之盛甲于天下，他省商贾各建关帝祠于城西，为主客公议规条之所，栋宇壮丽，号为会馆"②。《明清苏州工商业碑刻集》中载有许多具体的例子：像康熙四十七年（1708）重建的广东潮州会馆，"列层五楹，为殿者……敬祀灵佑关圣帝君"；广东岭南会馆，"其制中建武帝大殿，栋椽轩豁，制度焜煌矣"；又如建于乾隆年间的浙江钱江会馆，亦"外供关帝，内奉文昌"；金华会馆"供奉关圣帝君，春秋祭祀"；徽宁会馆，"中为殿以祀关帝"，等等。类似苏州的情况，在其他各地也是一样。京师虎坊桥东的稽山会馆，"盖自国朝康熙十九年始，商贾占之，以祀文昌、关武"③。河东会馆"堂中奉祀火德真君、关圣帝君，公举住持，朝夕香火"④。四川泸州有浙江会馆，"祀关羽，乾隆二十四年建"⑤。浙江兰溪县"关帝宫，乾隆二十六年众商建"；"华安阁亦祀关帝，徽商程士章等首建"⑥。贵州会同县有关圣宫"系靖属会馆"，关帝宫"系山陕会馆"⑦。甚至连边疆地区也不例外，新疆"乌鲁木齐关帝祠有马，市贾所施以供神者也"⑧。镇西厅"关圣帝君庙，各大会馆附于内，系八大商总聚议公所"⑨。川边里塘，"自汉人寄贾其间，始建武庙"⑩。

为什么商人要崇祀关羽？有人认为这与山西人有关。因为在当时，各行各业普遍有供奉祖师爷的习俗，关羽是山西解州人氏，名气响亮，而明清以来，山西商人又遍布全国，当时各地的许多祀关坛庙，就是由山西商

① 《清稗类钞》第 8 册，中华书局 1968 年版，第 3664 页。
② （清）顾禄：《清嘉录》卷 5，《关帝生日》。
③ （清）李慈铭：《越缦堂文集》卷 12，《越中先贤祠目序例》。
④ 李华辑：《明清以来北京工商业会馆碑刻选编》，文物出版社 1980 年版，第 46 页。
⑤ （清）黄璟：光绪《泸县志》卷 1，《舆地志》之《坛庙》。
⑥ （清）秦簧：光绪《兰溪县志》卷 3，《志建置》之《祠祀》。
⑦ （清）孙炳煜：光绪《会同县志》卷 13，《形势》。
⑧ （清）纪昀：《阅微草堂笔记》卷 3。
⑨ （清）高耀南：光绪《镇西厅乡土志》之《庙宇》。
⑩ （清）陈登龙：《里塘志略》卷上《寺庙》。

人出资修造的①，其他商人受其影响，相互效仿，因而形成风气。在广东以及移居外国的许多华侨，更直接把关羽当作财神爷加以供奉②。但是，商人所以愿意把关羽选作崇祀的对象，还有更深刻的缘故。道光时立于上海的《兴修泉漳会馆碑》中说："吾邑人（指福建龙溪、同安、海澄三县）聚首一堂，而情本枌榆，爱如手足，更仰赖关圣尊神灵佑，俾使家家通达义理，心一而力同也。"③ 还有的说他们供奉关羽，目的是"其于桃园义气，君子庶无愧焉"④。尽管人们在日常言谈中，把买卖人说成是"重利轻义"之辈，但商人真的要赚钱，还得要靠信义，特别是当时的商人，大多均系客籍，要在新地方打开局面、站稳脚跟，除了同乡同行间互相关照，也要在买卖者之间建立起基本的信任感。这样，关羽便成了凝聚众商、以诚取信的象征。另外，商人在买卖场中，贩运有各种损耗失落，行业间有明争暗斗，再加上市场行情涨落瞬息万变，存在很大的风险。此种不稳定的特性，也使他们需要抬出一个神灵来时刻加以保护。自明以来，特别到了清代，尽管不断有人指责商人以关羽"家家崇祀以求福"，是一种"近于诬而亵的行为"⑤。但商人祀关之风，还是越来越盛，无法抑制。

至于一般士民百姓崇祀关羽，除祈求消灾祛病、伸张正义外，主要是作为地方保护神而出现的，即所谓"彰教化而资保障焉"⑥。直隶沙河县知县鲁杰在《重修关帝庙碑记》中说："境内年谷顺成，四民乐业，而文武科名又蒸蒸而日上，未必非帝之庇荫也"⑦。立于陕西定远厅的一块《建关帝庙记》碑文中，也肯定因"帝君之阴护"，"自此民安物阜，人寿

---

① 除上面列举者外，又如陕西平阳县关庙，"乾隆时西商建"（喻春林：嘉庆《平阳县志》卷2《坛庙》）；直隶深泽县关庙，"乾隆三十六年山西商人建，俗称山西会馆"、（王肇来：咸丰《深泽县志》卷3《建置志》之《坛庙》）；等等。

② 在其他地方也有类似例子，如俞樾：光绪《镇海县志》："圣帝庙又名文武殿，向为关圣殿……分供文武财神。"所说武财神，即指关羽。

③ 《上海碑刻资料选辑》，上海人民出版社出版1982年版，第235—236页。

④ 《江苏省明清以来碑刻资料选集》，生活·读书·新知三联书店1859年版，第369页。

⑤ （清）王肇晋：咸丰《深泽县志》卷3，《建置志》之《坛庙》。

⑥ （清）陈云章：道光《宁武县志》卷35，《艺文》，石赞韶：《重修武庙城隍合记》。

⑦ （清）鲁杰：道光《续增沙河县志》卷下《艺文》。

年丰，灾难永消，祸患不作矣"①。有的地方甚至把一年的风调雨顺都归为关羽的功劳。如河南濬县，"是日雨则三农相庆以为丰年，谓帝泽之遗也"②。此外，也有一些很特别的崇祀。直隶宝坻县"于大街中间建高阁供关帝，谓以镇火"③。据《广东航运史》记载，在粤东潮汕一带，关帝又与天后、风伯等并称为"治水三神"。广西临桂县城东有座关庙，是"明巡按李炳如以古田韦银豹越城隙处新建，以示镇压"④。京师外城十间房有"铁老鹳庙，仅屋一间，祀关帝"⑤，目的是驱鸟。堂堂大帝，竟被奉为驱鸟之神，真有些大材小用了。

清代自康熙统一台湾后，大批闽粤百姓纷纷渡海前往垦荒。由于这些人开始大都是些单身贫苦农民，而新区又人地生疏，无论与大自然作斗争，或是个人遇到伤残病老等事故，都需要互相帮助，于是在关帝像前焚香结义，便成了十分流行的形式，有的还结成团体，叫"关帝会"⑥，进而就是集众力修庙，作为会议的场所、团结的标志，正是这种互为依藉、出外靠朋友的想法，把移垦农民与关羽联结在一起。前面曾说到，不少华侨在国外营建关庙，很大程度上亦是出于同一个原因。

在明清时期，许多巨姓大族为了加强宗族势力，都修谱立祠，有的建有家庙，把关羽作为供奉之神。安徽凤台县，"墟里巨族，每姓辄建一庙，或祀关帝，或祀佛，或祀华佗，谓之某家庙"⑦。福建霞浦县"学堂宫关帝庙，后澳天后宫，是皆岁时伏腊，郑陈二姓所奉为主神也"⑧。在宁化县的李家族堡中，"转南角开门出口，砖为柱者厚三尺，门遇警乃开，以正西为金方，金气肃杀，建关庙值之，用神武止杀也"⑨。在这里，关羽变成李家堡寨的镇守之神了。最有意思的莫如曲阜孔府。本来孔氏祖训是不言

① （清）余凤修：光绪《定远厅志》卷25，《艺文志》。
② （清）武强淳：嘉庆《濬县志》卷5，《方域志》之《风俗》。
③ （清）李光庭：《乡言解颐》卷2，《市集》。
④ （清）蔡呈韶：光绪《临桂县志》卷15，《坛庙》。
⑤ （清）吴长元辑：《宸垣识略》卷10，《外城》2。
⑥ 娄子匡：《武圣关羽与巧鲁班》，载（台）《东方杂志》（复刊）第2卷4期。
⑦ （清）李兆洛：嘉定《凤台县志》卷3，《营建志》之《寺观》。
⑧ （民国）刘以臧：民国《霞浦县志》卷6，《城池志》。
⑨ 李世熊：《寇变记附堡城记》，载《清史资料》第1辑，第57页。

"怪力乱神"的，但自明清以来，也在他们的田庄中大建关庙，并拨地赡养。如顺治九年（1652）于城西大庄拨赡庙地三亩祀关羽，又于齐王庄河头村拨关帝庙并赡庙地三亩八分零，等等。① 看来连孔圣人的子孙也得仰靠关圣的神灵来保护了。

四

通过以上叙述，我们看到，在明清两代，人们对关羽的崇祀确实已达到空前的程度。正如雍正帝在《御制关帝庙后殿崇祀三代碑》中所说："自通都大邑，下至山陬海澨，村墟穷僻之壤，其人自贞臣贤士仰德崇义之徒，下至愚夫愚妇、儿童走卒之微贱，所在崇饰庙貌，奔走祈禳，敬畏瞻依，凛然若有所见。"② 之所以出现此种情况，首先当然是统治者不遗余力的倡导。在中国封建社会中，政权与神权的结合，本来就是统治者实现其统治的一个重要特点。作为政权，它需要一套与之作为理论指导的思想武器，那便是孔子的儒学（明清两代均以朱学为正宗），但是了解和阐发儒学经典，毕竟只是少数士子所为，更多的人对它是陌生或一知半解的。真正能深入普及并引起人们敬畏的，则莫如神道设教，即利用神权，而封建社会晚期社会矛盾的深刻化，又加重了统治者对神权的仰赖。清末人冯桂芬说："大抵圣人之施教有常，而神与佛之施教不测，故愚民敬畏圣人之心每不如其敬畏神与佛；佛之教广大慈悲，神之教威灵显赫，故愚民敬畏诸佛之心每不如其敬畏诸神。"③ 应该说这是很有道理的。因为它符合广大小生产者在生产生活中，因无法确切把握自身和家庭命运而产生对神的企求心理。所谓皇帝是天子，是那种虚无缥缈的龙的化身，他的一言一行，都是在代天行事云云，就是利用神、制造神的活动。但那不够，还需要制造一批更能为百姓接受的神来，为其政权出力效劳。关羽便如此被选中抬了出来，并不断加以圣洁、灵异的光环。所以冯氏又说："诸神中又

---

① 曲阜文管会藏："孔府档案"，编号4730、4732。
② 《日下旧闻考》卷44，《城市》。
③ 《显志堂稿》卷1，《关帝觉世真经阐化编序》。

惟关帝为绝，特生为人臣殁为帝君一也；文圣、武圣同揆尼山二也；近制跻帝中祀冠乎诸神之首三也。而帝又时出灵异于亿万耳目之表……噫，帝之威亦殚矣哉。"① 其实，关羽这一顶顶桂冠和不断显示的灵异，不都出于统治者之手，由他们渲染制造出来的吗？

明清时期封建专制主义集权的高度发展，也是人们热心崇祀关羽的一个重要社会原因。在封建专制主义政权的统治下，广大小民百姓在经济上不断遭受压榨掠夺，在政治上处于无权的低层地位。当一种革命形势，一种社会反抗力量还没有形成发展以前，人们总是习惯于对上苍或统治者的祈求，于是便出现了像关羽这样扶正抑邪、保境安民的神灵，并把一切美好的愿望都编织在他的身上，成为至高无上的完神。这与在现实世界中人们对清官的崇拜和向往，实际上是类同一辙的。

我们说统治者根据自身需要，使关羽由人变成为神，并通过立庙设祭，把信仰灌输到小民百姓中去。可是历史的发展又不完全都能按统治者画定的轨迹行走，因为既然在现实世界中存在着许多丑恶不平之事，而当时的各个阶层、各社会集团，乃至一家一姓，所得的感受和利害要求，又不总能合拍一致，于是便出现了同是崇祀关羽，或宣扬他的忠义，可吸取的侧重点或所起的作用却不一样，甚至出现大相径庭的情况。比如像民间的秘密宗教、结社，就是利用关羽的灵与义，作为组织、号召推翻现政权的思想武器，而商人则又将之演变成为一般的聚财求福之神。如此等等，说明当统治者按照自己要求在塑造、宣传神的过程中，各行各业，各个百姓团体，在接受信仰时，也在照着自己的需求塑造、改变神的形象。有人曾以迷惑不解的口气说道："予尝谓佛菩萨中之观音，神仙中之纯阳，鬼神中之关壮缪，皆神圣中之最有时运者，莫知其所以然而然矣。举天下之人，下逮妇人孺子，莫不归心向往，而香火为之占尽，其故甚隐而难见，未可与不解者道也。"② 其实关羽等之所以成为普及、接受面最广的神，秘密就在于大家都可利用，大家都在参与改造他。这也是中国民间思想信仰中很有意思的一个方面。

---

① 《显志堂稿》卷1《关帝觉世真经阐化编序》。
② （清）刘献廷：《广阳杂记》卷4。

　　清乾隆二十二年（1757），礼部等衙门以"奸民敛钱赛会，私立淫祀如天君圣公一切诞妄不经之神"，奏请"即严行查拿，按律治罪"，可同时又声明："查庙祀如关帝、观音大士等神，民间亦有供奉在家，或画像、或塑像，听民自便，无庸查禁。"① 其实，清朝政府很明白，在这些"奸民敛钱赛会、私立淫祀"中，也包括了利用关羽信仰在内，其中有的人还借此搞颠覆朝廷的活动，但因关羽毕竟是统治者一手制造扶植起来的，而且在总体上有利于封建政府、为统治者服务，所以尽管他们也有不满之处，仍要作出姿态，对奉祀之事实行自便勿禁的政策。

（原载《中国史研究》1990 年第 3 期）

---

　　① （清）万之蘅：《关侯事迹汇编》卷 2《祠墓》。

曲阜孔府与明清贵族地主

　　在山东省的曲阜县文物管理委员会里，收藏着 20 万件珍贵的私家档案，这就是通常所称的孔府档案。孔子后裔衍圣公家族，自宋以来便成为世袭罔替的贵族地主。现存的孔府档案，主要是明至民国的资料，其中尤以清代最为丰富。档案的内容包括有关孔府袭封、属官、田产、庙佃人户、租税、宗族等各方面。这样系统而丰富的私家档案，不但在国内绝无仅有，在世界上也是屈指可数的。1963 年夏秋，笔者曾随原哲学社会科学部历史研究所的几位同人到曲阜，翻阅了几乎全部所存档案，并选录其中约 700 万字，进行加工整理并作专题研究。现在这些资料和研究著作都已先后出版[①]。但是如此丰富的宝藏，显然不是挖掘一次两次就能穷尽的，下面我们以"曲阜孔府与明清贵族地主"为题，把孔府放在明清两代的贵族地主群中，作些对比分析，看看它有些什么典型意义。

一

　　封建朝廷对孔子后裔的优遇，虽然开始很早，但授予衍圣公爵位，开府曲阜，并拨赐田土和林庙户人，正式以贵族地主的身份出现，则起于宋代。到了明清两朝，由于统治者更加突出孔子和他的儒家学说在思想上的统治地位，所以对于孔府的优遇也更超过前代。早在明洪武元年（1368），就诏定衍圣公为世袭罔替的公爵，赐孔庙祭田两千大顷（一大顷等于三官

---

　　① 这就是由齐鲁书社出版的《曲阜孔府档案史料选编》，现已出版了二十四册，研究著作名《封建贵族大地主的典型——孔府研究》，中国社会科学出版社 1981 年版。

顷），佃户五百户、计二千丁，孔林、孔庙洒扫户一百一十五户。以后，各帝王又不断有所封赏，至清朝中期，已成为拥有田土万顷、佃丁数万的全国有数的贵族大地主了。

孔府的土地主要由朝廷拨赐，叫作"钦拨田土"。另外还有相当数量则通过契买或其他方式取得，叫作自置庄田。

钦拨田土除了前面说的两千大顷外，明永乐五年（1407），以及清朝的顺治、康熙两代，都有过少量的拨赐。据清代孔府档案统计，孔府的钦赐、官拨田土约六千八百三十五官顷，主要"坐落兖、曹、泰三府，郓城、鱼台等十六州县境内"，另外，在河南、直隶、江苏等省，也有一定数量的官拨田土。

为了管理钦赐田土，孔府在山东境内设郓城、巨野、平阳、东阿、独山、洸河六屯，郓城、巨野、平阳、独山、滋阳、东平、曲阜七厂，以及张阳、大庄、西岩、安宁、鲁源等二十官庄。每个屯厂，往往又包括几个甚至几十个村庄。如郓城一屯，即有庄所四十余处①，巨野、平阳两屯则有庄所六十多个②。钦赐田土虽归孔府世代经管并收取租赋，但却无权顶推买卖；也不能像自置庄田那样，可以分配子孙，作为私产继承。从这点上看，孔府对钦拨田土的领有权是有一定制约的。

所谓自置庄田，大部分都是投献掠夺所得。顺治十一年（1654），藤县池头集庄的一份地租账册中，载有"清凉寺张进鲁、邢仁政等原挂地九顷零七分"，"辛集庄赵君宠等原挂地七顷零二亩"③。又郓城县郓城厂有齐秀才进地一顷七十七亩三分，陈策原进地三顷四十三亩一分"④，等等。这些"挂地"和"进地"，都是投献地。他们中有的混入祭田，有的后来成为孔府自置田庄的一部分。暴力夺地的例子也不少。乾隆中，孔府以封禁尼山圣脉为名，将曲阜县东南的尼山周围"群山以及小民自辟之地，并及大粮民地恣意横封"，计"周围八十余里，约有数百顷。民有不与丈量

① 曲阜县文物管理委员会藏孔府档案，编号：4324。
② 曲阜县文物管理委员会藏孔府档案，编号：4111 之 27—34。
③ 曲阜县文物管理委员会藏孔府档案，编号：4079。
④ 曲阜县文物管理委员会藏孔府档案，编号：4077 之 2。

者，即作荒地论，收去另招佃种"①。咸丰时，孔府又借查勘祭田，专门派遣属官到江苏沛县，"私立屯庄二十五处，平地修盖房舍数百间，遍插圣公府三字旗帜，约伯（霸）祀、民两田三千二百余顷，灭没庄村百余处"②。上述两起事例，因孔府并吞田地数量过多过大，触动众怒，最后在官府干预下未能全部得逞。但孔府确实常常以强暴手段夺取大量民地。

在孔府的自置庄田中，还有相当一部分是利用清初国家奖励垦荒的机会，以最小代价取得的。康熙时，孔府认垦东平州安山湖沿岸土地，"出资捐给牛种"，然后招徕贫民垦殖，在没有多长时间里，垦出熟地三百五十五顷一十五亩，建立鹅鸭、五全两屯厂③。当时，孔府还不顾清朝政府规定的，"凡系藩产，许各百姓复业认种，不许势豪□官员隐占"的禁令④，肆意隐占前明德、鲁二藩田产，其中仅滋阳县高吴桥一处，就接受了原鲁王庄地小甲高铠进献地三十余顷⑤，又借顺治年间拨补祭田的机会，混占前德王庄田"殆七十余顷"⑥。另外，在郓城、曲阜、邹县、阳谷、濮州等州县，也都各有孔府隐占的藩产。至于真正用契买方式建立的田庄，不过占很小一部分，即使价买，也往往伴随着使用政治特权，其中最常见的就是利用人们的窘困，压低田价勒买，有关例子，在孔府档案中是很多的。

由于孔府的自置庄田都是陆续添进的，而且又都"在册而不入书"⑦，这就给我们的估算方面带来很多困难。据可查资料总计，它的自置庄田为四千多官顷，这显然是个还有遗漏的统计数字。

由于封建国家的直接干预，孔府在主佃关系方面也远比通常的主佃关系复杂得多。按照规定，凡钦拨佃户"世为本府户人，名载档册，一切差役向皆轮流充膺"，其子子孙孙"亦世世服役，不准出户"⑧，甚至不再耕

---

① 曲阜县文物管理委员会藏孔府档案，编号：4924 之 31。
② 曲阜县文物管理委员会藏孔府档案，编号：4017 之 11。
③ 曲阜县文物管理委员会藏孔府档案，编号：4079。
④ 曲阜县文物管理委员会藏孔府档案，编号：4077 之 2。
⑤ 同上。
⑥ 曲阜县文物管理委员会藏孔府档案，编号：4076 之 1。
⑦ 曲阜县文物管理委员会藏孔府档案，编号：4014 之 46。
⑧ 曲阜县文物管理委员会藏孔府档案，编号：5069 之 25。

种孔府土地或远居他乡，也同样维持着对孔府的佃户身份。封建国家为了保证孔府对钦拨佃户的控制，还把一部分行政、司法权力转让给它，使孔府如同州县，有权编审户丁，组织保甲，以至签发拘票，关押和责打佃户。正如孔府自称：他"统辖各皇庄赐屯诸佃，无异有司之抚治百姓"①。

随着钦拨佃户的不断滋生繁衍、孔府控制的人户越来越多，它的政治经济实力也不断增长。根据资料记载：明初确定的钦拨佃户数额是五百户二千丁，到了康熙二十二年（1683），仅郓城屯就有佃丁三千零六十九丁②。乾隆三十九年（1774），孔府属官周士楷曾在申文中谈到，当时平阳、巨野两屯"共佃户七千三百余丁"③。我们曾统计了康熙、乾隆、嘉庆三朝一部分田庄的佃户数为一万二千余户，若按始拨时比例以每户四丁计，共有四万八千丁，如果加上没有统计的田庄，其数字将更要大多了。

除了钦拨佃户外，在自置庄田以及一部分钦拨田庄中，还有不少其他身份的佃户，如投充户、招佃户等，在孔府均称为寄庄户。与钦拨户相比，寄庄户只"种地完粮而不执役"，而且可听其"去留"④，较为"自由"多了。但实际上，孔府常常把他们与钦拨户一样列名清册，并按照"屯规""佃规"施行"管辖之责"⑤，必要时还随时移送官府究办。关于寄庄户的数字，在现存档案中没有找到明确记载。嘉庆时，我们看到这样的说法："屯田已归寄庄者十之七。"⑥又如孔府在滋阳县有自置庄田一处，叫吴寺庄，共有地二顷五十七亩多，而承种的佃户却有一百二十九户⑦。由此可见，孔府寄庄佃户的数量也是很大的。

在孔府庞大的田庄中，土地的类别各色各样，除了一般的水田、旱田以外，还有山林湖泊等，这就使其征收租赋上亦可随其所需，大体说来可分为银租和实物租两类。实物租又以分成租为主。实物的课取种类很多，有小麦、大麦、小米、大米、高粱、玉米、黍子、黄豆、黑豆、扁豆、豌

---

① 曲阜县文物管理委员会藏孔府档案，编号：1565 之 1。
② 曲阜县文物管理委员会藏孔府档案，编号：4342 之 1。
③ 曲阜县文物管理委员会藏孔府档案，编号：3736 之 7。
④ 曲阜县文物管理委员会藏孔府档案，编号：5069 之 25。
⑤ 曲阜县文物管理委员会藏孔府档案，编号：4051 之 16。
⑥ 曲阜县文物管理委员会藏孔府档案，编号：4011 之 2。
⑦ 曲阜县文物管理委员会藏孔府档案，编号：1564 之 1。

豆、绿豆、荞麦、芝麻、藕、菱、芡、麻、茼、棉花、鱼类、香椿芽、麦秸、秆草，以及各种干鲜果品，总计不下三四十种。这些种类繁杂的"水旱租息"，几乎都是为了供给府内寄生性消费和庙廷祭祀之用。有些庄子的米、麦、豆子，还被指定直接送到酒房、作场、磨坊，供酿酒、磨面、打粉丝做原料。孔府经济的自给自足性，在这里表现得很清楚。当然在消费之余，也有一小部分粮杂作物投入市场。但是他们这样做，主要是为了换取少数在自己田庄无法取得的高级奢侈品和外地的土特产品，并不影响其总的经济方面的封闭性。

为了满足其生活的需要，孔府还凭借特权，使令一部分佃户成为各色当差户和供纳户。如猪户、羊户、乐户、女乐户、号丧户、扁担户、割草户、船户等，达二三十种之多。除此而外，孔府还对不少庄田的生产作了专门分派，比如有的专种米粮，称粮饭庄，有的专种棉花，缴纳布、花，有的专交菱藕等水产，有的种植麻、烟等。在有的田庄上，还专门放养"官羊""官鸭"，还有鹰手、鸟枪手猎取野味。

在孔府的后院或邻近，设有很多作坊，计有酒坊、油坊、糖坊、炭局、裁缝房、窑作，以及金银铜锡铁、泥水、纸扎、油漆、雕画、刻字、珠宝等匠作，役使了数以千百计的工匠夫役。这部分人役中，有的固然是招雇于民间的手艺营生者，但更多的则由佃户承担。用孔府田庄上生产的农产品作为加工原料（少数高级奢侈品除外），其产品又是为了满足孔府自己的需要，这就是孔府贵族地主剥削生活中的重要特点。

孔府还在曲阜县城、济宁和济南等地开设南货店、杂货铺、纸铺、烛铺、油坊、屠户、药铺等各种商号，店铺的资本都由孔府司房批兑，甚至直接出卖孔府田庄和作坊加工的产品。孔府开设店铺，当然是为了赚取商业利润，但很重要的也是为了保证自身的消费需要。在档案中，我们看到孔府经常向自己的铺号提取货物。如乾隆五十三年（1788），从油房取香油3300余斤，从烛铺取烛2770余斤，从广货铺取货，合钱三百余千。①道光二年（1822），在油铺取油8679斤，从屠户取肉11537斤，从烛铺取

---

① 曲阜县文物管理委员会藏孔府档案，编号：6058之3。

烛 10644 斤，① 等等。另外，孔府向各级官府送礼等应酬活动，也大多通过自身的铺号经办。如果把前面说到的手工作坊，叫作贵族地主的家庭工业，那么他开设的铺号，在某种意义上，也体现了家庭的特性。

在明清两朝统治者的特许下，孔府这个世袭罔替的贵族大地主属下，还设置了一套完整的组织机构，主要是百户、管勾、典籍、司乐、知印、掌书六厅，分别由百户、管勾、典籍、司乐等职掌领。孔府的六厅是仿效封建政府机构建立起来的。单单其中的管勾和百户二厅，就是庙、佃户人的州县衙门。管勾厅掌"祀田钱谷出入"，还能处理钦拨佃户"罪止枷责以下"的民刑纠纷和查造保甲。管勾的下属有屯官九名，还有数量庞大的总甲和小甲（也叫甲首）。据说当时仅甲首即有五百余名②，这还是个很不完全的数字。百户厅"管辖林庙、书院户丁，约束巡防，护卫林庙，征收丁银，并办一切祀典"③，直接统治着几千名林庙户丁。孔府政权，既有属于自身名下的对土地的占有权作为权力的基础，又有封建国家赐予的那部分臣民的统治权作为权力的补充。这样的统治，对于广大佃户来说，既具有当时一般封建主佃之间的人身依附关系，同时还包含像官府对付百姓的行政管束关系。这种经济和政治权力的紧密结合，使得孔府的统治，比之州县衙门统治辖下民众还更严酷有力。

二

以上就是我们对孔府所作的概括叙述。尽管在很多方面，孔府有其自己的特点，但在一些主要内容上，确也反映了封建社会晚期即明清两代贵族地主的共同特性。

先说土地，这是贵族地主得以存在的基础。在明清两代，凡授予亲王、郡王的帝室宗亲，或有公侯等爵位的功臣贵戚，朝廷几乎都要拨赐田地，明代叫作钦拨田土，孔府的钦拨田地就是如此沿袭下来的。明代的钦

---

① 曲阜县文物管理委员会藏孔府档案，编号：6051 之 1。
② 曲阜县文物管理委员会藏孔府档案，编号：4001 之 20。
③ 曲阜县文物管理委员会藏孔府档案，编号：3984 之 4。

拨田土，究其来源可分为两类。一是由朝廷拨赐。太祖朱元璋"赐勋臣公侯丞相以下庄田，多者百顷，亲王田千顷"①，即属此。孔府的两千大顷土地，基本上是这样拨赐的。另一种是通过王公们"奏讨""请乞"，经诏准而管业的。"奏讨""请乞"的土地，开初都是废湖荒地或牧马草场，但随着"请乞"之风越来越盛，大量民田亦成为王公们搜求的目标，再加上明朝政府对拨赐田土没有规定限额，越到后来封赏越滥，成为明后期的一个社会祸患。

　　清代拨赐诸王的田土，除最初按军功爵位取得者，进关后便渐立规制。据康熙元年（1662）所定则例，亲王有粮、银庄和瓜菜果等园42座，合田地七八万亩；郡王庄园19座，约合二三万亩之间②，而这还不包括同时拨给的所属佐领下户人和炭军、灰军、煤军、新丁等按丁配有的田土，以及带地投充人、给官地投充人的田土③。除此以外，各王府在口外均有滋生牧场，以及"采捕山场"④。以上封授的王公庄园；均从内务府皇庄中按数调拨，避免了明代后期因搜括民田以应付诸王的种种弊端。

　　前面提到，孔府在钦拨田土外，还有相当数量依仗权势侵占的所谓自置庄田。明清两代诸王及其他公侯贵族也是一样，而且由于他们中很多人爵位比孔府高，权势也超过孔府，所以行动也更肆无忌惮，这在明代可算是最典型的了。据万历十二年（1584）明朝政府的调查，在云南黔国公沐氏田土中，有钦赐田地一千三百五十八顷八十亩，自行置买者二千一百一十二顷八十一亩，新垦田地四千五百六十六顷七十四亩⑤，自置田地和新垦田地数竟超出钦赐田土将近四倍，而且这还不包括后来陆续清出的田土。当然沐氏的情况可能比较突出，但从明朝政府一再禁止军民田土投献

---

①　《明史》卷77，《食货》1。

②　以上田亩数，主要根据《大清会典事例》、《内务府则例》和《黑图档中有关庄园问题的满文档案文件汇编》（载《清史资料》第5辑）中有关记载计算出来的。由于内务府所属庄园，不同类别和不同地区，每庄田土的定额各不相同，而且又有头等庄至四等庄及新设庄等区别，非常复杂，所以我们的统计只能就大概而言。

③　光绪《大清会典》卷1198，《内务府》，《屯庄》。

④　《八旗通志初集》卷22，《土田志》5。

⑤　邓洪：《南中奏牍》，《请革总庄疏》，转引自王毓铨《莱芜集》，中华书局1983年版，第104页。

王府和查勘王府豪夺民产等种种事例，说明问题也是相当严重的。

清代王公们更多的是采取开垦荒地、牧场的办法来扩充田产，叫作"滋生田"。果亲王允礼的一个庄头吴国汉，雍正六年（1728）领得庄地三千四百六十五顷三亩，乾隆二十八年（1763）重新丈量时，竟有"滋生地"769顷。30多年间，增加田土一倍以上①。在关外盛京地区，闲旷土地多，开垦也不困难，所以"滋生地"也就更多。用价契买的自置田地，也是王府田庄的组成部分。恒亲王弘晊，"其俸粢除日用外，皆置买田产屋庐，岁收其利"②。不过因为价买田土多不见档册，所以具体数字就更难统计了。

在主佃关系方面，王公们也与孔府一样复杂。明代诸王勋贵凡朝廷赐给庄田者，几乎同时拨赐"佃田人户"。洪武四年（1371）初，左丞相韩国公李善长以疾致仕，太祖"赐临濠地若干顷"，"佃户千五百家"③。据该年十月中书省奏报，当时韩国公等六公二十八侯，共拨赐佃户38194户④。由于明代王公们的赐田很多是通过"奏讨""请乞"得到的，来源复杂。因此承种者也往往各式各样。有的是逃军逃民投靠于王府者，有的本系官田佃户或"未税地"的开种人户，也有的原来就是民田业主，等等。这些不同的佃户，反映在与王府以及与朝廷的关系上，也各有差别。

诸王勋贵属下钦拨佃户的情况和孔府完全一样。他们都被编入王公府第的名册，叫作"金册"，负责承办各该府第的庄田籽粒和差务驱使。钦拨佃户既不向朝廷纳粮当差，也不隶地方有司管辖，而是王公府下的子民。逃军逃户都是些非法隐漏者，属于朝廷查勘的对象。王府就利用这一点加紧控制他们，甚至形同奴仆。官田佃户和"未税地"开种人户的情况有所不同，因为朝廷赐给王府的只是原来田地上的租赋，其差役仍由国家签派。至于原系民田的那些业主们，其待遇差别就更大了，因为他们往往没有过割粮差，因此除了需向王府缴纳籽粒外，还得再向国家纳粮当差。总之，对于后面的两类佃户，他们与王府的关系，从法理上说，只不过是

---

① 杨学琛：《清代的王公庄园（下）》，载《社会科学辑刊》1980年第2期。

② （清）昭梿：《啸亭杂录》卷6《恒王置产》。

③ 《明史》卷127《李善长传》。

④ 《明太祖实录》卷68洪，武四年十月甲辰。

一种缴纳租粮租银的关系，不像钦拨佃户或逃军逃户，王府可以随时役使并统治他们。

清代的王公庄园因导源于入关前满族农奴制田庄，所以不但反映在庄园内部的组织形式，而且反映在主佃关系中，都和孔府以及明代王公们有所不同。在清代，承种王公庄园的叫作壮丁，分佐领下庄丁和身份上更低的管领下庄丁，即"包衣"。一般在朝廷拨赐粮银田庄时，也随同拨赐壮丁。壮丁，主要是管领下庄丁，不但本身隶属于拨赐的王公贵族，而且子子孙孙都相承不变，甚至连婚姻都无法自主。壮丁绝嗣，主人有权收取其全部家业。壮丁除可分得土地外，还配给牛只，甚至种子、农具也由庄园提供。壮丁实际上就是所属主人的农奴。自置地的情况有所不同，如果购自民间，则多采用通行的租佃制方式，佃户在身份上也相对自由多了。"带地投充人"虽然原本都是民户，但自投充之日起，即名载档册，世代充当，这与上面说的壮丁基本相同。不过很多"投充人"，旧时即是地主或富裕户，他们缴纳的租银亦比拨赐庄园要轻。通常只要不误租课，王府就不干预他们的生产，并世代保留土地承种权。从这点上说，"带地投充人"的地位似乎又优于壮丁。

经济上的封闭性是明清贵族地主的一个共同特点。明代因为留下的具体资料不多，无法详述。但在明代，王府田庄中除一般田地外，还有湖陂、山场、芦洲、牧马草场、菜园、果园、竹园，有的甚至包括坑冶、煤窑、水磨等。据清初更名田资料，陕西秦、韩、瑞、郑四藩，不但拥有近万顷各色田地，"又有山坡，山场，栗、柿、竹等园五百二十一处段"。甘肃各藩王更有水磨 34 轮，船磨 3 只，煤洞 6 眼，玻璃磁窑 8 座，杂树 99 株等[1]。类似记载在山西、山东、直隶、河南等省的地方志或有关资料中，都能见到。这么多不同类别的田园山湖，实际上表明王府人员的大部分生活需要，都可从其所出。

清代王公庄园按照出产物分为粮庄、银庄和瓜果菜园，大致粮庄缴粮，银庄纳银，瓜果菜园则贡纳各种瓜果菜蔬（关外园地因为相隔较远，

---

① 贾汉复：康熙《陕西通志》卷9《贡赋》。

常常折银缴纳）。据《内务府则例》会计司记载①，仅粮食的种类就有麦子、高粱、黏谷、黍子、莜麦、稗子、红粳米、荞面、苏子、芝麻、绿豆、黄豆、豇豆，送圈豆子等。王府日常所需的蜜、糖、蜡、油、酒、茜草、线麻、黄花菜、菖蒿菜、鸡、鸭、猪、蛋类，以及扫帚、笤帚、瓢等，也需粮庄壮丁承担。经常被人们引用的《红楼梦》第五十三回中，庄头乌进孝向贾府呈上的一分地租单，里面开列了各色各样实物地租名目，就是清代王公贵族地主向壮丁们索取的东西。

清代的王公贵族地主也有很多贡纳户，前面提到的炭军、灰军、煤军，就是一种贡纳户。《盛京内务府顺治年间档》中载有"墨尔根王之包衣住于盛京之打牲、采蜜男丁原有一百一十五丁"。这115名贡纳户，分别被编为打牲珠轩、捕獭珠轩、采蜜丁，此外还有捕雕、鹘丁和捕鱼丁等②。贡纳户所提供的物品，也就是一种实物地租。

在明清两代的王府下属机构中，都设有专司修造的工正司等部门，这与孔府设置匠作以供府内之用是一样的。《明孝宗实录》载有弘治时，朝廷应兴王奏请，命藩邸所在的"湖广守臣"，照例于京班工匠内每色拨三名赴府供役的记载。我们不知道派往的工匠属于何等工种，但从每种名色都拨调工匠，可见王府内匠作的门类是不少的。

明清两代的王公贵族也常常染指商业活动。孔府开设铺号的重要目的，是为了满足府内消费的方便，在某种程度上，也是与外界进行交际活动的一个中转点。明清的其他王公的经商，也有相同的目的。比如在明代藩邸所在地，差不多都有王府开设的"市廛"。清代山西更名地中，就包括有原明王府的油、盐店房。这种临近王府的"市廛"，或油盐店房，可以说与孔府开设的肉铺、油坊等情况极相类似。至于有些王公凭借特权，把持关津通道，邀截商货，垄断市利，动称"皇商""王商"，这样的活动，那当然又是另外一回事了。

贵族地主在有了土地、佃户以后，还需要建立一套完整的统治机构。

---

① 因清代王公庄田多由内务府皇庄中拨赐，所以皇庄的生产和剥削情况，大体上反映了王府庄田的情况。

② 《清史资料》第2辑，中华书局1981年版，第233页。

明代以王府为例，亲王下的首脑机关是长史司，设左右长史各一，正五品。"长史掌王府之政令，辅相规讽以匡王失，率府僚各供乃事，而总其庶务焉。凡请名、请封、请婚、请恩泽及陈谢、进表、启、书疏，长史为王奏上。若王有过则诘长史。"① 长史下设审理所、典膳所、奉祠所、典宝所、纪善所、良医所、典仪所、工正所，以及伴读、教授、仓大使、库大使等，分别管理刑狱膳馐、祭祀、印符、礼法、医疗、仪式、修造、读书等事务。也有武备，据万历《明会典》所载，亲王之国，可随侍锦衣卫校尉 300 名。

明代王府庄田分"自行管业"和本管州县代征籽粒两种，大概以"自行管业"为多。"自行管业"的，各于所在田庄建立"官庄红墙衙门"，差遣"内官"，"各带旗军"分投驻扎，催收"庄租"②。内官是王府的宦官，称"承奉"。旗军就是前面说到的"随侍校尉"。有的官庄派的是"家人"即仆役，也有设置"庄头"的。在直隶、河南、山东的庄田中，还有屯、厂等名目。山东鲁王庄田设小甲经管，连名称亦与孔府相同。

清代王公都建藩京师。亲王、郡王府设长史，贝勒府设司礼长，总管府内外事务，又有散骑郎若干人，协助长史理府事。另外，掌文移遣委的有管领，监守库藏的有典膳，掌营建修茸的有司匠，掌蕃育牛马的有牧长，具体名额各按爵位高低配置。仪仗护卫是体现封建等级制的一个重要标志。从亲王、郡王直到贝勒、贝子、公，都有规定的护卫、典卫和红甲、白甲③。至于对下属壮丁、佃户的管束，除按庄园设置庄头、园头外，并由府属参领、佐领、骁骑校等协助催督稽核。

在统治机构的设置中，明清王府当然比孔府要气魄得多。但作为一个贵族地主，对土地和佃户的管理应该是很重要的，而恰恰在这一点上，他们却缺少像孔府那样，由管勾、屯官到小甲（或管勾）的专门职员和机构。明代的王爷们是交给一批宦官、校尉和家人们去经营管理。清代王公不但不能建藩于所在的庄田地区，并且规定"亲王无故出京师六十里，罪

---

① 《明史》卷 75《职官》4。
② 《嘉靖事例》之《议处吉府田租》，转引自王毓铨《莱芜集》，第 221 页。
③ 道光《宗人府则例》卷 6《仪制》。

与百官同"①，这就致命地削弱了王公们的统治权力。从这一点上看，孔府的政权机构远比他们系统严密多了。

三

通过对孔府以及当时其他王公勋贵的对比勾画，我们看到，明清两代的贵族地主，由于社会和其他种种原因，在很多方面是有差异的。清代王公在诸如建藩、庄田组织以及主佃关系等，就和明代不同。可是另一方面，他们又有其共同点。这些共同点，从反映贵族地主特性的角度而言，大体可归纳为：第一，朝廷按其爵位拨赐土地，以及附着于土地的佃户；第二，租税合一、赋役合一的剥削方式；第三，封闭或半封闭的经济结构；第四，为经理田产、统治佃户以及与朝廷保持关系而设置的一套自成系统的政权机构。上面四条，无不是政治统治和经济强制的结合，反映了贵族地主的性格。贵族地主在田产经营中的保守性和落后性，以及对广大佃户的严酷统治，均与此有关。

但是，明清两代毕竟已是封建社会的晚期，在地租剥削中，那种比较单纯的租佃制关系，已成为社会上最普遍的形式。日益发展的商品经济，也不断冲击着固有的封建制围墙，这当然要侵蚀和影响到贵族地主的经济生活中去。前面提到，孔府或其他王公府第，在钦拨田土外，同时拥有通过另外途径取得的大量土地，也开办商店及油、酒等手工业作坊。尽管他们的本意都是想纳入他的那套旧有的轨道中去，可是租佃制关系还是随着被带了进来，并不断在蔓延发展。有利可图的商业利润也引诱着贵族地主，使其不断冲破封闭式经营而面向社会。清代中期以后，孔府的钦拨田土中，因寄庄佃户大量拥入而在主佃关系中所发生的重大变化，清代王公庄园内部的农奴制生产方式逐渐为租佃制所替代，都说明了这种变化的迹象。这也是我们考察明清贵族地主的一个重要方面。

这次，我们把孔府与明清贵族地主放在一起作对比考察，是因为孔府不但是中国封建社会中贵族地主的一个典型，而且还兼具这两个朝代贵族

---

① 《龚自珍全集》第 5 辑《答人问关内侯》，上海人民出版社 1959 年版，第 333 页。

地主的特征。

在我国封建社会中，贵族地主的出现本来就是封建社会后期的事。开始，比如周初，实行的是王对领主的领土封赠和农民拨赐。汉代以后，又采取了颁食采邑的方式，皇帝只把地税赐给贵族，而没有土地的所有权或使用权。到了宋代，才把贵族身份与土地直接连在一起，成为既拥有广袤田产，又有众多佃户的贵族地主，明清则进入盛期。孔府作为贵族地主，就是始于宋而盛于明清。这种历久而不衰的独特地位，在我国封建社会中是绝无仅有的。正是这种特殊的情况，使得它在保留贵族地主的特性上，也比其他王公贵戚更加完整，也更具有典型性。

至于孔府在明清两代贵族地主中所处的地位，那也是很有意思的。如前所述，孔府的基本规制，它的很多特权，都得之于明，入清以后，明代的其他王公们在战火的硝烟和社会的激荡中，纷纷失势倒台，孔府却岿然不动。原来的爵位保留下来了，旧有的规制和特权也原封得到继承。因此，在清代孔府身上，实际上就体现了明代贵族地主的特性，使之既能与明，也可以与清联系一起进行考察。

贵族地主是中国封建社会中地主阶级内部的一个重要组成部分，尽管他们的人数不多，在当时整个封建经济结构中，也不占有主导的地位，但由于他们在政治和经济方面的独特位置，因此还是不断引起人们的重视。这次我们尝试着用孔府档案，并联系其他资料对明清贵族地主作了些考察，也是为了促进对这个问题的研究。当然，我们的研究是初步的，可能还有错误，希望大家批评指正。

（原载《明清档案与历史研究论文集》，中华书局 1988 年版）

清宗室的等级结构及经济地位

在封建宗法制度笼罩的帝王专制时代里，不但皇帝的地位是至高无上的，而且他的家属也有别于齐民百姓，称"天潢贵胄"，享有特别的政治权利和经济优待。清代的皇族按其嫡旁亲疏，首先分别为"宗室"和"觉罗"两类。"宗室"或"觉罗"均以太祖努尔哈赤的父亲塔世克支系为准。凡塔世克本支，即努尔哈赤及嫡亲兄弟以下子孙，均归入"宗室"；再就是塔世克叔伯兄弟的子孙，则属于"觉罗"。比较起来，觉罗的血缘关系要更远一些。所以，尽管他们的地位较一般百姓仍显得优越，但比起嫡裔的"宗室"，还是相差了一大截。本文的目的是介绍宗室内部的等级结构及经济地位，对有关觉罗的内容暂置勿论。

一　等级构成

当清朝立国初期，努尔哈赤率领部众东征西讨，其上层核心都是他的兄弟子侄，除了因有罪遭谪废者，差不多都授以爵职。以后，随着时间的推移，皇家的子孙越来越多，于是，围绕着与皇帝关系的亲疏、支派的远近和出身的嫡庶，在宗室内部便分出不同的等级来，像有爵位和无爵位，高爵位和低爵位，后来在有爵位的宗室中又有近支和远支的区别。

清代宗室的爵位，除幼年未授封皇子不计，分亲王、郡王、贝勒、贝子、镇国公、辅国公、镇国将军、辅国将军、奉国将军、奉恩将军 10 个名号。如果加上亲王嫡长子授世子，郡王嫡长子授长子，镇国公和辅国公又有入八分公、不入八分公之分。① 此外，镇国、辅国、奉国将军又各有一、二、三等，如此算来，统共有 20 等之多。清代宗室在取得爵位后，除开国初期功勋卓著或皇帝特准破例世袭罔替者，每代均降等袭爵。大致在康熙前期，每个宗室年至 15 岁（虚岁，下同），即可按规定给予封爵。康熙二十七年（1688），朝廷认为这种做法对皇族子弟没有"激劝"作用，改为年满 20 岁，经过"文艺骑射"考试，列名优等，方可请旨授封。当然这不包括亲王以下、奉恩将军以上本人故世，空出爵位，急需子侄兄弟承袭，或子弟中"人才超卓者"，可"不拘年岁，特予封授"的②。

在爵位承袭中还有一项变动，那是乾隆三十九年（1774）作出的，即为了优待宗亲，封亲王爵位的，依次降袭到镇国公为止，郡王到辅国公，贝勒至未入八分镇国公，贝子到未入八分辅国公，镇国公到一等镇国将军，辅国公到一等辅国将军，其余降至奉恩将军，便可世袭罔替。

对于女子，到一定年龄后也要授予封爵。首先是皇女，凡中宫所出授固伦公主，妃嫔所出授和硕公主③。前者的品级约相当于亲王，后者约相当于郡王。再就是亲王女封郡主，郡王女封县主，贝勒女封郡君，贝子女封县君，入八分镇国公、辅国公封乡君，这均指嫡出而言，侧室和媵妾所生，便又有等差。乡君以下统称格格或宗女。公主或郡、县主，郡、县、乡君，指婚出嫁后，其夫婿叫额驸。额驸的等第按公主品位而定，如固伦额驸相当于贝子，和硕额驸同于镇国公等。在以男性为主的专制主义时代，女子即使地位再高，待遇再优厚，嫁了人便算外姓人了。因此我们介绍宗室，主要是谈男性世系。

现将乾隆时确定颁布的各等爵位承袭次序列表说明，见表1。

---

① 努尔哈赤建立八旗制度，把权力和财产分成八份，入八分者均出任佐领以上职，可领有旗下人户。不入八分者无此权力。凡入八分辅国公以上，均归入八分之列。

② 道光《宗人府则例》卷5，第4页。

③ 这也是就大体而言的，如康熙帝的第三女、第六女、第十女，道光帝第十女和咸丰帝女，均非中宫所出，后来都被晋封为固伦公主。乾隆帝第十女，悼妃汪氏生，亦因皇帝钟爱，首封即称固伦公主。宫中抚养的宗室女中，也有封为固伦公主的。康熙帝抚恭亲王常宁第一女，初封和硕公主，雍正元年（1723）晋固伦公主。恭亲王奕䜣长女，同治初进宫为慈安、慈禧两宫皇太后所抚养，也曾被封为固伦公主。至于康熙以前，因规制未定，常"有皇女仅得县君、乡君者"（《清史稿》，中华书局标点本，第5302页），则又另当别论了。

表1　　　　　　　　　　乾隆时颁定各等爵位承袭位次

爵位	嫡子特授	余子考授	侧福晋侧室子考授	别室所居妾媵子考授
亲王	仍袭亲王	不入八分公	二等镇国将军	三等辅国将军
世子	不入八分公	一等镇国将军	三等镇国将军	三等奉国将军
郡王	仍袭郡王	一等镇国将军	三等镇国将军	三等奉国将军
长子	一等镇国将军	二等镇国将军	一等辅国将军	奉恩将军
贝勒	降袭贝子	二等镇国将军	一等辅国将军	奉恩将军
贝子	降袭镇国公	三等镇国将军	二等辅国将军	奉恩将军
镇国公	降袭辅国公	一等辅国将军	三等辅国将军	
辅国公	仍袭辅国公	二等辅国将军	一等奉国将军	
不入八分镇国公	不入八分辅国公	三等辅国将军		
不入八分辅国公	三等镇国将军	三等辅国将军地		
一等镇国将军	一等辅国将军	三等辅国将军		
二等镇国将军	二等辅国将军	三等辅国将军		
三等镇国将军	三等辅国将军	三等辅国将军		
一等辅国将军	一等奉国将军	三等奉国将军		
二等辅国将军	二等奉国将军	三等奉国将军		
三等辅国将军	三等奉国将军	三等奉国将军		
一等奉国将军	奉恩将军	奉恩将军		
二等奉国将军	奉恩将军	奉恩将军		
奉恩将军	奉恩将军罔替	闲散宗室		

　　因为爵位的承袭是有定制的，而宗室人数却在不断增加，于是便出现"闲散宗室"之名。闲散宗室的字样最早见于清太宗崇德元年（1636）："定宗室以功加封者，自奉恩将军递加一等至和硕亲王。亲王有功，酌量赏给黄金、白银；以其过降者，自和硕亲王递降一等至奉恩将军，无可降则为闲散宗室。"① 闲散宗室中，有的原有爵位因犯过失而遭降削，这在《清实录》中常可见到记载。再就是根据爵位降等封授规则，凡镇国公以下妾婢所生子"为闲散宗室不授封"；另如奉恩将军子系中，除一子可承

---

① 光绪《清会典事例》卷2，第3页（台湾新文丰出版公司影印本，下同）。

袭原爵，其余都降等为闲散宗室。至于闲散宗室本身繁衍的子孙，理所当然均无封爵（有功授封者例外）。据乾隆二十年（1755）宗人府档案记载，当时"八旗闲散宗室等共有七百余人"①。按照《玉牒》，此时男性宗室人口 2714 人，其中 20 岁以上 1253 人②。照此，闲散宗室约占总人数的 25％和 20 岁以上数的 55％。随着时间的推移，闲散宗室在整个宗室队伍中的比例在不断加大。

宗室成员除了获取爵位外，也常常在八旗中当差效力，接受本族总族长、族长、学长职务，以及出任政府部门的官位。不过因为宗室的身份不能比同平人，所以任职时有许多限制，比如不分用各部院，亦不简用外省道府，并专门规定了"宗室缺"。宗室当官，开始多集中于有爵位者，闲散宗室则令其"披甲"当兵③。康熙三十七年（1698），皇帝在景山传集诸王及闲散宗室"校射"，发现闲散宗室中颇有"善射者"，于是谕令宗人府，"将宗室中材力壮健，长于骑射者详查奏闻"，授以侍卫及八旗中各种职位④，使闲散宗室也有了上进之路。通过读书科考，也是宗室们做官的重要途径，在京师专门设有"宗室学"，还规定了"宗室乡会试""宗室翻译乡会试"，便于朝廷取录任用。乾隆以后，宗室人口迅速增加，原定宗室官缺无法满足需求，为此，朝廷不断扩大额缺以广迁转。

在有关宗室的政治待遇中，乾隆四十七年（1782）所作的一项决定是很重要的⑤。

> 谕：近观蒙古世袭家谱，知各蒙古王公子嗣及闲散台吉、塔布囊年已及岁者，俱各按定例给以应得品级顶戴，而宗室中除承袭封爵及现有官职外，其闲散宗室向无按品给顶之例。现在宗支繁衍，瓜瓞绵延，皆我祖宗派系流传，谱列银潢，名登玉牒，乃以身无职级，竟与齐民无别，殊不足以示亲亲而崇体制。嗣后著将王、贝勒、贝子、公

---

① 中国第一历史档案馆藏："宗人府堂稿（来文）"第 340 包（以下简称档案）。
② 这是北京大学人口研究所赖忠文先生提供的数字。
③ 康熙《清会典》卷 1，第 10 页（中国社会科学院历史研究所藏本）。
④ 《清圣祖实录》卷 191，第 18 页。
⑤ 《清高宗实录》卷 1164，第 43—46 页。

子嗣及闲散宗室年已及岁者，俱照蒙古王、公、台吉、塔布囊之例，分别给予品级官顶，其宗室现在当差职分较小者，准其与闲散宗室一体照例换给官顶。在宗室等身有品级，自必各知自爱，不至荡检逾闲，其中或有不肖犯法之人，亦照蒙古台吉、塔布囊之例，即行革去官顶，如此则于褒荣之中，仍寓劝惩之意，借此可以教育成全，而天家子姓俱得邀章服之荣，益足昭国家睦族展亲之谊，甚盛典也。

经大学士、军机大臣会同宗人府商议奏准，在"分别宗室顶戴事宜"方面，统共拟定了九条。它们是：

一、圣祖仁皇帝、世宗宪皇帝之孙未授官爵以前，俱戴红绒结顶，至十八岁时，视其父之职分，遵新例按品换给顶戴补服；

一、皇孙、曾皇孙、皇元孙辈俱戴红绒结顶，服花挂，俟封有爵秩，再照所封换给顶戴补服；

一、闲散宗室均赐给四品顶戴、四品武职补服；

一、王、贝勒、贝子、入八分公之子应封者，亲王之于给一品顶戴，郡王、贝勒之子给二品顶戴，贝子、入八分公之子给三品顶戴，至考试时，仍照例分别嫡庶，并考试等第办理；

一、王、贝勒、贝子、入八分公之承继子，虽例不应封，究与闲散宗室不同，均请给以三品顶戴；

一、闲散宗室犯笞杖等私罪，仍照旧例罚养赡银，如犯徒流等罪，例折圈禁空室，期满释放者，三年无过，该族长保送宗人府，准其开复顶戴，如再犯法即永远圈禁、在家圈禁并发遣盛京者，不论支派远近，均革去顶戴；

一、王、贝勒、贝子、公及现任职官革职无余罪者，仍准照闲散宗室用四品顶戴，若革职尚有余罪者，均照闲散宗室例分别轻重办理；

一、宗室年至十八岁时，由宗人府查明汇题，令其戴用顶戴；

一、盛京居住之宗室，请与在京宗室一体给予顶戴。

　　上述规定中，最重要的是授予已满岁数的闲散宗室以四品顶戴和四品武职补服。有关这一点，后来乾隆帝又谈道："朕念本支，加恩宗室，其闲散年已及岁者，近皆给予四品顶戴，俾天家子姓俱得邀章服之荣。"① 就是说，这个四品顶戴，只是政治荣耀，而并非意味着从此就能做四品官或得四品官的俸饷。不过，尽管它是个空衔，如果宗室"不知自爱"，犯了过错，也可以被革去顶戴，这在上面的规定中业已作了说明。类似实例，档案和《清实录》中记载很多，因限于篇幅，无法一一列举。

　　宗室虽然被革去了顶戴，有的还遭到圈禁，或发遣盛京、吉林、黑龙江，但只要不被剥夺宗室身份，或因重罪降为红带子（这一点后面还要谈到），那还是属于闲散宗室一类。因此在闲散宗室中包括了三种人：一是享有四品顶戴、补服荣身的，他们构成其中的最多数；二是因犯过错削夺顶戴者；三是原有爵位，因犯过失而降革者②。至于在《玉牒》和档案等资料中经常出现的"四品宗室"字样，除了指享有顶戴的闲散宗室和有爵位宗室革降为闲散仍赏四品顶戴者外，还包括了一部分原在政府或族中任职宗室，因故革退后"加恩赏给四品顶戴"的人③。

　　在宗室中还有一种情况，就是奉恩将军的嫡子，或其他应袭爵者及岁经考试后（乾隆四十八年即 1783 年停止考试），可暂赏五品虚衔，食原定钱粮，待将军过世或老病请求停爵，正式补上缺分后停止。另外道光四年（1824）还规定："宗室内如有恩荫人员，无论年未及岁，俱着加恩一体戴用四品顶戴"④。

　　为了表示宗室子弟的高贵地位，清朝政府规定，宗室成员都腰系黄带子。但也有例外，那就是因犯罪被革去宗室的人⑤。最早是努尔哈赤的弟

---

　　① 《清高宗实录》卷 1236，第 7—8 页。

　　② 如嘉庆二十年（1815），宗室景纶因奉诏后不及时前往祭祀端慧太子陵，被"革去公爵，降为四品闲散宗室"就是例子（见《清仁宗实录》卷 308，第 15 页）。

　　③ 《清仁宗实录》卷 277，第 24 页。

　　④ 《清宣宗实录》卷 75，第 36—37 页。

　　⑤ 据康熙《清会典》："康熙八年题准，宗室过犯，各照轻重议处，其革去宗室之例，永行停止。"根据这一原则，道光十九年议定：除"向拟斩绞，或情罪重大奉特旨革去宗室外，其寻常案件酌拟革去宗室之条"，"改为革去宗室顶戴"（参见《清宣宗实录》卷 325；第 6—7 页；卷 326，第 8—9 页）。这里说的革去宗室顶戴，即革去黄带子，但习惯上，人们还常称已革宗室。

弟舒尔哈齐，因兄弟间出现权力争斗，被废为庶人。在皇太极当权后，他的兄弟如莽古尔泰、德格类、费扬古等，也先后遭到革退。到康熙晚期，包括舒尔哈齐子孙在内的已革宗室人数多达 216 人[1]。以后因各种缘故而革退者，也都归入这个行列。已革宗室尽管身份不同，可皇族的血缘关系无法抹杀。从康熙五十二年（1713）起规定，他们的名字也要载入《玉牒》，附于末后，并给以红带子为记。又据道光十七年（1837）议准，宗室中有罪发遣配所生有子女者，亦以"红带为记"[2]。按：身系红带，乃觉罗之标志。已革宗室与觉罗，不但血缘远近不同，在待遇上也有差别（前者照一般旗人对待），所以叫法上多通称"红带子"，或"已革宗室红带子"。

二　不同的经济待遇

清朝皇帝对宗室成员在生活上的优待，也是按有爵无爵、爵位高低来分等的。

先说有爵位者，在清入关以前，诸王、贝勒等，均按八旗分配原则，可得到土地、庄丁，以及其他战利品等各种赏赐。顺治初跑马圈地，他们又在近畿等地建立起大批庄园，并接受众多的投充者（包括带地投充者）。此外从顺治七年（1650）起，又照等次发给俸银和禄米，经多次调整，确定从亲王到奉国将军共 21 等，具体数额见表 2。

按照规定，未满 18 岁的袭爵之人，按半俸支银；王、贝勒、贝子、公之嫡子中有不够年岁的，根据将来所袭爵位，减半发给俸银禄米；王公等因病不能当差，除皇帝特旨准支半俸者，一律停止给俸。对个别有殊勋者，也有授双俸的。咸丰十一年（1861），奕詝驾崩，恭亲王奕訢因协助两宫皇太后发动辛酉政变有功，诏令"食亲王双俸"[3]。也有因其他原因给加俸的。道光八年（1828），皇帝为表示"亲亲敬长"之意，将 83 岁

---

[1]　《清圣祖实录》卷 255，第 20 页。

[2]　档案，"宗人府堂稿（来文）"第 695 包。

[3]　《清史稿》，第 9106 页。

的仪亲王永璇加俸 5000 两①。加俸只指加俸银，禄米数不变。

表 2 　　　　　　　　　　　　宗室各等爵位俸银、禄米表

爵位	银（两）	米（石）
亲王	10000	5000
世子	6000	3000
郡王	5000	2500
长子	3000	1500
贝勒	2500	1250
贝子	1300	650
镇国公	700	350
辅国公	500	250
一等镇国将军	410	205
二等镇国将军	385	192.5
三等镇国将军	360	180
一等辅国将军兼一云骑尉	335	167.5
一等辅国将军	310	155
二等辅国将军	285	142.5
三等辅国将军兼一云骑尉	260	130
一等奉国将军	210	105
二等奉国将军	210	92.5
三等奉国将军	160	80
奉恩将军兼一云骑尉	135	67.5
奉恩将军	110	55

　　有清爵位中，凡封授公以上等级的，差不多都是皇帝的嫡亲兄弟子侄，所以对他们的待遇也最优厚。康熙初明令停止圈地，于是每逢新封爵位（不包括袭爵者），便由内务府按等拨给粮庄、银庄、果园、瓜园，以及各种庄丁。像亲王可得关内外大粮庄 21 座，银庄 2 座，半庄 2 座，瓜园

① 《清史稿》，第 9094 页。

1 个，果园 2 个，菜园 2 个，带地投充人、给官地投充人各 100 户，打牲乌拉牲丁 30 名，采捕户 20 名，炭军、灰军、煤军各 100 名。由于内务府庄园的地区、类别不同，每所庄园的田土定额亦不相同，而且有头等庄至四等庄及新庄等区别，非常复杂。粗略估算，分给亲王的田土，至少有五六万亩。此外，他们在口外还拥有滋生牧场和"采捕山场"。最低一等的公爵，可得大粮庄 3 座，银庄、半庄各 1 座，瓜园、菜园、果园各 1 座，带地投充人、给官地投充人各 10 户，炭军、灰军、煤军各 10 名，打牲乌拉牲丁 6 名，采捕户 3 名。当然，他们中若因事除爵或承袭降级等，都要全部或将多出部分的庄园和人丁缴还内务府（自置田地在外）。

　　与有爵位的宗室一样，在入关初期，闲散宗室也在圈地中分得了田地（即档案中通常见到的"老圈地"），所以并无特别的养赡津贴。后来因为人丁繁衍，土地不能再得（自置田地例外），再加上有的家庭或因理财不善，或受生老病死的影响，老圈地被典了出去，这样便出现宗室生计问题。为了适当加以周济，康熙十年（1671）题准："无品级闲散宗室年至十八岁者，准于披甲额数外，令其披甲，照披甲例支给银米，至无父幼子，亦照此例给银米赡养。"[1] 披甲就是随旗当兵，以此取得薪饷。到了康熙二十年（1681）又题定："闲散宗室免其披甲，仍照例支给银米。"[2] 免去披甲，可能与三藩战争结束，不要那么多士兵有关。但因宗室披甲领饷，本来含有照顾性质，故银米仍被保留了下来。据顺治元年（1644）题准，"八旗前锋、护军、领催、甲兵每名月给饷银二两"。康熙九年（1670）又定，"甲兵每人月增饷银一两，岁增米二斛"。后来一度恢复二两，但到康熙二十二年（1683）又照三两发给[3]。按照乾隆《清会典》的记载，给予闲散宗室的养赡标准是月银 3 两，岁米 45 斛。与前面说的披甲粮饷是相吻合的。

　　闲散宗室的养赡银米到康熙二十二年（1683）有所变化："闲散宗室十五岁以上及未满岁之无父幼子，俱照拖沙喇哈番品级给与俸禄。"[4] 拖沙

---

① 康熙《清会典》卷 1，第 10 页（中国社会科学院历史研究所藏本）。

② 同上。

③ 《八旗通志》初集，东北师范大学出版社 1985 年版，第 549—551、860 页。

④ 康熙《清会典》卷 1，第 10 页（中国社会科学院历史研究所藏本）。

喇哈番后来改叫云骑尉，属于官员世爵世职系列，相当于正五品官，岁支银 80 两、米 40 石（合 80 斛）①，比披甲粮饷高多了，叫法上也由养赡银米改称俸禄，给银米的年龄降到 15 岁。提高闲散宗室的经济待遇，也是因为三藩战争结束后，国家财政状况有了好转。可惜此优待事例未维持多久，首先是康熙三十四年（1695），将给俸年龄提高到 20 岁，接着康熙四十二年（1703）又题准："裁革闲散宗室所食品级俸禄，给予披甲银米。"② 重新恢复原来的规制，大概是开始时对国家财政收支的估算太乐观了些，而且对闲散宗室队伍的急速扩大估计不足。

自康熙四十二年（1703）以后，闲散宗室的养赡银米标准便基本没有变动（清末扣减支给属于例外，后面还会提到）：凡年满 20 岁，经报准后，每月给养赡银 3 两，每年养赡米 45 斛（定一、二、三季，每季支米 11 斛，末季支米 11.4 斛，实发 44.4 斛），无父幼子照此发给。乾隆、嘉庆时，曾有宗室移居盛京。他们的养赡银相同，唯养赡米折成地租银 21.6 两，再加粟米 22 石③。此外，闲散宗室中"有残病不能行走者，月给银二两，每岁给米四十二斛二斗"④。

尽管康熙四十二年（1703）后养赡银米的数额再无变化，但发给范围还是有所扩大的。乾隆十一年（1746）定，除及岁闲散宗室能得到整份养赡银米外，家中有子弟年满 10 岁者（道光二十三年改为 15 岁），"亦月给养赡银二两"⑤。嘉庆二十三年（1818）又确认，宗室孀妇无子可继者，经本管族长、学长等保结，每月给银 2 两，季支米 5.3 石；无叔伯兄弟孤女，月给银 1.5 两，季给米 3.975 石，直至出聘时止⑥。

宗室犯罪遭圈禁或被遣戍，按规定要停发养赡银米，但考虑他们的家庭生活可能会发生困难，所以也有一定照顾。康熙二十二年（1683）定，"若缘罪被革，将军乞恩赡养者，具呈宗人府察明奏请，月给银四两"⑦。

---

① 《八旗通志》初集，东北师范大学出版社 1985 年版，第 549—551、860 页。
② 雍正《清会典》卷 1，第 21 页（中国社会科学院历史研究所藏本）。
③ 道光《宗人府则例》卷 21，第 16 页。
④ 乾隆《清会典则例》卷 1，第 33 页（中国社会科学院历史研究所藏本）。
⑤ 同上。
⑥ 道光《宗人府则例》卷 21，第 5 页。
⑦ 康熙《清会典》卷 1，第 11 页。

后来又更定，"宗室有犯军流徙遣，折圈之二年者，其子有未食三两钱粮，亦准给一份钱粮"①；若无子可继，只剩妻女者，妻每月得养赡银 2 两，女给 1.5 两。这些养赡银都不是终身的，只要获罪宗室遇赦返还，便要循例撤除。还有的宗室获咎后，改为移居盛京。对于他们，均按月发给养赡银 3 两，年给地租银 7.2 两，粟米 7.33 石②。发遣吉林、黑龙江者，则"按月给予养赡银一两五钱"，照半份钱粮例支给③。

清朝政府发给养赡银米，目的是保证下层宗室的基本吃穿需求。只要他们做了官，有了俸禄等进项，养赡银米就得相应停止。待其年老休致，或因残疾告退，以及犯过失革职，"无俸可食"时，仍可援例申请。如宗室诚速，原任光禄寺少卿，乾隆五十一年（1786）大计时，因年老带衔休致，可未能随带原俸，故呈文申请"将职衔注销"，"俾得关支养身钱粮以度余年"④，便是例子。

清朝政府对下层宗室虽极力加以照顾，然而人们的生活不可能平直无变，常常会有额外支销，最大的就是婚丧事故。在传统的中国社会里，娶妻嫁女叫红事，死人丧葬叫白事，都属人生大事，马虎不得。据《满洲婚礼仪注》记述：整个过程包括问名（通媒妁）、纳采（下定）、请期（通信）、纳币（下茶）、纳吉（送龙凤帖）、送妆、亲迎（娶亲）、合卺、拜堂等近十个类目。每一过程都要请酒或各种备办。丧礼分小殓、大殓、发引、安葬等程式。此外百日之内有初上坟，三七上大坟，或葬日上一大坟，两月上一大坟，百日上一大坟。每逢上大坟，主人便要通知各族戚参加，陈酒席款待⑤。乾隆以后，一些稍有资产之家，遇到红白事还要"演戏""扮演杂剧戏具"，以示排场。这一切，在宗室中往往有过之而无不及，如果平时没有积攒，届时难免要借债应付，有的竟因此落入高利贷的罗网而无法自拔。康熙三十二年（1693）初，玄烨向大学士谈道："今闲散宗室有甚贫者，遇婚丧之事，每至称贷积逋。"为此，他要求诸王以下

① 档案，"宗人府堂稿（来文）"第 695 包。
② 道光《宗人府则例》卷 21，第 16—17 页。
③ 档案，"宗人府堂稿（来文）"第 558 包。
④ 档案，"宗人府堂稿（来文）"第 357 包。
⑤ 《满洲慎终集》，见《满洲四礼集》。

宗室看到"一本所生"的情分上，"于贫乏宗室随分赡给"①。大概因为玄烨的这道劝谕效果不佳，所以康熙三十九年（1700）不得不亲自做出榜样说："宗室、觉罗等之女，有愿与朕养者，朕养而教之，并有女年已长，其父母不能遣嫁者，朕亦代为嫁之"②。不管是劝谕捐助，或皇帝掏腰包为宗女作操办，究竟不是根本办法。故到康熙四十一年（1702）正式作出决定，宗室娶妻（年15以上）嫁女，由宗人府发给婚礼银60两，宗室本身及嫡妻病故，给银80两；康熙五十五年（1716），又将婚礼银加至100两，丧礼银加至120两③。

　　因为发放婚丧银的目的是周济贫困，所以在范围上不得不有所控制：（1）"凡闲散宗室及子孙均给"；（2）"闲散宗室官至大臣侍卫者不准给，其已经革职者仍准给，宗室大臣、侍卫之子未分家者不准给，其已分家者系闲散宗室亦准给"；（3）"镇国将军以下至奉恩将军媵妾所生之子，除正室无出承受正分家产者不准给外，其余未分家者不给，已分家者果系闲散宗室亦准给"；（4）"将军等媵妾所生之女，父故出嫁，除有承受正分家产之兄弟遣嫁外，其余亦准给"④。以后又不断扩大发放对象，如闲散宗室官止七品笔帖式，或业经革退爵位成为闲散者，以及曾任一二品大员但已身故，其承办者又未为大臣者，他们也都能得到"恩赏"。后来，甚至连因罪圈禁在家的宗室嫁女，也包括在内。道光三十年（1850）又确认，宗室继娶妻室亦赏银50两（三娶者不给，休妻后未经呈报者不给）。继妻病故，及生有子孙的媵妾，夫故后身故者，均给丧礼银60两。

　　宗室遇到火灾事故，也可得到救助。乾隆三十九年（1774）定：宗室等如遇被火之事，每间屋给银五两，若别无产业实系贫穷者，经查验后可加倍赏给。在日常恤赏外，清朝政府还不时拨银扶助贫困，解决临时生活所需。如乾隆时作出的颁发置产恩赏银，分年帮助丧失房屋田地的宗室回赎或购置产业。又设立滋生银两，以官利供有急需者支借，等等。

　　清朝皇帝尽管对宗室子弟作了种种照顾，但从开销的总支出中看到，重

---

① 雍正《清会典》卷1，第20页；《清圣祖实录》卷158，第10页。
② 雍正《清会典》卷1，第20页。
③ 同上书，第21页。
④ 乾隆《清会典则例》卷1，第34页（中国社会科学院历史研究所藏本）。

点是放在有爵位人的身上，其中又以上层王公为主。这里且不说公以上新封爵位都可专门拨赐田土，就从前述俸银列表中，也清楚地看出高爵位和低爵位待遇等差的悬殊，像最高等位的亲王与最低等位的奉恩将军，其俸银竟相差达 90 倍。在档案中，我们曾检阅到乾隆五年（1740）和七年（1742），户部向宗室发放俸银米和钱粮的两份清单。乾隆五年（1740）春秋二季向亲王以下至格格、宗室章京官员等，实发俸银 147937 两，俸米 82567 石；向闲散宗室实发放养赡银 17162 两又钱 3885 串，米 12047 石。乾隆七年（1742）向各有爵职宗室实发银 165077 两，米 86130 石；向闲散宗室实发银 16207 两又钱 3851 吊，米 12518 石①。从人数来看，当时，闲散宗室及家口，与有爵职者及家口大致相差不远，可分发的银米，其中后者银只相当于前者的 12% 和 11%（钱数是每串权当 1 两计算的），后者米为前者的 13%，差距很大。

　　清朝政府对宗室成员采取包下来、养起来的做法，目的是保持皇族子弟不为人下的封建等级尊严，同时也含有维护皇权，在政治上防微杜渐的意思。所以严格规定，凡宗室成员，不得随意离开北京（后来有一部分被安顿到盛京落户，属于例外），更不得从事其他职业，做官亦限于较小范围之内。实际上，它是在养的前提下，把大家都束缚起来了。这里，尤其是下层宗室，除了向国家等靠要以外，完全失却了学习劳动技能和谋生竞争之路。时间一长，习惯成自然，只知道自己是皇族，系黄带子，高人一头，要好吃好用，坏习惯越来越多，可谈本领什么也没有，连清朝皇帝一再倡导的"国语骑射"，也忘记荒废了。嘉庆二十四年（1819），行宗室乡试，"兵部考试骑射者八名"，有七人报呈"患病"；在翻译"国语"的考场上，竟出现"请人代翻"或"任意逃走"的怪事②。宗室昭梿说："近日宗室蕃衍，入仕者少，饱食终日，毫无所事，又食指繁多，每患贫窭，好为不法之事，累见奏牍。"③ 他们的某些作为，甚至连皇帝都感到惭愧。嘉庆帝颙琰说："近日宗室不自检束，致干吏议者不一而足，朕深惭

---

① 档案，"宗人府题稿"第 1 包。
② 《清仁宗实录》卷 361，第 8、10 页；卷 44，第 5 页。
③ （清）昭梿：《啸亭杂录》，中华书局 1980 年版，第 494 页。

愧。"① 这些宗室，实际上已成为寄生于社会的游食群。

看一看清朝皇帝对八旗子弟的劝谕或申饬，亦有助于我们对当时宗室情况的了解。康熙四十九年（1710）正月二十四日谕："今见八旗忽于生计，习为奢侈"，如"去冬因米价腾贵，以二月应给之米于正月发给，米价随即稍减，可见八旗官兵以所支之米，不运至家，惟图微利，一时即行变卖，及至此银卖去，米价又贵，势必请将八月之米于六七月间发给，且求将来年之米于今年预支矣"②。乾隆元年（1736）四月上谕八旗："迨承平日久，渐即侈靡，且生齿日繁，不务本计，但知坐耗财求，罔思节俭"，"而兵丁闲散人等，惟知鲜衣美食，荡费赀财，相习成风，全不知悔，旗人之贫乏，率由于此"③。乾隆三年（1738）又谕："八旗之人，动辄望赏望借，以济匮乏。"④ 嘉庆十三年（1808）再次指出："乃近年之中，旗人风气日渐浇薄，居恒在家，率皆□□弓马正业，徒以游惰骄奢，愈趋愈下，其不肖者动辄于歌场酒肆，恣意游荡，并或设局聚赌，稍有睚眦，即逞忿持刀相向，以致将国家养赡衣食之□，尽成荡废，生计日形其艰。"⑤ 上面皇帝的谕旨，尽管是针对所有八旗子弟而言的，但对宗室完全适用，而且在很多方面有过之而无不及。

三　日趋严重的生计问题

清代下层宗室的生计问题，从康熙年间开始显露，到雍正、乾隆时，已成为不可忽视的社会问题了。朝廷优待宗室的规定，为什么多在这时出台，其原因就在于此。

宗室生计问题中最突出的，就是祖遗的老圈地大量的典卖丧失。前面曾提到，当清军入关之初，包括所有宗室在内，凡八旗子弟，都在京畿圈地中分得了土地。后来年代一久，这些土地，一方面因为子孙分

① 《清仁宗实录》卷162，第126页。
② 《清圣祖实录》卷241，第4页。
③ 《清高宗实录》卷17，第7—8页。
④ 《清高宗实录》卷64，第11页。
⑤ 档案，"宗人府堂稿（来文）"第652包。

房，各人所得份额越来越小；另一方面也由于宗室成员都不直接过问生产，委托庄头经营，儿孙们又耽于享乐，有的竟连土地四至顷亩都不甚了了，以致出现多年不交租，或一二十年无租的事。类似这样的土地纠纷，在宗人府档案中几乎触目皆是。正如有人所说："大抵天潢贵胄，凡事诿诸管家，犹之民间富贵人家，财产属他人经理，不数传无不中落，其势使然也。"① 在此，我们想举一个很有意思的例子。四品宗室永昌阿，他父亲去世时"年甫十岁"，"虽尝闻盛京有家奴"，但始终未曾顾及，直到乾隆五十七年（1792）朝廷前来查询，这才呈文申诉。据被查庄丁金清的供词："小的这一户是镶蓝旗幼王属下庄丁，至今五十余年并未当过差事，也没有兼管佐领，亦无档册可查"，"现在实有男妇大小十名口"云云②。50多年不问不闻，从一个侧面反映了这些宗室得过且过的游惰习性。

在宗室们丧失的土地中，很大一部分是因为生活挥霍被典卖了。据乾隆二十年（1755）有关当局的报告，当时在闲散宗室中，竟有29%的人属于"无产业、无依据"的"极贫"之户，加上"未至年岁食粮孤子"，总数达576人③，占全部男性宗室人口的21%，如果一个闲散宗室代表一户的话，那么所占比例将会更大。为了帮助这些人赎回或置买栖身立业的房地，清朝政府决定每年拨银10000两，将其中的8000两作为置产恩赏银，并以一次40人、每人200两的标准陆续发给。按照乾隆二十一年（1756）请领置产银的35人的统计（尚有5人无资料），购买房产者17人，占48.6%；赎回旧房者2人，占5.7%；回赎田产者7人，占20%；买地2人，占5.7%。另有7人，即占20%的人，因在呈文中没有具体说明用途，无法归类④。可见在领银者中，至少有半数的人，连基本居住条件都无着落。在以后几年恩赏银的使用中，虽然回赎土地的比例有所提高，但赎回房屋仍占着相当的分量，说明住房仍是他们改善生活中最迫切的问题。据嘉庆初宗人府的奏报，直到那时，包括觉罗在内的宗室人员，因"任意奢糜，以致栖身无所"者，

---

① （清）何刚德：《春明梦录》卷下，第9页。
② 档案，"宗人府堂稿（来文）"第521包。
③ 档案，"宗人府堂稿（来文）"第1包、第340包。
④ 档案，"宗人府堂稿（来文）"第1包。

还多达 186 人，迫使政府腾拨官房加以安顿①。

我们说康乾之际，下层宗室的生计问题日趋突出，不等于说已是无法收拾了，因为当时国家毕竟处于"盛世"，府库充裕，社会也比较安定，皇帝可以通过经济资助等手段，修补漏洞，调节或延缓矛盾的扩大。到了嘉道时期，特别是咸丰以后，内乱外祸不断，朝廷的主要精力是放在如何继续维持本身的统治，加上宗室人口成倍增长，财政状况急剧恶化，对于宗室人员的经济照料，不但心有余而力不足，而且不得不有所紧缩。咸丰三年（1853）谕令宗人府，宗室中现任食俸人员本身红白事，暨闲散宗室红事恤赏银，"均暂停止"，其闲散宗室白事恤银，"暂停一半"②。次年（1854），又令王公大臣于本年秋季俸银减半支放，待"军务告竣"，财政稍有转机，再全额补足③。同治六年（1867），朝廷恢复了红白恤赏银的支放，但新章程确定，红事赏银 20 两，白事 30 两④，比起先前的 100 两和 120 两，或白事恤银减半后的 60 两，都大大减少了。不仅如此，连额定的三两养赡银，亦因七扣八扣而无法保证，"每月不及二两，自养多不能足"⑤。笔者检阅《光绪朝东华录》中看到，差不多每年都会出现一次赏给闲散宗室人等"一月钱粮"的记载。其实，在总的养赡银已被克减的情况下，靠着一年一次的周济，那是顶不了大用的。

就在政府对下层宗室的生活照料不断紧缩减少之际，北京的生活花销却在提高，物价节节上涨，康乾时期尚可维持生计的养赡银米，到了嘉道和咸同年间便捉襟见肘了。下面我们从档案等资料中选些例子，以加强感性认识。嘉庆二十一年（1816）的一份呈文中说到宗室嘎尔萨，"起自家寒"，"亦无产业"，一家四口，全靠"单份钱粮"糊口，到后来，竟致连妻子都"不足养赡"⑥。宗室全和，父亲病故，"撇下嫡母、生母、胞姊、

---

① 《清仁宗实录》卷 113，第 3 页；卷 121，第 37 页。

② 光绪《清会典事例》卷 6，第 16 页。

③ 光绪《清会典事例》卷 248，第 4 页。

④ 档案，"宗人府堂稿（来文）"第 340 包；"宗人府说堂稿"第 437 包。

⑤ 《清朝续文献通考》卷 26，商务印书馆万有文库本，第 7775 页。

⑥ 档案，"宗人府堂稿（来文）"第 556 包。

胞妹，亲丁七人度日"，家"无恒产，又无亲故帮助"，他本身又因年幼不能领取正丁养赡银米，致使全家处于绝望的境地①。宗室炳辉，祖上家道还算殷实，到了他和兄弟时，"生齿日繁，故业渐至萧条"，嘉庆末，把坐落于盛京广宁一带的祖遗土地"尽行出卖"，可随地另有庄头、庄丁，这样只好把他们"户中男女一并放出，任伊等自谋衣食，各随其便"②。更有的因生活无望而自寻短见。镶白旗四品宗室永赉，本来"家里是穷苦的"，接着子女又相继病故，独自借酒浇愁，终于在嘉庆二十五年（1820）"自缢身死"③。光绪、宣统时，有些人在外顶着四品宗室或格格、额驸的名号，可在家却"求其一饱而不可得"。后来出任盛京将军和成都将军的岐元，小时因为家穷，又碍着面子，不得不"夜出挈篮子卖萝卜"来补充生计④。

在下层宗室中，处境最难的是寡妇孤女。镶红旗某宗室妻刘佳氏，年方22岁，丈夫便一命呜呼，"遗下三女，亲丁四口，俱并无养赡，并无产业"⑤，真可谓到了上天无路、入地无门的境地。正白旗宗室德成之妾孟氏，自丈夫死后，原靠正妻杜氏勉强过活，不料杜氏隔年又撒手亡故，使孟氏一下子"无糊口之资，亦无可继之人"。⑥镶白旗四品宗室纯厚去世时，"无产业一份"，却留下了三个女儿，以致"度日艰难"，"实难养赡"⑦。更令人吃惊的是，在档案中我们还看到这样一份材料，已故四品宗室奕炳之妻蔡氏，"因夫亡子死，亦无依靠，不愿守节，情愿出其此姓，另外改嫁"，并为此向夫家立下甘结一纸，这是道光二年（1822）四月的事⑧。在清代人们着力倡导，妇女要三从四德，认定改嫁为丑事。满族自入关后，受汉族礼教影响，也立起种种规矩，特别是身为百姓榜样的皇家眷属，更是家规森严。蔡氏之所以敢于冲破世俗，写

---

① 档案，"宗人府堂稿（来文）"第695包。
② 档案，"宗人府堂稿（来文）"第557包。
③ 档案，"宗人府堂稿（来文）"第652包。
④ （清）刘体仁：《异辞录》卷2，第52页。
⑤ 档案，"宗人府堂稿（来文）"第695包。
⑥ 档案，"宗人府堂稿（来文）"第341包。
⑦ 档案，"宗人府堂稿（来文）"第693包。
⑧ 档案，"宗人府堂稿（来文）"第436包。

下改嫁甘结，实在是被生活逼迫，走投无路之故。按照道光时户部奏报，此类无依宗室孀妇、孤女，道光四年（1824）有250名（内孤女10余名），二十四年（1844）有520名（内孤女20余名）①，看来人数在不断地扩大。

宗室生计困难，还明显地触及一些有爵职人的身上。原奉恩将军绵垒，系已故喀什噶尔参赞大臣镇国将军永芹的儿子，多罗诚密郡王之孙，门第显赫，道光六年（1826）因犯事革退爵位，失去差使，结果竟至无法"养赡"②。宗室东明，当过锦州副都统，是堂堂正二品大员，道光初年休致后，因"实无养赡"，需要向宗人府申请发给"养身银米"③。另一位宗室永良，曾任辽阳城守尉，地位不如东明高，但也算武职正三品官，道光中"缘事革职回家"，"无资产隐寄"，很快便成为"赤贫"者。又如奉恩镇国公绵疆在生时，承袭公爵，家中财产由叔伯兄弟共管。绵疆病故后不久，承袭爵位的过继子又缘事革职，于是供应失时，以致绵疆妻完颜氏等"五人无赡养"之资，"几致冻饿"④。贝勒诺尼，系努尔哈赤第二子礼亲王代善曾孙，顺治十三年（1656）受爵，康熙四十四年（1705）去世时，曾把他的土地房屋分给8个儿子。到嘉庆二十三年（1818）清理财产，长房、五房的土地已被典卖一空，三房更惨，房地全无，情况较好的六房，也典卖或交出了约80%的土地，剩下的只有盛京祭产地350余顷（约合2100亩）和口外租粮地175亩⑤。还有一个"世袭罔替"的郑亲王乌尔恭阿，嘉庆时，也"因府中使用不敷"，需要向京中商号借钱⑥。到了清末，"勋戚世胄"中，虽仍有些"席丰履厚"，但毕竟因"食之者不寡，生之者不众"，穷乏者已是多数，并有"闲散宗室贫甚为人挑水者"。豫亲后裔盛昱形容这些陷于贫困潦倒的王公宗室们是，"愈穷愈奢，愈奢愈穷"⑦。对于他们，守护祖宗基业已是那么的遥远，再无法顾及保持皇族的

① 档案，"宗人府堂稿（来文）"第341、695包。
② 档案，"宗人府堂稿（来文）"第693包。
③ 档案，"宗人府堂稿（来文）"第693包。
④ 档案，"宗人府堂稿（来文）"第559包。
⑤ 档案，"宗人府堂稿（来文）"第521包。
⑥ 档案，"宗人府堂稿（来文）"第556包。
⑦ （清）何刚德：《春明梦录》卷下，第10、12页。

尊严，剩下的便是讨个醉饱以图苟活了。

由于生计的重压，一些宗室只好靠借债度日。道光中，宗人府档案刑罚斗殴类中，因债务纠纷造成的案件越来越占重要的位置，也证明了这一点。考究引发纠纷的原因，多数是宗室借钱不还，更有少数是有意赖债，或仗持宗室撒泼拖欠。像宗室连常，自道光六年（1826）起陆续向族兄增福借钱 126 吊、米 5 石，中间曾不断偿欠，但总是借多于还，及道光十三年（1833）再借时，迫于无奈，只好将他父亲的两份养赡米用来抵押，可"因穷苦"，没有钱粮等于断了全家生计，于是暗里又求中人乌金太要增福不去关领，从而引起官司①。宗室常福也是在几年内借债达 55 吊，他本人又"因账目受困，朝不谋夕，实无生路"，要债主"停利归本"，结果被告到衙门②。道光二十八年（1848），宗室常效向民人柳姓借钱 200 吊，说定以每季养赡银抵欠，后来"因口粮拮据未给"，双方发生殴打，酿成事端③。还有像宗室世杰和荣格的互控，是世杰落入"印子钱"的罗网后，"实再无钱，不能归还"④。宗室奕敦的债务纠纷是本人"现在病着"，"无钱"可还⑤。如此等等，说明确有一些宗室处于破产或破产的边缘。

在债务纠纷中，婚丧事故也是重要原因之一。本来，每逢红白事件，宗室都可领取一定数量的恤赏银（咸丰三年到同治六年另当别论），但由于生活水平上扬，而八旗子弟中婚丧嫁娶讲排场之风越来越盛，单靠赏银常常显得不足应付了，特别是本来就有债务的人，更无疑于雪上加霜。下面的几个例子就属于这一类。

宗室柏琴，当在生时就"负利太重，日用艰辛，入不敷出"，借债 1600 吊。道光十八年（1838）他一病去世，"所有衣衾棺椁殡葬等项一概皆无，实难措办"，其妻乃又借"清钱一千四百吊，始了此葬仪"。为了偿债，柏琴妻只好忍痛将祖先传下的蓝甲二副，送债主作抵，待"愿（原）本归清，方许

---

① 档案，"宗人府堂稿（来文）"第 558 包。

② 档案，"宗人府堂稿（来文）"第 559 包。

③ 档案，"宗人府堂稿（来文）"第 562 包。

④ 档案，"宗人府堂稿（来文）"第 558 包。

⑤ 档案，"宗人府堂稿（来文）"第 562 包。

退回"①，并为此立下抵债甘结一份。与柏琴妻同时立约的还有柏琴兄弟柏显。他是嫡母病故为办丧事借的债，"嗣又因人口众多，负利太重，上不足供养生母，下不能赡养妻孥，日用艰辛，入不敷出"，共借钱 3000 吊。于是他也将"本身所分蓝甲二副"，出让作抵债之用②。正蓝旗宗室福兴欠债，因娶妻时"无钱使用"，将其父妾的使唤丫头"卖了京钱一百吊"，并向父妾立下借据③。这样，福兴便成了难以偿欠的负债者。

伴随着宗室子弟贫困化的加剧，队伍中消极败坏之风也有增无减。"盖宗室习俗倨傲"，"惟市井小人日加谄媚，奉为事主，宗室乐与之狎"，"其俗日渐卑恶也"④。在档案刑罚斗殴类中，我们连篇累牍地看到这样内容的呈文，像宗室人员强借强买，强向店主赊账，借债不还反控债主欠钱，欠钱不还逞强打人，还有像"屡次讹诈良民，逼勒钱文"；或拒付工钱，反将雇工打伤，以及恃强行抢，聚众入室劫夺民财。更有一些人堕落吸食鸦片，或聚赌抽头，或兼营赌场烟馆，还宿娼逞霸，干掠卖人口的勾当。宗室中因生活所迫，犯禁逃离京师的也时有所闻。有的更偷偷参与了白莲教、天理教。嘉庆二十二年（1817）由皇帝亲批判决的，就有宗室广韬、广略、广茂、广瑞、奉存、庆丰六人⑤。

在上述作科"犯法"的案件中，也颇有一些有爵位的人。因借债不返利息、打死债主王六的镶蓝旗宗室兴达，就是个奉恩将军⑥。又如镶红旗三等辅国将军春廷，不顾廉耻，偷了人家的骡车，私出京师，先后在天津、武清等地，卖车宿娼⑦。一些有权势的王公，当然不会去干偷鸡摸狗的事。但他们违犯禁例，私下与外臣结纳，通过请托、保举等手段，以收

---

① 清制，凡亲王以下、公以上，均按等配有护卫红甲、白甲和蓝甲，每份都有定额钱粮。乾隆四十三年（1778）更定，凡配有红甲、白甲者，降至镇国将军以下即全行撤出，蓝甲可酌留 30 副，以作备办祭祀、养赡家口之用（若因军功授爵王公，原有之蓝甲，及乾隆四十六年以后分封王公，由官拨给之蓝甲，不受此例限制）。文中所指蓝甲二副，系指两副蓝甲的钱粮，约相当于月银 6 两，黍米 11 石。

② 档案，"宗人府堂稿（来文）"第 523 包。

③ 档案，"宗人府堂稿（来文）"第 562 包。

④ （清）昭梿：《啸亭杂录》，中华书局 1980 年版，494—495 页。

⑤ 档案，"宗人府堂稿（来文）"第 556 包。

⑥ 档案，"宗人府堂稿（来文）"第 557 包。

⑦ 同上。

取贿赂。有人说，"当时王公实有穷则思滥之意"①。说明他们的行为，同样卑污。

在此，我们要特别提一下同治九年（1870）的两条材料。一是宗人府为严格审核八旗宗室、觉罗领取婚丧赏银两事。原因是有人为了贪图区区二三十两赏银（同治六年审定数），竟不惜"虚捏作假"，混行欺骗②。另一是专为宗室子弟开设的左右两翼宗学，就读者日少，以致形同虚设。按据乾隆十一年（1746）定制，左翼宗学学生 70 人，右翼宗学学生 60 人，总共 130 人。同治九年（1870），大理寺卿王榕吉奉命稽察左翼宗学，发现就读学生，"始而有二十六七人"，"自后十三四人"，"又自后一二人"，已不成为学校了。诘其原因，"该管官金称：宗室荒废大都为贫所累，缘宗学肄业生定例每月给米三斗，纸笔墨按时给领，夏季以冰，冬季以炭，自经费不敷，月米裁减，又改为折色，向之领米三斗者，今领米不及二分，其他更无论焉，每月所领仅敷两日之食，欲责令常常入学读书作文，势必有所不能"③。诚然，这两条资料谈的内容互不相关，但有一点却颇可联系，即它反映了当时国家经费的拮据，宗室的普遍穷困，以及因穷和惰引起的某些人道德的低下。

宗室整体生活的每况愈下，游惰之风日盛，必然要影响到他们的婚姻和子女出生等情况，清代后期一夫多妻制人数比例的减少，女子婚龄的提高，父母生育头胎子女时年龄的增大、生最后一胎时年龄的变小，以及家庭平均子女拥有数的降低等，应该说，都与此有着直接或间接的关系。

（原载《清代皇族人口行为和社会环境》，北京大学出版社 1994 年版）

---

① （清）何刚德：《春明梦录》卷下，第 10—11 页。
② 档案，"宗人府堂稿（来文）"第 523 包。
③ （清）钟琦：《皇朝琐屑录》（光绪二十三年刻本）卷 17，第 7—8 页。

清代的妇德实践

　　在中国传统社会里，道德是从属于礼的范围。"夫礼者，所以定亲疏、决嫌疑、别同异、明是非也。"①礼最初只针对上层，原因是"礼不下庶人也"②。对于下层则以俗相约束。俗就是习惯，却深受礼的影响，甚至转向趋同，这就是统治阶级利用权力的优势，将其所倡导的主流思想和行为准则对社会各阶层所起的侵蚀作用。我们要说的清代妇德教育就是这种模式下的产物，有等级亲疏之别，还带有强烈的政治内涵。具体地说，即把清统治者奉为圭臬的宋明理学中要求妇女行施的"三从四德"，切实地贯彻到每人的思想行动中去。本文重点谈妇德教育的实践，并对其中因统治者着意引导而走入极端的某些做法提出批评。

一　贞节和忠烈女子

　　清人继前代，编了不少讲女箴、妇戒的书，目的就是教导女子怎样才能做一个好的孝顺女儿、媳妇、贤惠妻子和教育有方的母亲，这不单是理论上的说教，更重要的是要天下女子付诸实践，照着去做。在清人所写的许多有关表彰女子的传记中，与妇德连在一起的不外乎贞、孝、贤、淑四类。

　　先说贞，即贞节不二，这是妇德中之最大者。其中讲得最多的当推为夫尽节，并因此受到朝廷旌表的节妇、贞女即是；再就是为了保护女子贞

---

①　《礼记·曲礼上》第一。
②　（清）秦蕙田：《五礼通考》卷153，《四库全书》本。

操，不惜以死为殉的烈妇、烈女。有关这类女子，笔者在《伦理与生活——清代的婚姻关系》（商务印书馆 2000 年版）一书中有专门论述，此处不赘。除此之外，还有一种处于更高境界的为王事尽节而得到褒奖的女子。光绪《顺天府志》在"列女传"中，曾列"守节不辱遇变捐躯"者共 149 人，其中遇变捐躯者就有 101 人。这 101 人就是指在遭遇武装叛乱或反清起事时，当地官员士绅家庭内眷及其他女子尽节以殉的人。再如修于民国年间的《清史稿》，虽然社会上对妇女为保贞而从死的行为已多有批判，但因纂修者均系旧清遗老，在对待"遇变捐躯"女子的态度方面，仍固守清朝立场无所变动。在进入"列女传"的 730 余人中，竟有 270 余人属于"遇变捐躯"者，占其总数的 37% 左右，而这还不包括从殉者数十人或数百人的不具姓名者。这些"捐躯"女子，更多的是指有清一代大战乱中的殉死者，如明清换代、"三藩事件"、乾隆台湾林爽文起事、嘉庆白莲教、天理教起事、西南苗民起事、太平天国运动和捻军活动、同治间回民起事、义和团等，都是从"死于王事"的角度来颂扬的，甚至连辛亥革命中，一些旗人女子或官员家属为清朝殉死者也选录不误。当然，进入《清史稿》的与实际捐躯人数相比，充其量只是很少部分，譬如光绪《顺天府志》就记录了同样女子 101 人。如果有兴趣再翻阅各地方志，特别是同治、光绪年间修撰的那些曾经历过太平天国等战火洗礼的府州县志，在"列女传"中，往往连篇累牍地介绍"遇变捐躯"的女子，甚至不书事迹仅列名者动辄数百人。在清代官书中如此不断地进行渲染，一个重要目的，便是对其他女子起示范作用。《清史稿·张醴仁妻王传》记录了这样一段事实：

> 张醴仁妻王，武强人。张总愚之徒入县境，王避乱深州。贼至，王与妇女数百自沉于滹沱，水浅，不即死。贼据河滨村二日，饥冻颠沛。一妇哭曰：此不即死，不如死贼刃！王曰：见杀于贼辱甚，不如水死！三日僵立死。

张总愚又作张宗愚，系捻军首领。传中所言当系同治七年张部由山西进入直隶后发生的事。从描述情况看，王氏等数百人的死确实是够悲壮的，然而示范作用也很明显。类似例子，在其他资料中也可见到，有的包括妻妾子女奴婢在内阖门十余口、数十口同时自尽；也有的人见邻里自尽，自己也跟着赴死等。将这些捐躯者分成类别，大致为："寇""贼"将至或已至，虑遭不测，先行自尽；为强暴者所虏或受到胁迫，怕受侮辱而自尽；为强暴者所逼，坚决拒绝被杀；临危奋起抵抗被杀。其实每次军事行动，清军对妇女所犯暴行并不亚于被称为"寇""贼"者，但这在官方文献中是不会或很少得到反映，有的更笼统地被归罪于"寇""贼"。总之，官方的旌表就是突出这些女子的忠贞，把贞与对大清朝的忠联系在一起，将"遇变捐躯"变成纯政治化的行为。本来，在男女两性中，妇女总的来说处于弱势，当猝遇暴力时，她们消极地选择死来保护自身不受侵害，亦无可非议。问题在于统治者的着意宣传，并使之成为思想的主流，这不能不对众多妇女产生深刻的影响，以致像直隶武强那样，只要有人领头，就会发生数百女子自沉于水、三日僵立死的惨剧。这就是主流意识形态所起的作用。

在表彰妇女的忠贞行为中，还有一种情况很值得注意，就是当明清之际，颇有一些女子悲愤于胜国之亡所表现出来的民族气节。它在汉族士大夫中，一直起着表彰正气、激浊扬清的作用，并久久流传不衰。在有关例子中，顾炎武嫡母王氏的事迹是著名者之一。王氏在乙酉换代前给儿子留下的"我虽妇人，身受国恩，与国俱亡，义也"① 这一遗言，既彰显了本人"耻食周粟"的气节，也教育成就了顾炎武，使他的学问和不苟于时局的人品，同时成为引领明清思想界帅字号人物。顾炎武在拒绝康熙帝"博学鸿儒"科征召，对新设明史馆欲聘入局的动议表明态度后，又专门修书作自白：

> 先妣未嫁过门，养姑抱嗣，为吴中第一奇节，蒙朝廷旌表。国亡绝粒，以女子而蹈首阳之烈。临终遗命，有无仕异代之言，载于志状，故人人可出而炎武必不可出矣。《记》曰："将贻父母令名，必

---

① 《先妣王硕人行状》，《顾亭林诗文集》，中华书局1959年版，第165页。文中言"蒙朝廷旌表"，系指明崇祯十六年巡按御史祁彪佳表其门；弘光元年经巡按御史王一鹗奏旌王氏曰贞孝。

果；将贻父母羞辱，必不果。"七十老翁何所求？正欠一死！若必相逼，则以身殉之矣！一死而先姚之大节愈彰于天下，使不类之子得附以成名，此亦人生难得之遭逢也。①

顾炎武的这封信，可看成他向当局所作的书面证言。信虽不长，但言辞铿锵，把他的坚毅立场与先母之教联系在一起，所以此信一出，便立即得到知识界的热切反响，使顾母王氏更加出名。

在清入关前，太宗皇太极就着力于拉拢明朝降官、降将，让他们为其效命出力。这些人在佐助皇太极及随后的多尔衮、福临等人规取有明江山、奠立新朝基业中，立下了赫赫功劳。但因明清换代，牵涉满汉民族间的一些争斗。而满族在入关前后，在很多做法上又严重地损害到汉族民众的利益，引起民族矛盾的激化，于是便出现了一些丈夫、儿子投清，他们的妻妾母亲抗节不屈的事迹。譬如在明朝做过总督，降清后任内院大学士、以兵部尚书衔招抚江南和出任湖广等五省经略，为协助新朝荡平南方出过大力的洪承畴，据说他的母亲傅氏却对儿子的大节有亏深感不满，刘献廷的《广阳杂记》曾记有这样一段故事：

> 洪经略入都后，其太夫人犹在也。自闽迎入京，太夫人见经略大怒骂，以杖击之，数其不死之罪，曰：汝迎我来，将使我为旗下老婢耶！我打汝死，为天下除害。经略疾走得免。太夫人即买舟南归。

文中所说的母亲傅氏数其不死之罪，是指洪于明崇祯十五年（1642）在辽东松山兵败被俘后，曾传言壮烈殉难，致明廷曾一度为其立祠致祭事。傅氏此言此行是否确实，另无旁证可举，但从这一正一反中确已凸显了这位巾帼女子大义凛然的气概。在《广阳杂记》中还有一则故事是说韩世琦母亲的：

> 韩世琦，乃蒲州韩爌之孙也。幼被掳，故隶汉军籍，其母其弟犹

---

① 《与叶讱庵书》，《顾亭林诗文集》，第53页。

在蒲州。母终身不一至其子衙署，以满汉衣服不便故也，母亦贤矣。

韩世琦是汉军正红旗人，顺治至康熙中先后出任过顺天、江宁、偏沅、四川等地巡抚，康熙二十四年（1685）以居官不善遭罢斥。韩爌系明万历二十年（1592）进士，天启、崇祯两朝均出掌首辅。据记载韩爌只有一个孙子，并不叫世琦。说韩世琦是韩爌的孙子，也许是族中排行孙辈，或纯系附会。刘献廷的叙述可能出于传闻，但他之所以见闻就录，并称韩母终身不到儿子衙署同住，是出于满汉衣服不便，并进而夸奖"母亦贤矣"。实际上是要借韩母以贬斥世琦一类人物的降清入旗为非。

类似这样的事例还有明朝总兵官祖大寿。说祖降清后，曾派人接妻子同去盛京，为妻所拒，"责其负国不死"，誓不苟同。① 再如金之俊，他是明朝的一个兵部侍郎，听到清兵将至，便伙同沈惟炳、王鳌永等人率先出城至清营投递职名帖，迎接摄政王多尔衮入京师。因为投诚有功，得到新朝的宠信，可他的结发妻子不买账，长期与其分室居住。清朝给她的诰命也拒绝不愿接受，说"我自有诰封，不必相混也"②。所谓"自有诰封"，指的是她从明朝所得的诰命，以此表示对金行为的鄙视。在这样的女子中，甚至还包括了一些秦淮名妓，像后来嫁给钱谦益的柳如是，在清军渡江进入南京后，以大义为重的气概，劝钱谦益为明尽节，后又不断地与复明志士有联系。另如李香君，也表现了一定的骨气。后来孔尚任以侯朝宗与李香君的爱情故事为线索，写成历史剧《桃花扇》，其点题就隐含了对朝宗降清后，香君持节以抗行为的歌颂。

在清朝替换明朝的过程中，一些女子所表现的崇高民族气节，应是妇德教育中所结出的最值得肯定的果实，是妇德实践中的精华，它不但鼓舞了后来的女子，就是对男子也是一种鞭策。黄宗羲在《桐城方烈妇墓志铭》中，叙述了乙酉离乱之世，一位姓方的女子遇清兵至，从容抱幼女投水死的义烈行为，然后颇有感慨地说："尝观今之士大夫，口口名节，及至变乱之际，尽丧其平生，岂其无悲歌慷慨之性欤。亦以平生未尝置死于

---

① ［朝鲜］《沈馆录》卷3。

② （清）苏瀜：《惕斋见闻录》，江苏古籍出版社1985年版。

念，一旦骤临，安能以其所无者，应之于外。"① 平时高喊名节，只有到生死关头，才算真正接受考验。乾隆时著名史学家全祖望在《鲒埼亭集》中曾用相当篇幅，介绍了换代之际这些女子为持节慷慨赴义、视死如归的事迹，令我们这些人至今读来，仍觉铮铮然掷地有声，其原因就在于她们所实践的忠节超出一己、一家之私，与民族正义联结在一起了。

二　孝女和孝妇

俗称"百行孝为先"，孝在中国传统道德教育中占有十分重要的位置。孝是晚辈对长辈而言的，如子女对父母、孙对祖父母、侄对叔伯婶婶、甥对姨舅等。孝不只针对女性，但由于女性在家庭分工中更侧重于主内，特别是出嫁后敬奉公婆更成为诸事中的重中之重，所以对于女子，既有在家孝敬父母长辈之责，也有嫁后代夫为公婆尽礼的任务。在清人所著"列女传"，以及为妇女所写的碑铭状志中，孝是其中不可或缺的内容，而且有的事迹确实相当感人，以至直到今天仍有其意义。不过此地要说的孝，是指颇近于愚孝一类的割股、刲臂疗病的做法。

晚辈用割股、刲臂之肉进奉以治疗父母等长辈疾病的做法，在男子中也有，但更多的是女子。若追溯时间，亦不始于清代，但有清似更胜于前。文中不断出现的割股，可能是割大腿的肉；刲臂，也许是指上臂肉。根据笔者对《清史稿·列女传》、光绪《顺天府志·人物·列女》和顾震涛《吴门表隐·人物·列女》等记载统计：为亲人治病而不惜割股的女子55 人，刲臂43 人。还有一位直隶涿州邵氏，"割臂剪掌为亲人治病"②。湖北郧阳府刘氏，为了给婆婆治疗噎症，先割臂肉，后又刲肝以进。此事见于《清史稿》：

> 陈文世妻刘，郧人。陈、刘皆农家，刘待年于陈。既婚，姑年七十二，病噎，刘割臂和药以进，疾少间；既而复作，不食已十日，垂

① 《南雷文定》第 3 集卷 2。
② 光绪《顺天府志》卷 112。

尽矣。刘夜屏人，杀鸡誓于神，持小刀自剾其胸二寸许，出肝刲半，取布束创，以肝与鸡同瀹汤奉姑。姑久不言，忽曰：汤香甚！饮之竟，病良愈，刘亦旋平。为乾隆四十四年夏六月事。

刘氏是个农家妇女，她用臂肉、人肝入药为婆婆治病，其知识当然得之于传闻。问题是在当时条件下，刘氏既不懂得医疗知识，也未具备较好的消毒措施，却独自私下进行此事，其危险程度可想而知。直隶通州（今北京通州区）人李氏，因为多次割股取肝，竟因此丧命：

李氏，通州人，童岳妻。岳本浙之会稽人，兖州掾，挈妇家于通。李天性孝义，年十三，割股愈父。十七，归于童。姑病笃，又割股以愈姑……岳为掾，无苟取，家益贫。旋得失血症，已昏绝，李割肋取肝肉为羹灌之，李亦晕仆。夫妇俱复苏。岳病寻愈。李以肝疾发卒。时康熙甲申夏也。①

这位原籍浙江会稽（今绍兴）的李氏，在13岁时，就为父亲治病而割过股；嫁到童家后，再次割股给婆婆治病。可祸不单行，她丈夫因长期营养不良，得了失血症，而且还昏厥了过去，于是李氏又故技重演，企图用自己的肝肉疗童岳的失血症。从记载看，丈夫的失血症似有好转，可割肝牵涉到取内脏，毕竟与刲臂、割股不同，终于在康熙四十三年（1704）夏，李氏以肝疾发作而死。从可见的记载看，单纯割股、刲臂，发生意外情况的较为少见，不过割肉失血或发生感染，似乎是很难避免的。《清史稿》记载浙江萧山人王钜的妻子施氏，因婆婆有胃病，医者以为不治，施尝试割股和药进奉，使病情有了好转。正当施氏割股的创痛还未痊愈时，丈夫王钜却患病倒下了。做妻子的只好忍着尚未愈合的伤口，用疲乏的身体再去照料丈夫，结果"视疾愈，病瘵卒"，施氏的死，应与割股有很大的关系。直隶密云县徐氏，因母疾笃，割股肉进。结果母亲痊愈，徐氏却因此送了性命；还有像郭世清的妻子陈氏，在婆婆患伤寒症时，梦见有神

---

① 光绪《顺天府志》卷110。

明告诉他："若姑疾，固不起，非食若肉不可为也。"陈便刳臂肉调羹让婆婆服用，"顷间汗出，沉疴遽瘳"，可陈氏却臂创渐发，痛不可忍，显然是受到感染出现的毛病。① 为了将这种自残性的治病方式说成有效可信，有人还不时地加进一些类似神明指点的迷信故事：

> 郭氏，永清县民李文灿妻……先是，姑尝得异疾，自腰脊达于左股，坚肿如石，僵卧床笫，不可少屈伸，昼夜呻呼，惫顿垂绝。郭踯躅无计，唯望空默祷，谓故疾有瘳，虽裔割体肤，所不敢受。越日，抚摩所患，中坚渐释，如冻迎阳。郭则夜半蒸香中庭，掀起左袂，齿噆肉起，砺刃绝之，飒爽有声，肉绝背颤，释刀置肉，创无血刃，肉则血色，创则肉色，投肉剂火，火尽烟结，蟠郁如云，良久乃散。郭匍匐下拜，徐起裂繻裹创，殊无痛苦。数日，姑疾竟起。家人相庆，以谓是固弗药者耳。②

郭氏割臂为婆婆治病，是用祷神许愿，然后又刳肉投火祭拜方式进行的，与一般用肉为引，病人服之始愈有所不同，这在某种意义上似乎对人们用臂肉或股肉之类可以疗病所起疑惑所作的一种解释，是女儿或儿媳的孝心感动了神明，是神明代其治病。甘肃宁朔县（今宁夏银川市）卜起荣妻蔡氏为了给公公卜应奎治病，也是先祷于神，才割股以进，然后"翁病寻愈"③。从而彰显了神的作用。

从所见的记载看，以臂、股肉治病，一般都是和药进奉。像苏州袁氏女，是位过门守贞的贞女，在夫家"孝事舅姑。舅病危，刲股和药而愈"；朱鉴妻张氏，"姑陈病危，刲股和药而愈"④；浙江钱塘县（今杭州市）孝女徐大姑，出身名门。她是吏部尚书徐潮的孙女，陕西巡抚徐杞的女儿。她母亲素患羸疾。雍正四年（1726）七月，父亲正受命在广西做乡试典考官，无暇顾及家务，却逢母亲病危。大姑对弟弟说：母病已笃，倘出现不

---

① 光绪《顺天府志》卷110。
② 同上。
③ 乾隆《宁夏府志》卷17。
④ 《吴门表隐》，江苏古籍出版社1999年版，第268、274、304页。

测，全家将怎么办。现在我已投疏祷神，愿以身代。随后又割股和药煎服，使母病转危为安。① 江苏省镇江县丞郭荣光的女儿郭氏，在她 13 岁时，父亲患肝病危甚，"女刲股纳粥以进"②。股肉似乎还具有直接治病的作用。类似此种情况还可见于福建永定县的张日焜妻李氏，她在做姑娘期间"尝刲股愈母病"，出嫁后，又割臂疗婆母疾，病目"舐以舌，良已"③。更有甚者如天津梁进忠的养女某氏，当养父在脖子生疮时，"女刲股以疗"④。书中没有记载是如何治疗的，是按一般的熬汤入药，或是把割下的肉贴在疮口不得而知，总之是就此痊愈了。更有可奇的是一个叫韩守立的人，他的母亲和祖姑都眼瞎不能见物。后来听有人说，割肉燃灯可以使复明。守立出于孝心，愿作尝试。他的妻子俞氏坚以身代，于是刲右股肉加以点燃，一直烧了十多天，"祖姑目复明"⑤。用人肉点灯治眼瞎，从哪一方面说都是不可信的，这与前面提到的郭氏割臂肉投火祭拜以治姑病是一样的，但均言之凿凿，不像作假，这可能是编著者为了发扬孝道，不惜将一些传闻附会当作真事，统加收录而成。

采用刲臂、割股疗病，一般都是在大病、重病将危及生命之时，或是一些久病不愈者，从而凸显了女儿或儿媳的诚孝之情。记载中，多数人是服治后得以痊愈，不过也有不得愈者，像沈宗衡妻朱氏，当她嫁过去时，丈夫已病入膏肓，属于"冲喜"婚一类。朱氏为了挽救丈夫的生命，在向天默祷后，便剜臂肉入药，但丈夫还是死去了，距离她成婚后仅隔 26 天。⑥ 直隶通州皮氏，庠生王怿妻。当其丈夫病亟时，她"割肉以进"，也是无效而亡。⑦ 根据笔者所见资料，在 108 宗割股、刲臂、剖肝治病的事件中，有 7 人无疗效，死亡率为 6.48%（内有 6 起是 1 人 2 次或 3 次刲臂、割股、剖肝），说明多数是有奇效的（也许无效出事的被隐去不说了）。渲染如此高的救治率，目的只有一个，就是激劝更多的孝子、孝妇

① 《清稗类钞》第 5 册，中华书局 1984 年版，第 2448 页。
② 《吴门表隐》，第 331 页。
③ 《清史稿》卷 508。
④ 《清史稿》卷 509。
⑤ 《清史稿》卷 508。
⑥ 《吴门表隐》，第 337 页。
⑦ 光绪《顺天府志》卷 110。

去为此而付出。当然，用现代医学理论或实践来看，单纯地通过割股、刲臂之类的手段救治疾病，而且要治很多病，那是不可能的。因为它不符合医学常理。即或被治愈了，更多的还是药物在起作用。下面的一则故事便是例子：

> 刘氏……永清刘楠女也。父早卒，母胡寡居。兄煜以家贫远适四川。刘年方十四，母患危疾，一时医者皆望望以去。同村有崔氏，延江南谈生抵其家视疾。谈故有能医名，非厚礼币不能赴召。刘闻即婉曲求一顾疗。谈视疾有难色，刘长跪涕泣，固请强为之。谈不得已，为处厉剂，冀幸万一，因谢去，曰：疾起不居功；如其不起，不受过也。刘持药彷徨，计无所出，因割股肉寸许，投剂以进。母服药，安卧中夜，汗流浃肤体，迟明，沈疾遽瘳，闻者异焉。①

这位刘氏的母亲所以重病得愈，主要得益于服了谈姓医生所开的厉剂。既是厉剂，危险度是很大的，所以刘才持药彷徨。正在此时，她想到割股疗病的传言，决定割股投药以进，结果治好了母亲的病。由于这一侥幸行为，在"闻者异焉"中，无疑就把宣传的重点放在刘氏割股中，在有意无意中缩小了谈医生的作用，以至到后来被人们认为就是割股能治病。因为有关这样的记载多数十分简单，寥寥数语，很难窥见整个的治疗过程，而记述者的目的又很清楚，就是通过割臂、刲股以突出女儿、儿媳的孝心或妻子出于对丈夫的爱，如此辗转相传，树立起一个个不惜自毁身体以表孝心的孝妇崇高形象，这实际上是舆论对大众的误导。

其实，从官府的角度说，是不赞成此类做法的。早在顺治九年（1652）朝廷在有关旌表节孝的活动中，就明确规定："割股或致伤生，卧冰或致冻死，恐民间仿效，不准旌表。"② 以后又多次重申：各地有以割股疗疾等情上报请旌者，负责风教的礼部衙门要按例分别议驳。雍正六年（1728）初，福建巡抚常赍向礼部申报：罗源县民李盛山割肝救母病，致

---

① 光绪《顺天府志》卷110。
② 光绪《大清会典事例》卷404。

伤重身故，请求以孝子例给予旌表。礼部以"割肝乃小民轻生愚孝，向无旌表之例"将其驳回。雍正帝在看到这份批驳件后，专门为此发了一道长篇谕旨，其中道：

> 若以己身患病之故，致其子割肝肉以充饮馔、和汤药，纵其子无恙，父母之心断无不惊忧惨惕不安之理，况因此而致于伤生，又岂父母所忍闻者乎。夫父母有疾，固人子所当尽心竭力之时，而孝道多端，实不容效命捐躯于一节……况人子于亲，本乎天性，倘能尽至诚纯孝之实，则亲病虽笃，呼吁请祷，力省一身之过，誓愿为一正人，如此必能感天地、动鬼神，何须割肝刲股，以为回生之良剂乎。家庭之行，唯在至诚至敬，善体亲心，不必以惊世骇俗之为著奇于日用伦常之外也。①

雍正帝对于这种以伤害身体的危险行动作为表示孝心的做法，基本上是否定的。看来他也不相信用臂股等肉就可治病的传言。虽然谕旨的重点在于劝诫，话也说得很温和，但最后说："不必以惊世骇俗之为著奇于日用伦常之外也。"显然在借此对炒作者进行批评。

尽管如此，割股疗疾之事仍不断有人付之于行动，关键是有人在不断宣传，有的地方官员仍旧照例报请旌表。福建巡抚常赉上疏为李盛山请旌，就是很好的例子。有个叫张永铨的文人，写了一篇名为《徐孝女三割股说》的短文，对这位姓徐女子为救父、救后母三次割臂事大加赞赏，并议论说："以为割股不可为孝，禁例载于《会典》。吾以为为人子女，苟视其亲之疾痛而不为之救，不尽其救之之术，此其人为何如？况父母生我以身，使或违道悖义以致毁伤则不可，若子尽孝，臣尽忠，则死且不惜，又何毁伤之足云。自孝女之自戕其身，正孝女之善成其身也，而奚疑也。"② 类似张永铨的议论，还可以举出不少③，他们的基本调子，都是以

---

① 《清世宗实录》卷67。

② 《碑传集》卷150。

③ 譬如毛先舒《沈孝女墓碑记》、陈道《许孝女墓表》、李集《孝妇陂记》、曹锡宝《追书亡女割臂肉疗父疾事》，以及王嵩《许贞女事略》（见《碑传集》卷150、158）等，均有类似议论。

此来突出孝，把道德行为捧到至上的高度，而且认为即使为此付出的牺牲无法取得预期的效果，那也是值得的，因为从其自戕其身中，业已体现了善成其身的至孝之道，这实在是孝的悲哀。本来，讲求孝道乃是中华传统道德教育中值得肯定的重要内容，但其间不免存在糟粕，类似鼓吹晚辈割股刲臂疗亲便是应该批判的糟粕。当然，造成这种情况的原因比较复杂。国家政策本身就有暧昧之处，一方面确认此为小民轻生之愚孝，可另一方面仍不时地沐施恩惠。如雍正六年（1728）雍正帝批评李盛山割刲股臂行为的同时，亦未对常赍的奏报全予否定，并以"事虽不经，而迫切救母之心实属难得"为由，仍加恩批准旌表；乾隆五十二年（1787）也是经朝廷认可，对江苏如皋县孝女宋氏自割股肉煎汤治疗母病，在母亲故世后又自缢以殉行为，特加旌表；同治四年（1865）又认定湖南省永定县（今张家界市）吕敦孚的割股疗母，非属"立异沽名，应予旌表"①，如此等等，都给人以一种企盼。更重要的是在知识精英层中，相当一部分人始终没有停止对割股刲臂治病行为的歌颂，而且不时制造一些诚孝感动神明之类的故事，以加强宣传的效果。而这一切，对于民众，特别是妇女的思想是有影响的。加上在传闻中，侥幸得治者往往更多地被人接受；即使出现惨剧，也经常被亲人们不惜冒险以求的过程所掩盖，何况又顶着至孝的帽子。在一个科学并不昌明、信息又较闭塞单一的社会里，人们把假丑的东西误认为是真美，那是经常发生的。这就是割股疗亲即使被归为"愚孝"，仍被许多女子奉作行为准则的重要客观原因。也是笔者在谈妇女孝道时，要把重点放在谈割股疗亲的缘故。

　　与割股疗亲同样残忍不足为训的，还有割臂股肉以供馔馐的。且举下面两个例子：

　　1. 孙氏，固安刘从圣妻，年二十二而寡，翁食不甘味，自割其肉以进，翁知之，为之感泣。

　　2. 李氏，武清邢兴俊妻，事姑至孝。姑病思肉，贫不能致，割臂烹以进。姑食之，病竟愈。②

---

① 光绪《大清会典事例》卷403、404。
② 光绪《顺天府志》卷110。

　　还有像直隶固安县高氏，当她的婆婆病危时，她和丈夫王进财侍候进汤药，时值夜深，灯油枯竭。高氏为了不影响婆婆吃药，"割右臂肉置灯中燃之"。据说随着婆婆病情的好转，"氏创亦愈，若有神护"①，从而又制造一个孝顺儿媳妇的形象。在中国传统文化中，一向有把成就、荣誉和苦修、苦炼联结在一起，如先苦后甜、先苦后乐；"吃得苦中苦，才得人上人"等俗谚，就充分反映了这一点。又如叫女子守节为苦节，似乎只有忍受得了长时的苦寂，才能换得旌表的荣耀。对于孝也是一样，要求人们不计后果、不惜损毁自己的身体，以达到至纯至孝的效果。于是便出现像割股刲臂疗亲等极端行为，以至连割己肉以供馔馐、刲臂肉作为灯油这种充满血淋淋气息的自残举动，也作为孝的品德而加以歌颂，其实这正是把孝畸形化了，是应该扬弃的。

三　贤淑的妻子和母亲

　　大学问家郑珍曾录他母亲黎氏平生训诫编《母教录》1卷，其中有言："妇人舍言、容、工，无所谓德。言只柔声下气，容只衣饰整洁，工则针黹、纺绩、酒浆、菹醢，终身不能尽。"②黎氏说到的言、容和工，就是在当时情况下做好一个贤淑妻子或母亲的起码要求。在有关清代妇女的碑状传志中，涉及妻子、母亲的贤淑时，谈得最多的却是抚子或教子成立。孙奇逢在《贞髦君陈氏墓志铭》中说："往闻陶母、范母，盖古所称贤达而有高识者也，一成其子以功名，一成其子以名节。"③抚子或教子成立，成为体现妻子、母亲贤淑，也是对丈夫、家庭所尽职能中最重要的内容。本来，教育子女，很大程度应是丈夫或父亲的责任，至少应负有一半或一半以上的责任。但由于各种原因，如男子集中于对外事务或长期在外，或业已亡故等，以至教育后代的重任，主要乃至全部落在妻子、母亲的头上了。

---

① 光绪《顺天府志》卷110。
② 《清史稿》卷508，《郑文清妻黎》。
③ 《碑传集》卷149。

在当时，所谓教子成立，一个重要标志就是培养儿子进举做官，因为这样就能光宗耀祖、出人头地。儿子官做得越大，意味着妻子、母亲的培养工作做得越成功，为其吹捧的人也就越多。但一个女子，特别是寡母孤子，家庭情况又不是太好，含辛茹苦地培养儿子成立，确也不是易事。有关这样的例子很多，譬如后来官拜贵州巡抚的田雯，是个早年丧父的孤儿，当他母亲张氏寡居时，曾"数困于强豪"，生计苦涩。但母亲对儿子田雯以及田雯的弟弟田需，坚持教读不懈，"一室之内，十年之间，午夜篝灯，纺绩声、读书声、哭声三者而已"，后来终于把雯、需两人培养成进士，做了官，所以为她写传的陈廷敬称赞张氏的贤淑"岂遂远于孟母也哉"①。浙江秀水（今嘉兴）陈氏，出身世家，在她做女儿时，就通读经史，善书作画。后来成为钱纶光的继配，生了三个儿子，都很聪明。当时纶光在外做官，陈氏便承担了全部的教子任务。她"绩纺授读，昕夕不少暇"。待子长，除次子因过世较早，只得了个廪员生；长子陈群、幼子陈界各有功名，做了官。其中陈群还出任侍郎，死后赐谥文端。② 当陈群在京师做官时，迎母奉养，并作《夜纺授经图》一轴，乾隆得知后，赐题二绝：

> 篝灯课读澹安贫，义纺经锄忘苦辛。
> 家学白阳谙绘事，成图底事待他人。
> 五鼎儿诚慰母贫，吟诗不觉鼻含辛。
> 嘉禾欲续贤媛传，不愧当年画荻人。③

这件事曾轰动了在朝诸公卿，也给陈氏带来了莫大的荣耀。

洪亮吉的母亲蒋氏督子课读成名的事迹，也颇为人所传颂。蒋、洪两家的祖上都做官风光过，但后来衰落了。亮吉出生不久，父亲就去世了。蒋氏为了把儿子培养成人，真是极尽心力。后来亮吉写《南楼忆旧诗》，

---

① （清）陈廷敬：《张太恭人传》，《碑传集》卷149。
② （清）李绂：《钱母陈太淑人墓志铭》，《碑传集》卷149。
③ （清）陆以湉：《冷庐杂识》，中华书局1984年版，第345页。

对当时的情景有很好的描绘："夜寒窗隙雨凄凄，长短灯檠焰欲迷；分半纺丝分半读，与娘同听五更鸡。"又如"母不梳头针线忙，几日断餐缘底事，叠钱来买束脩羊"①。当亮吉登籍出仕时，母亲蒋氏已经去世多年。但他对母亲的督促和激励，却时刻铭记于心。他请人画《机声灯影图》和《寒檠永慕图》，就是要重现儿时母亲对他教诲的情景。他在《平生游历图序》中说："六岁孤，从母育于外家，虽间出从塾师读，然《毛诗》《鲁论》《尔雅》《孟子》，实皆母太宜人所亲授也。"②正是蒋氏的不断督导，促使亮吉不屈不挠地奋进，把衰败的洪家再次带进复兴之门。再有像昆山徐乾学、徐元文和徐秉义三兄弟，都是进士一甲出身，元文是状元，其他两个是探花，在康熙朝不是官拜大学士，就是任尚书、侍郎职，称羡于士林，据说与母亲顾氏之教极有关系。顾氏在他们小时，"教子极严，课诵恒至夜午不辍"，待三人事业有成后，"每奉命握文柄，太夫人必以矢慎矢公，甄擢寒畯为勖"③，不断给以鞭策。有的母亲不识字，不能教子课读，但在学业成长上，同样可给儿子以帮助。浙江萧山汪辉祖，乾隆三十三年（1768）进士，官虽做得不大，只当过两任知县，却是著名的能吏、良吏。《清史列传》《清史稿》都有他的传。辉祖生母徐氏的身份是妾，没有读过一天书、识过一个字。但据辉祖自述，她对儿子的学业给予了很大的关注。后来，辉祖写《显生妣徐太宜人轶事》，在谈到此事时仍显得十分动情：

> 辉祖既孤，力不能从师，吾母请于嫡母（指他继母王氏）曰：儿不学，汪氏必替，岁需脩脯十指可给也。故虽病不废织作。凡纺木棉花，必择最白者另为一机，洁而韧，市价逾常直。每获千钱，选留大钱三百，储为馆谷之用。吾母治庖以洁为主。尝言，物无贵贱，得味自善；手段无高低，尽心自合宜。当吾师郑又庭夫子主讲家塾时，辉祖方奇穷，膳馐皆吾母手理。今五十余年矣，吾师追述往事，犹言馆

① （清）洪亮吉：《卷施阁诗》卷10。
② （清）洪亮吉：《更生斋文乙集》卷2。
③ 《清稗类钞》第2册，第580页。

餐之洁，莫若我家馔，虽不丰，无不适口。则当日之精于中馈，可想见也。①

徐氏为了让她儿子有学上，不至于因为家穷被老师轻视，竭尽劳作备学费、治庖厨，以至多年以后还一直受到业师啧啧的称誉。这也是一种尽心。辉祖日后能读书进举，包含着生母徐氏的心血。

所谓母亲教子成立，不一定都是指做大官，因为这毕竟只是少数，另外在科举上有成就的，也被归在教子成立之内。根据光绪《顺天府志·列女传》所列名录的统计，称为"抚子成立"或"抚子成名"的母亲共363人，其中后来被培育做官（记载中也有叫"通仕籍"）的17人，占363人的4.68%，余下是成进士者3人，占0.83%（进士通常都要进入官场），举人4人，占1.1%，乡试副榜1人，占0.28%，贡生13人，占3.58%，岁荐1人，占0.28%，各种武科进士者9人，占2.48%，培养人数最多的是进庠，也就是考中秀才者252人、占69.42%。在这些母亲中，有的还培养了不止一人，像良乡县张守身妻高氏，"教长子登仕籍，次子入庠"；武清县梁应栋妻金氏，"教六子俱入庠"；宝坻县崔贤妻王氏，"教四子俱入庠"；文安县都司邵邦宁妻王氏，因丈夫在外做官，王氏以婆婆年事已高，居家侍奉，随教子秉忠入庠、念三成进士。岭南梁佩兰为此赋诗称："堂上奉姑称至孝，灯前课子见能慈。"② 这些当然是家庭的功臣，受社会尊敬的贤妻良母了。除此以外，还有些并没有把儿子培养做官或取得功名，但因为事迹突出而被称为"抚子有成者"63人，内15人叫抚子成贤书、占4.13%，另48人作"抚子成立"，占13.44%。顾震涛的《吴门表隐》记载的是道光初年苏州府长洲、元和与吴县三县的人和事，在卷17—23"国朝"人物里，入载妇女443人，其中有70人左右谈到"抚子成立""竭力抚孤"，约占总入列人数的16%，说明培养子女在为妻为母角色中具有不可忽视的分量。需要提出的是，在《吴门表隐》中，对于培养子女成立所包含的面，似乎比《顺天府志》里说得要宽，并不限于做官进举或

---

① 《双节堂庸训》，天津古籍出版社1995年版，第22页。
② 光绪《顺天府志》卷112。

登贤书之类，还有相当一部分下层家庭的母亲，而且最后也只把儿子培养成普通的劳动者。其实，在十分困苦的环境下，一个弱女子若能把孩子拉扯成人，同样值得钦佩。下面就是这样的一些例子：

> 黄氏，王用福妻……甫嫁即寡，家贫甚……后力作抚孤，时常绝粒，凡十一年卒。

> 缪氏（顾鼎荣妻），年三十夫亡……勤操针黹，孝养堂上，抚一子三女，寒灯敝帷，苦节五十一年……有《述怀》句云："一自夫亡日，此生甘苦中。勤唯忍影只，劳可补囊空。教育三龄子，扶持八秩翁。嚼茶五十载，还未谢疲癃。"一日粮绝，有硕鼠投钱之异，得继饘粥，时称苦节所感。

> 徐璧，张邦荣妻……二十一而寡，苦节至二十九年，抚孤成立。临终有示儿光誉诗曰："卅年孤雁为谁生，辛苦原思玉汝成。莫道显荣方有事，贱时应得善人名。"

> 李氏，倪孝章母。蠡口胡巷农妇，年三十夫故，工织抚孤，更为人家执灯，苦节四十三年。

> 王氏，邱猫妻。汤家庄农妇，年二十三夫亡，力田抚孤至老。

> 方氏，郁永升妻。年二十九夫亡，家贫抚孤，日作烛心千枚为活……苦节二十三年，子文达有孝行。

> 马氏，周锡昌妻，华阳桥人，家酷贫，夫逸去不归。氏年三十二，抚三子一女，日夜调丝，间日一炊，困守终。

> 吴氏，凌祺祥妻，徐家田里人，年二十三夫亡，极贫力作，抚二女，苦节十五年。

在所举八个例子中，缪氏和徐璧都能写诗，说明原是读书人的家庭，余下都是普通百姓家，有的还是家"极贫"或"酷贫"。她们均以寡妇之身（马氏是夫逸不归）抚子、抚女成立的，可所作的付出和企盼之情，一点不比那些官员世家之女差，而在生活艰苦程度上可能有过之而无不及。在所引的八个例子中，至少有三例提到抚养女儿成长，这在《顺天府志》中多少是受到忽视的。笔者所以要把她们罗列出来，是因为重男轻女在当时是极具普遍性的社会现象，在有些人的心目中更是根深蒂固，从这一点看，顾震涛的记载是有价值的。

以上，我们就清代的妇德教育，以及在妇德教育熏陶下妇女的某些行为作了一定的剖析。虽然文章在涉及具体内容时夹杂着暴露和谴责，说明同为贞孝贤淑，在不同社会里便有不同的内涵。清代是把封建社会后期对妇女要求的"三从四德"发展到极致的一个朝代，在统治者的着力渲染下，出现了只要能维护贞节可以无谓地献出生命，为了奉亲尽孝不惜自残其身的种种做法，甚至把本应扬弃、荒诞不经的落后愚昧之物，当成是至真至纯之心的表现，这怎能不批判挞伐。当然，这样说不等于全盘否定清代的妇女教育，因为当今中国妇女的优秀品德，应该包含了对传统道德的继承和吸收。但是如同很多人说过的，这种继承和吸收，必定是经过批判、有所鉴别的，而这正是本文写作的主旨。

（原载《清史丛》2007 年号）

清代刑案中记录的蒙汗药

　　笔者的同事王春瑜曾以《论蒙汗药与武侠小说》（原刊于台湾东海大学《中国文化周刊》第115期，后又收入他的集子《老牛堂札记》）为名，对蒙汗药与武侠小说的关系作过很好的阐发，其中有关蒙汗药的考订尤为详明透析。文章以确凿的史实告诉一些心存疑惑的读者，蒙汗药并非子虚乌有的杜撰之物，而曾真实地存在于当时的社会之中。根据春瑜兄的广征博引，至少在两宋时期，已有人用曼陀罗酒麻醉杀人的记录。到明代，蒙汗药不但频见于史籍，而且对其成分、配制、药理作用和消解方法，都有较详细的描写。鉴于春瑜兄所证资料主要来自笔记等书，时间限于宋明，笔者近年来翻阅清代档案以及有关案例，发现在清代的刑案中颇有用蒙汗药从事拐卖人口、骗财取货勾当的，其中有些内容可补春瑜兄大作之不足。[①] 故不揣浅陋，对所见资料略作梳理，草成此文，以供有兴趣者参考。

　　蒙汗药当时亦称迷药或迷幻药。在我所见使用迷药作案的事件不下十余起，时间最早在雍正时，以乾隆年间为最多，并一直延续到清末光绪初。

　　乾隆五年（1740），北京破获一宗骗财、鸡奸案，采用的手段就是利用迷药。据案犯焦来仪的交代：

　　　　我系山西灵邱县人，今年三十八岁了，原在天刚山玉皇庙内出家

----

　　① 所引刑案资料除注明出处者外，均见于台湾"中央研究院"近代史所收藏的"清代刑科题本"微缩胶卷，谨向为笔者提供资料帮助的赖惠敏教授表示感谢。

为道士。乾隆三年四月间，在蔚州城遇见认识之威宁县僧人了休，又
名李和尚。他卖药为生。我们二人因没盘费，配了一宗迷人的蒙汗
药。那药内用的是闹杨花、巴豆、蒙香、卤砂、山葛花、□□□。[①]
遇人吃烟，用药放在烟内，人吃了立即发迷，不能言语，乘机取其人
行李、银钱。五月内，了休往别处去了，我在蔚州松花地方用蒙汗药
迷了一个锄地的人，我得了锄一张、钱四百文、烟袋一根；又在张家
口地方迷了一个过路的人，得他稍马子一个、小钱两吊；又在赤城县
地方迷了一个过路的人，得他被套一个、大白布衫一件、镰刀一把、
小钱一吊；又在宣化府岳儿楳地方迷了一个过路的人，得他被套一
个、被一床、小袄一件、青厂衣一件；又在蔚州地方迷了一个过路的
人，得他鞋一双、被一床、钱一百六十文。因迷人的次数多，也记不
得年月了。乾隆五年四月内遇见了休，同他在蔚州地方又迷了一个过
路的人，我们得了他被套一个、布被一床、大棉袄一件、小棉袄一
件、鞋二双；又同了休到喇嘛庙偷了黄马一匹、耗子皮马一匹，拉到
转山子地方卖给不认识的马贩子，得银七两。我同了休将银子都花
了。五年七月内行至南口，了休往天津去了。我走至卢沟桥东，遇见
刘进喜放驴，将他迷住，连驴拐到卢沟桥店里，将他奸了。第二日到
阜成门内，将驴卖了，就在西直门外被获，剩下的药我都撒了……那
李和尚实系陕西咸宁县人，如今不知往哪里去了等语。[②]

在此且不说焦来仪作案无数，不断得些小财，主要指他作案的手段是
采用迷药麻醉达到的。焦来仪曾在另一处招供说，他"自小跟随父亲流落
在外，原在天刚山出家做道士，因我素日吃酒耍钱，于乾隆三年正月内将
我赶了出来，我在蔚县害病，适遇了休即李和尚，看我系出家人，就领我
到元帝庙古道那里住了两个月有余。我同本州民李胡子小名叫抓柱子，即
古道的姑表侄儿，我们四人说闲话。古道说起李和尚会拍花的话，我就问

---

① 凡原档中记载而不便在这里一一列举的药名，均用"□"代替，特此说明。
② 乾隆六年四月二十五日刑部尚书来保等题。

古道，什么叫拍花，古道说一袋烟吃，拍一下就走了"。① 由于焦来仪原来就是个不安分守己的人，一听有人会拍花，便动了心，缠着李和尚把秘密传授给他，这剂迷药的成分，分别由□□□、□□、□□、□□……六味单药组成，使用的方法是先将它们研制成粉末拌和在烟草中，有人抽吸此烟，药力产生作用，便会昏迷不能言语，但并不致人死命，药性过去，随之苏醒，也可灌饮冷水促醒。一位被害人刘进喜就证供了这一点："我系文安县人，今年十五岁。我于十三岁净身，由太监于贵引进，送我到庄亲王府内当太监。于本年六月间，我因打碎茶盅心里害怕，就逃到广宁门外大井，遇见李二，领我到杨二家做活。八月初二日，杨二叫我出去放驴，遇见焦来仪，他让我吃了一袋烟，我就迷了。他拉了我住店……我心里明白，又不能说话。他又给了我一袋烟吃，我越发迷了，他夜里就奸了我了。到第二日，将我的驴子卖了，我还糊涂，有当差人拿冷水给我吃，我才苏醒。"②

　　类似像焦来仪那样用蒙汗药搅拌在烟草内令人吸食以达到昏迷作用的，还可见之福建建宁县民人席泰祖案。席泰祖从小离家，在江浙一带游荡，其间于浙江衢州某客栈结识了江苏扬州人包锦章。临别前，包送席泰祖迷药一包，嘱其可备不时之需。乾隆二年（1737）八月十七日，席泰祖在常山县饭店碰到谨奉母命寻兄的弟弟席继祖。继祖告知父故，母亲想子心切之情。席泰祖决定与弟返乡见母，但羞于盘缠无措。在途中巧遇本县老乡钱定肩挑衣笼行李，三人偕行，同宿于玉山县东青桥饭店。次日早，席泰祖向钱定借钱偿付饭宿账款，窥见钱行李重实，顿起图财之念，并想起包锦章所送迷药，尝试迷倒钱定，便可窃取钱物，不愁回乡无资，乃于包袱内密取迷药装入烟袋，又哄钱换挑行李，钱定不疑。在七里板桥亭歇息时，席祖泰将烟袋递给钱定吸食，随挑行李疾行。席继祖尚不知情，与钱定随行。不久钱定药力发作，晕倒路旁不醒。继祖恐慌，急忙追赶其兄，席泰祖已杳无踪影。待钱定醒觉，见人担俱空，便向玉山县衙具控，

---

① 乾隆六年四月二十五日刑部尚书来保等题。
② 同上。

立案抓捕。^① 以上是案情的大体经过，遗憾的是案中没有提及迷药的配方，大概是包锦章只交送一包成药和教其使用方法，没有像李和尚对焦来仪那样，将各种成分及配制方法和盘托出。

如果上述两个案例都是用迷药与烟草拌和，通过给人抽吸达到麻醉作用，下面几则例子均系把迷药放入水和食物之中，经口服后产生麻醉，而且单药的种类亦与前有所不同。

先说发生于广东合浦县的一宗案件。案主卢亚长，33 岁，原籍广西北流县，后移居广东信宜县永平里旧县村，因常挑荬叶到邻县化州贩卖，认识了那里的张云清。雍正十二年（1734）五月二十二日，卢亚长又去化州，在凤门铺地方看见官府贴出的一张告示，上写若有通报张云清下落者，可得赏银 10 两。卢想得到这笔钱，便向州衙门请领，州衙派差役随他抓人。他们先后跑了很多地方，都不见张的下落，卢怕官府说他欺骗，便在合浦县境的一家饭铺内，偷偷将随身带的迷药放入酒中，哄骗差役吃喝，待他们迷倒，便私拿赏银逃跑了。据被抓获后的卢亚长招供：这迷药是由颠茄子、白米薯莨和青麻花三味草药配成。其中颠茄子和白米薯莨产于广西山上，到处都有，只青麻花需到广东山中采得。配制的方法是将这三种草药晒干，研成粉末，等分混合在一起，用量是每次一份，和水或酒吞服。消解的办法是用碗水放些片糖搅匀喝下就醒，即使不去解救，昏迷几个时辰，药性一过，自然也会醒来，并不害人性命。卢亚长还说，这是他花了 360 文钱，在信宜县一个叫封士宜的孤老头子那里买得的方子，此前已试过四次，统统得手。^② 这是笔者所见到的几宗蒙汗药迷人案中，讲蒙汗药配方、制作和消解方法最翔实的一种。

此外像乾隆五年（1740）发生于广东海阳县（今潮安市）高阿宝等用迷药和入糕饼和花生之内，哄诱儿童食用，待其昏迷，将他们转手拐卖于外地案（乾隆五年六月十五日刑部尚书那苏图题本）；乾隆三十六年（1771），江西金溪县籍人周新茂在云南蒙自开设烟铺与本省弥勒县人孙必元合伙，秘造迷药，将其制作麦饼或放入菜汤，先后在路南、寻甸等地迷

---

① 乾隆五年三月二十九日闽抚王士任题。
② 乾隆元年五月十六日管刑部事允礼题。

倒李凤彩、刘保及蒋文昌叔侄等人，乘机窃取财物案。① 他们在采用使人麻醉的手段上，即口食法，亦均大体相同。

在当时，还有人用迷药使人昏迷癫狂，然后谎称鬼神附体以从事骗钱活动的。广西临桂县的陈明章等，在得到伍护郭传授之药水迷闷幼童，再向家长们宣称，说可通过请人跳鬼得到解救，从而敛财，最后闹出人命一案，便是一例：

> 据护广西巡抚钱度疏称：缘粤俗最信鬼神疾病，多不延医，率事祈祷，原有俗名鬼师，以鄙俚言词跳舞拜祷，专与病人退病，名曰跳鬼，用是为业，相沿已久。有柳城县鬼师伍护郭，习医卜算命生理，见乡人采取曼陀罗、闹羊花二味草药熬水洗治癣疥。后见《本草纲目》内注有曼陀罗、闹羊花酿饮之能令人狂笑昏沉之语。乾隆三十二年五月初十日，伍护郭采药熬水，将药水两茶匙搀入水内，私给刘之秀幼子饮之，旋即发狂，逾时而愈；又私给王榜明幼子饮之，亦即发狂。伍护郭试准二孩以为可以弄人，复采药熬水，用葫芦收贮，带在身边，乘便私给小孩子饮之发狂，以冀幼孩亲属延请跳神诈财。比有鬼师陈明章与伍护郭相识。十一月十二日，伍护郭药迷丁如龙幼女发狂，延请伍护郭，转邀陈明章相帮跳鬼而愈，得受丁如龙钱九百文。陈明章叹服，请伍护郭至家，愿拜为师。伍护郭将曼陀罗、闹羊花二物所熬之水传授。陈明章得授药水，偕素识之罗士雄同回省城，将情由告知，冀嘱罗士雄纠伙试用。罗士雄遂邀同道之潘老四、白世华，潘老四又转邀秦琨与陈明章入伙。陈明章将药水制就米糖，又入茶酒内用小竹筒装盛，分给罗士雄、潘老四、白世华、秦琨，遇便行使。至十二月二十二日，潘老四、罗士雄又遇千总刘英幼子刘金俊并孙芝元幼子孙火成。罗士雄诱吃药制米糖，俱即发狂昏迷。孙火成食少旋即痊愈，刘金俊食多不醒……又于二十四日用药毒毙举人唐嵩幼子唐喜……各幼孩亲属不知药迷情由，均未呈报。经县访拿伍护郭等审供

---

① 全士潮等校勘：《驳案新编》卷7《传授迷人药方永远监禁》。

不讳。①

从钱度的上疏来看，伍护郭用曼陀罗、闹羊花二味草药熬制的汤水，是从乡人用来治疗癣疥得到启发，又查阅李时珍《本草纲目》对其药理的记载，琢磨试验而成。不过连系春瑜兄文章中言及早在明代，用曼陀罗炮制蒙汗药在民间已不是秘闻，想必生活在清乾隆年间且与人交往较多的伍护郭不可能丝毫无闻。伍的做法是用药水制成米糖，或加入茶酒，引诱儿童饮用，令其发狂昏迷，饮用过量还会导致死亡。这与前面我们提到的抽烟、饮用带有迷药烟草和糕饼、汤水，只单纯的昏迷有所不同，说明后者的毒副作用可能更大。

如同伍护郭这样利用迷药从事拐骗活动的，亦可见诸其他记载。早在雍正时，河东总督王士俊具折就山东兖州府有人使用药物迷拐孩童事，向皇帝进行过密报。② 乾隆十一年（1746），安徽凤阳人马占文，采集川乌、草乌、□□等物，配制迷幻药，将其置放手巾中，遇见幼弱可乘者，上前将手巾绕于脸上，使其昏迷，图谋不轨；③ 乾隆二十三年（1758），以总督衔署江苏巡抚的陈弘谋颁"查拿匪棍檄"，其中提及苏州一带"有一种外来拐犯，以药迷人，凡遇幼孩，用药一弹；饵以药饼，幼孩入迷，跟随而行"；④ 乾隆四十一年（1776），据巡视京师东城给事中阿那布等奏，有刘王氏等人，胆敢于辇毂之下，用药迷人，拐卖幼女至 16 名之多，罪不可赦。⑤ 在《刑案汇览》中，多处记载有人用药迷人窃取财物、诱骗奸淫妇女，造成人命的案例。像嘉庆二十年（1815），广西民人李老未、韦日善，各有女相好周三妹、周韦氏。李老未等欲将二女带至外地以图永好，不料被三妹拒绝。于是，李、韦密商购山茄子（即曼陀罗）搀入茶内，劝令饮用，待其昏迷后再带往远处。结果韦氏经救得生，三妹则毒重殒死，

① 《驳案新编》卷 7《药迷幼孩》。

② 《雍正朝汉文朱批奏折汇编》，江苏古籍出版社 1996 年版，第 27、237 页。

③ 《档案朱批奏折》转引自韦庆远等《清代奴婢制度》，中国人民大学出版社 1982 年版，第 52 页。

④ （清）陈宏谋：《培远堂偶存稿》卷 43。

⑤ 《清高宗实录》卷 1005，第 17 页。

出了人命大案。经官府判定，李以首犯依律拟斩监候，从犯韦日善拟绞监候。再如道光六年（1826），广东李亚会会同陈亚五私配迷药，图谋闷倒疍户何亚齐以窃取财物，不料连累亚齐子七带受毒身死。事发，李亚会比照强盗杀人不分曾否得罪例斩决枭示，陈亚五听从迷窃，并未下手用药，依用药迷人为从例发回城（新疆）为奴；道光十一年（1831），奉天府王秉均私用迷药谋财，致受害人韩小七中毒身死，亦照强盗杀人斩枭例拟斩立决，免枭示；又，广东陈海受听从陈标致迷窃财物，复乘事主之妻曾陈氏昏迷睡地，将其奸污，照窃盗而强奸妇女已成例将陈海受拟斩立决。①

容再举一例。江苏泰州人丁柔克，道光十六年（1836）进士，曾在云南等省当过州县一级官。他写《柳弧》，有一篇叫《闷香》，谈的是在湖北赴官差途中亲身遭遇迷药被魇的经历：

> 湖北江湖中多窃贼。予于丙子年（指光绪二年）出差至汉川县之巨马口，著名贼巢。天黑风大，无已，孤舟遂泊。时舟子、仆从有戒心，皆未睡。船有一犬，甚灵捷。三更时，果来一贼船，烧闷香而来。时予已睡矣，忽被魇。舟子大呼，仆人亦大呼，予惊醒，而贼船已拖二芦席而去矣。水流黑夜，万不能解维逐之，听其去而已。次日，予头痛欲裂；犬则夜中不吠，次日亦一日不食。按，闷香内有死人天灵盖及闹杨花等药，而地方有司全不过问，行旅畏出其途。②

丁所说的闷香，就是迷幻药。它是将闹杨花等单药与松香和合制成香棒，打火点燃后散发烟气，使吸入者昏迷不晓，然后实施犯罪活动。不过熏香需选择在比较密封的场合，如关闭门窗的内室，以及像丁所述置有顶篷遮栏的船舱中。闷香迷人法在我国旧小说中有很多描写，恐怕有不少人读过或听人讲过，一般不会感到陌生。

---

① 《刑案汇览三编》，第 721、1944 页，《续增刑案汇览》，北京古籍出版社 2004 年版，第 120、121 页。

② （清）丁柔克：《柳弧》，中华书局 2002 年版，第 261 页。

在另一起刑案中，蒙汗药还被用来做采人器官的麻醉药物。此事发生于安徽霍邱县：

> 缘王引本系马姓之子，于十九岁时过继与王三之父王贤玉为义子。王贤玉为之娶有妻室。迨王贤玉继娶之妻生子王滚子、王二汉、王三等渐次成立，不能相容。王贤玉给王引田四石，酬其帮助之劳，将王引分出另居，谕令听其归宗，王引因此挟嫌。王贤玉又将田四石给继妻前夫之子胡九子，此田毗连王引之田，向多越界侵种，王贤玉又将田界划清，王引复心含怨怒。乾隆三年五月初二日，王滚子赴田戽水，嗔王引戽入己田之水过多，复与吵嚷，王滚子归告伊父，王贤玉次日赴田指骂，欲将前给之田收回。王引愈忿，遂起意欲将王贤玉各子俱毁其阳道，使之不能生育，难承产业，以泄积忿，遂向剃头之老蔡借刀一把，又于不识姓名人药摊上买蒙汗药一包藏带。于乾隆三年五月初六日夜，潜至王贤玉门首，逾墙进院，至王三弟兄卧房，推门入内，将所带火捻照亮，见贤玉幼子王三睡卧床上，随取蒙药放于阳道，用剃刀割去阳物。时王二汉惊醒，王引恐被认识，随取药抹其口鼻，王二汉被迷，王引心慌，以刀割伤王二汉两腿而逃。王贤玉鸣保报县，获犯屡审，供认不讳。①

这是一宗典型的挟嫌报复的案件，其人用心实在阴毒。但我们关心的仍是王引作案的手段，即乘王三熟睡时，用蒙汗药涂抹在他的阳道上，然后用剃刀割去，可令人奇怪的是在整个过程中，竟未听见王三疼痛惊叫的记载（也许是昏厥过去了），而且后来也没有因此死亡，只是把睡在身旁的王二汉搞醒了，这说明蒙汗药对刀伤亦有麻醉作用。②

---

① 《驳案新编》卷25，《义子有犯比照雇工》。再，据雍正《山西通志》卷47，曼陀罗花"七月采火麻子花，阴干，等分为末，酒服，顷刻昏昏如醉，割创灸火不觉其苦"。民国甘肃《华亭县志》卷1，"闹杨花一名曼陀罗，华子可戒烟瘾，花可作迷药"。另如民国《重修镇原县志》亦有同类记载。由此推断，王引所用蒙汗药，其主成分或为曼陀罗花。

② 按：朝廷对王引的批决是比照毒药迷人而未死者绞监候，并依雇工人殴家长之期亲折伤者绞监候两项律条，拟应绞，着监候，秋后处决。说明受害者并没有死亡。

通过以上所引资料，可以看到：

首先，在清代，被称为迷药或蒙汗药之类的麻醉药物，在民间相当流行。这不但反映在地域上，仅就案例中涉及成员的籍贯统计，便包括了北方的京师、直隶、山东、山西、陕西，南方的江苏、浙江、安徽、江西、湖北、福建、广东、广西、云南以及奉天等省区，而且很有一些人知道蒙汗药的配制方法，甚至还能在一般药摊上随手买到。

其次，蒙汗药的种类并不只有一种，我们列举 16 例刑案，明白记载配方的就有多处。比春瑜兄文章中所说用曼陀罗花配制而成要具体详备得多。

最后，无论是春瑜兄的文章，或是先前在刑案中看到的资料，蒙汗药所起的作用似乎都是消极或具有破坏性的。尽管也有像小说《水浒传》描写的晁盖、吴用等一班好汉采取偷下蒙汗药、在黄土岗迷倒杨志等人，智取了贪官梁中书用来孝敬太师蔡京价值十万贯的生辰纲，被当作正面的事例加以歌颂。但多数情况却或者是杀人越货、鸡鸣狗盗之辈使用的伎俩，或是居心叵测者有所图谋的勾当。即使在老式的公案、侠义小说中，或者是当代新武侠派编织的动人心魄的传奇中，也只是邪道反面人物才会行施此物，偶尔有少数正规门派中人以此进行反制，总不忘要说明：非到不得已时，万万不可应用。由此可见，蒙汗药在社会中乃是禁忌之物。询之中医药专家，告知上述草药几乎都有严重的毒副作用，即使如犯案者交代的未曾致人死命，也会造成严重的后遗症，故为医生开方时所忌。我们说蒙汗药在当时民间并不难觅，不等于可公然陈列于坊间街市，更是正规药铺所不敢售卖的。他们只能在游方郎中和打着和尚、道士幌子专以邪术骗人者手中才能偷偷得到。基于如此种种缘故，贩卖、使用蒙汗药历来为官府所厉禁。《大清律例》规定："凡用药迷人图财案内，有首先传授药方与人，以致转传贻害者，虽未同行分赃，亦拟斩监候，永远监禁"；"若以药饼及一切邪术迷拐幼小子女，为首者立绞，为从应发宁古塔给穷披甲之人为奴者，照名例改遣之例问由"；又，"若用毒药杀人者，斩（监候。或药而不死，依谋杀已伤律绞）。买而未用者，杖一百、徙三年。知情卖药者，与（犯人）同罪"①。制定如此严刑，目的当然是要打击那些敢于触

---

① 《大清律例通考校注》，中国政法大学出版社 1992 年版，第 697、750、793 页。

犯禁网的不法之徒，也为维护社会正常秩序、确保人们生命财产安全所必需。直到今天，仍然有其警示作用。

（原载《清史论集：庆祝王钟翰教授九十华诞》，紫禁城出版社2003年版）

明清两代诏选"淑女"所引发的社会骚动

——由日本史籍记载谈起

一

在日本的《华夷变态》一书中，记有我国清康熙二十七年（1688）和康熙三十二年（1693），有关因清廷诏选宫女引起民间骚动之事。《华夷变态》汇集了当时德川幕府为了解中国等国外情况，由港口通事负责向前往贸易的商人、船员打听所在国消息而写成的各种书面报告，据日本《琼浦偶笔》记载："凡唐船入港，即日邮报，蛮舶则速刻飞报，亦皆间取外域风说以报闻。"① 尽管这中间夹带着诸多似是而非的风闻传言，但相当部分还是真实可靠的，特别是牵涉到民情动向，更颇属珍贵。

提供康熙二十七年（1688）消息的，主要是四艘由福建厦门港出航的船只和三艘浙江宁波船。传言的大意是：京城有选取宫女之说，官民不限，凡年龄在 15 岁以上、20 岁以下未婚女子，均属备选之列，福建、广东因此受到波及，甚至发生催相婚嫁的混乱局面。但当探听选女之说是否确切时，却又含混不清。康熙三十二年（1693）的消息比头一次说得更具体一些。信息的来源是两艘南京船和一艘宁波船。也是说头年由京师下文到南京（江南）、浙江，选十二三岁的女子入宫。于是有女之家无分贵贱，大为惊恐，害怕一旦被选进宫，将永远分离，无由得见。未婚女子，不分

---

① 转引自［日本］浦廉一《华夷变态题解》，载《华夷变态》第 1 卷。

中年、幼年，争相聘娶，数十天里，远近骚动。直到得知诏旨所称，点选秀女只限满洲官家之女，与汉官、民间无涉，地方才得安定。但因嫁娶违式，出现老男幼女、贫富不应之事，造成很多麻烦，使不少人后悔莫及。

按照清朝的制度，向例不在民间遴选秀女。《清会典事例》载：

> 顺治年间定：八旗满洲、蒙古、汉军官员，另户军士，闲散壮丁秀女，每三年一次，由户部行文八旗二十四都统，直隶、各省八旗驻防及外任旗员，将应阅女子年岁，由参领、佐领、骁骑校、领催及族长逐一具结，呈报都统，汇咨户部。户部奏准日期，行文到旗，各具清册，委参领、佐领、骁骑校、领催、族长及本人父母，或亲伯叔父兄弟、兄弟之妻，送至神武门，依次序列，候户部交内监引阅。有记名者再行选阅，不记名者听本家自行聘嫁。如有事故不及与选者，下次补行送阅。未经阅看之女子及记名女子私相聘嫁者，自都统、参领、佐领及本人父母、族长，皆分别议处。

秀女的年龄是 13 岁到 16 岁，目的是"备内廷主位"，即充应妃、嫔、贵人、常在、答应等任，"或为皇子、皇孙拴婚，或为亲、郡王及亲、郡王之子指婚"①。所以她们的家庭需要具备一定的资格。一般是"满洲、蒙古护军、领催以上，汉军笔帖式、骁骑校以上女子皆与选"②。至于普通宫女，只限内务府所属上三旗包衣范围的女子，也就是皇帝奴仆之家，而且家庭的身份也不高，任职在佐领、管领以下即可。照规定：凡年龄在 13 岁以上，由八旗有关员役造册送内务府会计司备挑，入选后进宫服役。如果没有特别的缘故，如被皇帝看中"临幸"，或因主子当意，要其延长服役者外，大致到 25 岁即可遣还，听从出嫁。

既然清朝有关遴选秀女、宫女的制度从顺治年间起已有了明确的规定，那么上述传到日本的消息是不是假的呢？那也不是，因为这在中国史

---

① （清）吴振棫：《养吉斋丛录》卷 25。
② 光绪《大清会典》卷 84《八旗都统》。

籍中也有同样的反映。陈鸿《熙朝莆靖小记》① 言：

> 明季选人间淑女，诏止凤阳。自我朝选典，曾未及于江南，何风闻所递，辄布谣言。三吴有女之家，心中如刺；市井亡赖之徒，鼓动舌锋。才闻城市，忽彻乡隅，杭州为甚，吾莆亦然。原其始也，康熙丁卯年十一月邸报言：如汉军文武官员，有女不许配人，如已配，不许嫁人。并无言及人间女子。本年春，广东马侯女子，皇上纳为妃，要择好女十六人随嫁，移文两广总督吴兴祚查取。因漳、泉近广，故有此谣。六月初八日起，一二鳜夫浪子大肆谣言。或云朝廷要选淑女充掖廷，又云西房进贡，要回好女千余赐之。一时之间，四处皇皇。又谣曰：某大人并内监已到福州矣，令府县密查某家，已报名在府县矣，又某家有差官来点验矣。有女之家，如负重担。多男之室，居然奇货。已拟配者，催促讨亲。未拟配者，急托媒说合。共择十四、十八二日合卺，不顾门风，休询年纪，送往迎来，日夜如织，至十八日乃止。夫一言之讹，令人间忽辟一夫妇世界，鸳鸯系足，不知费仙人几许赤绳也。

"小记"述及的都是康熙年间福建莆田县一带的事。文中提到康熙丁卯年，即康熙二十六年（1687），第二年便因诏选秀女而发生民间急速嫁女的风潮。这与《华夷变态》中记录的康熙二十七年（1688）厦门船和宁波船所述情况可以吻合。至于康熙三十二年（1693）南京船和宁波船的传言，我们在姚廷遴的《续历年记》中也找到了相应的线索②：

> 康熙三十一年岁次壬申……闻朝廷选妃，差大学士明珠、索额图往江南、浙江及陕西、湖广、四川等处，凡系满洲旗下官员，自三品以上一品以下，凡有亲生女子，先期开报，候二大人选择进用，实与民间毫不干涉。无奈愚夫愚妇，有无谓之惊惶。十一月二十日起，十

---

① 载《清史资料》第 1 辑，中华书局 1980 年版，第 112 页。
② 《清代日记汇抄》，上海人民出版社 1982 年版，第 143 页。

二月初十止，迎亲、并亲日夜不停。并亲者着忙之甚，百物皆贵。甚至不论贫富，不计礼仪，以不择门当户对，不管男女年纪大小，大约茶二斤、礼银四两为最，更有不费分文者。

又，叶梦珠亦言："先是六月中，昌儿家信内云：晤礼部郎陆曾庵先生云：将有如汉制选侍之举。至八月而不闻，将谓中寝矣。不意十一月望后，举国若狂，然而婚嫁者因此尽削繁文，亦便民之事，故当事者不禁，亦圣人从俭之意也。"① 姚、叶都是江南上海人，均生活于明末至清顺、康时期。《历年记》是按照年月写的日记。叶作《阅世编》，则亲所阅历之谓。记录的都是他们的亲身见闻，所以材料是可靠可信的。

从陈、姚、叶三人的文字中谈到，清廷是如制于八旗内部选女，并未涉及民间女子，之所以会酿成这场风波，主要是出于误传，但却因此留下了不少婚配不当的后遗症。叶梦珠说："婚嫁者因此尽削繁文，亦便民之事。"实在是一种聊以自慰的苦涩之言。

二

其实因朝廷选女而引起民间骚乱之事，并非清代康熙年间才有。据笔者翻阅资料所得，早在元代便有类似的记载。陶宗仪《南村辍耕录》卷九"谣言"条：

后至元丁丑夏六月。民间谣言，朝廷将采童男女，以授鞑靼为奴婢，且俾父母护送，抵直北交割。故自中原至于江之南，府县村落，凡品官庶人家，但有男女年十二三以上，便为婚嫁。六礼既无，片言即合。至于巨室，有不待车舆亲迎，辄徒步以往者，盖惴惴焉，惟恐使命戾止，不可逃也。虽守土官吏，与夫鞑靼、色目之人亦如之，竟莫能晓。经十余日才息。自后有贵贱、贫富、长幼、妍丑匹配之不齐者，各生悔怨。或夫弃其妻，或妻憎其夫，或讼于官，或死于夭。此

①《阅世编》卷2《礼乐》。

亦天下之大变，从古未之闻也。

后至元丁丑，即元顺帝至元三年（1337），正是陶宗仪活动的年代。陶平时写文作史极为谨严，不会平白无故地去制造如此"谣言"。陶的这条掌故，后来被辗转传抄，载录于明清两代江南一带的不少方志、笔记中①。

明代向有选民间女子入宫之例，所以留下的记录便更多了。弘治十二年（1499），浙江绍兴等府县有"讹言越中诏选女子，一时奔娶殆尽"之说②。后来嘉靖初年，南直隶苏州一带又有同样的传言③。但闹得最凶、传播面最广的，莫过于隆庆二年（1568）。一时"千里鼎沸，男女失配，长幼良贱不以其偶"，牵连地域由"江西、闽广，极海而止"，④ 其中受害最大的，当然还是南直隶的苏州、松江和浙江的杭、嘉、湖等府州县。万历《常熟文献志》记该县百姓，因听得"朝廷命内臣选入宫女子于各省"的消息，引起一场不小的嫁娶高潮，以至有"各务苟合，无复人道"的说法。崇祯《吴县志》谈的是苏州城内外的事："时传朝命选吴中女子入宫，民间争相婚配，多至失伦。"在松江等地，更因此出现有垂髫及笄者、有乳臭者也忙着选夫，甚至连丧偶寡妇因害怕进宫而草草再婚。故有所谓"马上郎君尚乳臭，鱼轩新妇犹呱呱"，或"堪笑一班贞节妇，也随飞诏去风流"的讽嘲诗。一时间，"礼人乐工昼夜不息，肴菜之价腾涌"，直闹了个把月才算了结⑤。

浙江听到选女的消息是从南直隶传来的。徐复祚言湖州府归安县（今吴兴县）的情况时说："隆庆二年正月初八九日，民间讹言朝廷点秀女，自湖州而来，人家女子七八岁以上、二十岁以下，无不婚嫁，不及择配东

---

① 顾清：正德《松江府志》；牛若麟：崇祯《吴县志》；董含：《三冈识略》；范濂：《云间据目抄》；褚人获：《坚瓠集》等书，都有记载。
② （明）萧良干：万历《绍兴府志》卷13，《灾祥志》。
③ 《启祯纪闻录》卷1，见《痛史》本。
④ （清）查继佐：《罪惟录》卷3，《五行志》。
⑤ 《云间杂志》中。又，所引之诗，前者见于王大同嘉庆《上海县志》卷19，《祥异》；后者见于褚人获《坚瓠集》卷1，《谣言》。

送西迎，街市接踵，势如抄夺，官府禁之不能止，真人间之大变也。"① 在嘉兴，同样亦有"男女未及笄冠，婚娶略尽，老稚非伦"②；甚或还"有不得媒妁而女入男家者"③。杭州城内自正月中旬得此传言后，立时"人情汹汹，议先期婚嫁"。但真正造成大乱的是在十六日夜间，一位叫梅魁的军官，自北关进城，守者放炮启门，正在梦境中的百姓们，忽然听得炮声，不知发生了什么事，于是有人便将它与前几天风传选秀女事联系在一起，认作"采女子内官至矣"。这样一传十、十传百，"乃递相婚嫁，有不待媒妁而送女入男家者，有不及乘轿而步行适人者，有恐为捕获而假男衣冠路行者。纷纷籍籍，殊骇观听"。风声所至，杭州府所属九个州县都受到牵连④。其中最有意思的是杭州有家富户，正雇倩一位锡工"在家造镶器"，"至夜半，有女不得其配，又不敢出门择人"，皇遽之间，想到此人。便选他权充女婿，大喊"急起，急起，可成亲也。锡工睡梦中茫然无知，及起而摹搓两眼，则堂前灯烛辉煌，主翁之女已艳妆待聘矣"⑤。

当然，在这次动乱中，也有些"卓然不惑者"，但屈指算来，不过只"十之一二"⑥。湖州府桐乡县就有这样一位难得的人物。

　　　　隆庆丁卯岁，长江以南流言选取官人，民间女子年八岁以上者俱出嫁。良贱为婚，不可胜记。镇人陆君相有女，年二十，众劝从权。陆曰：万万无是事也。皇家选官女须用北人，南人必不与选。万人我女与选，何福胜戴，吾当亲送入宫耳。女竟以礼如期于归。⑦

这位陆君相，在当时"俱出嫁"的浪潮里，竟然能不为所动。后来，著名学者张履祥在写他家乡掌故时，便专门把这件事记录下来，以为后人作鉴。至于造成此事的直接起因，据说是太监张进朝为恣意需索而故意编

① 陆心源：光绪《归安县志》卷50《杂识》，引《三家村老委谈》。
② （明）李培：万历《秀水县志》卷10，《丛谈》，《祥异》。
③ （明）刘庆钶：万历《嘉兴府志》卷24，《丛记》。
④ （明）陈善：万历《杭州府志》卷6《国朝郡事纪事》下。
⑤ （明）田艺蘅：《留青日札》卷9《风变》。
⑥ （明）陈善：万历《杭州府志》卷6《国朝郡事纪事》下。
⑦ 《杨园先生全集》卷44《近古录》之2。

造的。事发后，张被处以斩首，得到应有下场，但百姓却因此遭受了一场浩劫①。

隆庆年间的事件以后，安稳了50多年，到天启元年（1621）又出现了一次"讹传"。是年二月，"苏城讹传点选淑女，凡民家处女，自十岁以上者，争先择配，昼方草草行聘，晚间即便迎娶，婚嫁者接踵于路，鼓吹声自夜达旦"，一直折腾了将近半个月②。最可叹息的是当人们平静下来，追查原因时，竟"莫知所自起"③。也就是连怎么掀起这场风浪的缘故都不知道。所以有人感慨地说："何吴民之易惑耶。"④ 此次天启元年（1621）之事，波及面虽不及隆庆二年（1568），但也不止限于苏州，因为就在稍后两年编成的天启《海盐县图经》中，即载有："天启元年讹言选宫人，乡民多有童男女相配合者。"说明在浙江亦不同程度地受到了影响。

类似这种因封建帝王享乐贪欲而造成民间惊恐动乱的事件，在明朝末年还被人利用来强加到农民军头上。《淮城纪事》中谈到，当李自成领导的起义军接近江北淮扬地区时，有一个叫高监纪的官员竟造谣说："李贼一路要占闺女，不要妇人"，并"出示使闺女速速出嫁，无贻后悔"。由官府出告示制造混乱，目的无非是要挑拨广大百姓对农民军的不信任感，其用心可谓险恶。

崇祯十七年（1644）四月，李自成领导的大顺农民军攻破北京，崇祯帝朱由检吊死煤山，明朝灭亡。不久，在南京又建立起一个由江南地主阶级和南京任职官员扶立起来的南明福王政权。福王政府偏安江左，总共才维持了一年多。尽管它时间短，而且内有党争，外受强敌进逼，危机四伏，但皇帝的享乐排场却一样不得简慢。为了遴选宫嫔，充实内廷，登位未久，便迫不及待地下诏于民间选女。据兵科给事中陈子龙在奏疏中称：当时"中使四出搜巷，凡有女之家，黄纸贴额，恃之而去，闾井骚然"⑤。

---

① 韩凌：万历《嘉定县志》卷17《杂记考》上，以及万历《杭州府志》；褚人获《坚瓠集》。
② 《启祯纪闻录》卷1，见《痛史》本。
③ （明）牛若麟：崇祯《吴县志》卷11之《祥异》。
④ 《启祯纪闻录》卷1，见《痛史》本。
⑤ 《明纪》之《福王纪》。

御史朱国昌也说："有北城士民呈称：历选宫嫔，必巡司州县限名定年，地方开报。今未见官示，忽有棍徒哨凶，擅入人家，不拘长幼，概云抬去，但云：大者选宫闱，小者教习戏曲，街坊缄口，不敢一诘。"①

为了选女，福王政府还派出太监李国辅、田成等分赴苏州、杭州一路进行"采访"。有的地方甚至发生"母子自到"②，"母女自尽"③的惨剧。很多家庭则纷纷搞突击婚配。像"江南童男女无不婚嫁"④；在苏杭："民间嫁娶几尽"。⑤有一个叫叶天寥的文人，在其自编年谱中记录了他在杭州听到的一件事："弘光元年乙酉二月，至杭。泊舟陡门，宿岸上。人言禾郡（即嘉兴——引者注）秀女纷纷□□，一线铺杨氏女，甚美，年十六，已升舆将往婿家婚矣，为内珰胁之去。"⑥这简直是拦路抢劫了。不过也有些无耻之徒，企图借仗女儿入选的机会，以实现平步青云，享受荣华富贵梦：

> 京师选淑女，人疑为宫嫔，竞相规避。后知备后选，方竞出五城，每城不下百人，命监臣汇选，乘舆鱼贯，金彩红紫夺目。初得人言，一黄氏为冠入内，以失投推算人刺作祟，退出再选。内竖坐名索马中书女。闻此女色艺双绝，选时故敏其颈，作断尾牺鸡，亦不入选。⑦

当然，这样的人毕竟只是少数。

福王的选妃活动，几乎与他的短命朝廷相始终。弘光元年（1645）三月，由豫王多铎率领的清军进抵江北淮安，守将刘泽清、刘良佐率军南逃，福王政府危在旦夕，可南京宫中仍歌舞升平，品评和挑选由各地送来的"淑女"。如此腐朽的政府，当然无法安内御外，所以清兵一到，立即

---

① （清）计六奇：《明季南略》卷2《诏选淑女》。
② （清）谈迁：《枣林杂俎》仁集之《选宫》。
③ 《鹿樵纪闻》卷上《福王》上。
④ 《杨园先生全集》卷37《桐乡灾异记》。
⑤ （清）谈迁：《国榷》卷104。
⑥ 《叶天寥自编年谱别记》，见《国粹丛书》本。
⑦ （明）李垣：《三垣笔记》卷下。

瓦解，这是势所必然的。

三

　　在谈了元明两代因讹传选秀女而引起民间动乱的事以后，再回过头来看看清代，除了开头提到的康熙二十六年（1687）和三十一年（1692）两起例子外，是否再无其他故事了呢？当然不是。原因如下。

　　首先，清朝政府虽于顺治年间已定有不在民间遴选秀女的制度，但那是在顺治晚期。在此以前，清廷甚至一度下令，鼓励满汉通婚。谕旨说："方今天下一家，满汉官民，皆朕臣子。欲其各相亲睦，莫若使之缔结婚姻。自后满汉官民有欲联姻好者，听之。"① 当时，连皇帝本人也选了一位汉人妃子。后来只是因为感到如此做下去，人数不多的满族，可能很快地会被众多的汉人所同化，这才重下诏令取消前议。所以在顺治年间的相当一段时期里，并不存在禁婚的问题。

　　其次，很多满洲勋亲贵戚，深知江南苏杭地区是传统出美女的地方，故从领兵进到江南之日起，便有意进行物色。《纪载汇编》中有一篇《过墟志》，记述常熟一位刘姓妇女，被清军掳掠，统军某王爷（有人认为是贝勒博洛。按：博洛，顺治初晋爵端重亲王）艳其色，纳以为室。这位刘氏，后来一直被封为福晋。在京的亲贵们也不甘寂寞，纷纷派人挑选强买。顺治十二年（1655），兵科给事中季开生上了一个奏疏，反映了其中的某些内容：

　　　　近日臣之家人自通州来，遇见吏部郎中张九征回籍，其船几被使者封去。据称奉旨往扬州买女子。夫发银买女，较之采选淑女自是不同，但恐奉使者不能仰体宸衷，借端强买，小民无知，未免惊慌，必将有嫁娶非时，骨肉拆离之惨。且乘机而奸棍挟仇捏报，官牙垄利挪移，诸弊断不能无矣。②

---

① 《清世祖实录》卷40，顺治五年八月壬子。
② 《清世祖实录》卷92，顺治十二年七月乙酉。

季的奏疏遭到了皇帝的严厉批驳，斥其"妄捏渎奏"。结果季不但被革去官职，还被流放到关外尚阳堡，算是言官为制止朝廷和满洲亲贵在民间选美所付出的代价。

再次，清初江南地区在政治上的不稳定，也容易使人轻信传言。清军进抵江南，虽然没有经历重大战争，但自反剃发斗争后，清朝政府便连兴大狱，如顺治四年（1647）清总兵吴胜兆反正案，十一年（1654）和十四年（1657），"科场案"，十六年（1659）"通海案"，以及十八年（1661）的"哭庙案"和"科场案"，等等，并在经济上也加强了控制。尽管这一次次冲击。主要是针对那些多少享有特权的中上层地主分子，但必然会波及其他各个方面，引起社会的某种动荡，同时也削弱了人们在心理上对外来干扰的承受力。

最后，还有一点，即明代以来，江南地区因屡有传言点选淑女之事，特别是他们对不久前发生的，南明福王政府那种劫掠性的选美活动记忆犹新，一直怀有惴惴之心。

清代江南地区因讹传点选秀女而发生的动乱，当以顺治年间为最甚。据笔者查到的记录，就有顺治四年（1647）、五年（1648）、十年（1653）、十三年（1656）、十五年（1658）等六七次。姚廷璘《历年记》中有一段记述他在上海家乡的见闻①：

> 顺治四年丁亥……夏间，讹传朝廷采选秀女。府县城镇、乡村僻壤，有女在家者俱惊惶无措。早说暮成，俱幼婚配，不必三杯水酒，只用一鼓一笛，甚至良贱不拘，岂论贫富难匹，限时限刻，从早至暮，从暮达旦，无论日之吉与不吉，周堂利与不利，遍地结亲，亦希遇之事。当时有人将诗一首传诵云：一封丹诏未为真，三杯淡酒便成亲。夜来明月楼头望，只有嫦娥未嫁人。时事大都如此。二月之后，讹传渐息。

---

① 《清代日记汇抄》，上海人民出版社1982年版，第64页。

　　据说在此次传言中，还有"掠妇女，犒西达"之说①，所以惊恐的情状是可以想见的。到了第二年八月，"又闻选采女，婚配者更甚于前"。并风传"满汉联姻，朝廷将关外并满洲女子驱逐而南，配与中国男子，天下一家，华夷为眷"②，所说诏谕满汉联姻，前面我们常提到确有其事，只是在哄传过程中，加入了不少似是而非的内容，这才加剧了地方的混乱。到了顺治十年（1653）春间，再次出现类似传言："满洲之女发配中国男子，中国女子要发配满洲男子，名曰满汉联姻。人家养女者，父母着急，不论贫富，将就成亲，遍地皆然。"③ 顺治十三年（1656）八月，又传说选宫女，江南的上海、江阴等地都有"婚嫁殆尽"④ 和"嫁娶几尽"⑤ 之说。直至康熙四十五年（1706），苏州地区还发生过一起因传说"有司奉文点选淑女千人，解京赏边"而大起"震恐仓惶"的。据记载：其时"有朝问名而夕合卺者；有失缔姻而急迎归者；又有张家妇而误抬至李家者；又有李家女而张家娶者"，甚至有"伪称受聘而以糕果分送亲邻，计图免脱"的，所以被称为"姻缘之大劫也"⑥。

　　在清代，这种因传闻选宫女而造成的民间动乱，仍以江南苏松和浙江杭嘉湖等地为最盛，但其余地区亦颇有波及。前引《熙朝莆靖小记》中谈到的福建莆田等州县事，即属一例。又如顺治初，一位去"山左"应幕的文人，在途中寄信与其弟，言"至维扬，见婚嫁者络绎道路"，打听缘故，原来是"讹传朝廷遣中使至江浙采民间女"。于是他立即想到："此信至吴中，亦必扰扰。然讹言耳，万无此事，不可轻信。"要求"妹终身慎勿因此轻信与人"⑦。这是此位老兄在江北扬州地区亲耳听到、亲眼见到的。另外在河南也有类似记载。道光《内邱县志》言顺治十三年（1656）的"选嫔"之举，造成"凡家有女子者，不论门第，亦不问年庚"，仓促婚配，致造成"贻悔于终身者不少"。再如江西道光《鄱阳县志》："（顺治）

---

① （清）谈迁：《海昌外志》之《丛谈志》。
② 《清代日记汇抄》，上海人民出版社 1982 年版，第 66 页。
③ 同上书，第 70 页。
④ （清）沈葵：《紫堤村志》卷 2 之《灾异》。
⑤ （清）蔡澍：乾隆《江阴县志》卷 24 之《禨祥》。
⑥ （清）顾公燮：《消夏闲记摘抄》卷下《谣传点女》。
⑦ 《过墟志》上，见《纪载汇编》本。

十一年，民间伪言采童女、孀妇，婚嫁殆尽。"

从康熙后期起，此类闹剧已逐渐少见，但也不是完全没有。《清世宗实录》卷五八，雍正五年（1727）六月丙戌条：

> 谕内阁：近有不法匪类造作讹言，一人煽惑，众口喧腾，以致人心惊惶，良民受累。如京城之讹传挑选秀女赐西洋人……此必奸恶之徒，不肯改过迁善，怨朕约束惩治甚严，故肆其鬼蜮之伎俩，摇惑众心。

从雍正的上谕中可以看到，民间对朝廷选女始终是十分敏感，怀有恐惧之心的。

四

通过上面的叙述，所谓"选妃""选秀女""选宫女"等等，除南明福王时确有其事，大抵多属谣言，或系事出有因，辗转传闻讹误所致。那么，百姓们为什么要如此轻信，一而再、再而三地发生自相扰扰之事呢？这不是没有缘故的。

我国自秦汉时期确立皇帝制度后，内廷的宫娥嫔妃规制也成为体现皇帝特权的一个重要方面。据《礼记·昏义》记载："天子后立六官，三夫人、九嫔妃、二十七世妇、八十一御妻"，加起来可有合法妻室百余人，而这还不包括被其看中，随时宣诏陪侍的佳丽。秦始皇统一六国后，为表示他至高无上的权威，在咸阳广筑宫室，收各国美人、钟鼓以充之，而且"宫备七国，爵列八品"①，以当时外朝官员品爵来排定妃嫔名号。接着汉代"世增淫费，至乃掖庭三千，增级十四"②，又胜过于秦。自此以降，各个朝代差不多都照此规例，建立后宫制度。

到了明清两代，妃嫔的等次虽较汉唐大为减损，但仍名目繁多。明代

---

① 《后汉书》卷10上《皇后纪》。
② 同上。

自皇后以下，有皇贵妃、贵妃、妃、嫔、才人、婕妤、昭仪、美人、昭容、选侍、淑女十二等①。清代再次加以裁削，皇后以下有皇贵妃一人，贵妃二人，妃四人，嫔六人，贵人、常在、答应无定数。既然妃嫔的数目如此众多，那么服务于妃嫔和内廷的宫女当然就要更多了。清代定：皇太后配服役宫女十二名，皇后位下十名，皇贵妃八名，妃六名，嫔六名，贵人四名，常在三名，答应二名②。当然这不过是规制以内数，实际上只要皇帝需要，还可以随时增加。唐代白居易的著名长诗《长恨歌》中有"后宫佳丽三千人"的说法。荒唐透顶的隋炀帝夜游西苑，仅陪伴簇拥的宫女就有数千人。明朝末年，紫禁城内宫女多达九千人，每年花费脂粉钱四十万两。清康熙帝为了节约从俭，削减宫内服役者人数，但仍有宫女四五百人③。

这些成百上千的宫女，多选自民间良家女子（清代稍有不同）。她们一入深宫，犹如进入囹圄，失去了父母兄弟和家庭的欢乐，也失去了爱情婚姻的自由。明宪宗妃邵氏，嘉靖时进尊为皇太后。她就说："女子入宫，无生人乐，饮食起居皆不得自如，如幽系然。"④ 在《红楼梦》中，有一回描写贾元春回大观园省亲的事。当时元春已得皇帝宠幸，封为贵妃，但在见到贾母等家人以后，还是情不自禁地啜泣着倾诉心底的哀怨："当日既送我到那不得见人的去处，好容易今日回家……一回我去了，又不知多早晚才能一见。""田舍之家，齑盐布帛，得遂天伦之乐，今虽富贵，骨肉分离；终无意趣"。至于一般宫女，她们竟连向自己的亲人倾吐一下内心的痛苦都不可能。"红颜暗老白发新，绿衣监使守宫门"；"一入深宫里，无由得是春"。正是这些失去了人身自由的女人的真实写照。在浙江乌程县（今吴兴县）有一位姓沈的女子，明成化初被选入宫。后来她写了一首诗寄给在家乡的弟弟。诗中曲折地诉说了她内心的苦闷和抑郁："一自承恩上帝畿，难得寸草答春晖。朝随步辇趋丹辰，夕侍鸾舆入紫闱。银烛烧

---

① （清）龙文彬：《明会要》卷2之《帝系纪》2《后妃杂录》。
② 《国朝宫史》卷8《典礼》4《宫规》。
③ （清）王庆云：《石渠余记》卷1之《纪节俭》。
④ （清）史梦兰：《全史宫词》引《彤史拾遗》见《明宫词》，北京古籍出版社1987年版，第165页。

残空有梦，玉钗敲断竟无归。"① 清代宫女的境遇也同样悲惨。有人曾对此做过描述：

> 入宫后，除配各宫外，置永巷中，所居屋漏墙圮。巷十室，居十人，一内监领之。内监权甚大，其家有馈赠，必由各门监交进，进一物，非二十金不可。故宫女能生活者，赖女红以自存，不需家人资助。所用材料，悉巷监代购，购价必昂，制成，由巷监代售，售价必贱，巷监亦从中渔利焉。每餐，置饭木桶，咸鸡、鸭肉二片佐之。臭腐不中食，还之，下餐复进，故宫女姿色多消减。惟衣由内务府进，绸缎至佳，四时更新耳。②

有的皇帝为了贪图个人的欢欲，甚至不惜摧残幼女的身心。明"嘉靖中叶，上饵丹药有验。至壬子冬，命京师内外选女八岁至十四岁者三百人入宫。乙卯九月，又选十岁以下者一百六十人，盖从陶仲文言，供炼药用也。其法名先天丹铅，云久进之可以长生"③。南明福王朱由崧在南京，每日"深居禁中，惟渔幼女，饮火酒"④，以玩弄、蹂躏童女为乐。正因为如此，所以像唐太宗释放宫女和康熙皇帝减少宫女，常常被统治者当作重大"德政"来炫耀歌颂。其实，这些封建皇帝的个人品质，是不能掩饰封建社会野蛮的吃人制度本质的。

封建皇帝为了保证备选秀女，还常常利用特权作出蛮横规定：晋武帝泰始中，为博选良家女以充后宫，竟下诏"禁天下嫁娶"⑤。福王政府因遴选"淑女"，命"富室官家有隐匿者，四邻连坐"⑥。其他朝代也有类似的做法。由于朝廷选秀女都要未婚贞女，所以百姓为了躲避灾难，只好赶快婚嫁。江南苏杭地区人文秀丽，更是统治者注视的目标，以至常常谣传

---

① （清）罗愫：乾隆《乌程县志》卷16《杂记》，引《小草斋诗话》。
② （清）徐珂：《清稗类钞》之《选宫女》，中华书局1981年版，第485页。
③ （清）沈德符：《万历野获编》补编之《宫词》。
④ 《明季南略》卷2《朝政浊乱》。
⑤ 《晋书》卷31《后妃》上《武元杨皇后传》。
⑥ 《鹿樵纪闻》卷上《福王》上。

当真。这诚然可悲可叹，但更应愤怒，因为正是封建专制主义对人们权利的无情践踏，才会出现如此畸形的变态反应。

（原载《故宫博物院院刊》1991 年第 1 期）

清代人口流动和婚姻地域圈的关系

通婚地域圈，又称通婚地域半径，是研究婚姻关系中的一个重要内容。通婚地域圈的大小，除了与人们的活动空间有关以外，也与当时的政治、经济条件，社会环境以及传统思想、生活习惯等有重要关系。以农耕为主的普通民众，只要没有灾荒和战乱等大的变故，或者因生活逼迫无法在本乡过活，大都耕于斯、食于斯，很少与外界接触，婚姻地域的选择也十分保守。如当时人所说"嫁娶不越境"①；"乡村相望，非姻娅即故旧"②即是。但值得重视的是，清代人口的大量流动，却使人们原有通婚地域圈的范围有了一定的突破，这是一个非常值得探讨的课题。

一　大量的人口流动

清代人口流动的原因，除了战乱、灾荒之外，更主要、更经常的是，随着商品经济的发展以及因人多地少矛盾的加剧，促使大量人口向城镇、水陆交通沿线聚集，由人多地少的窄乡向人少地多的宽乡迁居。这种人口流动，不但时间上连绵相延，而且规模也在扩大。有的学者通过对南北49种家谱147941个男性成员的观察，发现离开原居地迁往外地的共有18696人，占总人数的12.64%。尽管这其中，某些家庭无一人外迁，有的外迁者不多，但从总比例数看，外出谋生已成为不可忽视的动向。至于他们的迁徙范围，大致限于本州本县的有11765人，占迁徙总数的62.93%；省

---

① 光绪《广德州志》卷24。
② 《陆陇其年谱》，中华书局1993年版，第272页。

内流动的 3429 人，占 18.34%；流向外省的 2262 人，占 12.1%；远走国外的 126 人，占 0.67%；另有外出去向不明者 1114 人，约占 5.96%①。又据笔者查阅清代档案，在乾隆刑科题本婚姻奸情类的 483 对夫妻里，有 50 人户属于外地迁居户，占统计总数的 10.4%。不过因统计没有包括单个外出者，所以实际比例可能还要高于前面的 12.64%。

这些迁居外地的人户，有相当部分是带着妻儿老小合家同行的，也有携带妻儿，同时留下若干亲人守护祖坟作根。四川绵阳张氏，原籍广东惠州府龙川县人。雍正四年（1726）入蜀，领头的是母亲巫氏，追随者有儿孙十余人②。世居于广东嘉应州（今梅州市）的黎玉昌，乾隆元年（1736）进川，率全家同往，插业立籍③。差不多时候从嘉应州迁入四川的陇西李氏，本人外，也有妻儿兄嫂等 13 口④。清初随郑成功由广东迁往台湾今桃园大溪南兴庄的徐相简，当年 43 岁，生有 3 个儿子。他把长子徐根仁夫妻留在原籍看守家园，另带妻子并两个尚未成婚的儿子共 4 口，渡海创业⑤。还有乾隆年间从福建长乐迁台定居的何彦赐，也是携带妻子、儿子同往的⑥。

在众多的外迁者中，单个人外出闯荡世界的占有相当的比重。有的则与乡里亲友做伴，相邀外出。这些人，除商人和手工工匠外，多数是贫苦农民。乾隆安徽桐城《高氏宗谱》第 12—14 代，有 21 人先后迁往陕西，其中携带妻儿的 5 人，占统计数的 23.8%；携子同往，把妻子、父母或若干子女留在家乡的 3 人，占 14.2%；剩下单个外迁 13 人，占 62%，只身外出的比例最大。湖南宁乡《资阳高阳三修族谱》记载往四川的 12 人，仅 3 人带有家眷，光棍汉占 75%。至于在外迁浪潮中，山东人渡海闯关东（关外东北地区），直隶、山西人出长城走西口，因主体是贫苦大众，单独前往者更占有绝对多数。在此且以山东潍县陈姓为例。这个家族从 12 代

①　刘翠溶：《明清时期家族人口与社会经济变迁》，台北"中央研究院"经济所 1981 年版，第 254 页。按：原表尚有出家、被掳、殉难三栏，未加收录统计。
②　民国《绵西张氏族谱》卷 2《德邑巫太君专祠修建始末》。
③　民国《黎氏族谱》之《梅县折田家谱跋》。
④　民国《陇西李氏族谱》之《蜀渝州官庄始祖敏蔡公记》。
⑤　东海堂编：民国《徐氏族谱》，抄本。
⑥　台湾新竹《何氏宗谱》，抄本。

起便不断有人外出往关东和口外等地谋生，其中到口外的 51 人，明确记载在那里安家生子的 13 人，占 25.49%；去关东的 18 人，安家生子者 3 人，占 16.66%①。本来，安家生子不等于全是携带家口外出，而未见记录者也可能会有少数漏载。不过总体权衡，单身外出应是主体。

二　单个客民的异地婚姻

诚然，在这些单身外出人员中，有的已在家乡成亲安家。像乾隆十四年（1749），山崞县人温满小子，将自种地 6 亩典出，留银子 9 两，交丈人赵明士委托养活妻子，只身前往口外寻找活计②，便属于此类。有的人虽没有成亲，但在康雍之际的早期移民中，他们往关东、口外或到台湾等，多是春去秋回，类似候鸟式的活动，所以一般不存在异地婚姻的问题。但是，随着时间的推移，有的在客地"微立产业"，或因其他缘故，定居者逐渐增多。于是，在这些移居者或移居群中间，婚姻的选择就越来越显得突出了。这里有几种情况，一种是单个或少数零星移居者。他们想在客居地结婚成家，常常只好把个人融入当地社会中去。类似的例子在档案刑科题本中时有所见。且见表 1：

表 1　　　　　　　　　　**单个居民在客居地结婚示例**

事　例	资料出处
刘思贤，直隶大城人，在河间县娶再嫁妇田氏为妻	乾隆元年正月二十一日李卫题
程子彦，山西永济人，在山东曹州府经商，娶当地人韩氏为妻	乾隆元年三月七日允礼题，123 号
孙岐山，浙江山阴人，在苏州做踹匠，娶苏州张氏为妻	乾隆元年三月七日允礼题，133 号
彭章，湖北汉阳人，驾船为业，娶黄坡人马氏为妻	乾隆元年十月二十日钟保题，126 号

---

①　道光（潍邑）《陈氏族谱·寄籍图》。

②　中国第一历史档案馆藏："刑科题本·婚姻奸情类"（以下简称档案），乾隆二十年十二月十二日晋抚恒文题，第 125 号。

续表

事　　例	资料出处
邱明瑞，江西南康人，在广东耕山为业，妻林氏，广东和平人	乾隆元年十二月八日徐本题，第 138 号
李三，安徽蒙城人，客居霍邱，妻江氏，霍邱人	乾隆元年十月九日徐本题，第 138 号
张南，直隶唐山人，在元氏县食力为生，妻王氏，元氏人	乾隆元年十二月九日徐本题，第 138 号
苏祥，河南固始人，在安徽阜阳开豆腐店，妻武氏，阜阳人	乾隆十年十二月补日盛安题，第 119 号
马利圣，湖北蒲圻人，在沔阳打铁为生，妻朱氏，沔阳人	乾隆十年七月四日晏斯盛题，第 124 号
胡淑远，江西长宁人，在会昌佃种为生，妻何氏，会昌人	乾隆十年七月八日塞楞额题，第 126 号
黎正然，湖南邵阳人，在贵州做铁匠生意，娶思南王氏	乾隆十年六月二十二日张广泗题，第 134 号
李重，河南中牟人，在外唱戏为生，妻李氏，新郑人	乾隆十年十二月三日盛安题，第 137 号

　　此表共列 12 例。这些人能在当地娶妻，通常都是生计较好，或有较稳定的职业，如做买卖、开小铺，或有一技之长的手工工匠等。示例中的孙岐山、彭章、苏祥、马利圣、黎正然就属于此类。第 2 例山西程子彦在山东客地娶韩氏，是因为雍正九年（1731）曹州府遇到水灾，逼得很多人卖儿卖女。程花了 9 两银子，把路儿的妻子韩氏买过来成亲，用以照顾生活起居。但因双方年龄差距较大（成婚时程 40 岁，韩 29 岁），程又热衷于赚钱，夫妻感情并不融洽，加上韩未生得子女，乾隆元年（1736）当程返回山西，便以 62 两银子，将韩转卖于某绅宦做小妾。程子彦在曹州娶韩氏，是因为他有钱，能乘人之危；后来他不顾夫妻情分，再用高价将韩氏卖出，也是因为有钱可以另娶更好的，反映了"商人重利轻离别"的本质。对于像程子彦这样的人，不管在本地还是异地，都不存在娶妻困难的问题①，这与清代盛行的"婚姻论财"的风气是合拍的。至于第 10 例胡淑

---

　　① 商人出外贸易，在客地成亲的例子是不少的。曲阜孔府档案中，就保留了好几件族人因到外地贸易，娶妻成家而定居繁衍的事（见档案 1201 之 2，1201 之 4）。又如湖北潜江县贾启贵家贫外出做买卖，由河南南阳再转泌县董家庄落业，在那里娶董氏为妻。《（湖北）黄冈朱氏支谱》中，亦记有族人外出贸易不归，落籍客地的情况。

远，以一个贫苦佃农能在客地娶妻成家，那是因为他娶得的何氏，生活作风不好，与人通奸，被丈夫陈世经休卖出来的。另如刘思贤娶再醮妇田氏，亦因田氏不守妇道，从转手人那里只以银 6 两买得。

　　一般地说，这些在外闯荡江湖的光棍汉，很难在客地找到合适的配偶，原因是他们相当一部分人，往往不是为人佣作，就是无固定职业。在上无片瓦可供栖息、下无寸土以作养生的情况下，纵使本人有意在客地成亲安家，也很难会有可心的女子嫁他。上面说到的胡淑远、刘思贤的婚姻，就很说明问题。在档案中，我们常看到这样的婚嫁情况，即男女同是寄籍者，安徽当涂人孙圣良和湖广女子于氏的婚姻便属于此类。孙于二人均客居江苏江宁县（今南京市）。于氏原夫去世，生活无着落。孙年届40，孤身漂泊在外。一个需要经济支持，另一个缺妻子照料生活，于是两人就合在了一起①。山东掖县人范福亮，寄居热河多年，眼看年近 50 还孑然一身，实在孤苦难熬。那一年，邻近的樊氏死了丈夫，留下 9 岁和 11岁两个男孩，没有劳动力，生活陷于绝境。范便以聘银 6 两娶了 46 岁的樊氏，同时也把两个儿子带了过来②。再一种类型像河南长葛人秦蕙，移居裕州佃田度日，恰好与从山东到裕州佃田的孙二相识。孙二有个 17 岁的女儿待嫁，见秦年岁相当（时年 19 岁），人又老实，双方均在客地，命运相同，结成亲戚，可以多个帮手，从而促成了这宗婚姻③。广东英德人全进，在广西娶陈观娇为妻，也是因为陈的父亲同是从英德迁居广西的客民④。

　　在一些地旷人稀的地区，人们因为缺乏劳动力也有把客民作为人力资源招来做女婿的。西北的陕西、甘肃一带，女少男多，外来客民把女儿嫁与土著户，换得土地耕种。光绪《靖边县志稿》："近来地荒人稀，土民多占绝产，然力不能垦；东路客民携眷迁居，并有以女易地者"，便是例子。再比如，档案中有四川隆昌人周国启，娶寄客户湖南麻阳人成氏为妻；张曾龙娶外来户湖南宜章人萧氏为妻，等等。那是成、萧二氏父母进

① 档案，乾隆元年八月二十日顾琮题，第 124 号。
② 档案，乾隆十年四月十三日高斌题，第 123 号。
③ 档案，乾隆二十年三月四日阿里衮题，第 128 号。
④ 档案，乾隆元年七月二十四日允礼题，第 133 号。

川后，想依借周、张土著户的力量，在当地立下脚跟①。类似此等例子还可以举出不少。总的说来，人口流动对打破相对封闭的婚姻环境是有作用的。不过因为他们中相当部分属于赤贫或少产者，一些土著户又常常排斥他们，不得已只好降格以求。反映在婚姻质量上，也不尽如人意。

三　群居客民的婚姻

移民者婚姻的另一种情况，是在某些地区，由于连续不断移民，形成一个或几个相对集中的客民群落。这些人很多是携带家口进入的，在婚姻关系上往往呈现出地区移动了，可婚姻的选择上仍停留在原来不大的圈子范围内。其中最典型的莫过于四川省。清代四川是个移民大省，从顺治年间一直延续到乾隆初年，沿边各省如两湖、陕西以及广东、江西、福建等地，有大批居民进入，而且很多是全家或同里、同姓家庭先后迁居的，出现了像"湖广填四川"等的说法②。他们进川后，常集中居住，自成一统，甚至出现一个新的相对封闭群体。比如移居金堂县的百姓，有从两湖、江西来的，也有从广东、福建来的。他们各自结群，"大都知此而不知彼也"③。东边的云阳县，夹着瀼水分作南北两岸（应为东西两边），南岸是明朝洪武时从湖北麻城、孝感迁来的，清代成了土著老户；北岸则是康熙、雍正年间迁入的寄籍户，其中以两湖人士最多。他们迁移时间不同，形成的风俗习惯也有差别，大致南岸俭而北岸奢④。相互关系既是如此，人们之间当然很难有婚姻关系了。川南叙州府所属的南溪县，粤、闽、湘、赣移民"插占"聚居，有的还自称为麻城乡、孝感乡，官府为了方便管理，专门设立客长加以约束，"各省侨民自为婚姻"⑤。四川的不少地方志在谈到婚礼、婚俗时，常作如此记载。

① 档案，乾隆元年十月五日庆复题，第 130 号。
② 参见郭松义《清初四川外来移民和经济发展》，《中国经济史研究》1988 年第 4 期。
③ 嘉庆《金堂县志》卷 2。
④ 参见咸丰《云阳县志》卷 2。
⑤ 民国《南溪县志》卷 4。

> 川省五方杂处，各从其乡之俗；
>
> 婚礼，五方之民各从其俗；
>
> 吴闽秦楚良民咸来受廛，颇杂五方之俗。①

上述记载明白地显示了，客民为保持原先的生活传统，在婚姻选择上，多数仍以同乡近里为基轴围绕进行。这里再举个个案例子：湖北蒲圻人涂宏亮一家迁居四川云阳后，稍稍立起家业，便带儿子回原籍娶妻。当重返云阳时，随同的除涂氏父子和新媳妇外，还有姻亲芮氏以及周、王等家。他们在云阳，比邻而居，互相嫁娶，形成独自的婚姻圈②。由于客地毕竟不是原居地，人数有限，初来乍到，社会关系不广，特别是有的来自多个地方混杂居住的村落，在土著居民不情愿接纳的情况下，他们只得在客籍居民间互择配偶，出现一种原籍此乡与原籍彼乡的客客相配的婚姻格局。

类似四川的情况，在其他地方也有。陕南汉中、兴安和鄂西的秦岭、大巴山区，从乾隆时候起，陆续有好几百万外地人户进入。他们中很多都携老扶幼，全家同来；或亲戚乡曲，接踵聚族而居③。陕西乾隆《雒南县志》说的"婚姻必择同乡"，指的就是客民间的婚姻关系，有的间或与本地土著"互通庆吊，缔结婚姻"，亦因"俗尚不同，而口音亦历传不改"，客民们仍"得以自为风气也"④。清代的海南岛，也是土广人稀，岛西北的儋州，居民中有老客、新客的区别。老客指的是嘉庆、道光以前由外地迁居的；新客则指咸丰、同治时才刚进入的恩平、开平人。新客与旧客，言语、衣冠和婚丧习俗多有差异，故各自为婚姻，不通戚属⑤。浙江于潜县，当地官府鉴于太平天国后，百姓死散流亡，田亩荒芜，实行招垦政策。一时间，江西、安徽、福建暨浙东诸郡百姓，纷纷应垦入籍。他们之

---

① 同治《嘉定府志》卷6，嘉庆《金堂县志》卷2，光绪《秀山县志》卷7。
② 参见民国《云阳涂氏族谱》卷19，《功亮公传》。
③ 参见毕沅《复奏民生吏治疏》，《皇清奏议》卷64；同治《竹溪县志》卷14。
④ 光绪《镇安乡土志》卷上。
⑤ 参见民国《儋县志》卷2引前志。

间，"其婚嫁丧葬，土客既不相同，即客与客亦多互异"①。所以一时很难
谈得上交往结亲了。

　　造成如此等等原因，从客民方面来说，是因为他们成批迁居、成群定
居，有的地方还出现主客相等、客多主少，人口籍贯上的倒置状况。客民
们尽管居住的地区变更了，可固有的思想、固有的习惯并没有多大改变，
而抱群而居的条件，使其仍有可能选择同乡邻里。当然，客民的这种婚姻
局面，从根本上说，与前面一再说过的中国传统婚姻观是有关系的，而共
同的习俗、方言等，本身就是一种吸引，特别在他乡异地和初期创业的困
难条件下，一提起同乡便会油然地产生亲近感，进而通婚，是很正常的。

　　此外，当地居民的排斥和不认同，也是个重要因素。这里既有主客双
方生活习俗的差异（这在前面曾多次提到），也牵涉到经济方面的冲突
（如争夺土地、水源引发的纠纷等）。四川云阳县土著居民，面对不断增多
的客民，起初颇多仇视②；有的地方的土著百姓，甚至长期坚持婚姻不对
外③。只要双方仍在对立不合作，那么各自抱团、互不交往的局面，也不
会根本改变。

　　但是，不管主客之间，或客民和客民之间，开始的关系如何隔膜，乃
至不相融洽，可他们终究共同生活居住在一个局部的环境里，不能长期不
相往来。诚然，这中间可能充满着痛苦和矛盾，在痛苦中调整感情，在矛
盾中磨合关系，以至终于相好，结成亲戚。前面说到的云阳县，土著者由
初始仇视客民，到"久乃相沐，寻结婚媾"④。文字很简洁，可把变化的
进程表达出来了。南溪县主客和客客之间，亦因"历时既久，习俗同化"
而"渐通婚姻"⑤；潼川府属的中江县，客民多来自闽粤楚赣等省，"先至
者或恣睢自雄"，到后来"靡相龃龉，互通婚姻"，进而"欢洽大和，无
复南人来土之患矣"⑥。顺庆府仪陇县，外来移民也很多，久而久之，营造

①　光绪《于潜县志》卷 10。
②　民国《云阳县志》卷 13。
③　同治《房县志》卷 10。
④　民国《云阳县志》卷 13。
⑤　民国《南溪县志》卷 4。
⑥　民国《中江县志》卷 2。

出婚姻相维相系,"何有主客之辨"的良好氛围。① 另如湖北长乐县(今五华县),原系土司地区,是五峰、石宝长官司属地。雍正十三年(1735),清朝政府对其实施改土归流,政治方面的阻拦取消了,各地流民纷纷进入。面对此情此景,长乐人在婚姻关系上也经历了由封闭到开放的过程。同治《长乐县志》对此有所叙述:

> 设县初,惟张、唐、田、向四姓为土著,合覃、王、史、李为八大姓,继有十大姓之称,向、李、曾、杨、郭、王、皮、邓、田、庹是也。惟此十数姓互相联姻,今则不拘。

一直到清末咸丰、同治年间,伴随着土著和外来户、这些外来户和那些外来户之间,在生产生活上融为一体,婚姻的樊篱也由逐渐拆除到彻底拆除。

一些个人或家庭的资料,比较具体地记录了此种婚姻的过程。

第一例出自《傅雅三先生自订年谱》。傅雅三即傅诗,生于嘉庆三年(1798),在咸丰、同治年间做过知县、通判一类地方官。傅诗的祖籍是安徽宿松县,祖上曾是绅士家庭,到他曾祖傅必元时已逐渐衰败。必元眼看着自己和儿子都读书未成,又不善谋生,心急如焚。当时正是乾隆初年,宿松一带不断有人到陕南租山垦殖,有的还因此起家。这给傅家带来一丝希望,于是由傅诗的叔祖父傅祖麟先往探路。祖麟在商南县一个叫松树沟的村子做了塾师,有了初步的落脚之地。乾隆四十八年(1783),在傅必元的率领下,三个儿子及有关眷属都来到商南。不久,傅诗的祖父傅廷先又辗转迁至商南西边的山阳县谋求发展。在山阳期间,廷先为他儿子,也就是傅诗的父亲娶徐氏。徐氏原籍宿松,占籍山阳,属于异地同乡间结亲。徐氏早亡后,其父再娶邓氏。邓氏不是宿松人,可也不属山阳土著户,所以仍算客籍之间联姻。接着嘉庆二十三年(1818)傅诗本人娶妻成家,原配潘氏还是客籍。一直到道光二十五年(1845)傅诗的继配张氏进门,这才是地道的山阳县人士。而此时傅家因耕读传家,傅诗又有了功

---

① 同治《仪陇县志》卷15。

名，在山阳已小有名气了。从傅诗曾祖进陕西，到道光二十五年（1845），中间隔了60多年，才实现了土客联姻的梦，双方的差距终于缩小弥合了。

第二例是国学生祝方厚家。祝的先世亦系安徽宿松人。乾隆二十一年（1756），方厚5岁，父亲祝汇并母杨氏迁居湖北郧西县。方厚善于经商，在贩运贸易中赚了钱。他不但在郧西买房置地，而且把势力由鄂西北一直伸展到陕南的旬阳等地。就在祝方厚发迹的同时，他的儿孙也先后得了功名，有了官衔。长子祝吉以郧阳府学增广生议叙八品衔，次子英则取得从六品候选布政司经历的资格等。一家兼有商人、地主、绅士三重身份，在小小郧西山城，算是首屈一指了。反映在婚姻关系上，祝方厚妻马氏仍为宿松人，但到了儿孙一辈，挑选的已多是郧西名族①。计从他父亲起，也隔了两代，才实现土客结亲。然而比起傅家来，经历的曲折似乎要小一些。这可能与祝方厚出道较早，土著名族不得不屈身巴结有关。

四　人口流动对通婚地域圈的影响

清代的人口流动，给相对封闭的通婚地域圈造成一定冲击，不过因为客民中的情况各种各样，所以冲击力的大小也不一样。一般说来，单个零散的客民，他们要在留居地成婚成家，大抵只好顺从于当地的婚俗习惯，并最终融入客地的主流社会。对于那些相对集中聚居的如，客民或主客参半、主少客多的地方，他们的通婚变化就要曲折缓慢得多。这个过程，实际上就是土客双方在思想习惯等方面交汇融合的过程，而且最后可能成为既非全是土著区的原貌，亦与客民祖居地有所区别的一种混合型习俗。特别是有些来自多个地区组成的居民区，其风俗更显出多样化的趋向。此外，客民们本身经济、政治力量的大小，与在客地能否顺利择偶婚配，也有重要的关系。多财有力者并不困难，可对于贫苦大众，尤其是单个零星户，难度却要大多了。客民中出现的许多质量不高的婚姻，相当部分就发生在这些人身上。

清代的人口流动，还促进了客籍地与原居地之间的婚姻联系。有的客

---

① 参见张沛编《安康碑石》，三秦出版社1991年版，第171—172页。

民在新居地生活有了头绪，便回祖籍娶妻，或把留家的眷属接到客地。也有的把客地生下的子女送回老家，在那里找对象、结连理。像在台湾，据有的学者统计，康熙、乾隆以后，随着大陆移民在台成婚立业的日益普遍，又有许多在那里出生的女子被嫁回大陆。在所查阅的福建 70 余部族谱中，有 11 部记录了这种婚姻，人数达到 83 人①。

清代的人口流动，对促进各民族间的婚姻，也起到积极的作用。由于历史的形成，我国少数民族大都集中在边疆山区，而清代移窄就宽的移民活动，亦多流向那里，从而使各民族间的交往大大增加了，结婚联亲的事自然无法避免。关于这一点，很多资料都有记载，故不想多占篇幅列举。在《大清会典事例》和《大清律例》等有关条例中，载有不准蒙汉、苗汉联姻，在中国台湾禁止汉人娶番妇的律文。这本身就告诉人们，他们之间的通婚已是不可忽视的客观事实，引起了统治者的警觉，感到需要防范了。由于条规违反历史潮流，最后不是被迫松禁，或名虽禁而实不止，联姻的人数和联姻地域仍在扩展。

在清代，随着向国外移民的增多，又出现了涉及地域更广的跨国婚姻。福建永春县《桃源潘氏族谱》记录该族族人，自雍正年间起便有人移居外洋。到清末止，先后有 802 人辗转于南洋，即今东南亚各国。按时期分：清初期外出 85 人，中期 298 人，后期 419 人，越到后来出去越多。明确记载在国外娶妻的起于 19 世纪，她们的国籍包括今菲律宾、马来西亚、泰国、越南和印度尼西亚。永春《桃源潘氏族谱》中反映的跨国婚姻，在闽粤侨乡发现的还有很多，他们中有的也明确写进了族谱。光绪《慈溪县志》言：浙江宁波人善于经商，商旅遍天下，日本、南洋以至西洋国家，都有其足迹和铺号。其中亦不乏在当地"娶妇长子孙者"。看来跨国婚姻远不限于闽广。

由于社会条件的限制以及传统婚姻制度对人们思想、精神造成的束缚，总的说来，清人婚姻地域圈，不管是普通百姓，或中上层人士，都不算宽广。但是，延续时间长、涉及范围广的人口流动，却给封闭的圈子打开了一个缺口。尽管这个缺口在各地造成的影响有大有小，而且在有的地

---

① 参见庄为玑、王连茂《闽台关系族谱资料选编》，福建人民出版社 1985 年版，第 22—23 页。

方，特别是群居移民区，一旦新的婚姻网络形成，可能又会出现新的封闭圈。不过无论如何，比起原先的纹丝不动来，毕竟是一种变化、一种扩大。考察清人婚姻地域圈，如若不把人口流动这个因素包括在内，就是不全面的。

（原载《中国社会历史评论》第 2 卷，2000 年）

清代婚姻关系中的离婚

在婚姻制度中，如果说结婚标志着男女成为夫妻的开始，那么离婚则是指婚姻出现危机后可能被选择的一种解决方式，意味着男女间的一方，不是因失踪或亡故而导致夫妻关系的终结。由于婚姻同时体现着社会责任，各个国家、民族或群体，都制定有不同的法律和与其相适应的道德规范，而且随着时代的变化而不断变化，所以人们在讨论婚姻行为时所反映的内容也因情况不同而各有差别。一般说来，人们谈婚姻，多看重结婚，对于离婚多倾向消极，这在中国传统社会里类似像清代尤其显得突出。尽管如此，离婚作为婚姻过程中的一环，仍不时地在发生。为此，笔者且以清代为例，利用近年辑录的离婚案卷及相关资料，就清人离婚情况分列：夫妻离异的法律规定、提出离婚的原因、离婚诉求中的角色分析、离婚的实践和离婚后妇女的归宿五个题目以稍作探讨。

一　夫妻离异的法律规定

离婚，在清代文献或官方案牍中，更多地称为离异。离异指解除婚约，既可能是男方的原因，也可能出于女方的要求，至少在法律上并不存在一方对另一方歧视的问题。根据"清律"的规定，凡出现下列情况者，受害一方可向官府提出要求离异；或一经发现便要判定离异，并受相应的责罚。

第一，发现有欺骗行为，使一方对另一方失去信任，只要受害方提出告诉，官府便可依律判定离异。《大清例通考・男女婚姻律文》规定："凡男女定婚之初，若（或）有残（废或）疾老幼、庶出、过房（同宗）

乞养（异姓）者，务要两家明白通知，各从所愿……若为婚而……妄冒者……已成婚者，离异"即是。

第二，丈夫为了钱财，将妻妾典雇与人为妻妾，或妄作姊妹嫁人者，一经告发，不但双方需判离异，聘礼钱财入官，丈夫和有关人员还要受到杖责，若买者情知故犯者也要同坐。

第三，"若有妻更娶者，亦杖九十。（后娶之妻）离异（归宗）"。这在今天叫犯重婚罪，已触及刑律，故需离异受责。

第四，与伦理纲纪有违，如同姓为婚、尊卑为婚、居丧嫁娶等。同姓为婚是触犯宗法礼教，即使同姓不同宗，也是一样，而且相隔较远，更可能混淆辈序，这就是大事；尊卑为婚分两种，即亲属尊卑相犯，前夫子女和后夫子女相配和外姻亲属相配；居丧嫁娶系指父母等直系长辈死亡，在居丧期间进行嫁娶活动的，更是关乎孝道。有此三者，都要离异，而且还要受到官府的杖责。

第五，府、州、县官娶部民女为妻妾和文武官娶乐人（妓者）为妻妾。此含有防范官员利用权力所做的限制性措施，有犯者亦需离异受罚。

第六，有违戒律和混淆等级的。如僧道娶妻、良贱为婚，要离异受责。

以上六条，虽多有民不告官不究的情况，但一旦探追，官判离异，便具有强制的性质。除此以外，便是"出妻律文"中说的出妻和休妻了。此处的"出"和"休"，都是从男子角度说的。夫妻成婚，妻方称嫁，就是从本家嫁到男家；在夫方则称娶，即由女家迎娶过来，成了夫家的人，那时女子在出嫁前通常都以娘家的姓作为称呼，如张氏、王氏等，嫁后则必须在本家姓以上再冠以夫家姓，若嫁于陈姓，叫陈张氏、陈王氏，嫁与李姓则呼李张氏、李王氏。把夫姓放在本姓之上，体现了该女子已由父母家转到夫家，把从夫放在从父之上。出妻除了显示在婚姻关系中，丈夫占有绝对的主导地位外，同时含有把妻子从夫家再退回到娘家的意思。既然双方离异了，失去了夫妻的名分，妻子也就没有理由在夫家待下去，必须离开。董沛在《汝东判语》中说"退回母家谓之出妻"，讲得便很明白。不过在婚姻中，也有丈夫入赘妻家的，就是通常说的入赘婚。赘夫与妻子发生婚变，做丈夫的要离开妻家，即使如此，也不能叫"出夫""休夫"，因为它有违于夫妻间夫为大的伦理原则，而且在法律上也无此定例。

七出之说，早在唐代已归入律文，清代只是照例沿用而已。按照当时的律条，丈夫在七种条件下可以出妻：一是"无子"，即婚后多年无子，丈夫怕断了血脉后代，可休妻别娶。在唐律中，丈夫以50岁为限年，过了50岁便有理由出妻。清律取消了限年，给予丈夫更多的选择权，这对妻子当然不利。二是"淫佚"，妻子与人私通，或另有所爱。三是"不事舅姑"，不能好好侍奉、孝顺公婆。四是"多言"，好搬弄是非，搞得全家、亲友、邻里不安。五是"盗窃"，有偷摸窃盗行为。六是"妒忌"，待人悍泼嫉妒。七是"恶疾"，主要指慢性难以治愈的隐疾。上面七条，有的可以算是理由，如"淫佚"，妻子有了第三者，或有背夫卖娼行为；"盗窃"，小的属于品质问题，大者触犯刑律；再如石女或婚后发现有疯癫、癔症一类疾病，这在今天也被准许离婚，但有的就没有道理，至少理由不够充分。其中最突出的便是因无子而出妻。根据现代医学的观点，是否能生出孩子，责任不全在妻子，因为丈夫也可能得不育症，但那时却全是妻子的过错，甚至为此永远抬不起头来。另如"多言""妒忌"之类，亦无确定标准，主要由丈夫或公婆、叔伯、小姑的意志而定，具有相当的随意性。不过为了对丈夫的出妻行为有所约束，清律同时规定有"三不去"，即"与更三年丧"，妻子曾为丈夫的父母服过丧期；"前贫贱后富贵"和"有所娶无所归"，妻子被休后无可去之处。前述约束，若妇女犯奸则不在"三不去"之列，因为丈夫可以通过告官判决离异，或由官媒发卖、财礼入库的办法加以解决。清人在解释条文时，一再强调需将"七出"和"三不去"看作一个完整的法律条例，尽管它在总体上明显地偏袒男子一方，但毕竟有所制约，使丈夫不得滥施七出之条，确保夫妻和家庭关系的相对稳定。

在《清律·出妻律文》中，还有一个规定，就是夫妻"义绝"者必须离异。《大清律例通考校注》在校注中对"义绝"的解释为："夫妻中一人殴打、杀伤对方亲属者，表明恩义已绝，必须判决离婚。"虽然夫妻是一家，但既然伤害到对方的至亲，说明已无情义可言，不能不离。故律条又定："若犯义绝而不离者，亦杖八十。"这与前面说的"七出"，指法律允许丈夫可据此提出离异，但不等于必须离异是有根本不同的。

在法律条文中，允许由妻子提出解除婚姻关系的只有两条，一是犯奸，"男子有犯，听女别嫁；女子有犯，听男别娶"。此条与前者"七出"条的"淫佚"是相对应的。不过考虑到当时妇女无独立的经济地位，加上有的娘家是否接纳，以及受"从一而终"思想的影响，妻子要就此向丈夫提出离异，较之在同样情况下丈夫要休弃妻子，难度要大得多了。再一条是丈夫逃亡三年不还者，妻子可通过官府发给的执照，另行改嫁，而且追还财礼。条文虽是如此，可在实际操作时，官员仍可斟酌行事。有关情况，下面结合具体例子再加以说明。

结了婚可以出妻、离异，已聘未婚的，也同样能退聘。在《清律》中规定了四条：第一，已订婚期，无故拖延至五年者；第二，聘夫逃亡三年不还，禀明官府给照另聘；第三，聘定后发现当事男女患有残疾而隐瞒不告或以瓜代李骗取对方信任者；第四，已聘未婚男女犯有奸盗或受徒刑者。上述四条，第一条与婚后丈夫无故外出三年，妻子可禀官给照另嫁，以及第四条与丈夫犯奸，听妻子别嫁，意思大体是相同的。第三条则有一定的时间限制，也就是限于聘定的初期。理由是行聘后两家成了亲戚，若一方患有残疾等，照理应有觉察，若相隔日子较长，等于是先已默认，后又反悔，有违情理，官府可照实加以驳回。

以上是有关夫妻离异的法律规定，虽然条例的某些方面考虑到了女方的权益，但若整体加以权衡，显然对女方不利，特别是"七出"之条，更充满着对女方的歧视。在离婚中，妻子基本上处于被动接受的地位。

二　提出离婚的原因

在中国传统社会里，人们有一种心理，即喜合愿成，而不看好离散。结婚是成人之美，属于好事、喜事，所以要尽量撮合；反之，离婚是分是散，系属坏事、丑事，不但不支持，还会遭到白眼，特别是女方首先提出离异，则更难以被社会容忍，随之出现各种诋毁性言辞，乃至责问和围攻。学问家方苞在"书孝妇魏氏诗后"发了这么一段议论："近世士大夫百行不作，而独以出妻为丑，闾阎化之。由是妇行放佚而无所忌，其于舅姑以貌相承而无勃豀之声者,十室无二三焉。"① 其实方苞的话完全是站在男性立场说的。在他看来,正因为士大夫家顾着面子,不敢随便出妻谈离婚,这才造成悍妇无所顾忌地向丈夫、公婆撒泼发狠,以致闹得合家不安。当然,方苞所言亦非空穴来风,但更多应是丈夫向妻子发威,妻子只得忍气吞声,乖乖顺从。原因是从整体考量,妇女乃属弱势群体。在当时,有的地方有"休妻一片土,三年不生草";或"住茅屋,讨生妻,愁苦一世"② 的说法,表明人们对丈夫随意休妻,以及休妻后再行嫁卖行为的鄙视,同时也反映了对处于弱势妇女的同情。

官府对受理离婚案件,通常采取消极的态度,甚至加以阻挠,下面的一则判语很能说明问题:

> 配偶从天作,协女家男室之宜;夫妇重纲常,为居内事外之则。故为关雎叶韵,须如琴瑟调和;配纳弗嫌,德重孔明之盛;蓍妻无二,史嘉恭叔之贤。今某伦理不惇,纲常有悖,顿失同心之美,遂成反目之乖。南涧克供,辄借口蒸梨之失;东派既坦,动驾言食枣之非。殊无可去之端,妄坐当离七恶。效尤百里奚之薄,竟忘炭篓之恩;不思宋仲子之仁,必固糟糠之爱。顷违六礼,忍割百年。因衰弛敬,珠宜还于孟尝;倚势移情,法当隶乎萧相。③

这位失去姓名的地方官,引用了很多典故,讲了很多道理,目的就是劝诫那位向官府提出离异(出妻)的丈夫,要慎之又慎,请他收回呈诉,重过和好的生活。类似这样的情况,在小说中也有反映。晚明小说《贪欢报》,有这么一段描写:

> 县主道:为官的把人夫妇止有断合,没有断离的。但此事律应官卖,不若与他,一到空门,这是法度没了。如今待他暂入尼庵,待后

① 《方苞集》,上海古籍出版社 1983 年版,第 128 页。
② 同治《广信府志》卷 1 之 2。
③ (明)《新纂四六合律判语》,见《明清公牍秘本五种》,中国政法大学出版社 1999 年版,第90—91 页。

再来陈告,那时情法两尽,庶不被人物议。①

这是小说描写的事,但很反映当时的现实。县主说:"为官的把人夫妇止有断合,没有断离",既是社会的道德信仰,也是任官、为官之道。可就丈夫申告而言,又不能不断离异。为了做到情法两尽,不致为此使夫妻为离婚事遭到议论,他建议让妻子先入尼庵暂住,把火气压下去,心平气和地想一想,然后再作决定,这样丈夫也许会撤回状纸,不谈离婚了,真可谓用心良苦。在另一部小说中,我们还看到写书人为了告诫人们不要轻易介入夫妻离婚的纠纷,还特意制造一出因果报应说。《拍案惊奇》第20回中,描写一位萧秀才,命定原可考中状元,以致阴间灵官小鬼也得畏惧避让。一次偶然的机会,他被人拉去代写了一份休书,结果受到天惩,减去爵禄:

> 灵官道,前日为萧秀才时常此间来往,他后日当中状元,我等见了他坐立不便,所以教你筑墙遮蔽。今他于某月某日,替人写了一纸休书,拆散一家夫妇,上天鉴知,减其爵禄。今职在吾等之下,相见无碍,以此可拆。②

小说所写当然属无稽之谈,但立意是很明白的,即通过神鬼之鉴,除了劝告夫妻不要轻言离婚,同时也警示他人凡遇此事,应多做劝合,而不做离拆的事。

尽管当时的社会道德取向和官府的态度,对夫妻离异都是消极否定的,而当事者本身也因种种顾忌,不敢轻易谈分手,但生活毕竟是复杂有变的,即使最传统、最保守的社会,也无法避免家庭和夫妻间发生矛盾冲突。当矛盾无法调和时,同样会出现夫妻的离异和家庭的分裂。事实也确实如此,在笔者见到资料中,就有不少离婚的事例。下面就是从刑案等资料中辑得的144宗有关离婚原因所作的大致归类。

---

① 《贪欢报》,人民出版社1993年版,第220页。
② 《拍案惊奇》卷20,上海古籍出版社1985年影印本,第6页。

1. 妻子有外遇　27 宗　　　　　　　18.75%

2. 夫妻失和　20 宗　　　　　　　　13.89%

3. 家庭生活难过　17 宗　　　　　　11.80%

4. 嫌夫贫病　16 宗　　　　　　　　11.11%

5. 丈夫外出多年不归　14 宗　　　　9.72%

6. 嫌妻子不孝、懒惰、悍泼　12 宗　8.33%

7. 婆媳失和　8 宗　　　　　　　　　5.56%

8. 逼妻为娼　6 宗　　　　　　　　　4.17%

9. 妻子外逃　6 宗　　　　　　　　　4.17%

10. 妻患疯傻恶疾　4 宗　　　　　　2.78%

11. 丈夫有外遇　2 宗　　　　　　　1.39%

12. 妻子无生育　2 宗　　　　　　　1.39%

13. 妻子有盗窃行为　1 宗　　　　　0.69%

14. 其他　9 宗　　　　　　　　　　6.25%

（一）妻子有外遇

从被统计的夫妻离婚案例来看，所占比例最大的是妻子有外遇，约占总数的 18.75%。在夫妻关系中出现第三者，这是最伤害对方感情的，尤其在当时的社会氛围下，即使做丈夫的不想离婚，家庭和周围的人往往也会给予巨大的压力，何况"七出"中，"淫佚"亦赫然在列，丈夫完全可以排除顾忌，提出离异，做妻子的也不敢不从。从我们见到的案例看，凡属妻子有外遇，一旦发觉，只要丈夫愿意，离异是很容易的，如：

　　直隶束鹿县谷氏，42 岁，丈夫李三（48 岁）卖布为生，经常外出运货、贩货，在家的日子不多。雍正十三年（1735）二月间，谷氏与佃耕者周盛（56 岁）发生私通，后被李三识破。李三痛殴谷氏，随即休回。①

---

　　① 中国第一历史档案馆藏：档案，"刑科题本·婚姻奸情类"，乾隆元年六月十九日直隶总督李卫题（以下注明档案者均同此）。

山西五台县高氏，与无服族侄张大定私通。丈夫张富发觉后，告到官府。官断由本夫听其去留。张富便将高氏另行改适。①

甘肃张掖县石氏，与村邻陈伦偷情，被丈夫张雄抓获报官，判定离异，别行嫁卖。②

直隶南和县魏氏与族弟魏贤生私通，被丈夫张认宗查知殴打，休回母家。③

京师内务府闲散旗人张百岁女大妞，未嫁时与邻居郭三私通怀孕，张百岁强令郭三娶回大妞。后大妞又另与人偷情，为郭所知，便写下休书，不告而辞。④

上引 5 宗案例，按照法律条规，都属于和奸性质。律定：凡和奸，若妇有夫者，妇与奸夫各杖 90 大板，奸妇从夫嫁卖，其夫愿留者，听。条件是不能嫁卖给奸夫，否则奸夫和本夫得各杖八十大板，妇人离异归宗，财物入官。⑤ 5 宗案例中，有两宗是通过官府判决离异嫁卖，另 3 宗由丈夫自行休弃。综观 27 宗因妻子有外遇而导致离异的案例，经官判决的约占三分之一，多数即近三分之二的比例是私下处理的。妻子红杏出墙，一旦被人发觉，作为妻子当然十分难堪，对于丈夫同样很不光彩，所以通常情况下，人们在处理此事时，都愿意尽可能地缩小影响，往往不事张扬地悄悄进行处理。如直隶晋州李四，发觉妻子赵氏与人有了私情，"又虑丑事外扬，即寄信往邀氏母来家，欲将氏休回息事"⑥，就是其中一例。而官府的态度也是如此，只要你不告到公堂，就不着意追究，从而使私下休妻往往要多于官断离异。

（二）夫妻失和

这很大原因是出于感情问题，所见记载说得也都十分笼统。像乾隆五

---

① 档案，"刑科题本·婚姻奸情类"，乾隆二年三月十八日山西巡抚觉罗石麟题。
② 档案，"刑科题本·婚姻奸情类"，乾隆二年闰九月十四日甘肃巡抚德沛题。
③ 《驳案新编》卷 31，"和奸后悔过拒奸有据杀死奸夫新例"。
④ 档案，"内务府来文"，第 2157 号。
⑤ 参见《大清律例通考》，第 950 页。
⑥ 档案，"刑科题本·婚姻奸情类"，乾隆三年五月初八日直隶总督李卫题。

十五年（1790），四川巴县王玉贵在向县府谈到他与妻子董氏离婚一事说：身"实与妻不睦仇深，两愿相离"①；又乾隆五十九年（1794），巴县赵福亮与妻子张氏，亦是"夫妇不睦，已非一次，两相离异"。② 光绪七年（1881）在台湾，由陈兴官主立与妻子腰娘的离婚契纸，写的是"夫妻不和，无奈求与外家刘番赎回"。③ 契文所写赎回，是因为当年陈兴官娶腰娘时曾发过聘金，现在作退婚（离异）处理，女家理应有所赔偿，故有是称。有关女家向男家退还聘金的习俗，下面在结合谈离婚手续时还会有所讨论。光绪二十九年（1903），顺天府宛平县女子李氏在谈到她（31 岁）与丈夫郑大（29 岁）离婚原因时是这么说的：

> 小妇人自十七岁过门后，我夫妇总不太和睦。于光绪二十六年间，因避兵灾，我公婆将小妇人带出逃至刘家村赁宋姓房屋居住。后我公婆等均已回家，我男人不肯将我接回。小妇人在外住了一年之久，至二十七年十一月间，我男人始将小妇人叫回，因此我夫妇更不和睦。至二十八年十一月间，我男人郑大总要将我休散。后他托钮秃子、张德宝、郑四等作中，于是月二十八日，我男人郑大写立休书一张，按了指印，小妇人亦印了斗箕手印，中人等令小妇人替我胞兄李大亦印了斗箕。我男人交给中人过手银二十五两，经中人给了小妇人银五两，其余二十两，他们说给我胞兄。李大送去立字后，小妇人即同我夫堂弟郑六秃子进城，在土地庙地方经张三给我赁张姓之房居住。④

所谓"不睦""不和睦"等，都是夫妻双方说的，故有"两愿相离""两相离异"的说法。但总的说来，应以丈夫主动提出为主，譬如前面举出的陈兴官和郑大的两个例子便是如此。因夫妻不睦而离异的，还常有远因和近因。湖南溆浦县周显正将妻子向氏休弃，两人本"素不相合"。后

---

① 四川省档案馆藏："巴县档案" 6/1/1797。
② "巴县档案" 6/1/1823。
③ 台北"中央研究院"台湾史研究所藏"契约文书" T078·D004·004。
④ "刑法部档案"第 01145 号。

又因"不受姑训",被周显正抓住把柄,借机将向氏休回母家。① 又如安徽亳州王氏,原是陈士英的童养媳,成婚三载,夫妻两人"素不和睦"。乾隆五年(1740)十一月二十六日,陈士英令王氏缝袄。王氏不善于针线活计,致相口角。陈即私立休书,将王氏退回岳家。② 在此,"素不相合"或"素不和睦"是远因,也是最根本的矛盾,而"不受姑训"或"不擅针黹"不过是导致丈夫出妻的导火线。类似这样的情况还有,在此只举两例以作说明。

(三)家庭生活难过

这主要是家穷所致。像山东莱阳县周顺,在京师娶大兴县民女黑妞为妻,生有二女均早夭,后因家穷无法养活,遂写书休回。③ 直隶宝坻县张氏(29岁),张庆大妻。张庆大在戏班干杂活儿,有时带钱回家,不带钱的时候居多。张氏平日纺线所得,除交房租外,所剩无几,经常乏食饿肚子。一次,张氏因没吃的寻死,被人发觉,找回张庆大。张庆大给张氏3吊钱,又立了离婚手脚印(据张氏称,"因男人不会写字,没立离字",以手脚印为凭),要她另找出路。此事后经县官批示同意离异,准许张氏再嫁耿得旺为妻。④ 四川巴县陈志高所开的离婚书中说得更加可怜:"情因家贫如洗,身带残疾,生意淡泊,日食难度。万般无奈,只得禀明母亲陈傅氏,身自愿夫室两离,各逃生命。与妻达氏言明离异,禀明岳父知道。"⑤ 在因家贫离婚中,还常常出现在灾荒的年代。在农村,一场水旱灾荒,会使本来尚可勉强维持生计的中下层家庭,变得一饱难求,出现妻离子散的悲剧。夫妻离异,也就含有"各逃生命"的意思。像同治十年(1871)李国珍开立的一份离婚书中,就写明:"只因年景不及,田禾被淹,房屋倒塌,难以存身,食不能糊口,衣不能遮寒,逃荒在外,寻茶讨饭要不着,回到家中,妻子投奔娘家自顾不暇。"这才商定,"夫妻两离,

---

① 档案,"刑科题本·婚姻奸情类",乾隆二年六月二十二日刑部尚书徐本题。
② 档案,"刑科题本·婚姻奸情类",乾隆七年三月初五日安徽巡抚张楷题。
③ 档案,"内务府来文·刑罚"第2152包。
④ "顺天府档案"28/3/169/101。
⑤ 《清代乾嘉道巴县档案选编》下册,四川大学出版社1996年版,第485页。

各逃性命"。① 光绪十八年（1892），梅氏的公公周俊向官府申请，要求解除梅氏与丈夫周珍的婚约，理由是家本贫寒，儿子长年外出谋生，加上"大水为灾"，"一无养生之路"。故商允离异，出具离书，听其另嫁。②

（四）嫌夫贫病

如果说上面说到的离婚原因也有妻子首先提出的，或经夫妻协商而定，但更多的是丈夫主动，妻子只有接受的份儿。嫌夫贫病则不同，它更多地体现了妻子的意愿。原籍山东汶上县张乾因家里穷苦，迁到河南裕州谋生，客地无居所，只好借居于先前到此的母舅家中，从而引起妻子牛氏的不满，"终日吵嚷"索要休书，离婚别过。③ 湖南长沙县萧昌祚与妻子杨氏的离婚，也是由于杨氏见萧家"家穷，时常吵闹，又不肯侍奉公婆"。据杨氏自供：

> 小妇人父母死了，叔父杨坤山已经分居，家里止有哥子杨带聘。小妇人自幼在萧家抚养做媳妇的，吃的穿的都没有，所以小的与萧昌祚平日不和。乾隆五年四月，小妇人的公公、丈夫对小妇人说，你在家时刻吵嚷，不如改嫁了，别人倒也安静。小妇人回说，你们要我嫁，我就嫁。后来不知小妇人的公公、丈夫同叔父、哥子怎样叫夏六作媒，将小妇人嫁与易成远的。④

这是经夫家、娘家共议，又征得妻子同意，把离异和再嫁一并进行的离婚案。类似将离异和再嫁一并进行的做法，按照当时的法律是不允许的，可在实际生活中却经常出现。另外像在北京生活的张柏，"因妻过门后，未生子女，伊总嫌身家贫，不愿跟身度过……坚欲与身离异……遂忍气吞声，写给退婚字据一纸"。⑤ 刘永富："情缘身妻张氏因嫌身贫苦无

---

① "顺天府档案" 28/3/176/158。
② "顺天府档案" 28/3/178/064。
③ 档案，"刑科题本·婚姻奸情类"，乾隆二年河南巡抚富德题。
④ 档案，"刑科题本·婚姻奸情类"，乾隆六年二月二十四日署湖南巡抚许容题。
⑤ "顺天府档案" 28/3/170/057。

能，不与身同心度日，身原将伊休回。"刘还说张的父母，也就是刘永富的岳父母，还帮着女儿"向身逼要休书，身不识字，不能写休书。伊夫妇拿纸按身手脚，用锅灶内黑烟打手印、脚印收去"。① 此等由妻家父母出面，代女儿向女婿勒要休书离婚的，还不止刘永富一家。直隶乐亭县王永合，48 岁，曾娶沈氏为妻。沈嫌王穷苦，不时吵闹，自回娘家，还与有钱的黄之谅偷情，并由丈人逼王休妻，沈遂与黄为妾。② 山西大同人刘沅，种地为生。光绪十二年（1886）娶辛氏为妻。辛氏的父亲辛亮常嫌刘家穷苦，追悔答应嫁女。光绪十九年（1893）十一月二十八日，辛亮找女婿说，你家"愈加穷苦，致女人同受饥寒，不如把女人休回，听他择人另嫁"。在辛亮的勒逼之下，刘沅只好写立休书，将辛氏送还娘家。③ 更有甚者如直隶宝坻县刘天成妻周氏的父亲周顺，自将女儿嫁来后，便嫌刘家贫寒，不断唆使周氏寻找是非，并不安分度日。周顺还将女儿接走，将近一年不给送还；待刘天成将妻子接回，周氏便吵闹逼要休书，并两次用自杀进行威胁，以求一逞。④

（五）丈夫外出多年不归

这是明清以来，特别是清乾隆后所出现的社会新情况。很多青壮男子因为在家无法谋生，出外去闯荡世界。像山东人到东北关外，山西、直隶人去口外蒙古，福建渡海到台湾等，也有进入城市做伙计、卖苦力的。这些人一般都春去秋回，类似候鸟式的流动。但在那时山海阻隔、交通不便的条件下，加上干的都是佃田、卖苦力的活儿，多年不能回乡也是经常的事，甚至发生意外而家人却无法得到信息。于是就出现丈夫外出多年不归，妻子要求离异以另谋生路的状诉。按照"清律"：丈夫外出三年不还者，通过官府给照，可允准再嫁。依此只要够了年限，妻子提出离异再嫁应是合法的。不过从我们所见的资料中，仍有很多因此而吃官司。譬如四川巴县王美纯妻李氏离异再嫁，就因美纯又突然回乡而发生矛盾。按美纯

---

① "顺天府档案"28/3/175/187。
② 参见"刑法部档案"第 18071 号。
③ "顺天府档案"28/3/165/001。
④ 参见"顺天府档案"28/3/173/129。

于乾隆二十年（1755）外出，遗妻李氏在家达15个年头，始终杳无音信。乾隆三十年（1765），"年岁饥馑，其妻李氏不能苦守"，便由大伯王美常和婆婆何氏做主，再醮与刘廷先为妻。但此后不久，美纯于乾隆三十五年（1770）十一月由陕西返回巴县，见李氏嫁人，于心不甘，竟至刘家强行抢夺。经官府调解，王美纯将李氏送回刘家，同时令刘廷先向王美纯缴银十千文作为补偿，使这宗离异再嫁案得以了结。① 直隶宝坻县田瑞妻子徐氏离异再嫁，是经徐氏公公田发禀呈县府，由官批照同意的：

> 具状民人田发……切身无子，过继胞侄田可佩之胞弟田瑞承嗣，娶徐氏连弼之妹为妻。于道光七年间，身继子田瑞因家中度日艰难，赴关外谋身去讫，至今十三年，并无音信。经身赴关外往找，实无下落，但身家并无房屋地土，糊口无出。现在身媳田徐氏衣食不济。今身与田可佩商酌，欲将子媳田徐氏着伊胞兄徐连弼领回，另行转聘活生。徐连弼恐身继子回归，向伊要人，坚不领回。现在身家实系糊口无出，难以留养媳妇。情出无奈，只得叩乞仁明太老爷恩准，饬徐连弼将伊妹领回转聘。再，身老无子家贫，无人抱呈施行上禀。
>
> 批：据呈：田瑞外出十三年并无音信，往找无踪，田徐氏应准改适。惟该氏愿守与否，着徐连弼询问明确呈复核夺。
>
> 道光十九年六月初一日②

禀文中，我们无法得知徐氏的态度，但她守着年迈的公公，在衣食不济的情况下一直苦等了13年，最后经公公田发禀文官府，才得离异，另择出路，可见此种离异也不容易。在还有一些记载中，妻子因为久等丈夫不着，先行改嫁，待丈夫回乡同意离异，以确认再嫁事实的。像薛得才，嘉庆二十四年（1819）赴关东谋生，道光二年（1822）回乡，向县府出具甘结说："身妻（毕氏）实因身外出不回，并无养赡，又兼身母病故，棺木无出，自愿改嫁殡葬身母，抚养幼子……毕氏亦系无奈，对此身实出

---

① "巴县档案" 6/1/1685。
② "顺天府档案" 28/3/162/091。

情愿，永无反悔"①；魏幅："缘身家贫，于光绪二年间出门谋食，总未回归。至去岁（光绪三年）八月间，身妻赵氏，因贫无养，又兼身出门杳无信息，遂自烦人为媒，改嫁与李瑞为妻，以冀活生……李瑞并烦人向身说透情由，实系身妻情甘改嫁李瑞，并无偷聘之情。现李瑞愿给身价钱文，着身另娶。身思赵氏背夫改嫁，已非良妇，身实不愿与其再为重聚彼此见面，均无异说，俱愿息讼"②；又，韩凤山："身妻魏氏委系因身外出无音信，家无恒产。身父与身妻度日难过，日受冻饿之苦。彼时魏氏已向身父说明改嫁张姓，各奔生活之路。延至今岁，身自外归家……现已查明实非魏福（魏氏父）等偷卖。其魏福已将身花过媒礼钱交身收回。乃魏氏改嫁张姓多日，身情甘不要，另娶妻室。"③后两例，即魏幅妻赵氏和韩凤山妻魏氏的改嫁，都是丈夫外出，生活难过，不得已而为之。虽然赵氏改嫁，离丈夫出门不满三年，但从魏幅向县主说的"因贫无养"来看，确有可谅解之情。另如魏氏改嫁是征得她公公同意的，所以谈不上"偷聘"或"偷卖"。而且两位丈人还都把先前的聘金各退给女婿，请他们另娶妻室，算是一种补偿。尽管魏、韩二人要说几句"背夫改嫁，已非良妇"，或已改嫁多日，"身情甘不要"，那样带有谴责性的牢骚话，但都接受现实，同意离异，让她们再嫁了。而官府对于这类事，大体采取只要双方和息，就顺水推舟，以"免究销案"了结，因为他很难对此作出是非公断。

不过也不是所有丈夫久出不归，妻子要求离异再嫁都能得到官府批允的。雍正十二年（1734），浙江浦江县施氏，因丈夫出门到陕西，6年不归，自愿嫁与建德县的罗玉林，结果官府认为他们是苟合成婚。罗玉林依收留在逃女子为妻妾律议杖八十，徒二年，又以符合恩诏条文给予赦免，但两人的婚姻却宣告无效，施氏被退回夫家收留。④ 直隶宝坻县马氏与张老于道光十八年（1838）结亲，不到1年，张老就外出谋生，遂将马氏送还娘家暂住，至道光二十五年（1845），已满5年，毫无音信。马氏的母亲王氏系孀居，家业贫寒，难以养赡，欲将马氏送与张老胞兄张天福，被

---

① "顺天府档案" 28/3/174/053。

② "顺天府档案" 28/3/172/013。

③ "顺天府档案" 28/3/172/019。

④ 档案，"刑科题本·婚姻奸情类"，乾隆二年九月初三日浙江总督嵇曾筠题。

天福拒绝。无奈之下，王氏准备将女儿另选婆家，使其有安身之地，并为此向县衙呈文禀告。县太爷在接得马氏呈文后，却发了如下议论：

> 查例内，妇人因夫逃亡三年未返，原许改适。惟逃亡二字，系指犯事潜迹异地，并无一定栖身之处者而言。倘因经营贸易，或探亲觅友，即无音信，不得与逃亡概论。今尔婿若系因经营等事外出，自有安身之地可查，现今虽无音耗，尔女究未便遽行改嫁。如果实因贫难过度，着邀同张姓房族责令张老之兄张天福暂行收留，一面查访张老下落可也。
>
> 道光二十五年十月初八日①

这位县官在"逃亡"二字上大做文章，实际上是在逃避责任，把因丈夫外出 5 年毫无音信而要求离异再嫁的请求顶回去。因为按照他的逻辑，只要不是"逃亡"，做妻子的即使饿死，也必须苦守等待。不过由此可见，制律者所以要用"逃亡"二字，乃是大有深意的。

凡丈夫长久外出，妻子要求离异再嫁，很多是由公婆或父母亲等出面进行操作的，而且所提理由常与家穷难以生活联系在一起。这与当时社会习惯中，人们对妇女要求离异再嫁心存歧视，有着很大的关系。由公婆、父母等长辈出面，等于是由他们承担责任，何况有的本来就是他们的主意，这就会减少很多非议。至于离异的原因，即使有的并不完全出于家穷难守，以此作为托词，也比其他理由可能更能得到周围的谅解，这也是时代使然。

（六）嫌妻子不孝、懒惰、悍泼

这都是由丈夫提出的理由。先说不孝，这在当时可是大事，由此休妻，人们很难提出异议。直隶宝坻县韩国美，就是因为妻子田氏，"时常向身吵骂，并毁骂身之祖父，因此身气忿难忍，将身妻田氏休出"。②直隶

---

① "顺天府档案" 28/3/162/143。
② "顺天府档案" 28/3/175/043。

玉田县刘士发与丰润县孙氏成婚后，发现她对婆婆陈氏很不孝顺，而且"闺门不严"，两年后亦以此将孙氏休回。[1] 山西大同县许大幅则因不满妻子苏氏"好吃懒做，屡教不听"将其休弃，由苏氏胞兄将她接回娘家。[2] 安徽亳州陈士英开立休书，欲将妻子李氏送还娘家，原因是"妻悍泼懒惰"，常与丈夫吵闹不让。[3] 嘉庆二十一年（1816），宝坻县陈孟龄在他出立的休妻文书中，谈到他之所以请来岳父，要将妻子刘氏休弃，也是因为刘氏不听劝告，终日打骂，闹得家里很不安宁。[4]

（七）婆媳失和

在那时，父母与儿子住在一起，常因家庭琐事出现婆媳矛盾，这对夫妻关系也会产生消极影响，当矛盾不可调和时，婆婆可能利用权威要求儿子出妻，或干脆来个婆婆出儿媳。在我们的统计中共见到 8 个这样的例子，虽然所占比例不大，但也不可忽视。因婆媳失和而导致夫妻离异的，通常由儿子代母休妻。像嘉庆二十一年（1816）闰六月，李国卿照七出中"不事舅姑"之条，亲笔写休书字据一纸，盖上手模脚模，将赵氏退回娘家。[5] 光绪二十八年（1902）马永俊与妻子李氏离异，也是因李氏不听婆婆教诲，肆行泼刁，由马永俊出立字据的。县主对此作出的批示是："婆媳不和，总欲离异，迨经人说合，马会之子（马永俊）立给李俊（李氏之父）将女另聘字据，李俊立给马会（永俊父）复娶字据各一纸为凭，两无瓜葛，准销案。"[6] 少数由婆婆出手休儿媳的（我们的统计中有两例），多半是儿子对妻子尚有感情、不忍离异之故。像云南镇沅县曹氏，夫死子殇，遂领养同宗吴朝凤为嗣子，抚孤守孀。乾隆五年（1740）十月，曹氏聘张氏为子媳。可自张氏进门后，曹、张矛盾便日趋紧张，曹氏欲将张氏休弃，朝凤却推托不愿。曹氏便带朝凤和张氏跑到亲家处说，儿媳是我用

---

① "顺天府档案" 28/3/165/003。
② "刑法部档案" 18076。
③ 档案，"刑科题本·婚姻奸情类"，乾隆七年五月初九日刑部尚书来保题。
④ "顺天府档案" 28/3/161/126
⑤ "顺天府档案" 28/3/161/049。
⑥ "顺天府档案" 28/3/172/005。

银子娶的，现在张氏不孝顺，我要把她退回你家，取走聘金。结果在争执中出了命案。① 又如安徽歙县李添弟之妻叶氏，亦因与婆婆关系紧张，添弟母亲乘添弟远出，便将叶氏休弃转嫁了。②

（八）逼妻为娼

逼妻为娼与逼良为娼等同，按律也是有罪的，只要妻子或妻方有人提出离异，官府自得批准。下面所举两例均出自四川巴县。

例一：萧兴汉逼妻刘氏为娼，刘氏无法忍受，特向县府提出控告：

> 据刘氏供：小妇人年卅二岁，是綦江县人，前配李姓为妇。夫故，是去年正月初十日嫁与萧兴汉为婚，陈世彪为媒的，过财礼钱六千。去年（乾隆五十四年）冬月二十八日，公公诱陈姓一人来家，叫小妇人与他为娼；腊月初四日，又叫小妇人当娼。小妇人不从，被丈夫萧兴汉打骂多次。如今小妇人情愿回娘家，不与萧兴汉为室，只求作主。

在审讯中，萧兴汉反咬刘氏"不听约束，亦非良妇"，所以县主的判决是，刘氏发交官媒发卖，萧兴汉责板示戒。③

例二：道光十三年（1833）李荣炳纳萧氏为妾，然后又勒令做娼，被萧父萧天泰得知，控县要求退婚。下面就是李荣炳出立的退婚文约：

> 情身原配宋氏为妻，因贫苦无度，在渝卖娼度日。于道光十三年又娶萧天泰夫妇之女为妾，时身用过果盆水酒银二十两，尚未过门。经萧天泰夫妇查知身系卖娼之家，悔婚不嫁。致身扭禀前任杨主，断令萧天泰夫妇领女别嫁，缴还身用过果盆银二十两。时届岁暮，萧天泰无力缴钱，有傅启顺从旁挽劝，萧天泰仍将其女嫁身为妾，伊免缴

---

① 档案，"刑科题本·婚姻奸情类"，乾隆七年七月十三日刑部尚书宋保题。
② （清）傅岩：《歙记》卷9《纪谳语》。
③ "巴县档案"6/1/1790。

银两。身不得将萧氏作贼卖娼，立出永不当娼字据，萧天泰允从完案。嗣后身妻宋氏病故，寻觅不着，日食艰难，于十八年身私逼萧氏招客当娼，不令萧天泰夫妇知觉。萧氏连年央身网开三面，放伊从良，身不□□□，萧氏忍辱至今。伊向父母告知当娼情事，萧天泰夫妇闻知不依，赴县呈告。身恐□□□□，再三央请傅启顺、熊应福等向萧天泰夫妇求情免控理论，众剖令身不应娶良为娼，甘愿将萧氏退回另嫁，永不生事。众劝萧天泰夫妇悯念从前用过果盆水酒银二十两，今加倍给身银一百两，别图正业，改娼为良，两相允悦。今萧天泰夫妇给出银一百两正，身如数亲领。身将萧氏当众退还萧天泰夫妇领回，另行择户，听其改嫁自便，身不得从中阻拦滋事。倘择嫁良家之时，身有借故索诈生枝等弊，凭萧天泰夫妇执约禀官，身自甘罪戾无辞。此系身心甘愿，从中并无押逼刁唆谋娶等事。恐口无凭，当众出立退婚文约一纸，交于萧天泰夫妇为据。

道光廿一年四月初一日

文约虽长了些，但从中间的过程可以看出，特别在当时一些城市里，颇有像李荣炳那样不顾廉耻的无赖，不惜逼勒妻妾卖淫，以做牟利工具的。萧天泰夫妇所以受骗上当，将女儿送入虎口，当然是因家穷。当他们第一次得知李荣炳的作为，想拯救女儿时，就是因为缺钱而无法赎得，结果使李荣炳逼萧女为娼的行为能再次得逞，从而促使萧天泰夫妇再得向李进行交涉。李则利用他所熟识的傅启顺之流，名为从中调停，实际明显偏袒李荣炳，以致最后萧天泰夫妇还需出银百两，才能将萧氏赎回，这明显又是一种勒索。可作为为民做主的巴县正堂，却认为李荣炳既已同意退人出据，逼良为娼自然告一段落，因此亦可销案了结，受害者竟连一点补偿都没有，这是很奇怪的。因逼妻妾为娼要求离异的事，虽然不可能很多，但在我们见到的资料中也有6件，占总数的4.17%。它与其他逼良为娼的行为一样，成为清中叶后一个不可忽视的社会问题了。

（九）妻子外逃

妻子外逃，起因可能与夫妻不和或与家庭中其他矛盾有关，但在所见案例中交代得都很简单，如：

> 王亭富，自幼聘蓟州姜氏为妻，因姜氏私逃，伊愿将姜氏休回；
>
> 吕守福妻刘氏，过门后子媳不与同心，时常私逃。当经传讯，吕刘氏情愿离异，追还财礼，断令另行转聘；
>
> 陈敏：……身妻王氏逃跑，妻母等并不知情，身查无下落。王氏既已逃跑失节，身情愿不要王氏为妻，倘蒙拿获，求恩公断；
>
> 张福元，其妻意绝于夫，私行逃匿，理应休弃另娶。①

所举 4 例，均出自"顺天府档案"中宝坻县卷宗，时间分别为嘉庆二十一年（1816）、道光十四年（1834）、道光二十一年（1841）和光绪十年（1884），一个并不很大、经济也不算发达的县份，几十年间连续发生妻子外逃而离异的事件（相信这远不是全部），扩大到全国，平均每年总会有数十起到百余起。这种妻子意绝于夫，私自逃匿的行为，往往掺杂外来的第三者因素，以致即使是农村女子，也敢大胆出逃，是当时夫妻离异中值得注意的动向。②

（十）妻患疯傻恶疾

七出中有"恶疾"一条，这就使丈夫有理由以此出妻。请看下面的休书：

> 立休书人正蓝旗宗室荣耀，于道光二十四年娶正蓝旗满洲四甲德玉之女为妻，素无不合，因有疯疾之症，自行逃走，并无下落。如若找回，荣姓同玉姓之面言明，情愿认（任）凭改嫁，并无改诲（悔）争论。恐口无凭，立此休书为凭，永远存照。
>
> 咸丰十年十二月初七日立休书人荣姓③

---

① "顺天府档案" 28/3/174/024，28/3/163/150，28/3/165/133，28/3/177/126。
② 有关清代妇女离家外逃情况，笔者曾写过《情理法的矛盾：清乾隆朝妇女奔逃案件中的情欲因素》（载《情欲明清——达情篇》，台北麦田出版社 2004 年版）一文，可参考。
③ 档案，"宗人府来文"第 1 卷第 437 包。

　　休书中，荣耀提及夫妻不合，但正式要求离婚的理由是妻子有疯疾之症。自行外出，是疯疾症病发时的一个症状。既然理由充分，妻子的父亲德玉即使不愿，也无法反对，只好接受休弃事实。另如大兴人赵邵氏，因有痰迷症，被丈夫赵三元休弃①；再像赵氏，患有疯病，由婆婆出面休弃②，情况亦大体相同。

（十一）　丈夫有外遇

　　根据"清律"：妻子犯奸，丈夫可以出妻。与此相对应，丈夫犯奸，妻子也可以提出离异再嫁，显示法律对双方都是平等的。但实际情况并不都是如此。我们所见因丈夫有外遇而导致离婚的两个例子就是很好的明证。因为它不是妻子上诉离异，相反，却是由此导致丈夫折磨妻子、逼迫妻子离婚。在此，且举河南滑县宋光远借故休妻一案为例，下面便是宋母、宋妻杨氏和宋本人三人的口供：

　　　　据高氏（宋光远祖母）供：六十二岁，丈夫、儿子、儿媳均已故世，只遗下一个孙子宋光远，是小的抚养大的，娶杨氏为妻。杨氏为人并没有不端的事，不知小的孙子为什么只是不爱见他，时常合（讴）气。雍正十三年六月二十日，小的孙子把杨氏休回娘家去了。

　　　　据杨氏供：小的男人宋光远娶小的到家，先贰年原是和好的，到雍正十三年春间，他时常寻小的不是，只要打骂。五月二十八日打了小的一顿，小的回娘家住了一夜回来，男人拿刀弄杖，要打死小的。小的害怕，六月初间又回娘家去了。他说小的私奔娘家，六月十二日立了休书，把小的休回去了。至男人与赵氏通奸，小的并不知道，也不知道他杀死薛三（赵氏夫）是实。

　　　　宋光远供：小的二十八岁，雍正十三年正月十七日晚与薛三妻赵氏（28 岁）有奸，并日渐情密。小的欲拐赵氏逃走，赵氏以小的有

――――――――――――

① 参见"刑法部档案"10852。
② 参见"顺天府档案"28/3/173/009。

妻她有夫加以推托。小的就借故将妻子休回。又与赵氏商议将薛三杀死。①

依照口供：宋妻杨氏是一个"无不端之事"的妻子和儿媳妇，她连宋有外遇都不知道，而且也不晓得丈夫为什么非要休她。而宋光远则完全陷于被情所困之中，爱了不该爱的人，却不能自拔，以致休妻杀人，最后连自己和情人的命也都搭上了（宋以奸夫起意杀死本夫罪判斩决，刺字；赵氏依因奸同谋杀死亲夫律凌迟处死）。通过此案，同时显示司法条例的实践是离不开社会大环境的。当夫妻关系中妻子的地位在总体上处于被动、受压的位置时，那是很难让其采取主动，依律维权的，更不要说依此向丈夫提出离异了。这也是我们在谈离婚原因时，将其单独列出的道理。

（十二）妻子无生育

这是"七出"中的首条。我们所见两个例子，都是夫妻关系本不和睦，然后借着妻子不生育的大帽子，将其休弃。广西岑溪县张亚德与赖氏结婚13年，赖氏嫌夫家贫穷，常怀怨恨。亚德母亲梁氏认为赖既不能生孩子，还不相安。于是亚德便承母命，将赖氏休弃，令其别嫁。② 山东曲阜县孙敏英（28岁）与颜氏（27岁）结婚10年，"只因颜氏为人痴呆丑陋，娶了许多年并没有生育"，先后休她几次，都因颜氏抵死不从，甚至以跳井威胁，没能休成。最后孙敏英竟用砒霜合成丸药，冒充调经丸将颜毒死，闹出人命。③

（十三）妻子有盗窃行为

这也属于"七出"中的一条，不过由此休妻的只见一例：山西灵石县张翔鹄与妻赵氏，原本并不和谐。乾隆四十六年（1781）二月，赵氏在归宁母家期间，与人赌博，输欠张辛氏等钱530文。三月初四日赵氏回家，

---

① 档案，"刑科题本·婚姻奸情类"，乾隆二年五月十一日河南巡抚尹会一题。
② 参见档案，"刑科题本·婚姻奸情类"，乾隆五年十一月初八日刑部尚书那苏图题。
③ 档案，"刑科题本·婚姻奸情类"，乾隆四年十二月十六日刑部尚书尹继善题。

趁丈夫不在，乘机窃银5钱，以偿赌欠，却被张翔鹄搜获，悉询前情，向其责詈。赵氏躺地哭骂。张便以赵氏不守妇道，提出休妻，并告知妻母，将赵氏领回。①

（十四）其他

这都是些比较零散不好归类的案例：像陕西府谷县阎启嵩于乾隆五年（1740）十一月初十日娶张氏为妻。乾隆六年（1741）三月十七日早，张氏推碾被闪伤胎，即行生产，系属无气男孩，大小不过数寸。启嵩年幼，只知十月生子，未识有小产之事，心疑张氏未嫁前行为不端，欲行休弃，经人解释而止。但因出外听人议论，心生羞愧，随又起波澜，终于将张氏休归母家。② 广东应德人全自进，在广西平南县垦山劳作，娶当地女子陈观娇为妻。观娇年轻恋家，对丈夫照顾不够。全便将陈休送娘家。③ 贵州铜仁县罗氏，原嫁周重先为妻，雍正九年（1731），重先病故，留下3个年幼的儿子，罗氏乃招陈天顺抚养幼子，才过半年，天顺便外出不归，随后寄回手印离书，嘱令罗氏再嫁。据天顺供称，他与罗氏离婚，"想是姻缘不对，夫妻不相和合。他家四口，连小的五个，做庄稼的事小的做不来，一人不能养活五口"。④ 另如直隶丰润县刘振魁，因失和于岳丈家，被岳丈逼要休书，将女张氏领还；宝坻县邳仲山嫌妻杨氏"愚丑"，坚欲休妻；王进福因出外求食，考虑妻子郭氏在家缺养，休妻令其再嫁；黄永和嫌岳父李宽行为不检，愿退亲休妻；王富嫌妻子庞氏貌丑，休弃送回娘家⑤；湖北天门县董先兆娶谢氏，婚后发现原来是石女，要求退婚⑥等，均一并归于此类。

---

① 参见《驳案新编》卷16"听从妻母将妻勒毙"。
② 参见档案，"刑科题本·婚姻奸情类"，乾隆七年四月初十日署陕西巡抚岱奇题。
③ 参见档案，"刑科题本·婚姻奸情类"，乾隆元年七月二十六日管刑部事允礼题。
④ 档案，"刑科题本·婚姻奸情类"，乾隆七年七月二十九日贵州巡抚张广泗题。
⑤ 参见"顺天府档案"28/3/170/002，28/3/173/007，28/3/175/194，28/3/168/186，28/3/163/004。
⑥ 参见档案，"刑科题本·婚姻奸情类"，乾隆四年三月二十七日刑部尚书尹继善题。

三　离异诉求中的角色分析

综观夫妻的离婚原因，虽然各种各样，但从离婚的诉求来看，应以丈夫休妻为多。当然也有夫妻协商，或夫家与妻家协商，以及公婆出儿媳和妻方父母要求离异的等。这在结合介绍离婚原因时已多有涉及。下面再就离婚中究竟谁是诉求的主体，也就是首先由谁提出，对上述144宗离婚案例再加分类排比：

丈夫出妻　78宗　　　　54.16%

妻子要求离异　18宗　　12.50%

夫妻协议离婚　11宗　　　7.64%

妻方家长要求离异　11宗　7.64%

公婆出儿媳　9宗　　　　6.25%

迫于外来压力休妻　4宗　2.78%

夫家与妻家协调离婚　2宗　1.39%

情况不详　11宗　　　　7.64%

分类排序显示，即使像清代这样的传统社会，离婚也不只指丈夫出妻，在主诉者中，还有妻子和其他人，而且各占一定的比例，说明社会永远不会只有一种要求、一种行为；可另一方面，从丈夫出妻占到总数一半以上，达到54.16%，则又表明在社会和家庭中，男子和丈夫较之妇女和妻子，仍是绝对的主导者，主要还是由他们说了算。

其实在离婚诉求中体现丈夫意志的并不只有"出妻"一项，在夫妻协议离婚或夫家和妻家协调离婚中，也往往体现了丈夫的意愿，只是在离异方式上比较平和。像前述广西岑溪县张亚德与赖氏、湖南长沙县萧昌祚与杨氏的两宗离婚案，夫妻间本来已互不满意，所以一旦丈夫提出离异，很快就与妻子达成协议。再如陕西府谷县阎启嵩因妻子张氏小产怀疑行为不端而导致的离异，也是阎本人态度坚决，经双方父母协商，认为"夫妇既不和谐，亦即允从"，整个过程办理均称平和。在通常情况下，由于出妻会影响妻子的名声，也关系到妻家乃至妻家亲属的颜面，除非妻子行为实在理亏（如有私情），或像前面说的本人也不想维持关系，一般总要遭到妻子或妻子本家的抗拒。当私下无法解决时，就会告到官府决断，包括有的丈夫径直告官要求审理的在内。我们集辑的离婚例子，绝大部分取自案例，其中相当部分就是因为离婚出现争端，闹到官府求告解决的。

在妻子作为诉求主体的离婚活动中，有时确实也表现了妻子的尖刻强悍，但背后却常伴随着另外一些主使者，像直隶祁州宁六儿妻李氏（26岁）吵着要与丈夫离婚，一是她已另有相好，二有其父亲的插手教唆。且听宁六儿对此事的供述：

> 小的是本州人（祁州）。小的于十八岁娶□□李氏过门，过了八年养下一个女儿叫喜姐。小的因家里穷，时常在外做活，挣了几个钱带回来，都是他（指李氏）吃酒花了……乾隆三年十一月里，李氏说小的不能养活，天天合他老子李图光与小的吵嚷。小的管他不下，原叫他另寻主儿。后来李氏说要嫁金重会，小的也依了他，是李图光说合，给了小的三千钱，当时立契成交，连女儿也给金重会了。小的家并没一个人，自卖李氏之后，就上定州去了。①

就供述言，宁六儿是个很本分老实的人，比较起来，妻子李氏显得泼辣多了。不过说到李氏要求离婚再嫁，那是等她有后台，自持有了退路才敢做的。另如四川巴县周氏，声言要与丈夫詹凤离婚，当着婆婆的面用剪刀剪发显示必走的决心，到最后袖揣休书底稿一份，逼勒詹凤照样誊录付予，原因是有亲戚王珍、周上贤为其煽风撑腰。② 还有像郭旺妻李氏，在父亲李万才主唆下，"不安分度日，时常寻死觅活，偷去庚帖，强用手脚各印"以达到离婚的目的；陈秉魁称其妻董氏，"嫌身家穷，言说不能与身收心度日"，欲离异再嫁，也是因为有人趁陈外出佣工，不断引诱她，并为其出点子；张柏妻张氏，过门后便嫌家贫，加上张柏身在北京做活，

---

① 档案，"刑科题本·婚姻奸情类"，乾隆五年闰六月二十一日直隶总督孙嘉铨题。
② "巴县档案"6/1/1804。

张氏则留在老家，两地分居更增加了隔阂，有人起而乘之，促进了妻子的求离之心。在张氏的坚持下，张柏只好"忍气吞声，写给退婚字据一纸"。随后张氏便改嫁家乡白宽之子为妻。① 在上述女子的离婚诉求中，第三者的身影固然对事件发展起着促进作用，但根本问题还是妻子对丈夫感情依靠上的绝望。当然这不排除有的人存在嫌贫爱富、别有所图的思想。在这里，妻子的诉求应是最主要的，丈夫则属被动的角色。至于她们需要借助第三者，是与妇女总体上处于弱势地位有关。她们害怕在与丈夫的较量中遭遇失败，而且确实经受不住失败，另外一旦离异成功，总要有个可仗持的出路（如改嫁或娘家愿意接纳），而第三者便起到这样的作用。然而，不管妻子在离异中如何采取主动，有一点却对女方不利，即要使离婚生效，得到社会承认，必须由丈夫出具离书、休书才行，或者有官府的判决。这是法律对妇女离婚权利的一种限制，也可以说是压制和歧视。

在夫妻离异中，双方真正算得上平等协商的是家庭遭遇变故，需要以离求生之时。像四川巴县蔡永在"退醮文约"中称他自得配赵氏继室为妻后，便"命运不济，无业营生，难以养活。夫妇商议，情愿两相离异"便是如此。② 前面"家庭生活难过"中列举的一些例子也大体相同，只是这种协商显得太苦涩了些。

公婆出儿媳是在夫妻并无离婚诉求，纯属外来干预的结果，系婚姻大事父母做主思想在离婚中的体现。前述云南镇沅县曹氏因儿子吴朝凤不愿休退妻子张氏，便亲自跑到张氏父母家要求追聘退亲，就是很典型的例子。又如道光九年（1829）陈有融向官府所立退妾具结，也是在父亲严命下，经官府责惩后被迫做出的：

　　情生父陈酌宜以逆恶不悛具首生并何氏在案。沐恩讯明，生实无知，私娶何氏为妾，致触父怒。将生责惩押候，饬生休退。生将何氏缴案，令伊母何池氏领回。生立休约，何氏另行择配。生自今以后痛

---

① "顺天府档案" 28/3/176/080，28/3/169/127，28/3/170/057。
② "顺天府档案" 28/3/161/126。

改前非，再不妄为，自取罪戾，缴结状是实。①

陈有融休退的是妾而非妻。但这种出妾，不是夫妾已愿，而是由父亲干预的结果（也许还有陈的妻子），故在性质上是一样的。

最后说一下迫于外来压力的休妻，也就是第三者为了达到自己的目的，利用权力逼使夫妻离异。道光十年（1830）安徽有一个叫吴传薪的地主，见佃户张国威妻徐艾姐年轻有姿色，借口雇艾姐做针线活计，将艾姐骗至吴家，然后将其诱奸。此事被艾姐婆婆张卢氏所知，准备搬家逃避。吴传薪先用买地给种、不要还租等许诺，阻止张卢氏与张国威远迁，然后扬言欲纳艾姐为妾，逼勒张卢氏并张国威开出休书。在此，吴传薪利用地主身份，行施威胁加利诱的办法，把佃户之妻弄到他的手里，把原本一对恩爱夫妻给拆散了。这就是利用权力逼人休妻。

总之，在离异中各个角色的诉求，既与矛盾中的利害和要争取的权益有关，同时也离不开整个社会大环境对它的制约，所以尽管也有妇女、妻子诉求的声音，但它只能是被动、微弱和细小的。

四　离婚的实践

清人离婚分为自行了断和官府判处两种。自行了断就是由夫妻两人或在有关亲属参与下不经官府解决。在这种情况下，丈夫必须给妻子出具文字凭证，讲明离婚原因和有关保证事宜，这就是人们习称的"离书"或"休书"。在唐、宋时期的离婚书（叫放妻文书）格式里常夹杂着历史典故或华美的辞藻，清人的休书一般都直入主题，很少见到作着意修饰的，如下契例：

　　立休妻人陈孟龄，年二十八岁。妻刘氏，本土梁头一宗里人，□□不法妻节劝为□，中（终）日打骂，故将岳父请来，情愿令回□□□□令嫁别人，自出□之后，不与陈孟龄相干。三面言明，至于

---

① 《刑案汇览续编》卷28。

二家情愿□□□反悔，如有反悔者，定到当官太爷问罪。恐后无凭，立字存照。

　　　　嘉庆二十一年六月二十一日立休妻人陈孟龄（押）□□生来①

　　这是一份十分普通的休妻文书，意思是夫妻不和，经常吵闹，丈夫陈孟龄请岳父来说明情况，协商与妻子梁氏离婚，保证以后梁氏再嫁或本人再娶，都互不相干，永不反悔。休书中说的三面言明，指的是妻方岳父、陈本人和可能是中人或知见人的□□生来，至于二家情愿，当然就是陈和妻家了。契纸的文字朴实，且有个别错字，当系粗通文字的乡村训蒙者所为，也不排除出自陈孟龄本人之手。这也是当时休书中最常见的样式。

　　前面提到，有的夫妻离婚，因为丈夫不识字，写不了休书，无钱或不想请人代写，只好用丈夫的手印脚印拓在纸上，付给妻子当作凭证。其实这种方法很早就有，但官府一直禁止此举，原因是单靠手脚印模不能说明问题，且容易假冒。但在乡间仍不时出现，这也是穷人无奈之下的做法。像直隶宝坻县陈邱氏言：

　　　　小的二十二岁，道光十五年到陈家的（丈夫陈言嵩）。今年（指道光十九年）五月初九日，陈言嵩不要小的上他家去。在小的家立给的手模脚印，合小的离散。②

　　也有的为了表示重视，采用离契再加手、脚印模的。像前述李国珍"因年景不及"与妻子李陈氏离婚所开的离书中，就附有手模脚印，并写明"有文约手木（摹）脚木（摹）可凭"字样。另如李国卿给妻子赵氏所开休书中，也同时"盖有手墨脚墨"。嘉庆二十五年（1820）宋开业聘娶业已离婚的韩氏为妻，韩氏父亲韩全为证明韩氏的身份，将"前夫休书、手模脚印"给予验看，并留存于宋开业之手。以上例子都出自"顺天府档案"，但以手模脚印为凭不仅止于直隶宝坻县，我们在刑科题本和四

① "顺天府档案"28/3/161/126。
② "顺天府档案"28/3/174/103。

川"巴县档案"中同样见到过，在此不另。

在清代，丈夫开立休书，有时还需加上妻子的签押。顺天府宛平县郑李氏和丈夫郑大离婚时，先由郑大当着中人出具休书，按下指印，然后要妻子李氏和李氏的哥哥也按手印（李氏哥哥由李氏代按），以此表示这次离婚也是经妻子及妻家同意了的。此外，郑大还通过中人向李氏交了25两银子，作为退聘金。有的在离婚开休书时，还得将早先定聘时的婚书退还或予销毁。直隶宝坻县邢尝与妻子张氏离婚，邢尝先出具离书，然后又把当年张家发来的张氏年庚礼帖交还给张氏。① 四川巴县胡氏夫故后，被夫家人改嫁与张顺为妻，不久胡氏向官府禀呈，表示不想与张顺同过，愿回原夫家守孀，经县主批准，张顺和胡氏各出具离异结状，张顺则把婚书交出，当堂销毁。② 在离婚时，想着把早年互结姻好的婚书也一块儿交付，表示了原来婚姻的终结，尤其对于女方，更含有防微杜渐之意。

丈夫休妻，有的需向妻子退还早先的聘金。但当妻子再嫁时，也有妻子再向丈夫支付费用的，特别是把离异和再嫁同时或先后进行时，等于是再娶人把聘金转交给原夫。前述四川巴县陈志高因贫病交加与妻子达氏商妥离婚时，陈在出具离书、手印（手印指头空白处写"心甘情愿"四字）外，还向愿娶达氏的某"妥户"处领得礼钱8000文，并为此出立"亲领财礼文约"。③ 在台湾府的有关文契中，发现一宗先由丈夫出立休书，随后妻子的娘家又开具婚书将其再嫁，同班人马，几乎同时进行。

离书：

> □下愿字陈兴官，自娶一妻名腰娘，年登二十八岁，夫妻不和，无奈求与外家刘番颠赎回，备出佛银贰拾四□元正，交与陈兴官收入足讫，改过（适）□人，不敢异言生端滋事。此系二比甘愿，各无反悔，□恐无凭，今欲有凭，立出甘愿字壹纸，付执为炤（照）。
>
> 再批明：实收过佛银贰拾肆大元正

---

① 参见"顺天府档案"28/3/172/081。
② 参见"巴县档案"4/1/1768。
③ 《清代乾嘉道巴县档案选编》下册，第485页。

在场中人郭名蛋（押）代笔林九官（押）光绪七年四月日立甘愿字人陈兴官（押）

婚契：

立出过嫁字人刘番颠，饱（抱）养一妹名腰娘，年登廿八岁，托谋（媒）过□文却为夫，仝（同）与岳父郑来福□聘金贰拾捌大元正，交与刘番颠收入足讫，吉日取娶，与□无干，不敢异言，生端兹（滋）事，此□□比甘愿，各无反悔，□恐无凭，今欲有凭，立出过嫁壹纸，付执为炤（照）。再批明：实收过聘金银贰拾捌元□

为媒人郭名蛋（押）代笔人林九官（押）光绪七年四月日立过嫁字人刘番颠押①

陈兴官和腰娘夫妻不和要求离婚，但腰娘原系刘家抱养女，仅剩一兄刘番颠，不可能像一般女子那样接纳归宗，所以在陈兴官立下离书后，刘番颠便以回赎形式，交付兴官银圆 24 枚作为补偿，了断陈兴官和腰娘之间的婚姻关系。然后，刘番颠又以义兄身份出具婚书，将腰娘嫁与文却，唯婚书中称："仝（同）与岳父郑来福备□聘金贰拾捌大元正"，郑来福系指文却之父，或是腰娘亲生父，无法考订，估计应为文却父亲。这 28元佛银聘金中，24 元即先前交与陈兴官作为补偿的，剩下 4 元，除了作为媒人和代笔人报酬外，可能包括备办喜酒花红之类的开销。照此，刘番颠只是尽到做义兄的责任，在经济上并没得到多少好处。把离婚和再嫁连在一起进行的好处是手续上方便，特别对娘家已无父母无法归宗的女子，算是另有归宿，减少了离婚的阻力，在大陆也有这样做的。

需要由官府判处离异的大概有两类。一是事涉欺瞒或违律婚嫁，二是夫妻双方无法妥协而告到官府。

违律婚嫁系指前面提到的如重婚、良贱作配，以及为了钱财典卖妻妾等。凡涉此告官者，都是原订婚书上缴涂毁，聘礼发还或入官，女子归宗

①　台湾"中央研究院"台湾史研究所藏"文书契约"T078·D078·004，T078·D078·005。

或发官媒嫁卖。再就是事关欺瞒，引出矛盾，要求官府审断的，这在有关案件中，见到的不止一处，在此且举乾隆四年（1739）四川合江县的一宗案例：

> 缘（李）国祥之父李盈舟有义女辰姑（18 岁）未字，比（萧）于池之戚陈子正凭媒陈于王、梁平安求聘为室。子正年逾四旬（48岁），虑盈舟不允，遂指伊弟陈子珍出名聘定。盈舟允诺，随同至伊子李国珍家议定财礼银三十八两，乾隆四年三月十八日写立婚书、交银，于王得子正谢媒银一两五钱，又指国珍为名，索子正谢仪四两，只给国珍一两五钱，余银尽为于王中饱。平安亦得子正谢媒银一两。十九日迎娶，李盈舟令子国祥夫妇及辰姑胞兄李继保送亲过门。二十日，子正出与辰姑成亲，继保系知妄冒，即与于王等争论，趋诉盈舟。距盈舟随令继保唤伊子李国柱并国珍于二十一日偕往接回辰姑，途遇国祥及原媒平安，遂同邀至子正门首……唤出辰姑。继保即将辰姑令盈舟、国祥领回。……陈子正合依男家妄冒成婚律杖九十，责折三十五板；陈于王除骗银不议外，合依媒人知情减犯人罪一等，杖八十，责折三十板。……辰姑应听李继保另行择配。财礼银三十八两照律免追，婚书追缴涂销。李国珍所得谢仪银一两五钱，陈于王所得媒银并私骗银四两，梁平安所得媒银两五钱，均照追入官。①

陈子正聘娶李辰姑，尽管媒证、婚书齐全，但因在说聘时串通媒人以其弟冒充本人前往相亲，欺骗女方，显系存心妄冒，直至成婚之日，才被辰姑胞兄李继保拆穿，回告父亲李盈舟。盈舟于次日率子匆匆赶往接讨辰姑，可子正已与辰姑举行过婚礼，并同房过夜，成为事实上的夫妻。诚然，事件的发展结果，因李盈舟"率众强接起衅"，又在争抢中出了人命，成了本案的主犯，但从婚姻律的角度，乃是一宗确实无疑的妄冒骗婚案。因此，陈子正以及媒证陈于王、梁平安等均得受到惩处，包括判处陈子正与李辰姑为无效婚姻，离异，追缴婚书和财礼、媒银入官。

---

① 档案，"刑科题本·婚姻奸情类"，乾隆四年十一月二十四日署四川巡抚方显题。

至于夫妻在离异中因矛盾无法解决，需要官府决断的，在笔者所见资料中大概有如下几种。

一是夫妻双方无法就离异达成协议，而另一方又坚持不愿和好者。四川巴县胡文达和妻子徐氏，本无矛盾，后因徐氏生疮长期不愈，落下残疾，便在徐家遭到歧视。乾隆三十五年（1770）四月，徐氏因受气不过，跑到相识的陆荣家暂时躲避。胡文达的父亲胡巨卿抓住机会，借口徐氏不守妇道，向县衙呈控，要求与儿子离婚。县主偏听胡家，认为徐氏背夫出逃，有亏"妇道"，胡文达随和父亲表示愿离，于是批示："着将徐氏给伊兄徐子珍领回可也。"徐氏兄妹明知胡家父子借此落套，但面对现实，只得接受。如此离婚，不需要丈夫出立休书，使胡家免去了借着病残休妻的恶名（因为它不属于"七出"中不可共"粢盛"的恶疾），让责任由官府承担了。官断离异，双方必须出立甘结，存衙备案：

> 甘结一：胡巨卿、胡文达今于台前与结状事。情蚁胡文达娶配徐子珍之妹徐氏为室，不料徐氏不听约束，兼染毒疮，文达情愿休退，控案蒙恩审断，将徐氏交伊兄徐子珍另行拆嫁。蚁等日后不敢滋事，中间不虚，状结是实。乾隆三十五年闰五月廿九日　具结状人胡巨卿、胡文达
>
> 县批：准结
>
> 甘结二：领状人徐子珍，今于台前与领状事。情蚁妹徐氏，幼配胡文达为妻，因徐氏染疮残病，文达不愿□□，捏故□案休退。蒙恩审断，将蚁妹交蚁另嫁另字拆配，令蚁当堂领回，中间不虚，领状是实。乾隆三十五年闰五月廿九日具　领状人徐子珍
>
> 县批：准结①

结状和领状，在诉述理由时，侧重点是不一样的。胡家父子强调的是徐氏不守妇道，染疮残疾只是附带的；而徐子珍在领状中，陈述了因妹徐氏染疮残病，才是捏故休妻的动机，重在"捏故"二字。暗含有对官府判决的不满和无奈。

---

① "巴县档案" 6/1/1681。

　　二是丈夫外出多年无音信，妻子呈请官府给照，以便再嫁；或妻子出走，丈夫向官府申请离异，以便再娶。这两类，无论是妻子请照再嫁，或是丈夫禀呈再娶，虽然对象不同，但论性质都是一样的。当然在律条或政策中偏向丈夫这是肯定的，因妻子再嫁，必须要等到三年以上，而且不一定能得到批准；可丈夫再娶则无须时间限制。这些在前面结合谈离婚时，已多有涉及。其实丈夫在禀呈再娶中，还有重要的一点是追还财礼，好用此钱再娶。像宝坻县吕守福，因妻子刘氏常常私自出逃。经吕控县刘氏表示愿意离婚，于是县主批示同意，追还财礼，使吕有钱另娶。当然也有追不回财礼的。像陈敏妻王氏，自与李贤有了私情以后，便有离异之心，终于双双出逃关外。经陈敏控县公断，县府认为两人既无踪影，可以判定离婚，财礼却无法追回了。①

　　三是离异后牵涉财产方面的纠纷。道光元年（1821），直隶宝坻县张士第自写离书，将妻子朱氏休回母家。照例，妻子无过错，丈夫主动离异，妻子有权带回当初陪嫁来的物品，但当张士第听到朱氏的父亲朱福昌将朱氏再嫁与赵家庄一姓刘人家的消息后，便以索讨原聘金为名，要朱退还被带走的衣装首饰，结果引起讼案。经官府查明，朱氏确系张士第自写离书休回，属于无理取闹，将其驳回。② 再如四川巴县民妇秦氏被丈夫徐以仁休弃后，秦氏要求退还嫁时金银衣饰，经官府调解，徐以仁按照秦氏所开单目，折算成 240 两银子，交予秦氏收纳，然后各具甘结存照。③ 还有像山西大同县刘沅的岳父辛亮，嫌女婿家穷，借口如其让女儿辛氏受饥吃苦，不如休回择主再嫁，并许诺归还原给财礼。待刘沅写立休书，辛氏离异再嫁后，辛亮却自食诺言，只交出原聘金的 9000 文，余下的 3000 文一直拖延不给，致刘沅上控，恳请县府做主，补足全数。④

　　四是离异后，原夫或妻家常借故骚扰。譬如四川巴县卢顺，逼妻罗氏为娼，经罗氏提出离异，愿削发为尼，以度余生。不料卢顺仍不断向罗寻

---

① "顺天府档案" 28/3/165/133。
② "顺天府档案" 28/3/175/006。
③ "巴县档案" 6/1/1791。
④ "刑法部档案" 第 18071 号。

衅，迫使罗氏只好通过官府讨要安宁，县主的批决如下。

> 卢顺既不能养妻，勾引余老三□□□，自应断离另适。今罗氏皈依三宝，削发为尼，静守清规，想日后万不能□□再嫁。卢顺恬不知耻，以已判离之妇，哓哓搅扰，应责十五板，取结逐去。①

这也属于离异后留下的尾巴，需要求助官府解决的。除此之外，还有类似妻子与人私通，被丈夫报官要求发落，有的因妻家无人，官府得发官媒择主嫁卖；也有妻子受人指使，逼夫离异而走上法庭的。凡此种种，也是人们在离异中经常碰到，要求官府介入进行调处。

一般说来，在涉事夫妻离异的案件中，只要不触及人命，官府在审理时，更多的是采取调解促和的方式。譬如陈秉魁，与人佣工度日，妻子董氏受人挑拨，向陈表示家里太苦，不能共同生活，出逃到一个叫吴楚人的家中，要求离异。控县后，经私下调解，秉魁言其妻已心回意转，加上他急欲回到主人那里与人佣工，实难在县久久耽搁，请求撤诉。县主批示："姑准如呈，免究销案"。一场离婚案，至少暂告结束。②又如李有成妻史氏与人私通，被丈夫禀县，最后也是和息解决。首先是史氏向丈夫赔礼认错，然后李有成向县主禀示："缘身向在外佣工，身父年近八旬，缺人侍奉，情愿身妻史氏回家，奉养有人。此时身给幼子择期□□，身子想母情切，悲啼不已。兼之史氏再四央身，着身呈恳□候开释，从此改过自新，跟身收心安度，仰恳天台怜念亲老开释史氏回家。"既然妻子能悔过自新，原告丈夫亦愿放过一马，县官当然顺水推舟，乐得出个人情，立即批决："李氏枷责开释团聚。"③李有成在开具领状后，便带着妻子和解回家。据美国黄宗智教授对四川巴县、直隶宝坻、台湾淡新三种档案案件的统计，凡牵涉婚姻一类的案件总共140宗，除去原档残缺、法庭拒绝裁决和案件撤除等原因61宗，真正由法庭

---

① "巴县档案" 6/1/1814。
② 同上。
③ "顺天府档案" 28/3/169/127。

裁决的 48 宗，而通过调解和息的却有 31 宗。① 可见调解和息比例之大。婚姻类案件当然不只是离婚，但它应该占有一定的分量，由此类推，调解和息在离婚中当不在少数，这与"为官的把人夫妇只有断合，没有断离"的传统思想是相吻合的。

五　离婚后妇女的归宿

结婚是人生大事，离婚也不是小事，特别在当时社会条件下的妇女，更是关乎她后半生的历程。妇女离婚，除了要经受周围舆论压力和带有歧视性对待外，更大的问题是由于多数妻子在经济上必须仰仗丈夫或习惯于依赖丈夫，离异后除非娘家愿意收留、长期供养，否则立时会面临生活的窘境。这就促使分离后，妻子必须很快选择再嫁。直隶丰润县人孙氏，嫁与玉田县刘士发为妻，孙与婆婆关系不好，被丈夫休回娘家，随后便由父亲将她转嫁与同县人董帼太；有的妻子无娘家可归，这就需要丈夫出面为其张罗再嫁。直隶宝坻县田氏被丈夫韩国美休离，"田氏并无家可归"，国美乃托熟识人孙宗孔找主另聘。经孙说合，改嫁赵聋子。赵出东钱 100 吊作为聘钱，由韩收入，原来所生一子一女，被田氏带走。② 妻子的离异再嫁，有时须由官府判处。前面提到的山西五台县张富妻高氏、甘肃张掖县张雄妻石氏，都因与人私通，被丈夫告官，经官府判定由本夫听其去留，然后才被丈夫安排再嫁的。因为被丈夫休弃名声不好，特别牵涉到私情之事，往往择嫁也难，有的只好沦为妾媵。直隶乐亭县王永合妻沈氏，嫌夫家穷苦，时常吵闹，私自返回娘家，王迫于无奈，只好休妻，沈遂为一姓黄富家纳之为妾。③ 北京张大妞，婚后与人私通，被丈夫郭三所知，写下休书不告而别。大妞父母年老，无力养赡，愿以 8 两身价银，将大妞送到某外委（武职从九品低级官）家做妾。④ 直隶巨鹿县人常氏，原系王之实

---

① 参见《民事审判与民间调解：清代的表达与实践》，中国社会科学出版社 1998 年版，第 231—232 页。

② "顺天府档案" 28/3/163/092，28/3/175/043。

③ 参见档案，"内务府来文·刑罚"第 2150 包。

④ 参见档案，"内务府来文·刑罚"第 2157 包。

妻，被休弃后因为人彪悍霸道，无人敢娶，结果被无力婚娶的陈更龙收留为妻。① 有的妇女被丈夫休弃后，一些别有用心者便起而乘之，干起骗卖勾当。宝坻县唐永发因家穷，通过一个叫焦幅来的人写立离书，印了手脚印，以京钱 60 吊，将妻子赵氏休卖与张幅。张幅其实是个人贩子，隔日便把赵氏送到北京教场七条胡同的王二家，由王二出面约请媒人王四，用京钱 120 吊，再把赵氏卖到一刘姓家。② 更不幸的像在北京西河沿曹家做饭为生的王润堂，原把 24 岁的女儿嫁与刘和为妻，生有一女。光绪二十三年（1897）因家庭不和睦被休弃，结果有人设局，名为择嫁，却把王氏卖到朱毛胡同叫马猫的家里，逼良为娼。③ 需要说明的是类似这样被人多次嫁卖或沦落为娼的，远不止上述两例。

妻子被休后要求再嫁，还常常会受到官府的奚落。宝坻县刘氏，因丈夫陈孟龄"屡行不善"，曾多次加以规劝，竟被陈看成有意刁难，嘉庆二十一年（1816）陈于是将刘休弃。刘氏回到娘家后，感到父母也有难处，向官府呈文请求再嫁。不料该县主竟以为"被夫休弃，意图改适，父母尽可呈明，该氏自行出头，实属无耻"，批示所在牌甲查明刘氏究竟何事被休，是否两愿，大有借此兴罪的意思。④ 这与有的妻子鉴于丈夫外出多年无音信，要求再嫁，受到某些官员的刁难，情况是一样的。

在所见资料中，还有两位女子离异后，以出家为尼作为归宿的。她们都出在四川巴县，一是前面刚说过的罗氏，因不满丈夫卢顺逼良为娼，要求离异为尼的。为了表示决心，罗氏还向县太爷立过结状：

> 具结状卢罗氏，今于老爷台前与结状事。氏以勒良为娼，具控卢明山并氏夫卢顺逼良为娼，蒙恩审讯，前龚主讯实，氏已离异，削发为尼，情愿具结后□结备案。倘有还俗，自甘坐罪，结状是实。
>
> 乾隆五十八年八月廿五日　具结状人卢罗氏十　批：存⑤

---

① 参见档案，"刑科题本·婚姻奸情类"，乾隆元年正月二十八日直隶总督李卫题。
② 参见"顺天府档案"28/3/160/079。
③ 参见"顺天府档案"28/3177/175。
④ "顺天府档案"28/3171/149。
⑤ "巴县档案"6/1/1814。

再一个女子姓秦，父母俱故，前夫去世后，生活困难，于乾隆四十八年（1783）再醮与由湖北麻城来重庆开铺子的徐以仁为妾。乾隆五十四年（1789）三月，秦氏随徐以仁歇铺返乡，却为婆婆所不容，以仁将秦氏进行嫁卖。秦氏因以逼嫁为名告到麻城县，经官判离异，徐氏便在玉皇殿削发为尼；以仁则退还秦氏嫁来时的金银衣饰等项银240两，作为终身度日之资，并各立结状存案。[①]

有的妇女被丈夫休弃后，感到压力太大，无法承受，只好选择自杀。前述直隶束鹿县谷氏，私情暴露，被丈夫休回，在娘家投环殒命；大兴县人邵氏因得痰迷症被丈夫赵三元休弃，虽有人张罗准备让邵氏再嫁，但邵仍感到绝望，投井自杀。也有女子被休回到本家，父母兄弟认为丢不起脸，竟有逼着女儿、姐姐或妹妹去死的。前述山西灵石赵氏因偷钱被丈夫张翔鹄休弃，赵氏的母亲赵张氏羞愤难当，起意将赵氏勒死，便颇具典型。

为了防止丈夫出妻或离异，妻子和亲友常常采取各种办法加以阻挠。直隶南和县张认宗在得知妻子魏氏的不轨行为后，将其休回娘家。魏氏母亲黄氏带着女儿，亲自到张认宗处赔礼央恳，还要魏氏立誓再不与相好往来。张认宗有碍颜面，只得收回成命。但也有促和不成，反而出了人命的。乾隆初发生于广东开平县的一起案例便颇有典型性。案情的经过大致是这样的：19岁的李宣满和21岁的许氏结婚两年，并未生育，宣满家贫乏食，许氏常有怨言，并由此争吵不断，许氏更扬言欲出家为尼。乾隆四年（1739）七月二十五日，许氏背夫出逃，行至中途遇到大雨，借宿于某村旁老妇伍氏家中。当宣满发现许氏不见，便赶往告知妻兄徐琏昌协同寻找。二十六日在伍氏家寻获带回。宣满虑有后患，要求琏昌将妹择人另嫁，取还财礼。琏昌不忍拆离，向宣满提出互立断约。下面是徐琏昌向李宣满出具的断约全文：

> 立断约人徐琏昌，承父主婚，有妹许婚与李宣满为妻。因妹妇道

不执，潜逃别方，二家协力细寻，方得追回。宣满虑及后患，不愿收留，令琏昌带回另嫁，取还财礼。琏昌不忍离异，二家互相教训，写立断约。嗣后或仍蹈前辙，听人诱拐逃走不见，不干李宣满之事，亦不干徐琏昌之事。至若悬梁、刎颈、投河、落井等情，俱属天命。此系二家相爱相望，百年偕老。今欲有凭，立断约各执一本为照。

在徐琏昌出具断约的同时，作为回应，李宣满也出了一份内容相似的断约交予徐琏昌：

> 立断约人李宣满，承父主婚，娶许氏为发妻，因妇道不执，潜逃别方，二家协力细寻，方得追回。两家互相教训，至今仍前不改，二家恐有后果，特立断约。嗣后或仍蹈前辙，听从拐诱，逃走不见，不干琏昌之事，亦不干李宣满之事。至若悬梁、刎颈、投河、落井等情，俱属天命。此系二家相爱相望，百年偕老。今欲有凭，立断约为照。

两份断约，等于宣告了许氏的命运，此后只得乖乖听从丈夫和兄弟的安排。特别是订断约后的两个来月，因夫妻再次吵架，许氏归至兄家，被嫂子留住。及琏昌外出回家看见，大加训斥，令其速返，使许氏感到夫家不好住，娘家又回不得，更不要说作其他设想了。绝望之余，萌发了谋杀丈夫的念头，希图以此来逃脱樊笼，于是她用砒霜拌在饭里的办法，将李宣满毒死。事发，许氏以故意杀夫罪被判凌迟处死。[1] 一宗本可疏导化解矛盾的案例，就因为观念上的僵化，拒绝离婚，以致造成同归于尽的惨剧。容再举一例：直隶宝坻县王氏，嫁到王家后，见到家贫，丈夫王三又是个傻子，多次欲图摆脱羁绊，另找出路。光绪三十二年（1906）六月二十六日，王氏背夫出逃。七月初三日被王三找回，加以责打。次日，王氏又逃回娘家，却被哥哥王立国送还。王氏自觉无望，于当晚服盐卤身死。[2]

---

① 参见档案，"刑科题本·婚姻奸情类"，乾隆七年二月二十三日广东巡抚王安国题。
② 参见"顺天府档案"28/3/171/149。

夫妻离婚，一方面，对双方特别是女子一方带来无尽的伤痛和利益的损害；可另一方面，人们对离婚的压制，把本来无法弥合的情感，仍扯连在一起，同样也会造成反弹，出现悲剧。有人说，"诗书家绝少再醮离婚之事"。① 似乎这些矛盾在仕宦绅衿家庭中并不存在，这当然不是事实。只是他们在处理此事时，限于各种关系，需要压抑感情，更多的以理智从事。原因是在这些家庭中，子女婚配本来就含有互为攀缘的意思，发生离异，不但会造成两家不和，甚至会影响两个姓氏的关系。加之其中又牵涉到家庭教养、闺门隐私等，都不便暴露于世，所以能隐忍、化解的，也就算了。况且绅宦家庭，夫妻不和睦，丈夫可用纳妾来作缓冲。只要丈夫的压力能排解，深居闺门中的妻子便很难能大闹起来。当然，也有人反对无端隐忍。前面引述过方苞的话就很典型，他并且认为"人道之所以不立，皆由于此"。② 不过方苞的话主要是站在男子立场上说的，在他看来，即使是绅宦家庭，该出妻时应允许出妻，否则便是纵容某些妇女向丈夫、公婆发施威风，会姑息坏事的。著名思想家李塨也因为想出妻而不能，苦恼异常。他14岁时娶同县生员王蕴奇女儿为妻，可惜王氏命运不济，只两年便去世了。后来他再娶马氏。这位马氏伴随了他大半生，然而双方感情始终无法融合。雍正六年（1728）六月，马氏卒。他对长子习中（妾吕氏出）说："此予之出而不去者。汝等不以母礼葬之亦可，从厚以母礼葬之亦可也。"③ 李塨说这话固然迫于无奈，其实真正痛苦的是马氏。因为李塨至少可以把她冷在一边，另外纳妾生子，享受天伦之乐。马氏却因受丈夫冷落，有家不似家，加上又无子女，只能寂寞终了。所以方苞的话和李塨的行为对于女子仍显得不公平。比较起来，钱大昕提出的夫妻不和允许离而再嫁再娶的主张，就比较公允中肯些。他说：

夫妇，以人合者也……同居而志不相得，往往有之，其真能安于义命者不得一也。先王设为可去之义，义合则留，不合则去，俾

① 光绪《莆田县志》卷2。
② 《方苞集》，第128页。
③ （清）冯辰等：《李恕谷先生年谱》。

能执妇道者可守从一之贞，否则宁割伉俪之爱，勿嫁骨肉之恩，故嫁曰归，出亦曰归……去妇之义，非徒以全丈夫，亦所以保匹妇……故父母兄弟不可乖，而妻则可去，去则更嫁，不谓之失节……出嫁于乡里，犹不失为善妇，不必强而留之，使夫妇之道苦也。①

应该说，钱的言论很大胆，也很有道理，可惜当时的社会环境不允许，在很大程度上只能停留在纸面上。不过在士大夫中是件大难的事，在普通百姓中却相对显得宽松易行些，因为很多离婚事实就表明了这一点。这也许是他们在礼教和现实利害中，不允许有更多虚套，现实的需求，要求他们作出现实的抉择。

多年前，笔者写《伦理与生活——清代的婚姻关系》（商务印书馆2000年版）一书，讨论的主要是有关男女成婚事，唯独缺漏谈离婚。对此，笔者一直感到遗憾，因为从研究的完整性看，它就存在欠缺。长期以来，笔者总想做些弥补，经努力搜求，终于草成此文，并将其置于《中国妇女通史·清代卷》中，现抽出略加改动，单独成篇，妥与不妥，算是了却笔者的一个心愿。

---

① 《潜研堂文集》卷8《答问五》。

清朝的会典和则例

在清史史料学中，会典和各部院署则例，都属重要的基本史料，特别是它对研究清代的典章制度，不但本源清楚，而且查阅也很方便。但是，对于这样的重要史籍，过去却谈得不多。下面，我们仅从史籍和史料学的角度，对之略作介绍。

一　会典的纂修

清朝会典自康熙时候起，历雍正、乾隆、嘉庆、光绪共五朝，先后凡五修。这五部会典，虽然体例和基本内容都大体相同，但由于年代不一、典章制度更替，其中或因或革，亦颇有变化。清朝会典，目前都保存完整，特别是《光绪会典》因距离我们时间较近，加上版本亦多，流传较广。另外四部会典，比如最早的《康熙会典》，也是不容易见到了。

会典的编纂始见于明代，如弘治《明会典》、万历《明会典》即是，但追源溯流，则当更早。明万历时张居正说："《大明会典》一书，即唐宋《六典》、会要之遗意。"① 清人还一直把它上溯到更早的《尚书》和《周礼》。康熙帝在《御制大清会典序》中，曾简要地叙述了这一发展过程："朕惟自古帝王，宪天出治，经世宜民，莫不立之章程，久厘庶绩，二帝三王之陈迹，略见于《尚书》《周礼》……沿及唐宋，仿为《六典》，辑为会要，悉为斯义。明初撰诸司职掌，其后因之，勒成会典。"② 乾隆时

① 万历《明会典》卷首《进书疏》。
② 《清圣祖实录》卷145，康熙二十九年四月丁亥。

重修会典，总裁官张廷玉在奏明有关纂修事宜时，也特别提到会典与《周礼·六官》和《唐六典》的渊源关系。

其实，会典作为一部政书，在编写原则上，某些地方和《唐六典》等书还是有所区别的。"《唐六典》有分注以及附考各官沿革"，即并注重纵的历史的叙述。而"会典例不追溯前代"，只谈当代的典章事例①，而这在某种情况下，正是会典的长处。

清朝政府重视编修会典，主要是为了强化中央专制主义权力，使各级官员更有效地进行统治。早在顺治初年，即有官员提出要撰修会典。礼科给事中姚文然在一次召对中说："夫明时职掌具存也，会典犹在也，然或法有可通，则以为先朝之成宪，或情有不便，以为胜国之陋规，或沿或变，何去何从，盖因革不出新裁，则臣下无所遵守。"他建议广集词臣，博考掌故，勒定"宪章"，"以成一代之书，定开国之制"②。后来，工科给事中魏象枢在"圣朝大礼既行亟请更定会典以明职掌以悬国制"的奏疏中，再次提请编纂会典③。

当时，凡纂入会典的，均具有宪章的效力，"至若会典，乃当代宪章，与律令相表里"④，是相当严肃的，所有官员都必须以此作为奉行政令的依据。"夫会典所载，皆百臣奉行之政令，诸司分列之职掌。"⑤故学问家章学诚说："盖典章法令，国有会典，官有案牍，其事由上而下，故天下道同。"⑥

由于"会典所载，皆系见行规条"⑦，随着时间的推移，以及官制职掌等变动，常常会有所变化，所以每过一段时间，就要重修会典。清代康熙以后的四次重修活动，除《雍正会典》系续补《康熙会典》，其余三次还都追述前面所行典则。

清朝修会典，一般由大臣奏请，然后皇帝颁诏，任命总裁官，并正式

① 嘉庆《大清会典》卷首《凡例》。
② 《姚端恪公文集》卷18《戊子山东纪程》。
③ 《寒松堂集》卷1《圣朝大礼既行亟请更定会典事》。
④ （清）赵吉士：《万青阁自订文集》卷1《请红本收藏之所并陈会典编纂之宜事》。
⑤ 《寒松堂集》卷1《圣朝大礼既行亟请更定会典事》。
⑥ 《章氏遗书》卷15《方志略例》之《答甄秀才论修志第二书》。
⑦ 乾隆《大清会典则例》卷首《条议》。

开馆纂修。据《清圣祖实录》卷一一五，康熙二十三年（1684）五月己巳条：特以纂修大清会典诏谕大学士等官员，并任命大学士勒德洪等五人为总裁官。七天后，会典馆正式开馆。在会典纂修官中，除设总裁外，还有副总裁、纂修、翻译、誊录、收掌等职。清制：每修会典，除汉本外，例有满文本。另外，在原始文件中，也有不少是用满文书写的，翻译之设，即因于此。在《雍正会典》的列名中，又有满誊录和汉誊录，《乾隆会典》甚至别设满纂修。总裁官以上，有时还任命监修或总理。充任《雍正会典》监修的是和硕庄亲王允禄、和硕果亲王允礼，《嘉庆会典》的总理有和硕端亲王绵忻、和硕定亲王绵恩，以及大学士穆彰阿等。

会典成书后，必须陆续进呈皇帝审定，然后用恭楷缮写陈设本和发交武英殿刊刻样本各一套。武英殿刻书处亦设监理、监造、总裁、提调、汉文校对、清文校对等官。

二　会典的资料依据和体例

会典所依据的资料大体有三类。

第一类是有关衙门的档案文书，即所谓"编辑会典，以各衙门开造文册为凭"①。在《康熙会典》和《雍正会典》中，均详细载录了开报文册衙门的名单，其总数不下几十个。为了完整地使用这批档册文书，乾隆时还规定，有关衙门"应令各该堂官选委贤能司官，专管清厘案卷，协同各本司官员，务将各该衙门所隶应入会典事件，分类编年，备细造送"。"其有因年久霉烂遗失者，亦令移询各衙门及外省造送，以备该馆编纂。"②

第二类是实录，这是会典纂修官必须熟悉掌握的资料。当时，凡"有应登载者，皆从皇史宬敬谨钞录，以为全书纲领"③。其他"至本朝颁行诸书……所载政事有相关者，亦采辑以备参考"④。据《康熙会典》所载，这些书籍有《品级考》《赋役全书》《学政全书》《中枢政考》《大清律》

---

① 康熙《大清会典》卷首《凡例》。
② 乾隆《大清会典则例》卷首《条议》。
③ 乾隆《大清会典》卷首《凡例》。
④ 康熙《大清会典》卷首《凡例》。

《六科录疏》《六部现行则例》等。《乾隆会典》开列有《吏部品级考》《户部赋役全书》《漕运新书》《关税则例》《礼部礼书》《学政全书》《科场条例》《兵部中枢政考》《军卫道里表》《刑部律例全书》《督捕则例》《三流道里表》《工部河防一览》《军器则例》《工程做法》《钦天监数理精蕴》《乐部律吕正义》《大清一统志》《盛京通志》诸书。

第三类是一般资料，比如明朝《永乐大典》，雍正初刊行的《古今图书集成》，以及《律吕正义》等，"凡有资考据者，俱随时酌取以备参稽"。①

上述资料，虽然今天很多还能查得到，但是各衙门的档案文书，就难以齐全了。只从资料上看，会典一书便有其重要的参考价值。

清朝编会典，体例上基本沿袭明会典，即采取"以官举职，以职举政"②的方式，或叫作"以官统事，以事隶官"③。如吏部，凡涉及叙官、官制、铨政、考察、致仕、告病、功过、期限、交代回籍、守制、终养、世爵、封赠、荫叙、土官、书吏之类，均归此门下；户部则包括叙官、疆理、户口、田赋、权量、库藏、仓庾、积贮、漕运、钱法、盐法、关税、杂赋、俸饷、蠲恤。每类下的有关事宜，又按年代前后，"循序分编"，其中因"岁月久远，卷籍不存"，或"止有更定年份，而其始莫可考者"，则笼统列举，像《康熙会典》中见到的"国初""顺治初"，以及"旧例"之类，即属于此。

编入会典的典则，依其来源可分为：一是皇帝颁发的谕旨，这是最主要的，一般在条首均书以诏、敕、谕、旨、定等字样。二是部院等衙门的题请、科道督抚条陈经部院议复者；由议政王、贝勒、大臣及九卿詹事科道会议讨论的结果。后两类，会典中多冠以"题准""复准""议定""议准"。三是历来奉行的习惯成例。由于"会典"属于当时的"大经大法"④，所以凡采入载录者，必须是"经久可行之事"，标准是："其有良

---

①　乾隆《大清会典则例》卷首《条议》。

②　嘉庆《大清会典》卷首《凡例》。

③　光绪《大清会典》卷首《凡例》。

④　《清高宗实录》卷1248，乾隆五十一年二月甲申。

法美政，奉旨特行者，咸备书之，其事属权宜不垂令甲者，则略而不录"①；若"有一事有二三衙门相关者，惟酌举其重者备载一处，其他止书详见某衙门"②。

清代自《乾隆会典》起，鉴于以往编修中"典与例无辨"③，决定把会典和会典事例分为两个部分。"会典义取简要"，除"户部丁赋榷税每年增减不一"，按确定年份登载外，其余均"不书年份"④。事例有所不同，据《嘉庆会典》载："会典事例一书，如唐宋会要，以官司所守、条分件系析为门目，按年编载，俾一事一例，原始要终，用资考核"，原则是"宁详无略"。会典与则例，实际上就是纲与目的关系，大致"会典为纲，则例为目"⑤，"典为经，例为纬"，"经纬殊途同归"⑥。到了嘉庆和光绪两会典，编纂者又把原来附于有关各卷的，如礼部坛庙图、兵部舆地图、钦天监仪器图等，以及另外增加的图幅，单独编册，叫作《会典图》。所以从《嘉庆会典》起，便有《会典》《会典事例》《会典图》三个部分组成。

三　五部会典的基本内容

《康熙会典》，开修于康熙二十三年（1684），二十九年（1690）成书，共一百六十二卷。全书以宗人府为首，然后依次是内阁、吏部、户部、盛京户部、礼部、盛京礼部、兵部、督捕、刑部、盛京刑部、工部、盛京工部、理藩院、都察院、通政使司、大理寺、内务府、翰林院、詹事府、左春坊、右春坊、司经局、太常寺、顺天府、奉天府、光禄寺、太仆寺、鸿胪寺、国子监、六科、中书科、行人司、钦天监、太医院、上林苑监、五城兵马指挥司、僧录司、道录司、銮仪卫、金吾六卫。收辑时间：

---

① 康熙《大清会典》卷首《凡例》。
② 同上。
③ 乾隆《大清会典》《御制序》。
④ 乾隆《大清会典》卷首《凡例》。
⑤ 乾隆《大清会典则例》卷首《张廷玉奏》。
⑥ 光绪《大清会典》卷首《凡例》。

起于崇德元年（1636），止于康熙二十五年（1686），其中二十六年（1687）孝庄文皇后丧礼，则以特例"附载礼部"①。

《雍正会典》，雍正二年（1724）颁诏修纂，续康熙二十六年（1687）至雍正五年（1727）事，雍正十年（1732）成书，都二百五十卷，其中较《康熙会典》有改进的如：一是考订了某些事例的年代，或按新定规制更正旧例；二是对某些门目中，若漕运"事最繁赜，编年记载不能明晓"，特"将见行事例开载于前，而以历年因革列于后"；三是礼部乐器、钦天监仪器，以及兵部舆地图，均照新定规制重绘图表；四是编排次序的调整，如"盛京五部旧会典附载各部之末，兹以卷帙繁多，改附六部之后"；五是某些特殊事例，其时间定限可稍晚于雍正五年（1727），如刑部事例后附例："有定自雍正五年以后者，亦照原文载入"，"其卫所改州县及州县分并更名之处，俱照雍正七年所定"记载，兵部所列充军地方名称，则按雍正八年（1730）诏旨"详定订正"。②

《乾隆会典》，乾隆十二年（1747）奉敕修，二十九年（1764）成书。此次纂修，除分会典（一百卷）、则例（一百八十卷）为二书外，删除了已经裁汰的行人司、僧录司、道录司和四译馆，另增领侍卫府、八旗都统、前锋护军、步军统领等门目。全书所载，起于清初，迄于乾隆二十三年（1758），其中理藩院，因"职掌藩服，恭遇西陲平定，规制详备，展辑条例至乾隆二十七年"，另有少数典则，"奉特旨增入者，皆不拘年限"③。

《嘉庆会典》，嘉庆六年（1801）开馆纂修，二十三年（1818）成书，其中会典八十卷、事例九百二十卷、图一百三十二卷。据《会典凡例》载："此次会典……有增于旧典者……有自为职掌不相附属者，如军机处之于内阁、尚虞备用处之于侍卫处是也；有别分职事仍归统率者，如批本处为大学士所辖，则隶于内阁，奏事处为御前大臣所辖，则隶于侍卫处是也。其余所增衙门仿此。其非在京衙门，如盛京五部、陵寝、礼部、工部

① 康熙《大清会典》卷首《凡例》。
② 雍正《大清会典》卷首《续增凡例》。
③ 乾隆《大清会典》卷首《凡例》。

衙门，则各列于在京本部之后，惟盛京、吉林、黑龙江将军衙门主事、察哈尔游牧员外郎主事，虽亦京秩，以无可附隶，故只见于吏部，不具列焉。""至旧典之秩，自宗人府、内阁以下，今率仍之，惟移侍卫处于銮仪卫之前，又内务府旧列于太医院之后，序列未协"，予以更定，并附以盛京内务府。事列的编排，"是以各就一衙门之事例，皆分列数门，每门之下，析为子目，每目之下，仍按年编次，其门目皆标明每卷之首，俾一览了然"。会典图共列12门，1430幅，每图皆附以说明。《嘉庆会典》所载内容，规定以嘉庆十七年（1812）为止，"其十八年以后续有更定者，概不登载"①。

《光绪会典》，光绪十二年（1886）开馆纂修，二十五年（1899）成书。全书会典一百卷，事例一千二百二十卷，图二百七十卷。其纪事原定迄于光绪十三年（1887），后鉴于成书之日距截止之年"已逾十稔"，故"奏准凡光绪二十二年以前，事之有关典礼者，一律纂入"②。门目中新增于《嘉庆会典》的，有神机营和总理各国事务衙门，另外有关典制的，像垂帘听政、亲政礼制等，也各自专门记载。

四　各种形式的则例

除了会典以外，在清代，各衙门还都修则例。所谓则例，就是把衙门中经办的事例归纳起来，选编成册，使有关官员在办事时有所遵循。康熙七年（1668），左都御史熊赐履上疏说："伏念世祖章皇帝精勤图治，诸曹政府皆经详定，数年来有因言官条奏改易者，有因各部院题请更张者，有会议兴革者，则例繁多，官吏奏行，得以任意轻重。"所以他建议各该有司，"详察现行事例"，或遵或更，"条晰"具题，以便"划一永遵"③。康熙十二年（1673），清朝政府颁布了《六部题定新例》，同时指出，这是要使"用法者惟其所从"，"奏法者"能有"所守"④。据笔者所见，康

① 嘉庆《大清会典》卷首《凡例》。
② 光绪《大清会典》卷首《凡例》。
③ 《清史列传》卷8《熊赐履》。
④ 康熙《六部题定新例》《龚鼎孳序》。

熙朝编定的则例，除前述《六部题定新例》外，还有相当于兵部则例的《中枢政考》，以及《吏部品级考》《兵部督捕则例》《户部赋役全书》《学政全书》等多种。

清朝政府编纂则例，到乾隆以后有了更大的发展。

首先是编纂的面更加普遍了。当时，朝廷各衙门，像六部、理藩院、都察院、光禄寺、太仆寺、国子监、内务府等，几乎没有不编则例的。不仅如此，在每个部院下，还有一些专门性的或分司的则例。如吏部下有《吏部处分则例》《吏部铨选则例》《吏部封验司则例》《吏部稽勋司则例》《大挑则例》；兵部下有《兵部处分则例》《兵部武场条例》《督捕则例》《兵部筹饷章程》《兵部军需则例》《兵部八旗则例》等，其中内务府下的分司则例，就不下 30 种。各地方政府也都纷纷编纂则例，有《粤东省例》《福建省例》《湖南省例成案》《江苏省例》《晋政辑要》《顺天府则例》等，几乎都是乾隆以后成书的。此外，像《山海关钞关则例》《浙海钞关征收税银则例》，也都次第出现。

其次是编纂更加制度化。乾隆七年（1742）十月，《宫中现行则例》成书，朝廷即下谕言："自今年《钦定宫中现行则例》为始，宫内一切事务，宫殿监督领侍卫，须恪遵定例，每年年底，仍将紧要事例，遵旨汇奏，有不遵者以违制论。"① 上述谕旨中，我们看到，凡编成则例后，衙门有关事务必须按照定例执行，同时也说明，则例不是一成不变，仍有新的事例需要不断补充。就在乾隆时，清朝政府作出规定：凡则例每隔十年重修一次。《清高宗实录》卷九六三载："谕：……各部为直省案件总汇，其常行事例，多有因地因时斟酌损益者，不得不纂为则例，俾内外知所适从，然甫届成书，辄有增改，故每阅数年或十余年，又复重辑一次。"章学诚在谈到规定十年一修的原因时也说："今六部条例须十年一修，十年之中改易旧例，已奉明文，虽前例已刊，后例未出，人亦不能作弊，正相同也。"② 道光十年（1830），因御史王玮的奏请，续纂则例的时间稍有变

---

① 乾隆《钦定宫中现行则例》卷 4《太监条》。
② 《章氏遗书》卷 27，《通志检存稿》四之《湖北通志辩例》。

动，即可因时制宜，"不必定限十年"①。

实际上，各部院等在续纂则例时，所谓十年，也只是大体而言。《礼部则例》自乾隆二十九年（1764）奏准纂修，三十五年（1770）告竣，到四十八年（1783）请旨重修，中间隔了 13 年②。而《吏部则例》自道光十九年（1839）奏明续修则例，至二十三年（1843）修竣，到同治十二年（1873）再续时，已经 30 个年头了。③ 当然，也有短于十年的，最典型的莫过于《户部则例》，"计自乾隆四十一年至道光九年，先后十一次奏请纂辑成书，颁发各直省在案"④，53 年间，平均不到五年就续修一次。《户部则例》所以续纂频繁，与该部事务繁杂，新例不断出现，有重要关系。另外，则例和会典一样，每纂成书，除汉文本外，必须同有满文本，有的像《理藩院则例》，还有蒙文本。各种文本当时都有同样的法定效用。

则例以外，各衙门还常常编辑章程。据同治《钦定吏部章程》："臣等查章程初定，原补则例之未周，而则例既修，始能遵循而不易。"可见章程和则例是相互关联的，不过比起则例来，章程属于临时性的条规，而则例似乎更具有典章性质。

章程或者则例，资料来源都是本衙门的档册，其中包括皇帝的谕旨和官员的奏请。同治《钦定内务府现行则例》《卷首》的一份奏折中称："现行则例自上届续修告成迄今，均有应行纂入事件，经臣于本年⑤四月奏准，拣派司员、笔帖式等，将近年钦奉谕旨及臣工条奏，并衙门所属等处折奏稿案，逐一详细检查，续行纂入。"乾隆四十八年（1783），礼部尚书德保在奏请续纂该部则例时也说："今臣部则例自乾隆二十九年奏准纂修，三十五年告竣，迄今十余年来，有钦奉谕旨著为令典及内外诸臣条奏，经臣部议准者积至六百余件，若不随时修辑，凡遇有关典制事件，不但难以稽查，且恐办理未能划一。"⑥ 其他则例的情况也大致相同。

---

① 《清宣宗实录》卷 165，道光十年二月乙丑。
② 乾隆《礼部则例》卷首《原奏》。
③ 同治《吏部则例》卷首。
④ 咸丰《户部则例》卷首。
⑤ 指同治九年。
⑥ 乾隆《礼部则例》卷首《原奏》。

关于则例的史料价值，有人曾做过这样的评述："则例包举职掌、考成、礼仪、营建、制造、物价等事，名目繁赜，有条不紊，皆藏于官府。近人知矜贵档案矣，而不知则例即昔时档案之择要汇存者，且年远档案，照例焚毁，舍则例将无所取征，是则例之可贵也。"① 应该说，这个评述是很有道理的。

最后简单说一下会典和则例的关系。会典和则例，都是叙述典章制度的书籍，在当时的作用也大体相同，不过会典是总括各衙门的事，反映的面广，而且从宪章的角度看，更具有权威性，这是则例不及之处。但则例也有它的长处，由于它只谈一个衙门的事务，而且十年左右就得续修一次，这样比较起来，则例的记载就更加详尽仔细，同时资料的来源也更加直接及时。事实上，会典中的很多条目，在编纂时都是参考则例的。

以上，我们就会典、则例的编纂，以及它们的史料价值，作了简单的介绍，当然谈得不全面，也许还有错误，但笔者认为，这对大家更好地了解这些史籍，并更多地参考利用，还是有一定帮助的。

（原载《清史研究通讯》1985 年第 4 期）

---

① 民国二十四年故宫博物院刊行《总管内务府则例》之《叙》。

清代地方志的纂修

清代是我国方志学的全盛时期，无论是地方志纂修数量之多，或者是其体例以及内容之充实完备，都大大超过前代，达到一个新的高度，在此基础上，还涌现出一批著名的方志学专家。观察清代地方志编纂中的一些问题，不但有助于对有清一代方志学兴盛因革的了解，而且在不少方面，对于我们今天编写志书，也有一定的借鉴意义。

一

清代的地方志修纂，大体可以分为三个时期。

第一个时期是顺治、康熙时期（1644—1722）。清代纂修方志的活动，从顺治年间就陆续不辍。当时，正是清军入关不久，全国尚处于战争的环境，清朝统治者的主要精力，也集中于用武力镇压农民军和扫平南明等各种反抗势力。但是就在这样的情况下，有的省区或州县官，即着手筹措经费，组织人力，开展志书的修纂工作，其中最突出的就是河南省。顺治十七年（1660），清代第一部全省性的志书——《河南通志》，在巡抚贾汉复的倡导、主持下，正式付梓。计该书"凡为图三十一，为例二十，为类二十，为卷五十，为幅二千有奇，为言一百三十余万"（贾汉复：顺治《河南通志》沈荃序），称得上一部有相当分量的大书了。贾汉复在督修通志时，曾"爰檄郡邑各修厥乘"（顺治《河南通志》贾序），并要求上送省会，以备通志参考采录，这样又促进了各府州县地方志的纂修。据称：到顺治十七年（1660），全省"八郡十二州、九十五县之志"，均已"渐次报竣"（顺治《河南通志》沈荃序）。依照现在可见的数字统计，河南省在顺治一代，正式刊刻的方志共 55 部，占全国首位。其他省份也都各自修了一些府州县志，及顺治十八年（1661）止，各省修纂府州县志的数字（限于现在可见者）为：河南 55 部、江南 32 部、陕西 30 部、山西 20 部、直隶 13 部、山东 10 部、浙江 10 部、湖广 8 部、江西 5 部、广东 2 部、福建 2 部，共计 187 部，平均每年修志 10 部多。另外，云南省在顺治三年（1646）曾刊修《邓川州志》，但因该地尚属南明统治下，故未列入。应该说，在当时的条件下，顺治年间的修志数量，可谓不少。

康熙以后，特别随着三藩叛乱的平定和台湾的统一，清朝在全国的统治局面更加稳定，同时，经济也开始恢复发展，这就为大规模修志提供了有利的条件。早在康熙十一年（1672），保和殿大学士兼户部尚书卫周祚曾上疏朝廷，要求各省纂修通志，以便将"天下山川形势、户口丁徭、地亩钱粮、风俗人物、疆圉险要"如实记录，以备查考，并为编写全国性的《一统志》做资料准备。卫的提议，立即得到康熙帝的首肯，并由礼部转发各省施行（赵祥呈：康熙《山东通志》卷首，《礼部咨文》）。这项工作，中间因三藩战乱，停顿了一段时间，到康熙二十二年（1683）以后，才又更加蓬勃地开展起来。计康熙一代，共修省通志、总志等大志 17 部（其中江西两部），府州县志 1000 多种，平均每年超过 16 部，有的府州县，还修了两次或三次。

综观顺治、康熙时期，虽然各地纂修志书不少，但很不平衡。西南地区的四川省，康熙六十一年（1722）间，只修了府州县志 30 部，还有，如广西 14 部，贵州 6 部，均属偏少。另外在内容和体例方面，清朝政府曾下令，以贾汉复主修的顺治《河南通志》和康熙《陕西通志》为法式，不过总的说来，基本上仍沿袭明代旧例，缺少更多的创新。尤其是顺治和康熙前期，不少志书，或因为旧资料亡佚，或因修志时间匆忙，缺失舛误也比较严重。如直隶《盐山县志》，"康熙初，数次增修……彼时因督修府志，急于成书，甫三月而蒇事，缺遗不少"（潘震乙：同治《盐山县志》潘序）。就以贾汉复的《河南通志》《陕西通志》为例，失误情况也很严重，以致颇为后来修志者所指谪。

乾隆（1736—1795）、嘉庆（1796—1820）两代，是清志书修纂的第二个时期。特别从雍正八年（1730）到乾隆六年（1741）的十年间，各省曾应诏纷纷重修通志，计全国共修通志18部，是清代纂修通志最多的时期。省修通志，需要府州县提供素材，于是促进了各府州县当局修志的动力。据不完全统计，乾隆和嘉庆的85年中，刊刻的府州县志共1300余种，超过了顺康时期。从省区来看，最多的是四川，修了159部，其次河南111部，湖南97部，直隶92部，江西90部，陕西86部，山西80部，山东79部，广东73部，浙江69部，安徽61部，江苏58部，福建51部，都是纂修较多的。所谓"下至府州县，虽僻陋荒岨，靡不有志"（吴章祁：道光《蓬溪县志》卷首，《旧序》，乾隆五十一年漳州太守张松孙序），在乾嘉时期，几乎没有一个州县不修志书的，完全填补了前一时期的空白和缺失。

这一期间，续修或重修府州县志的十分频繁，河南《彰德府志》、湖南《永顺县志》、福建《台湾府志》、江西《浮梁县志》、浙江《平湖县志》等，在乾隆年间各修了三次，至于两修的就更多了。还出现了一些资料丰富、内容广泛且又充实的大部头府志和县志。姜顺蛟修的《吴县志》（乾隆十年版）有112卷，郑沄《杭州府志》（乾隆四十九年版）100卷，潘相敬《曲阜县志》（乾隆三十九年版）100卷，姚文光《建昌府志》（乾隆二十一年版）100卷，郑之侨《宝庆府志》（乾隆二十八年版）84卷，宋如林《松江府志》（嘉庆二十二年版）84卷等，都洋洋可观。在江南等一些工商业繁荣、经济比较发达的地区，纂修镇志、村志、里志也十分活跃，有的质量还很高。

由于各地普遍修志，所以也吸引了很多文人学士参加，甚至连一些名家也不例外。像袁枚、钱大昕、段玉裁、励鹗、齐召南、戴震、王昶、孙星衍、杭世骏、洪亮吉、章学诚、焦循、谢启昆、李兆洛等人，都应聘修志，有的人还参与多达五六部。他们通过修志活动，对体例乃至内容等各方面，都作了很多探索，并对其他志书的纂修，起着示范作用。比如谢启昆主修《广西通志》，曾仔细地比较了历代志书的长短得失，舍芜取精，手订章目22篇，分典、表、略、录、传五个大门类，被阮元夸奖为"载录详明，体例雅饬"。后来阮元督修《广东通志》，就是借用《广西通志》为样本，又适当"增损"而成（阮元：道光《广东通志》卷首，《阮序》）。当然，钻研最深、成就最大的，当推乾嘉之际的章学诚。章氏不但主修过湖北天门、直隶永清、安徽和州和湖北省通志等志书，还对方志学的理论提出了许多精辟见解，是当时最著名的方志学专家。

乾隆和嘉庆时期，不但是清代方志学发展最辉煌时期，在我国整个封建时代，也可以说达到了巅峰。

经过道光（1821—1850）朝，到咸丰（1851—1861）时期，修志活动相对沉寂。道光年间共修府州县志 400 余种，咸丰年间修了 80 种左右。到了同治、光绪年间（1862—1908），各地的修志又开始活跃。这是清代志书纂修的第三个阶段。当时，自同治中叶后，轰轰烈烈的太平天国运动和捻军起义，已相继失败，统治者为了标榜清朝"中兴"，倡导"文治"，又大力督促地方修志，其中两湖、苏、皖、浙、桂、川等省，曾经是农民起义活动的地区，当地的一些地主官绅，更想借机标榜其镇压革命的"功勋"，所以对开局修志，尤其显得热忱。这些，都促进了修志工作的进行。总计在同治、光绪将近 50 年间，共修省通志十多部，府州县志 1000 余部，最多的四川省，达 120 余部，其余像江西、湖北、湖南等省，也都达到或将近 100 部。

在同治、光绪时期，固然也有些出于名家的好志书，有的还加进了一些因受西学影响的如注重社会民生、有较科学的计量统计等新内容。但随着清代整个社会走向没落，方志学也节节滑向下坡，就总体而言，已缺少前一时期那种探索和创造的氛围。有的志书虽然篇幅浩繁，但很多内容搬抄前志。不过在某些边疆地区，因为建省建县，陆续修了一些新的志书。另外，在光绪末年，还出现了一种新的志书体裁——"乡土志"。乡土志与一般州志县志相比，篇幅和内容都要简单得多，通常只有数万言，分历史、人类、地理三大目，"历史首建置，终著旧；人类首氏族，附户口、实业、宗教；地理旨疆域，终物产，附以商务"（上官兼等：光绪《邵阳乡土志》卷首，《例言》）。这大体根据当时新成立的学部所颁定的规制编写的。现存的乡土志以山东为最多，达 60 余种，另如奉天省修了约 40 种，新疆近 30 种，都颇值得注意。

<h1 style="text-align:center">二</h1>

有清一代，从朝廷到各级官府，重视修纂志书，其主要原因有两点。

（一）收集掌故、保存文献。中国自古以来就是一个重视修史的国家，并把它作为体现封建统治中"文治"的重要内容。方志既是一种地理书，同时也是史书，自从唐宋时期形成独立的体系后，历元明至清，越修越盛，应该说与修史的传统有密切关系。在清代，特别在一些文人学士中，把修志作为"存文献""名文物"的意识是很强烈的。李兆洛曾说："志书宜纂修也。志书为一县文献所寄，犹家之有谱牒也。为子孙而不知先代谱牒、世系，无不羞之；为邑中人士之望而于一邑文献不能数述，独非耻乎。"（《养一斋文集》卷十八，《风台上事与绅士书》）章学诚也说："夫家有谱，州县有志，国有史，其义一也。然家谱有征，则县志取焉；县志有征，则国史取焉。"（《章氏遗书》卷十四，《为张吉甫司马撰大名县志序》）把地方修志和国家修史相提并论。他们的这种看法，对于朝廷和各级官府，都是有影响的。所谓"志乘不备，掌故无征，守土者无所辞其责也。"（吴若灏：光绪《邹县续志叙》）修纂志书，保存掌故，是守土官的重要职责之一。

（二）由于方志的内容包括了一省一府或一州一县的政治、经济、文化，以及山川气候，物产风俗等各个方面，所以对于各级地方官员来说，方志还是他们了解该府州县情况，更好地进行统治的入门向导书。"今夫郡之有志，非徒览其山川，按其图籍，供文人学士采辑而搜罗之也"（马步蟾：道光《徽州府志》前知府程璟序），而是"志者，政事之书也"（彭人杰：嘉庆《东莞县志》黄时沛序）。乾隆初任四川布政使的窦启英，在给该省通志写序言时说："非志则无以知历代之成宪，非志无以知山川之险易、田地之肥瘠、谷种之异宜，非志无以知户口之多寡、官吏之贤否，是故圣王重焉。"（查朗阿：乾隆《四川通志》首卷，序）江西布政使彭家屏也表示了同样的看法。他说："盖于其志地，而明要害、策御防，田必计其硗腴，水必悉其流贯，城郭沟池必稽其兴废，则知其能慎固封守、讲地利而爱养民也；于其志人，而户口之登耗，风俗之微恶，气运之盛衰，推其由来，究其流失，则知其劳心抚字，加意作人也；于其志政，而提其大纲，详其节目，若何而宜于古，若何而宜于今，洞悉原委，指陈得失，则知其能明政体，而蠲烦去暴也。"（华西植：乾隆《贵溪县志》序）此外，还有其他叙述。目的就是要通过志书，明白地方利弊，总结统治经验，以便更有效地进行统治。

正因为志书有这样的作用，所以在清代，我们常常看到督抚大员，以至道台、知府，往往到任伊始，就下檄所属州县进呈志书，以备披览。处于基层的州县官，则更是如此。康熙时，曾在山东、直隶等地当过好多任地方官的黄六鸿，谈到他做官经验时，其中一条，就是接印后必须阅读志书。因"一邑之山川、人物、贡赋、土产、庄村、镇集、祠庙、桥梁等类，皆志书所毕载"；"是莅是邦，一为披览，则形胜之粤衍扼塞，租庸之多寡轻重，烟户之盛衰稀密，咸有所稽，而政理用是以取衷焉"（《福惠全书》卷之三，《莅任部》，《览志书》）。道光中署四川布政使多欢也说："知县者，知一县之事也，必举一县中之士习民风，农田水利，以及户口财赋，关津营汛之属，无不罔知"，故"入境者先借图经、县志者，实知县之左券也"（马百龄：道光《仁寿县新志》序）。

至于清朝末年在各地大量编写乡土志，这主要是清朝政府鉴于"内忧外患"的形势，为了"劝学兴贤"（上官廉：光绪《邵阳县乡土志》，叙），提高民族自尊心而作的一种努力。把乡土志作为"预备初级教科之用"（钱应显：光绪《陵县乡土志》序），使人们读后，"人有爱乡之心，而后有爱国之心"（王永江：《光绪辽阳乡土志》序）。这样，方志又被清朝统治者用来作为热爱家乡、振奋民族精神的乡土教科书了。

三

清朝统治者为了加强对志书的纂修，他们采取了三种办法。

（一）由各地方负责官员领衔，主持志书的纂修。这种做法，在前代，比如明代也多如此，但清代更甚。大致通志由总督、巡抚领衔，府州县志由各所任知府或知州、知县领衔，然后聘请才学之士，具体进行纂辑。

由于方志的内容十分广泛，编纂时除了要参考当地一般文献资料外，还得稽查政府档册，以及实地采访等，需要一定的人力和物力，这对私家个人来说，就比较困难。由官府出面，并动员一定的社会力量，使这项工作比较容易完成。

当然，官修志书也有很大弊端，最明显的是几乎每一部方志，都深深地打上了封建统治者的烙印。各级官员以至朝廷，不断干预志书的修纂，甚至规定种种条例和具体内容，使官方印记更加明显。

雍乾时，清朝统治者加强思想控制，频兴文字狱，这对编撰志书的影响也很大。乾隆三十一年（1766），浙江巡抚熊学鹏在《请严私修志书之例疏》中，对其"考核既不切实，且或别存爱憎"，以及"将私心偏厚之人谬加赞扬"的情况，提出弹劾，要求朝廷下谕，加强对志书内容的审查（《皇清奏议》卷五十七）。乾隆四十四年（1779），朝廷诏谕各省，严禁将所谓"悖妄著书人"钱谦益、屈大均、金堡等人的诗文及其传记编入"各省郡邑志书"（陈鼐：同治《德化县志》卷首，《上谕》）。到了嘉道同光时期，统治者又特别关心将镇压农民起义的"勋将功臣"和地主武装头头们的事迹载入志书。企图以此来宣扬封建统治者之"教化"，明示地主阶级之"劝惩"（王钟钫：嘉庆《彭县志》序），维持其摇摇欲坠的统治。正是清朝政府的上述做法，大大地窒息了人们在志书纂修中的创造性，使有的志书体例雷同，内容呆板，毫无新鲜生动之处。

（二）注意志书内容的更新，要求不断重修。清朝统治者认为：既然志书是备各级官员随时考究的重要"政事之书"，而地方的因革变动，往往会影响志书的准确性。就以田土和户口两项内容为例，他们的消长盈缩，直接关乎封建国家的力役和赋税的征收，而田土和户口，又经常处于增减变化之中。另外像职官的升迁降调，乡会试中式和贡监等各新进学者的增变，以及名宦乡贤、艺文新作等，都要不断补充更新。这样，随时续修志书，将变动的情况吸收写进去，保持志书的现实性，就显得十分必要了。浙江处州知府曹抡彬就曾发表过议论："郡邑之有志……盖语形势，或昔险而今平，则守御因之知缓急；稽户口，或始衰而近盛，则政治由之考得失；且忠孝节烈，时不乏人，后人将于是观感焉。而物产地宜，又因时变易，则亦资守土者之区别也。"所以他说："故有志而历数十余年不加纂辑者，与无志等。"（曹抡彬：雍正《处州府志》序）四川江津县令徐鼎根据他的实际体会也认为："邑之有志与国史等，史必随事记注，志亦必因时修续，然后不致叹而无征，而足以资考鉴。"（徐鼎：嘉庆《江津县志》序）。雍正时，清朝统治者下谕，要求各级地方官每隔 60 年重修志书一次，其目的也就是要使志书的内容不断适应其统治的需要。

（三）重视基层州志县志的纂修工作。在清代，封建政府不断下令要下属州县修志，这一方面固然是出于编纂一统志、通志或府志的需要；另一方面也是因为在清朝的政权组织中，州县是其基层组织机构。"夫为政在乎宜民，问俗采风，皆关政要，志之不备，则俗尚无繇知，掌故无可考。"（崔志元：道光《续修铜山县志》，潘楫序），而做到这一点，首先必须从基层的州志县志修起。"顾通志体例曰简、曰赅，挈领振衣，非即领以为衣也，纲举目张，非废目以为纲也。故言志者必自州邑始"（钱陈群：《香树斋文集》卷十一，《渭南县志》序）。当时有人把这种做法，叫作"此先河后海之义也"（黄安涛：道光《高州府志》卷一，《序文》）。重视州志、县志的纂修，是清代修志中十分突出的一点。

清代的志书，除了上面提到的通志、府志、州志（包括直隶州志）、县志，以及乡土志等以外，还有道志、厅志、关志、卫志、所志、屯志、司志、场志、盐井志等。它们也多属于官修，所以纂修的情况，亦与府州县志大体上是相同的。

（原载《中国地方志通讯》1984 年第 2 期）

孔姓宗谱和孔氏家族组织

——介绍曲阜孔府所藏家谱资料

　　1963 年夏、秋，原中国哲学社会科学学部（即今中国社会科学院的前身）历史研究所的八位同事，在杨向奎教授的率领下，到山东曲阜县文物管理委员会，对其所藏的孔府档案，作了为期四个月的查阅和研究工作。当时，笔者也是这八人小分队中的一个。在这一百多个日日夜夜里，我们不但有机会接触孔府的全部档案，而且惊喜地发现，在档案库中，同时还收藏了几百部孔姓等家属的宗谱。近一二十年来，学术界先后整理出版了《曲阜孔府档案史料选编》，也不断地有人利用它进行研究工作。但对收存数量如此集中的孔家宗谱，却因缺乏介绍而鲜为人知。有鉴于此，笔者不揣浅陋，谨就所见所闻，写了这篇短文，算是向学术界提供一个简单的信息。

一

　　现存的孔府宗谱资料，统共 380 种，其中 358 种是孔氏宗谱，另外 22 种为曾、孟等姓氏的所谓"先贤"宗谱。上述宗谱，从纂修的时间来看，数量最多的当属清代，有 308 部（其中"先贤"宗谱 21 部），其次是民国时期，共 69 部（"先贤"宗谱一部）。明代有三种，一部修于明成化十三年（1477），也是我们见到最早的孔氏宗谱。另外两部分别修于嘉靖（1522—1566）和天启（1621—1627）年间。在清代的 300 多部宗谱中，又以乾隆时期（1736—1795）的数量最多，嘉庆（1796—1820）、道光

（1821—1850）两朝次之。数量偏少的是康熙（1662—1722）和雍正（1723—1735）年，前者有 8 部（另有"先贤"宗谱 4 部未计），后者两部。① 没有顺治时期（1644—1661）的宗谱，这可能与明清之际，兵火相仍，孔氏子孙亦因历经战乱，无力顾及修谱有关。

民国时期的宗谱，除了一部分为各省送交孔府钤印存底的谱样外，大部分系 1929—1939 年，孔府发起举办全国孔氏合修族谱而留下的各分户的谱底，如：《孔氏大宗户谱底》《衍圣公近支各堂支谱抄稿》《孔氏临沂户谱底》《孔氏孟村户谱底》《孔氏道沟户谱底》等，共有 54 种。

孔府收藏的孔姓宗谱，并不限于曲阜或山东省境内，而是包括了流散在全国各地孔姓族人所修宗谱，计有山东、河北（直隶）、辽宁（奉天）、吉林、黑龙江、山西、江苏、安徽、浙江、江西、福建、河南、湖北、湖南、广东、四川、云南、贵州约 18 个省区。其中有一部叫《居住朝鲜孔氏世系草稿》，则系流寓于朝鲜的孔姓族人所修。

现将孔府所藏孔氏宗谱（不包括"先贤"家谱），按时代、地区，如下表所示。

孔氏宗谱一览表

地区 ＼ 时代	明代	清代	民国	小计
山东	2	66	51	119
直隶		62	2	64
辽宁		12	1	13
吉林		8		8
黑龙江		2		2
山西		3	1	4
江苏	1	16	3	20
安徽		16	3	19

① 按照孔府规定，每当新谱修成后，旧谱就得交归火焚，有关情况，下面还要提到。

地区＼时代	明代	清代	民国	小计
浙江		1		1
江西		8		8
福建		6		6
河南		45	5	50
湖北		6	1	7
湖南		6		6
广东		22		22
四川		5		5
云南、贵州		3		3
朝鲜			1	1
合计	3	287	68	358

由上表所见，宗谱分布的地区，数量最多的是山东。这是因为山东为孔家祖宗发祥地，孔氏族人大多集中于此。其次是河北（明清时期称直隶）、河南，他们都毗邻山东，也属孔姓族人移居后支派繁茂的省份。在南方各省中，族谱数量较多的是广东、江苏、安徽等省，这除了因为这些省份有较多的孔氏族人外，也与明清以来长江以南地区宗族势力的普遍发展有重要关系。浙江衢州是孔姓南宗发祥地，他们虽奉曲阜衍圣公为大宗主，但往往自成体系，所以在孔府，收存浙江的宗谱不多（关于南宗的问题，详见下文）。

曲阜孔府之所以能把全国各省的孔氏宗谱集中在一起，是有其特殊原因的。早在两汉时期，统治者就开始重视孔子及他所创立的儒家学说。特别自宋代以后，随着理学的兴起，并成了儒学的正统，统治者对孔子的尊崇更有加无减。奉孔子为"帝师"，为"大成至圣"的圣人。于是，他的后代也备受青睐，封其嫡长裔世袭衍圣公。所谓孔府，也就是衍圣公府第的俗称。当时，衍圣公不但在朝廷品高禄重，而且，按照封建宗法制度，他又是整个孔氏家族的大宗主，有统率全国族众之权。另外，封建国家还通过钦赐"行辈取名训字",① 豁免政府差徭等办法,"优遇圣裔"。这些都大大加强了孔姓宗族的凝聚力,巩固和提高了孔府在全家族中的位置。比如,孔姓族人要取得优免差徭的特权,首先必须验明本宗本支的身份,确认没有伪冒,其证明就是大宗主验准后钤印的宗谱。为此,各地族人在修造家谱后,都要送往孔府审定。现存孔府档案库中的各地孔姓宗谱,多数是这样集存起来的。

　　至于那些颜、曾、孟、仲等"先贤"宗谱存于孔府,在性质上与前者是相同的。在封建宗法关系中,最普遍的表现是以血缘为纽带的同一宗姓的联系。但也有另外一种情况,即非血缘的师生之间的关系。在明、清两代,孔子是"圣人",他的弟子如颜子、曾子等,被奉为"贤人"。还有一些人,他们因朝代的间隔,不可能直接受业于孔子,但均尊孔子及儒学为"不祧祖先",死后又因此配享孔庙,而封建国家又授命孔府有统率诸"先贤"后裔之责(其嫡长裔均袭封翰林院五经博士等职)。于是,这些"先贤"后裔,得称衍圣公为宗官、宗师、大宗、大宗主,称孔府为大宗府,具有师生之谊。他们的很多公务,包括家族事务,都要呈文孔府裁断或转奏朝廷。很自然,他们修造的宗谱,亦理所当然地要送交孔府钤印汇存了。

　　除了上面介绍的孔姓宗谱以外,在现存的孔府档案库中,还保存了大批有关孔氏宗族组织的资料,其中涉及收族、修谱事宜的,估计多达5000多份。其内容包括:修谱凡例榜示、修谱格式,各地族人呈请续谱的申请及有关函件,围绕修谱所发生的各种纠纷,族人入谱时所立甘结,修谱经费收支账册,以及乾隆三十年至三十九年(1765—1774),清朝政府为处分七十一代衍圣公孔昭焕滥委族人往江苏、浙江、奉天、江西等省区清查宗谱奉旨罚俸事;嘉庆至光绪年间,各地发生一些不良族人和某些孔府员役,借清查谱系招摇撞骗,被官府查获后,与孔府往来的文件,凡此等等,都很珍贵。一个家族,留下了这么多有关修谱的资料,这在全国是独一无二的。

---

　　① 孔氏子孙行辈取名训字,前十字即"希、伯、公、彦、承、宏、闻、贞、尚、衍",是明建文三年(1401)正式颁布的。乾隆五年(1740),又定:"兴、毓、传、继、广、昭、宪、庆、繁、祥"十字。道光十九年(1839),继定:"令、德、维、垂、佑、钦、绍、念、显、扬"十字。当时,凡属孔姓嫡派子孙取名,均按此行辈为准。

二

宗谱的纂修，与我国宗族制度的发展是汲汲相连的。宗族制度是一种以父系血缘为纽带而联结起来的社会关系。隋唐以前，族姓主要是为了表示门第高低和族望的隆替，而谱牒则作为考索和炫耀门第的凭证。宋代以后，宗族制度在封建纲常伦理思想的指导下，打出了"敬宗收族"的旗号，于是宗谱又起着"尊祖重本"，"使骨肉之意常相通"的作用（赵祥星：康熙《山东通志》卷五十八，"艺文"，冀链：《族谱序》）。现在我们所说或者见到的宗谱，都是宋代后明清以至民国时期修造的，反映的也是在此期间宗法关系和家族组织的情况。

孔府自宋仁宗至和二年（1055）袭封衍圣公后，至明清两代，业已进入鼎盛之期。与此同时，也把它的那套封建宗族组织推至一个新的高度，成为全国各宗族组织中系统最严明、规制最完备的典型。所以，透过对孔府收藏的有关族谱的研究，不仅可以了解孔姓家族的宗法关系和族权统治的内容，而且对考察我国封建社会后期的整个宗族制度，也有重要的意义。

在宗谱中，世系是其中最重要的组成部分。正如有人所说："族谱之修，所以明世系也。数传以后，派别支分，如无记载，胥忘自己，则同姓之亲，每视同陌路"（谢锡文：民国《夏津县志》卷五，"典礼志"，"谱录"）。孔氏宗谱中也明确说："族谱之要，惟在明世次，记生卒，娶葬祭业，足以永无失而已。"（《续修（福建建宁县）三滩孔氏家谱》）孔氏宗谱，在世系排列上，一律以孔子为一世祖，然后论辈而下。康熙二十三年（1684）《孔氏家谱序跋宗图》中，曾"追叙上代及得姓氏之由"，竟一直上溯到轩辕、少昊、成汤等人。大概因为这种子虚乌有的编造，连自己也很难相信，所以有的宗谱借口"古者诸侯不敢祖天子，大夫不敢祖诸侯"，"删除旧式"，"以先圣为始祖"①。

---

① 《续修（山东曹州）金乡孔氏支谱》。按：孔府在乾隆甲子年（九年）修谱凡例中，虽然仍把轩辕、成汤等那一套写入谱中，但也感到"旧谱叙黄帝、契、汤至叔梁公，俱系于圣祖下，殊觉颠倒"，故特辟"姓源"一卷，以示区别（见孔府档案，编号：0789 之 1）。

在孔氏家族发展史上，有两次重大的事件，一是五代末季的"孔末之变"，二是南北宋之交的"南宗""北宗"的问题。

据宗谱和有关档案记载：孔末原为执役林庙的洒扫户，因随主得姓。后来孔末乘"五季之扰，杀圣人子孙几尽"，只剩下四十三代孙孔仁玉，因出生九月，隐匿外家得幸免于难。他便是后来的孔氏"中兴祖"。孔末之变后，孔家便有"内孔""外孔"之别。内孔就是孔仁玉的嫡裔子孙，外孔系孔末的后代。他们间一为真，一为伪；一为主，一为仆，且永为世仇。所以在孔氏宗谱中，除通常规定的赘婿及抱养外姓子嗣等不得入祠入谱外，特别严申"并非伪孔"，要"别外孔而亲一本"（《续修（福建建宁县）三滩孔氏家谱》）。孔氏宗族之所以要如此强调"内孔""外孔"的区别，既是要借"内孔是主"，"外孔是仆"，分出尊贵卑贱的等级，维护封建伦理纲常，同时亦是要以此显示"圣裔嫡派"的高贵地位，增强族人的向心力，巩固族权统治。

至于南宗、北宗的问题，起始于宋室南渡时。孔子第四十八代孙衍圣公孔端友等随驾南渡，得赐居浙江衢州。与此同时，已经控制了北方地区的金朝统治者，又选立留在曲阜的孔氏族人为衍圣公。从此便有南宗、北宗之分。元朝忽必烈统一全国后，因南宗孔氏无法回曲阜袭爵，正式确定将衍圣公爵位由北宗世代承袭，并成为统率所有族人的大宗主。

按照严格的宗法关系，北宗应属庶支，衢州孔氏才是真正的大宗，可是由于曲阜是孔子的故里，统治者需要在北宗树立正统形象，这样，大宗必须贬为小宗，小宗则取代大宗。为了免除争端，明正德元年（1506），经朝廷批准，在南宗的宗谱中，还专门把它作为既定的"制典"，写入家规，使在衢子孙"绳绳遵守"，如"有违者，以不忠不孝论，置之重典，永不叙录"（孔府档案，编号：0736 之 18）。由此可见，所谓宗法名分，也不是确定不变的，只要统治阶级需要，随时可以移上为下，持小为大。孔氏家门一向以守礼教自诩，最讲究宗法名分，但它尚且如此，其余当然更不可严而究之了。这对于我们考察封建时代的宗族制度，亦是很有启发的。

清人陈鹏年在《句容王氏重修族谱序》中说："族谱之作，有自合而分者，如宗子为大宗，继别为小宗，以至于小之中，又分为大小是也。"

（《道荣堂文集》卷四），孔氏宗谱就按此排列组合。在宗谱中，他们虽以孔子为一世祖，但真正能一代接一代的列表形成世系，还得从"中兴祖"孔仁玉开始。大概到宋末元初五十二代孙时，已发展为 20 派，明初又增加到 60 户。这 60 户，就是后来孔氏嫡裔的 60 个房派。其中第一户为嫡长裔，称大宗户，衍圣公的爵位，便世世由此户中产生承袭。其余各户均以祖居村为名，依其"分派之先后与族属之远近"，挨次进行编排。如第二户为临沂户，第三户孟村户，第四户道沟户，第五户滕阳户，第六户旧县户，等等。他们又各自成系统，能单独修造宗谱，排列世系，但对大宗户而言，则为小宗，并尊衍圣公为大宗主。各户族人因各种缘故迁居外地的，仍沿用本户户名。大概到清末民国初年，孔氏流寓户已遍及全国各个省份，有不少均聚族而居。他们小支数十人、百余人，多的可以上千。即或如此，遇到族内事务，按规定仍得首先禀呈本户家长，目的是使"聚族而居者不敢忘先世之遗泽"（《孔氏世家谱》），所修宗谱大多亦只称支谱，即如陈鹏年所说，"小之中又分为大小是也"。民国初年，孔府发起全国孔姓合修族谱，就是按照 60 户户名，分房分派进行修造的。

孔氏宗族的管理制度也远比一般家族要严密。全族除尊衍圣公为大宗主外，并设孔氏家庭族长和管理林庙举事各一人。族长"总理圣谱，约束族人"，设族长衙门，并有朝廷赐予的衣领顶戴和朱元璋钦赐的龙头拐杖一根，作为权力的象征。举事辅佐族长，管理孔林（孔姓族人坟地）、孔庙和孔氏族人。60 户内各设户头一至二三人，"总理户事"。又有户举一人，以协助户头。外地族人，亦"效阙里例，立户长、户举各一名以为统率"（孔府档案，编号：0754 之 1），也有设族长、房长的。不论是曲阜或外地的族长、户头、户举等，在就任之前，必须先经族人推荐，出具亲供甘结，最后由衍圣公批准发给执照，才算正式有效。

族规家训，也是宗谱中不可缺少的内容。它既是一种道德规范，又具有约束族众凛遵的法纪效用。在严格的封建宗法思想的指导下，这种族规家训，只能反映封建道德的意志。

孔氏家族的族规分为两种，一种是由大宗主衍圣公颁定的"祖训箴规"，还有一种由各地族人自行订立。比其他家族更有过之的是，这些族规家训常常打着"圣祖""先圣"的旗号而出现。有一份《增修皖江世系孔氏支谱》中，共列家训九条，内容包括君臣、父子、夫妇、昆弟、朋友、冠、婚、丧、祭等有关处世礼仪等事宜。每一条都以"先圣"起头。比如说"君臣"：

> 先圣曰：君臣也。又曰，君使臣以礼，臣事君以忠。又曰：君子之事君，进思尽忠，退思补过，将顺其美，匡救其恶，故上下能相亲。又曰：事君敬其事而后其食。

又如"父子"：

> 先圣曰，父子也……又曰，身体发肤受之父母，不敢毁伤……又曰，天之所生，地之所养，无人为大。父母全而生之，子全而归之，可谓孝矣。不亏其体，不辱其身，可谓全矣。故君子顷步而弗敢忘孝也。

在谈到"夫妇"时说：

> 先圣曰，夫妇也……又曰，妇人伏于人也。是故无专制之义，有三从之道。在家从父，适人从夫，夫死从子，无所敢自遂也。教令不出于闺门，事在馈食之间而已矣……昼不游庭，夜行以火，所以正妇德也。女有五不取……妇有七去……有三不去……

"家训"中，口口声声以"先圣"为教，其实它所发挥的，很多不是"先圣"的原意，而是充满着宋明理学家的说教。用三纲五常之说，来教训、约束族人，这是当时族规家训中的普遍做法。

由孔府颁定的"祖训箴规"，一般都放在各房派自订家规之前，同时附有衍圣公的榜文一道。乾隆时制定"箴规"，其榜文是这样写的：

> 袭封衍圣公府为申明礼仪事。尝闻木之有本，本盛者木必茂。水之有源，源深者流必长。此皆理势之自然明著而易见者也。我先祖宣

圣，万世礼乐宗师，德配天地。奕祀教学模范，道冠古今。子孙蕃庶，难以悉举。故或执经而游学，或登科而筮仕，散处四方，所在不乏，然虽涣犹之聚也。今将祖训箴规昭示族人。合行给榜，开其条件，于以昭有德，以示将来，不事繁文，永为遵守。

所列的 12 条规文中，除教导族众毋忘祭祖祭宗、遵守国法、重其婚嫁、读书明理等内容外，突出的一点，就是宣扬孔氏家族的优越感。如："崇儒重道，好礼尚德，孔门预知而素行者"；"谱牒家规，正所以别外孔而正宗派者，子孙勿得勾相誉换，以混来历宗枝"；"孔氏嗣孙非常人也，男不敢为奴，女不敢为婢，凡有职官员，不敢擅辱孔氏嗣孙"；等等。孔府这样做，亦是为了提高衍圣公大宗主形象，加强对族众的控制。

族权与政权，本来就联系紧密、互为表里，孔府则更加明显。在明清两代，很多皇帝都曾下旨，授权衍圣公"约束族人"，"督率族长、举事管束族众"。前述孔氏子孙行辈命名，分别是由明太祖和清乾隆、道光三个皇帝圈定的。乾隆三十三年（1768），清帝又特为收族修谱事颁谕孔府："就籍隶山东确有宗支可考者，随时查辑。"对于历代统治者给孔氏家族的"优遇"，都被作为"圣上隆恩"而载入谱牒。成化年间刊修的《孔氏宗谱》中，详细地叙述了从鲁哀公十六年（公元前479年）孔子病逝起，直到明成化十二年（1476），各朝帝王对孔氏及其子孙的封赏。乾隆时续修《孔氏家谱》，又补充了清朝皇帝对他们的恩典。孔氏宗谱中的此类长文表叙，今天看来，当然显得庸俗烦琐，但从保存资料的角度入眼，亦非完全无益。成化《孔氏宗谱》记录了洪武元年（1368）、六年（1373），太祖朱元璋在南京分别接见第五十五代孙祭酒孔克坚、第五十六代孙衍圣公孔希学的几次谈话，就很有意思：

　　元年十一月十四日谨身殿内。上对百官谕孔子五十五代孙孔克坚曰："老秀才近前来，你多少年纪也？"对曰："臣五十三岁。"上曰："我看你是有福快活的人，不委付勾当。你常常写书与你的孩儿。我看资质也温厚，是成家的人。你祖宗留下三纲五常，垂宪万世的好法度。你家里不读书，是不守祖宗法度，如何中？你老也常写书教训着，休怠惰了。于我朝代里，你家里再出一个好人呵不好。"

在另一次朝会时，朱元璋又传话给孔克坚："道与他，少吃酒，多读书。"类似这些家常式的谈话，不但对研究孔府发迹史难能可贵，而且对我们考察明初的政策措施以及朱元璋某些性格也不失是些好材料。

为表示对封建国家的支持，在孔氏宗谱的族规家约中，总是把遵守国家法度、摒绝"邪教"、早完赋课等，作为重要内容。在衍圣公统颁箴规中，专列有"早完钱粮"条："钱粮为国课之需，历代豁免圣裔丁役，皇恩深重，其正供者自应照限早完，勿误有司奏销之限。"有的房规甚至规定：若有拖欠钱粮者，"波累族长，通众禀明县主，将其田地山园、家庙照业出卖，以完国课，余入祖宗祭祀"（《续修湖北枝江县孔氏宗谱》卷一）；"如有延捱拖欠（条鞭），致累承催，族正着令该房房长拘出祠中笞责，即押清完。殷实之家，押完外，每欠银一两，罚银三钱"（《续修福建邵武府建宁县巧洋孔氏宗谱》）。

在衍圣公等上层人士看来，遵守家法和遵守国法是并行不悖的。万历十一年（1583），孔府颁布《祖宗箴规》，一开始就说："仰长于族者督率族众，俾各守家法……倘有轻犯国典、不守家法……故违公令者，许户长、户举约同族众，捉送庙廷，查照家法究治。"（《续修（湖北枝江县）孔氏宗谱》卷一）在清代，我们经常看到，不少地方督抚上疏，要求朝廷允准利用宗族组织以协助加强基础统治，其原因，在孔氏宗谱中便可找到很好的根据。

三

前面提到，孔府同时还收藏了一大批有关宗族组织、冒宗归宗、立嗣争继等方面的档案。由于它们的内容庞杂，本文不想过多涉及。这里，只简单地介绍一下孔氏宗族中的修谱资料。我想，这对通常只读现成宗谱、利用宗谱资料做研究，不大注意修谱过程的人，也是有意义的。

自明清以来，很多家族都有定时续修宗谱的制度。孔氏自明天启年间起，就订立了每逢甲子年为续谱之期。乾隆九年（1744），孔府颁布"修谱条规"，更具体确定："家谱限六十年一大修，三十年一小修。大修以甲子为期，小修以甲午为期。"以后，除遇特殊缘故外，大体均按此而行。现存于孔府的历次有关修谱的资料，亦证明了这一点。

孔氏修谱，在规模和范围上，比一般家族要气派得多。每当开修之前，先由孔府发布榜示，就修谱条规、注意事项、人员组成等，公诸族众。据乾隆九年（1744）的规制，全书由衍圣公孔昭焕担任鉴定，下设监修、提调、编次、掌收、校阅、誊录、督刊、供应等职。分别委任有关族人担任。然后制定修谱凡例。从历次凡例内容来看，一般都大同小异，但也针对前谱，有所修订。在正式开馆之日，衍圣公还要率领所属，到孔庙读祝誓词，举行仪式。

这里值得一提的是所有入谱族人，都必须按规定格式填写谱单和请人出具三代无伪冒故犯的甘结。下面就是嘉庆十一年（1806）临沂户孔广魁所填谱单（孔府档案，编号：0816之24）：

> 至圣七十代孙名广魁字××，号××，年二十三岁，职业庠生，现在居邹县××社××庄。
>
> 曾祖毓福，字天赐，号××，职××，现殁。
>
> 祖传旺，字盛远，号××，职七品，现在。
>
> 父继东，字惠民，号××，职九品，现在。
>
> 子一人，名昭珣，职××。
>
> 嘉庆十一年二月二十六日给
>
> 限　月　日缴
>
> 计开：
>
> 不孝不弟干名犯义之人不准入谱；
>
> 义子不准入谱；
>
> 赘婿奉祀者不准入谱；
>
> 再醮妇带来之子不准入谱；
>
> 僧道不准入谱；
>
> 流入下贱者不准入谱。

　　需呈交户头的族人甘结样式，我们选道光三十年（1850）终吉户人孔传荣等保结孔传校子孙无假冒之弊的纸样为例（孔府档案，编号：0821之2）：

　　　　具甘结，终吉户人传荣、传珅、传锦等，今于与甘结为重修家谱事。依奉结得长支内传校子继汉、继游、继浚，孙广蒸、广然，并无假冒、过恶、违碍及舛错、遗漏等情弊，如虚甘罪。所结是实。

　　　　终吉户户头（用印）

　　　　保人：继桓、继星、继照、继槐、继滨（左手指印）

　　　　道光三十年五月十一日

　　上述谱单、甘结填写后，必须经各户户头、户举核定无误，才能汇集送呈。全族大谱，还得先由各户先编成草谱，经族长、举事审阅，再交与谱馆。修谱所需经费，例需族人共同摊派。乾隆、嘉庆时，每名至少得出纹银八分。

　　宗谱从编完到最后发放，也有一系列复杂手续。先说付印。孔氏世谱分朱刷、墨刷两种，朱刷只印四部，墨刷则按所定分发数印刷。印刷时，得由督刊官在旁严加监看，总计印数，每完一页，即将该页刻板刮尽，以示缜密。宗谱装订成册后，还得祭祖用印。计每谱用衍圣公印一颗，曲阜县印一颗，家庭图记一方。四部朱谱分别存放于崇圣祠、圣祖庙、宗子家庙和衍圣公府。墨谱除分发各修谱人员、六十户户头、户举、族长外，凡族人捐资在纹银一两以上者，准给本户支谱一部，但不属正数之内。领受新谱时，得随将旧谱交家庙焚瘗，如有失落，须立即声明，由该户头、户举出具甘结，刻附于谱末。至于大修和小修的区别，在于"小修只令各户填造格册，清誊二部，用印钤注，一藏家庙，一送袭封府，以便查核。此他日大修之底册也"。小修实际上是为大修做准备的。

　　外地族人修谱，在格式上多仿效曲阜本支。他们在修谱前，往往得向孔府呈禀，取得大宗主的批示。谱成之后，送孔府查验钤印，并存档备考，以取得确系"圣裔"的凭信。

　　另外再说一点，孔氏宗谱，在格式上也有很多讲究。比如世谱用大本，一般用小本。宗谱一律不用抄本，为的是防止发生增删涂改等弊端。

以上便是对孔府收藏的宗谱资料所作介绍。当然，它很不全面，但即使如此，亦可看出，其内容是十分丰富的。对于收存如此集中而又有相当价值的历史资料，笔者认为在今天，一方面固然要着意保管，防止损坏散失，同时亦应更好地进行利用、研究，使存于库中的死的资料，变成可作借鉴的活的成果。

（原载《谱牒学研究》第 1 辑，1989 年）

中国社会史研究五十年

50 年来，在新中国的史学研究领域里，社会史研究曾经历了从冷落到恢复兴起这样一个曲折的过程。从这曲折的经历中，也可看到中国大陆史学界在摆脱"左"的禁锢，拓展研究层面、更新研究方法所取得的进步。

一

社会史作为历史学的一个分支，或是一种研究范式，出现于 20 世纪 20 年代末，与法国年鉴学派有着密切的关系。在我国，至少在三四十年代，曾一度辉煌，先后出现过不少颇具学术分量的著述，像杨树达的《汉代婚丧礼俗考》（商务印书馆 1933 年版）、邓云特的《中国救荒史》（商务印书馆 1937 年版）、潘光旦的《明清两代嘉兴的望族》（商务印书馆 1947 年版）、瞿同祖的《中国法律与中国社会》（商务印书馆 1947 年版）等。另如郭沫若的《中国古代社会研究》（联合书店 1930 年版）和吕振羽的《史前期中国社会研究》（北平人文书店 1934 年版），也有大量篇幅涉及社会史的内容。此外，在 30 年代还先后出版过北平研究院史学研究所集辑的《社会史料丛编》4 册（北平研究院 1935 年版）和瞿宣颖所编的《中国社会史料丛钞》甲集 3 册（长沙商务印书馆 1937 年版），都对社会史研究起着促进作用。

中华人民共和国成立后，学术界普遍接受了马列主义的教育，广大史学工作者盼望能在新的研究领域里有所树建，满怀热情地投入诸如对中国古代史分期、中国封建土地制度、中国封建社会的农民战争、中国资本主义萌芽，以及汉民族形成、中国近代史分期等重大历史问题的讨论，对于考察社会心态、人们生活方式等这些属于社会史研究的课题，则相对显得冷落了。如果说，人们开初冷落社会史，是被讨论的热点所吸引，努力使史学研究靠近现实，那么政治上"左"的思潮的蔓延，使得人们害怕乃至不得不加以疏远了。尽管如此，在 50 年代到 60 年代初，仍有一些学者在有关婚姻、家庭、家族及其风俗习惯等方面，进行了一定的研究，像 1950 年岭南大学西南社会经济研究所出版的董家遵：《中国收继婚之史的研究》，林乃燊：《中国古代烹调和饮食——从烹调和饮食看中国古代的生产、文化水平和阶级生活》（《北京大学学报》1957 年第 2 期），马起：《婚姻和家庭在历史上的演变》（《东北人大学报》1956 年第 6 期），陈直：《汉代人民的日常生活》（《西北大学学报》1957 年第 4 期），于省吾：《岁、时起源初考》（《历史研究》1961 年第 4 期），赵守俨：《唐代婚姻礼俗考略》（《文史》第 3 辑，1963 年版），武伯伦：《唐长安郊区的研究》（《文史》第 3 辑，1963 年版），左云鹏：《祠堂族长族权的形成及其作用试说》（《历史研究》1964 年第 5—6 期）等。另如吴晗在《灯下集》（生活·读书·新知三联书店 1960 年版）和《学习集》（北京出版社 1963 年版）里，也收录了有关中国古代习俗、服饰这样的短文。及至 60 年代中期以后，即使像上面列举的著述，在大陆也再难见到了。社会史研究处于一片荒漠。

二

中国大陆社会史研究的复兴，是与打倒"四人帮"后，整个文化学术事业的复苏、发展同步出现的，但真正形成规模，使更多的人认识到社会史研究的必要性，则从 1986 年 10 月召开第一次社会史研讨会开始。那是由南开大学历史系、《历史研究》编辑部和天津人民出版社等几个单位牵头，共同倡议举办的，主要就社会史的研究对象、范畴，以及与其他学科的关系等问题，展开讨论。这既是一种顺应学术潮流、对业经唤起研究热忱的学者们的支持和肯定，同时也是要吸引更多的人参与其间，把社会史研究向前推进一步。从此以后，《历史研究》等刊物、出版社纷纷组织稿件，推出作品。1992 年 9 月，又成立了中国社会史学会，使学者们更有一个正规的定期讨论、互通信息的场所。总计这十多年来，虽然时间不长，可在社会史研究中，还是取得了可观的成绩，大体归纳，有如下几个方面。

（一）形成了一支队伍和一些研究点。根据近十年来每年发表的文章和历届参加社会史年会的成员进行统计，目前经常参与社会史研究的人数至少超过百人。此外，在南开大学、南京大学、山西大学、中国人民大学以及上海社会科学院历史所、中国社会科学院历史所，还规划了一批中长期研究课题和人数相对稳定的研究点或研究组室。

（二）学术活动空前活跃。自 1986 年在天津召开第一次全国社会史讨论会后，便以不同题目相继在南京、成都、沈阳、西安、重庆、苏州召开了第二至第七届年会，其中南京会议除继续探讨社会史理论问题外，还就中国古代的士与中国现代知识分子交换了看法，以后依次为"中国社会史研究与现实社会""社会史研究与中国农村""地域社会与传统中国""区域社会比较""家庭、社区、大众心态变迁"。中国人民大学清史所、南开大学历史系和历史所，也分别举办过以社会史为内容的学术会议。1995年 8 月，中国社会科学院历史所和台湾《联合报》系文化基金会，还共同发起以"传统社会与当代中国社会"为题的海峡两岸学术讨论会。至于中小型学术活动更是不断：像 1993 年 11 月在北京召开的"清代皇族人口行为和社会环境"研讨会，1998 年 11 月召开的"婚姻、家庭与人口行为"研讨会。广东中山大学历史系和香港科技大学人文学部等单位组成的"华南地域研究会"，则以研究华南地区为主，举办了多次含有社会史内容的学术讲座和学术讨论会。此外，由台湾财团法人馨园文教基金会出资赞助、开设在南开大学历史系的"彭炳进学术讲座"，业已进行了两个专题，共 14 讲，第一个题目是"中国历史上的农民"，第二个是"中国历史上的生活方式与观念"。据主持该讲座的冯尔康教授言，他们选择题目的意向，就是为了提倡中国社会史研究，活跃学术空气。

（三）研究成果可观。有了队伍和良好的学术氛围，就必然要在成果上得到体现。很多出版社对组织出版社会史书籍给予热情的关注，竞相推出丛书、套书。像陕西人民出版社的"中国风俗丛书"，陕西人民教育出版社的"中国社会史文库"，天津人民出版社的"社会史丛书"，浙江人民出版社的"中国社会史丛书"，中国社会科学出版社的"江湖文化丛书"，商务印书馆的"中国古代生活丛书"，辽宁人民出版社的"清代社会文化丛书"，上海人民出版社的"近代中国社会史丛书"等。中国社会科学出版社还承担了由中国社会科学院历史研究所组织编写的多卷本"中国古代社会生活史"套书。据笔者不完全统计，从20世纪80年代起到1998年的近20年中，共出版有关社会史书籍121部（商务印书馆组织的通俗性"中国古代生活丛书"和辽宁人民出版社的"清代社会文化丛书"未包括在内），具体情况见表1。

表1　　　　　　　　近20年来有关社会史著作分类统计表　　　　　　单位：部

理论和通论性	婚姻	家庭	宗族和宗族制度	社会结构和阶级、阶层	社会生活	社会控制	社会问题	人口行为	社会心态	妇女问题	其他
6	8	4	14	18	37	1	16	7	1	3	6

以上是20年来出版的有关专著的大体分类。从统计看，数量最多的是社会生活史类，另外像社会结构和阶级阶层、社会问题、宗族和宗族制度等，也占有较大的比重，反映了近年来的研究动向。

论文方面，我们根据《中国史研究动态》的有关报道，统计了1987—1998年12年的数字，也作了些大体分类（见表2）。

表2　　　　　　　　1987—1998年历年论文分类统计表　　　　　　单位：篇

分类＼年份	1987	1988	1989	1990	1991	1992	1993	1994	1995	1996	1997	1998	历年小计
社会史理论	7	2	6	2	2	3	2	3	2	2	2	3	36
婚姻	6	9	10	10	7	8	8	6	5	6	8	10	93
家庭	6	4	2	5	8	4	3	3	2	3	3	4	47
宗族和宗族制度	9	6	15	6	8	7	2	5	5	5	8	7	86
社会结构和阶级阶层	4	5	15	14	19	18	15	8	12	13	15	13	151
社会生活	10	23	34	38	37	30	25	29	20	21	24	23	314
社会控制	—	2	9	7	4	3	2	10	5	3	5	5	55
社会问题	4	7	8	6	13	10	14	6	10	6	8	9	103
人口行为	2	3	2	3	4	2	6	5	11	10	10	8	71
社区	2	—	1	2	1	—	2	—	7	4	3	2	24
合计	50	61	102	93	103	90	79	80	80	72	86	84	980

表 2 共计论文 980 篇，遗漏者尚有不少，不过基本面貌是反映出来了。从论文发表的年份看，1987 年、1988 年偏少，1989 年以后，每年都保持在七八十至八九十篇，最多时超过百篇。若按朝代加以分类，除 36 篇归于理论性探讨，35 篇属通论性质，剩下 909 篇按朝代划分，列作表 3。

表 3　　　　　　　　　1987—1998 年历年论文断代分类统计

朝代	先秦	秦汉	魏晋南北朝	隋唐五代	宋辽金西夏	元	明	清
篇数（篇）	91	114	132	122	160	51	105	134
所占比例（%）	10.01	12.54	14.52	13.42	17.6	5.6	11.55	14.74

表 3 各断代中，明清两代与其所拥有的丰富资料和众多队伍，相对稍显薄弱，其他各朝均大体平衡。

在所发表的著述中，乔志强主编的《中国近代社会史》（人民出版社 1992 年版）和龚书铎主编的 8 卷本《中国社会通史》（山西教育出版社 1996 年版），所展示出的更大意义在于如何把所设计的理论架构与史实相结合，将其容纳到通史和断代史著作中，使社会史这一概念得到完整的体现，这是一种尝试，但很有价值。李泉等编著的《中国古代社会史通论》（天津人民出版社 1996 年版）则属于为适应当前教学和普及需要的概论性作品。

在专题研究中，社会生活史的分量最大，其中最引起注意的，便是由中国社会科学院历史研究所组织编写的多卷本"中国古代社会生活史"。此套书目前已出版了夏商、魏晋南北朝、隋唐五代、辽宋西夏金、元等 5 卷，各以资料系统、内容翔实见称。除此以外，由林剑鸣主编的《秦汉社会文明》（西北大学出版社 1985 年版）、黄正健《唐代衣食住行研究》（首都师范大学出版社 1998 年版）、朱瑞熙《宋代社会史研究》（中州书画社 1983 年版）、宋德金《金代社会生活史》（陕西人民出版社 1990 年版）和冯尔康、常建华《清人社会生活》（天津人民出版社 1990 年版）等著作，均就所涉及的各个时代的社会生活，作了很好的考察，有的还超越了一般所指的社会生活史内容。宗族和宗族组织，也是社会史研究中的热门课题，徐扬杰《中国家族制度史》（人民出版社 1992 年版）和冯尔康、常建华《中国宗族社会》（浙江人民出版社 1994 年版），都是从先秦乃至原始社会末期一直谈到宋明以后，或延续到近现代，由时间的跨度看，称得上是宗族通史。属于断代性研究的有朱凤瀚《商周家族形态研究》（天津古籍出版社 1990 年版）、徐扬杰《宋明家族制度史论》（中华书局 1995 年版）、郑振满《明清福建家族组织与社会变迁》（湖南教育出版社 1992 年版）、陈支平《近 500 年来福建的家族社会与文化》（上海三联书店 1991 年版）、朱勇《清代宗族法研究》（湖南教育出版社 1987 年版）、张研《清代族田与基层社会结构》（中国人民大学出版社 1991 年版）等。通过这些著作看到，它们较之以往，不但在研究的深度和广度上各有前进，更可喜的是不同程度地触及某些新的课题，如宗族的社会功能、家庭和宗族的关系，以及从法的视角，或作为一种社会文化研究宗族组织。另外还注意到宗族组织的地区特色和不同的时代特点。

关于婚姻和家庭史，从已发表的论著看，婚姻史的比重明显大于家庭史。陈鹏的《中国婚姻史稿》（中华书局）出版于 1990 年，1994 年再次印刷，内容涉及婚姻礼仪以及各种婚姻形式，包含的时代上起周秦，下迄明清，全书约 54 万字，称得上是洋洋巨著。简史性著作有孙晓《中国婚姻小史》（光明日报出版社 1988 年版）、史凤仪《中国古代婚姻与家庭》（湖北出版社 1987 年版）和张树栋、李秀领《中国婚姻家庭嬗变》（浙江人民出版社 1990 年版），谢维扬《周代家庭形态》（中国社会科学出版社 1990 年版）。王玉波的《中国家长制家庭制度史》（天津社会科学院出版社 1989 年版）是就家长制家庭这一社会历史现象入手，论述了家长制家庭早期形态的社会功能、家长制家庭的类型形式，以及封建礼制在中国文明步途中演进的轨迹。在婚姻史中，还有像彭卫的《汉代婚姻形态》（三秦出版社 1988 年版）和张邦炜的《婚姻与社会（宋代)》（四川人民出版社 1989 年版）等断代性著作。

人口史研究也是近几十年来人们所热情关注的，但多数著述谈的是人口数量的增减和关于人口迁移等内容，触及人口行为和人口环境的还不是很多。姜涛的《中国近代人口史》（浙江人民出版社 1993 年版）中有

"人口结构"一篇，此外行龙的《人口问题与近代社会》（人民出版社1992年版）叙述了人口城市化、人口性别、年龄、职业、素质和婚姻家庭构成。陈孔立《清代台湾移民社会研究》（厦门大学出版社1990年版）则讨论了台湾移民社会特点、发展模式以及人口结构。王跃生《中国人口的盛衰与对策——中国封建社会人口政策研究》（社会科学文献出版社1995年版），是从国家政策的角度谈我国的人口发展变化，其中牵涉到政策与社会因素的相互影响关系。

社会结构是社会史研究中的一个有机组成部分，由冯尔康主编的《中国社会结构的演变》（河南人民出版社1994年版），在总结现有成果的基础上，结合家庭、宗族、职业、民族、社区等内容，对中国传统社会结构作了有益的分析。在有关社会结构研究中，社会各阶层或某些角色在不同历史时期所处的地位和动向，也是人们探求的一个重要方面。有关成果如刘泽华主编的《士人与社会》（天津人民出版社，现已出版了先秦和秦汉魏晋南北朝两卷）、葛承雍《中国古代等级社会》（陕西人民出版社1992年版）、经君健《清代社会的贱民等级》（浙江人民出版社1993年版）、唐力行《商人与中国近世社会》（浙江人民出版社1994年版）、赵世瑜《吏与中国传统社会》（浙江人民出版社1994年版）、郭润涛《官府幕友与书生——"绍兴师爷"研究》（中国社会科学出版社1996年版）等。张仲礼的《中国绅士——关于其在19世纪中国社会中作用的研究》（上海社会科学院出版社1991年版）一书，原是他旅居美国时的英文著作，1991年由李荣昌译成中文，在国内出版。该书最大特点，就是用计量的方法，对绅士的构成人数、经济状况等，各用图表加以说明，使分析更加中肯有力。在有关明清时期的绅士研究中，1988年天津人民出版社还重印了吴晗、费孝通等的《皇权和绅权》。其他如贺跃夫《晚清士绅与近代社会的变迁——兼与日本士族比较》（广东人民出版社1995年版）、马敏《官商之间——社会剧变中的近代绅商》（天津人民出版社1995年版），都是着重考察在晚清社会转型之际，绅士或绅商为适应变化所出现的新情况。王笛《跨出封闭的世界——长江上游区域社会研究》（中华书局1993年版），是讨论有清一代四川省社会结构变化的力作。除此以外，彭卫的《另一个世界——中国历史上的变态行为考察》（陕西人民教育出版社

1993 年版)、董英哲《科技与古代社会》(陕西人民教育出版社 1993 年版)、王子今《交通与古代社会》(陕西人民出版社 1993 年版)、李文海《世纪之交的晚清社会》(中国人民大学出版社 1995 年版)、陈宝良《中国的社与会》(浙江人民出版社 1996 年版)、钱杭、承载《十七世纪江南社会生活》(浙江人民出版社 1996 年版)、侯旭东《五、六世纪北方民众佛教信仰》(中国社会科学出版社 1998 年版)、陈爽《世家大族与北朝政治》(中国社会科学出版社 1998 年版)等,都是试图用社会史的研究角度,从某一个侧面所作的探索,其中有的是以往传统史学所不屑触及的。在有关社会问题中,牵涉秘密结社一类的著述不少,不过因此类作品已有不少人做过介绍,这里就从略了。

在以上的举例简介中,都没有提到论文,原因是即使是专著,也有精品遗漏,更不要说数量庞大的论文了。事实上,某些论文就质量而言,并不亚于鸿篇巨制,只是在有限的篇幅中,实在难以周全,权衡之下,只好略而弗及了。

(四)田野调查和口述史方面的新尝试。田野调查本来属于人类学的工作范畴,社会学则称社会调查,另外在民族学、民俗学中也不断采用,虽然它各有各的学术规范。史学工作者注重田野调查,不仅是因为它能使研究者得到除文献资料以外许多活的(如口述回忆、祭拜仪式等)和死的(如碑刻、建筑遗存等)见证,更可贵的是通过调查访问,使本来属于过去的东西,生动地再现在大家面前,增加了活的生活体验。

关于田野调查,我国在 20 世纪 50 年代以及后来的 70 年代都有人做过,如武训、宋景诗历史调查,太平天国和义和团史实调查,后来为配合批孔、批《水浒》,也有过一系列调查。但由于当时主要是为了配合某种政治活动,或片面强调阶级观点,以致今天看来,多数成果很难说具有科学价值,有的甚至流为笑柄。在社会史研究中,有许多课题因文献资料不足或记载不详,常常需要求助于田野调查,如秘密结社方式、宗族组织、两姓械斗、民间会社和民间信仰等。还有像牵涉家庭内部的生育、溺婴、夫妻和婆媳关系,通过查访也能得到新的内容。

自 80 年代起,我国社会史工作者对开展田野调查给予极大的关注,先后有不少人投身其间,并取得了良好的效果,像中山大学陈春声、刘志伟等与香港大学同人合作，开展对珠江三角洲暨华南地区有关家族、民间信仰、风俗习惯的调查；厦门大学杨国桢、陈支平、郑振满等与美国及中国台湾学者合作，就闽南家庭组织和乡村社会所进行的研究；北京师范大学赵世瑜对华北庙会的研究。另如上海社会科学院历史所钱杭、谢维扬、江西师大梁洪生等，都各有田野调查的经历和成果。中国社会科学院历史研究所自组建社会史研究室后，也开展了一些田野调查，1996 年，该室与中国社会科学院边疆史地研究中心及云南大学民族所在昆明成立了"中国边疆地区历史与社会研究云南工作站"，深入滇西一带，就当地少数民族的婚姻、家庭作了一系列集体座谈和家庭访谈。随后，郭松义和定宜庄以清代辽东移民为题，进行了多次田野考察。为了使调查能取得效果，他们于出访前先进行文献资料准备，又参考国外学者有关田野调查问卷详目和厦门大学闽南农村调查时的问卷，设计了辽东民间调查问卷。从 1998 年起，他们曾多次深入城镇农村，走访了盖州、海城、营口、法库、铁岭、开原等 6 个县市、数十个乡镇和村庄，访谈人数超过 200 人。到过次数最多的是盖州市，共 18 个乡镇和 30 多个村子。通过实地调查，不但证实和丰富了文献记载，许多地方还有新的发现，其中包括新的文字资料，如藏于各家的家谱、谱单，散落于山间、村头的碑刻等，可说每次有心得，每次有新的实物收获。

　　至于把口述历史记录下来，构成史学的有机组成部分，这在每个国家、每个民族都是存在的。我国上古史中有关炎黄尧舜和大禹的传说，就是通过一代代口述传承记录下来的，著名的古希腊荷马史诗，也是一部口述史。直到现代，包括我国在内的许多没有文字的民族，通过祖辈的口述或用唱歌的方式，保存、延续着他们的历史，而现代化录音手段的出现，使得口述更能得到完整无误的记录和科学的验证。在口述史方面，定宜庄的《最后的记忆——十六位旗人妇女的口述历史》（中国广播电视出版社1999 年版），称得上是在社会史领域用口述来互证史实的最新成果。据著者自称：她作此书的目的是想通过采访，了解这些旗人妇女对自己出身的民族是否具有及具有什么样的集体记忆；满族妇女的生活、婚姻、生育与族际通婚情况；辛亥革命后她们的家庭变迁和生活经历。口述在提供诸如满族的民族意识、以往妇女的婚姻、家庭生活等很多方面充实了文献记载的不足。还有如身为满族，祖辈以来却从不是旗人的社会群体的呈现，这在文献资料中从未有过明确的记载。

<h1 style="text-align:center">三</h1>

中国大陆社会史的复兴，固然与国内的政治变革，以及世界的学术走向有关，但根本原因还在于它适应了史学本身发展的需要，能吸引更多的人参与进来。

（一）扩大了研究视野。中国的社会史研究由于长期受到禁闭，很多人已对它感到陌生，特别到了 20 世纪 60 年代中期以后，人们说的是阶级斗争，写的也是阶级斗争史，把本来是丰富多彩的史学研究空间，变得越来越窄，思路越来越僵化。所以当社会史的概念被重新提出，它的研究视角和研究方法再次亮相，人们的眼睛似乎突然一亮，好像在学术的殿堂里又打开一扇门，把过去遭到唾弃、被忽视的宝藏，一下子展现在大家的眼前，原来周围有如此众多的题目等待去发掘研究。在这里，关乎一代的政治、经济、思想文化的重大问题，固然需要我们用新角度再作审视；还有许多看来是琐屑细小却与百姓的生活、生存环境密切相连的饮食、服饰、住房、交通、文娱，以及婚丧节令、人际交流、心态感情等，也是重要的研究对象。总而言之，社会史扩大了人们的研究视野，同时唤起了人们的研究热情。

（二）透过历史，关注现实。现在我们摒弃影射史学，反对用历史简单地比附现实。但了解或研究过去，总不是只为研究而研究。事实上，以往和今天，传统和现实，都是互相联通的。很多社会史研究者强调自下而上地看待历史，突出以人为基本剖析对象，就所及内容和选择的题目，总的说来较之过去强调的政治史、军事史、经济史等，似乎更贴近于大众，更能赢得人们的心声，而我国目前面临的转型时期所出现的诸多社会问题，在追根溯源之后，常常会发现，很多方面与历史上的相关问题有所牵连。比如近年来各地相继破获的带有黑社会性质的团伙与各色会道门组织，有不少就是以往地下会社的沉渣泛起，或有着某种思想传承关系；又比如有的地方家族势力的兴起，也可以隐约地从历史上家族组织见到这样那样的干连。至于婚丧嫁娶等生活习惯、社会风尚等，更会引发人们对往昔的回想，考究一下是什么样的水土与社会条件，才萌发、滋养了如此这般风尚，而这些风尚的因革相沿、代代传承中，究竟哪些是属于应该抛弃的敝俗，哪些则应加以继承发扬，这都需要研究者作出解释。当然，社会史的内容并不限于这一些，但是这种接近生活的研究，无疑缩短了研究者和普通大众的距离，使史学更容易被人们所接受了解。

（三）多学科相互渗透。在当前的学术趋向中，一个重要特点就是各学科间的相互渗透。所谓学科渗透，在某种意义上即研究方法的渗透。社会史因其所选择的不少题目需要兼晓当代许多学科知识，反映在吸收借鉴上更显出其急切性。比如研究婚姻家庭史，在划分婚姻形态、考察家庭结构中，必须求助于社会学和民族学的成果和方法；要分析结婚率、离婚率，以及初婚年龄、夫妻年龄差等，无疑得从人口统计学中得到启示。此外，婚姻家庭史还牵涉到人类学、民俗学、伦理学等学科，甚至还与法学和医学等学科有关。没有现代环保卫生方面的常识，便很难做好历史上的环境、疾疫和死亡一类的题目。现在有的学者准备做我国历史上灾害及其防止这样的题目，其价值自不待言，然而要做好它，光靠传统的史学知识和方法，显然是不够了，必须注意吸取有关自然科学知识，如地理学、气象学、地震学，以及水文和预防医学等知识，使成果更具现代感，更方便人们的应用。

前述1993年年初，我们在北京开过一个清代皇族人口行为和社会环境的小型讨论会，为了更好地了解婚姻、生育、死亡与社会环境的关系，特别邀请了人口学、地理学、民族学和医学专家与会，在相互交流中，大家均觉受益匪浅。会后集辑出版了一个论文集，从得到的反映表明，学者们对多学科结合的研究是持积极肯定的态度。后来1998年，我们召开婚姻、家庭和人口行为的研讨会，又请了社会学、人类学、民族学和人口学的专家，除了围绕专题发言外，还专门就各学科方法和相互借鉴进行了广泛的讨论。有的学者说，目前在研究方法上，不存在这种或那种系本学科所专有，问题是如何借鉴各学科所长，更好地做好自己的研究。我想，这位先生的话，并不是要抹杀每个学科的基本研究方法，传统的史学是通过对史料的搜集、考订、排比来说明需要说明的问题。这个基本功也是每个从事史学研究的基础。但是目前，比如我们提到过的一些社会史课题，只靠这个基本功确实显得不够了。从这一点来看，那位先生所表达的意见，多少反映了今天和今后学术研究的动向。

至于社会史研究中将田野调查和口述史引入史学领地，在某种意义上是对传统史学的一种更新和补充，同时增加了社会史研究的魅力。很多史学工作者，特别是年轻学者钟情于社会史，除了因为它所触及的范围、可供选择的课题广阔，研究方法的多样化，更能摆脱传统，迎接挑战，这也是一种巨大的吸引。

四

社会史研究尽管成绩斐然，前途广阔，但在一片叫好的迅猛发展中，确实也暴露出某些不足之处。

首先，正如很多学者所指出的，必须继续开展对社会史理论的钻研，把理论探索和具体研究有机地结合在一起。从 20 世纪 80 年代末 90 年代初，人们围绕社会史的研究对象、方法、学科性质，以及与相关学科的关系，展开过热烈的讨论，还翻译介绍了若干西方社会史理论著述。应该说，这些讨论和介绍，对加深认识社会史，动员人们参与社会史课题的研究，起着十分有益的作用。当然，讨论中也存在分歧的看法，甚至截然相对立。从学术发展的角度看，只要有讨论，便会有分歧，而且永远会有，但总的说来，理论讨论仍显不够，特别是缺乏层层深入，或在理论指导下就具体课题作某种示范性研究。比如我们说社会史与以往政治史不同的是采用自下而上的研究，怎样或如何才算自下而上的研究；再比如有的学者提出社会史是一种研究范式，怎样把这种范式体现在政治、军事、经济方面的研究中，这都有待于探索。

由于社会史复兴后理论积累的欠缺，而有的作者又满足于对某种表象的认识，认为只要题目与之有关，就属于社会史，以致很多研究陷于就具体事件的琐碎考订和欣赏性描述，对为什么会这样，是什么样社会造成这样的，它对今后会产生什么样社会影响，则回答不够。诚然，我们不是说凡事都要就此作出答复，但总不能以琐屑替代整体。有人曾讥讽社会史是个大杂物筐，说只要政治史、经济史、军事史等几大板块包括不了的，什么婆婆妈妈的事，都可以归在这个筐里。显然这是一种误解，可也说明了，这与社会史建设中，对其整体理论架构讨论不深，有人对此理解不够有一定的关系。

其次，应重视对新史料的开发和新研究方法的采用。社会史是历史学的有机组成部分，既为史学，就离不开最基本的研究手段——史料。我们说开发新史料，包含两个方面：一是改变审视角度，把过去熟悉的旧史料再作一次新的探求。这是因为相当一部分学者，习惯于从传统题目、传统思维去爬梳、勾勒史料，对可供社会史研究的史料，常常因注意不够而被忽略弃置了。比如在笔者看到的某些婚姻史论著，还是那些以往熟悉的传统题目，使用的也多是似曾相识、反复使用的老史料，是用熟悉的史料写传统题目，这就有一个重新探求的问题。关于这一点，笔者曾询问过不止一个学者：如果改变审视角度，是否还能从熟悉的旧史料中发掘出新东西来？他们的回答几乎都是肯定的。说明即使在传统惯见的史料中，也还大有用武之地。再就是开发新史料，包括通过田野和口述采访所获取的信息。另外像数量庞大的明清档案文书、宝卷唱本、碑刻建筑、广告图画，以及不断出土的考古文物等，仍有很多是我们没有接触或接触不多的好资料。在社会史的资料探求中犹如一片广阔的田野，尚存许多未被开垦的处女地，需要不懈地去开发耕耘。

说到讲求研究方法的多样化，虽然不只限于社会史，但社会史无疑更有需要，并有学者认为社会史本来就是一种研究方法。当然难度是有的，比如不少研究者的知识结构比较单一，有的平时又缺少与相关学科的学术沟通，对其研究的内容和方法了解不多，特别是有关自然科学的知识，更感到生疏，这就限制了研究视野的扩大和研究方法的多样化。另外还牵涉到经费问题，如走出书斋做田野，没有必要的财力支持是不行的，可目前的科研预算一般偏紧，这也要我们去努力争取。

最后是加强钻研，注意浮泛，避免低水平的重复。这些年来，社会史研究成果，无论是专著或是论文，数量可谓不少，但若排比考察，就会发现进展很不平衡，某些题目做的人多，比较集中，且有重复，有的则显得冷落，甚至还有空缺。出现这种情况的客观原因，在相当程度上与学术界的研究现状有关。如有的课题原本已有较多的讨论，具备一定基础，所以能很快形成热点。仍以婚姻史为例，目前成果除谈婚礼、婚仪外，相当一部分热衷于讨论上层社会的婚姻行为，如魏晋南北朝的门阀婚姻、清代的皇族通婚等，还有不少是老题目。一般说来，热点问题往往反映这个时期有关研究中的突出点，容易激发人们的兴趣，可无论如何，婚姻史包括了许多方面。如果说在开头，讨论热点可对研究起启动作用，接下来便应一层一层向外扩展，包括老题目的新做法，以此填补缺门，寻找新的热点，使人们不断有新鲜感，从而把研究引向更深更广。再有一种情况是原来的基础并不太好，却因一时社会需要，被出版、舆论界看好，纷纷约稿推出，使冷很快变热。这本来也是一件促进研究的好事情，但由于他们多先天不足，加上炒作因素，命题赶时索稿，粗糙乃至内容上相互碰撞，便难以避免了。

上面说的只是两种现象，很难说是某个研究者的责任，但问题是存在的，也的确值得重视。学术研究有它自身的规律，其中的基点便是消除浮泛，踏实钻研，这对复兴不久的社会史似乎尤为重要。

总之，50 年来曲折的经历证明，社会史是一门充满希望和有活力的学科，尽管在前进的步伐中还会出现这样那样的事，它的势头已不可阻挡，正像英国社会史学家哈罗德·珀金所说："灰姑娘（指社会史）变成一位公主，即使政治史和经济史不允许她取得独立的地位，她仍然称得上是历史研究中的皇后。"[①] 让我们珍惜这份情意，转变观念，迎接社会史的更大发展。

（原载《中国史研究》1999 年第 4 期）

---

① 蔡少卿主编：《再现过去：社会史的理论视野》，浙江人民出版社 1988 年版，第 144 页。